数字化战略与管理

DIGITAL STRATEGY AND MANAGEMENT

李维胜
王　豪
李旭媛
等 编著

企业管理出版社
ENTERPRISE MANAGEMENT PUBLISHING HOUSE

图书在版编目（CIP）数据

数字化战略与管理 / 李维胜等编著 . —北京：企业管理出版社，2023.12
ISBN 978-7-5164-2976-1

Ⅰ.①数… Ⅱ.①李… Ⅲ.①企业管理 – 数字化 – 研究 Ⅳ.① F272.7

中国国家版本馆 CIP 数据核字（2023）第 206090 号

书　　名：	数字化战略与管理	
书　　号：	ISBN 978-7-5164-2976-1	
作　　者：	李维胜　王　豪　李旭媛　等	
策划编辑：	侯春霞	
责任编辑：	侯春霞	
出版发行：	企业管理出版社	
经　　销：	新华书店	
地　　址：	北京市海淀区紫竹院南路 17 号	邮编：100048
网　　址：	www.emph.cn	电子信箱：pingyaohouchunxia@163.com
电　　话：	编辑部 18501123296　　发行部（010）68701816	
印　　刷：	北京厚诚则铭印刷科技有限公司	
版　　次：	2024 年 1 月第 1 版	
印　　次：	2024 年 1 月第 1 次印刷	
开　　本：	787mm×1092mm　　1/16	
印　　张：	20.75 印张	
字　　数：	415 千字	
定　　价：	89.00 元	

版权所有　翻印必究·印装有误　负责调换

前 言

随着数字化战略管理的兴起，互联网共享经济时代为商业带来了全新的竞争格局和发展机遇。在技术不断演进的过程中，企业也面临着数字化转型带来的压力和挑战，它要求企业紧密融合数字技术，并从战略的角度重新审视商业模式、市场定位以及组织运作。

在数字化战略管理的探索中，企业需要深入理解数字化对商业生态的深刻影响。数字技术的蓬勃发展为企业提供了数据驱动、智能化决策的机会，从而使战略制定更加精准和敏捷。数字化时代的消费者行为变革、市场竞争格局变化以及新兴技术的涌现，都要求企业在制定战略时更具前瞻性和灵活性。

本书不仅深入剖析数字化战略管理的理论，更通过实际案例和最佳实践，揭示了数字化战略管理在实际各个层面的应用。从数据挖掘、人工智能到区块链技术，本书将帮助读者深入了解这些数字化工具如何与战略目标相结合，从而实现企业在数字化时代的成功。在企业数字化战略管理的征程中，本书将引领读者探索数字化变革的深远意义，明确数字化战略在企业发展中的关键作用，以及如何通过合理的战略布局和实际操作，充分发挥数字化在提升竞争力和创新能力方面的潜力。

本书内容基于企业数字化战略环境分析，以战略的制定、实施、评价与控制等企业战略管理内容为核心主线，逻辑结构清晰。第一章阐述企业战略管理的目标与任务、基本原则与价值观、层次与过程等，并介绍了企业战略管理理论的发展。第二章探索数字化发展情况，从历程、现状到未来趋势一览无余。第三章深入剖析企业数字化赋能的各个层面，涵盖企业资源规划、制造执行、商业智能、人工智能、知识管理等系统。第四章探究企业外部环境分析及技术，涉及不确定性分析、环境分析以及分析技术，以全面把握外部环境对企业的影响与应对策略。第五章深入探讨企业内部环境分析及技术，涉及资源和能力、环境分析以及分析技术，以全面评估企业内部条件与优化战略决策。第六章聚焦于数字化与组织、业务流程的关系，涉及数字化与组织、数字化与业务流程、数字化对组织及流程的影响，以及数字化的流程再造等内容，深入探讨了数字化对企业运作的影响与优化。第七章探讨数字化与战略的紧密联系，包括数字化战略管理、企业数字化核心竞争力以及企业数字化协同效应等内容，凸显数字化在战略层面的关键作用与影响。第八章深入介绍了多种企业数字化战略分析技术，包括 SWOT 矩阵、波士顿矩阵、QSPM 矩阵、SPACE 矩阵、战略钟模型、GE 矩阵以及 BLM 模型，为读者提供了全面的战略分析工具与方法。第九章详细阐述了企业数字化战略目标的制定，包括数字化战略目标的定义和特征、制定过程、原则以及面临的问题和挑战，为读者提供了全面的指导与洞察。第十章系统探讨了企业数字化发展战略，从内涵与动因、视角与外延到具体战略选择，为读者提供了全面而深入的数字化发展战略指南。第十一章深入探讨了企业数字化竞争战略，内容涉及数字化竞争战略的意义和挑战、不同因素驱动的数字化竞争战略、数字化竞争力评估与定位以及数字化竞争战略行动计划制订，为有效构建数字化竞争力提供了全面指导。第十二章聚焦于企业数字化转型战略，内容包括数字化转型的背景及定义、驱动因素、战略规划、保障措施等，为读者揭示了实现数字化转型的路径。第十三章详细探讨了企业数字化战略的实施，涵盖数字化战略实施的重要性和挑战、资源配置和投资决策、技术方案和数字化平台、监测评估等内容，为成功落实数字化战略提供了全面指南。第十四章聚焦于企业数字化战略的评价与控制，内容包括企业数字化战略评价、战略控制、数字化战略控制方法等，为数字化战略的评价与控制提供了有效指导。第十五章探讨企业数字化的发展与面临的挑战，内容包括企业数字化的历史演进和发展趋势，以及组织变革、技术和数据管理、业务模式创新、法律伦理问题等多方面的挑战。

  本书得到广西科技发展战略专项研究课题"推动广西规上工业企业研发机构大幅增加的对策研究"项目的支持，该项目也为本书提供了案例、素材及研究成果。本书具体分工如下：李维胜编写了第一章、第四章、第五章并提供了各章的核心内容及总体设计，王豪编写了第七章、第八章、第九章、第十五章，李旭嫒编写了第十章、第十一章、第十二章，林子谦编写了第三章、第六章，谢品对内容结构进行了规划并对全书进行了整理以及编写了第二章，苏瑞芳编写了第十三章、第十四章，王培为全书提供了案例及技术解决方案，潘能杰进行了资料整理、文字校对及部分内容的编写，同时周子榆、赖婧婷也参与了本书部分内容的编写，最后由李维胜对全书进行统稿。

  由于编者水平有限，时间仓促，书中难免存在疏漏与不足之处，恳请读者给予批评指正。

目 录

第一章 战略管理概述 1
第一节 战略管理的产生与发展 1
第二节 战略管理的理论流派 4
第三节 战略与战略管理 11
第四节 战略管理层次 20
第五节 战略管理过程与战略管理者 22
◎ 本章小结 29
◎ 本章思考题 29

第二章 数字化概述 30
第一节 数字化的发展历程 30
第二节 数字化的发展现状 33
第三节 我国工业互联网的发展 39
第四节 数字化的趋势 42
◎ 本章小结 47
◎ 本章思考题 47

第三章 企业数字化赋能 49
第一节 企业资源规划系统 49
第二节 制造执行系统 51
第三节 商业智能系统 54
第四节 人工智能系统 55
第五节 知识管理系统 57
第六节 人工智能大模型 59
◎ 本章小结 61
◎ 本章思考题 61

第四章 企业外部环境分析及技术 62
第一节 企业外部环境不确定性分析 62
第二节 企业外部环境分析 65
第三节 企业外部环境分析技术 75

◎ 本章小结 …………………………………………………… 80
◎ 本章思考题 ………………………………………………… 81

第五章　企业内部环境分析及技术 …………………………… 82
　第一节　企业内部环境：资源和能力 ……………………… 82
　第二节　企业内部环境分析 ………………………………… 91
　第三节　企业内部环境分析技术 ………………………… 106
　◎ 本章小结 ………………………………………………… 114
　◎ 本章思考题 ……………………………………………… 114

第六章　数字化、组织与业务流程 …………………………… 115
　第一节　数字化与组织 …………………………………… 115
　第二节　数字化与业务流程 ……………………………… 121
　第三节　数字化对组织及流程的影响 …………………… 124
　第四节　数字化的流程再造 ……………………………… 128
　◎ 本章小结 ………………………………………………… 134
　◎ 本章思考题 ……………………………………………… 135

第七章　数字化与战略 ………………………………………… 136
　第一节　数字化战略管理 ………………………………… 136
　第二节　企业数字化核心竞争力 ………………………… 138
　第三节　企业数字化协同效应 …………………………… 139
　◎ 本章小结 ………………………………………………… 144
　◎ 本章思考题 ……………………………………………… 145

第八章　企业数字化战略分析技术 …………………………… 146
　第一节　SWOT 矩阵 ……………………………………… 146
　第二节　波士顿矩阵 ……………………………………… 150
　第三节　QSPM 矩阵 ……………………………………… 155
　第四节　SPACE 矩阵 ……………………………………… 159
　第五节　战略钟模型 ……………………………………… 164
　第六节　GE 矩阵 …………………………………………… 167
　第七节　BLM 模型 ………………………………………… 172
　◎ 本章小结 ………………………………………………… 177
　◎ 本章思考题 ……………………………………………… 177

第九章　企业数字化战略目标的制定 ………………………… 179
　第一节　数字化战略目标的定义和特征 ………………… 179
　第二节　数字化战略目标的制定过程 …………………… 182

第三节　数字化战略目标制定的原则 …………………… 184
第四节　数字化战略目标制定面临的问题和挑战 ……… 186
　◎本章小结 …………………………………………………… 188
　◎本章思考题 ………………………………………………… 188

第十章　企业数字化发展战略 ……………………………… 189
第一节　数字化发展战略的内涵及转型动因 …………… 189
第二节　数字化发展战略的视角及外延 ………………… 198
第三节　企业数字化发展战略的选择 …………………… 201
　◎本章小结 …………………………………………………… 205
　◎本章思考题 ………………………………………………… 206

第十一章　企业数字化竞争战略 …………………………… 207
第一节　数字化竞争战略的意义和挑战 ………………… 207
第二节　不同因素驱动的数字化竞争战略 ……………… 212
第三节　数字化竞争力评估与角色定位 ………………… 222
第四节　企业数字化竞争战略行动计划的制订 ………… 225
　◎本章小结 …………………………………………………… 228
　◎本章思考题 ………………………………………………… 228

第十二章　企业数字化转型战略 …………………………… 229
第一节　数字化转型的背景及定义 ……………………… 229
第二节　数字化转型的驱动因素 ………………………… 230
第三节　数字化转型的战略规划 ………………………… 233
第四节　数字化转型的保障措施 ………………………… 243
　◎本章小结 …………………………………………………… 255
　◎本章思考题 ………………………………………………… 256

第十三章　企业数字化战略实施 …………………………… 257
第一节　数字化战略实施的重要性和挑战 ……………… 257
第二节　资源配置和投资决策 …………………………… 259
第三节　数字化技术方案和数字化平台 ………………… 263
第四节　监测和评估战略实施效果 ……………………… 267
　◎本章小结 …………………………………………………… 270
　◎本章思考题 ………………………………………………… 270

第十四章　企业数字化战略评价与控制 …………………… 271
第一节　企业数字化战略评价 …………………………… 271
第二节　企业数字化战略控制 …………………………… 275

第三节　数字化战略控制的方法……………………………… 279
　　　◎本章小结………………………………………………… 301
　　　◎本章思考题……………………………………………… 301
第十五章　企业数字化的发展与面临的挑战………… 302
　　　第一节　企业数字化的历史演进和发展趋势 ……… 302
　　　第二节　组织变革的挑战 …………………………………… 307
　　　第三节　技术和数据管理的挑战 ………………………… 309
　　　第四节　业务模式创新和市场竞争的挑战 ………… 310
　　　第五节　法律、监管和伦理问题的挑战 …………… 312
　　　◎本章小结………………………………………………… 314
　　　◎本章思考题……………………………………………… 314
附　　录　案例讨论：应用数字化推动广西规上工业
　　　企业研发机构大幅增加的对策建议………… 315
参考文献…………………………………………………………… 320

第一章 战略管理概述

正确理解战略，了解战略管理的产生与发展，是企业制定正确的战略并落实好战略的前提。本章将着重介绍战略管理的理论流派和战略管理的层次与过程。

第一节 战略管理的产生与发展

一、经济环境变化与战略管理的需求

当前在全球经济一体化的背景下，激烈的市场竞争使得企业战略管理显得越来越重要，企业战略管理也随之面临新的挑战与机遇。

首先，在科学技术发展与应用的背景下，要提高企业的竞争能力，就必须重视技术创新。企业要加强对大数据、云计算、人工智能等现代科学技术的应用与深入研究，并在此基础上探索新的商业模式与更具创新性的产品。与此同时，企业也要密切注意国家的政策环境以及发展动向，对企业战略进行适时的调整。

其次，当前国际上以市场为导向、以自由化为导向的发展特点，为我国企业的成长带来了更多的机会，同时也带来了更多的竞争压力。对企业而言，强化自身的实力，寻求更多的合作和发展机会，努力拓展市场，则是重中之重。企业应将注意力集中到自身的市场定位，通过准确且清晰地辨别市场定位差异，强化品牌建设，提高与顾客的互动程度，并为顾客提供更高品质的产品与服务，以提升自己的竞争能力。

再次，国际经济大环境的改变，贸易保护主义的加强，为企业经营管理增加了新的不确定因素。在此过程中，企业必须密切注意外部环境的变化速度和程度，提前对政策做出相应的判断，并制定和采取相应的战略，以维持自身的竞争优势，控制风险。同时，企业在进行战略管理的过程中必须高度重视自身的环境保护能力以及可持续发展的能力，力求满足国际对环境保护的要求，达到国际标准。

最后，社会在新的历史条件下正在逐渐关注企业社会责任的履行情况。企业的形象与声誉在市场中起着越来越重要的作用，良好的形象与声誉可以帮助企业获得顾客

的信任与忠诚，进而提高企业的品牌价值。因此，企业要提高自身的社会责任意识和道德修养，力争形成与社会良性互动的企业形象。

总而言之，在现代经济的背景下，企业的战略管理需要对科技和创新、市场和环境、国际化和合作、道德和企业内部管理等多方面进行全面考量，从而持续提升企业的综合实力，更好地应对不同社会环境和市场的挑战。企业应该制定有深度、灵活有弹性的战略，并建立起相应的风险预防和危机应对机制，从而不断提升对市场和顾客的反应处理能力，使企业能够实现可持续的发展。

二、从战术到战略：企业战略意识的觉醒

随着全球经济的高速发展，为了维持自己的市场地位和实现可持续发展，企业需要有足够的应变能力，以适应和处理市场变化带来的新需求。在此背景下，越来越多的企业已意识到良好的企业战略管理可以成为企业经营发展过程中的重要竞争优势，但实际上较少的企业领导者（管理者）能较好地区分战略和战术。

将军在战争中通常会有一套作战理论，他们会将一场战争一分为二来看，一是战略层次，二是战术层次。一名高级指挥官首先会在战略层次上将宏观战线分解成多场战役，然后在不同的战役中使用灵活的战术来取得胜利。在战略层次上，他会以广度为基础，只做计划，而不会深入研究细节，从而对敌我态势进行宏观的分析。而在战术上，则是以深度为基础，精准地分析，这才是决定胜负的关键。因此，战术是执行策略或战略的手段，是执行策略或战略的行动技术。而战略是目标和策略的组合，是企业愿景、使命、命题等的全局规划和方针及定位。战略的核心问题是方向的确定和策略的选择。

战略首先是一种选择、一种取舍，策略就是如何组织资源来落实战略，企业的发展战略和企业的经营策略是相互依托的。企业在制定其战略和策略时如果混淆概念，把策略和战术问题当作战略问题来思考，就会导致企业的方向性错误。

总之，对战略的理解应该主要体现在以下方面。

1. 战略强调方向，而不是方法

战略强调的是方向，方向比方法更重要，在方向错误的情况下，即使方法恰当，也会造成失败或者损失。所以，一个企业首先要讲究方向对不对，再来看方法合适不合适，当方向错误时，正确的方法就不再有什么意义。

2. 战略强调的是效果，而不是效率

战略强调的是效果，效果就是达到什么结果；效率重视的是做一件工作的最好方法。高效率不一定等于好效果，如果偏离方向，高效率反而形成不好的效果，南辕北辙就是这个道理。所以，如果只强调效率，没有注意效果，那么不是做任何事情都是有好处的，有时候恰恰是损害。

3. 战略强调做正确的事，而不是正确地做事

战略强调的是做正确的事，"做正确的事"强调的是效果及方向，而"正确地做事"强调的是效率及方法，它们之间有着本质的区别，同时它们又相辅相成。"正确地做事"是以"做正确的事"为前提的，如果没有这样的前提，"正确地做事"将变得毫无意义，首先要"做正确的事"，然后才存在"正确地做事"。试想，在一个工业企业里，员工在生产线上按照要求生产产品，其质量、操作行为都达到了标准，他是在正确地做事。但是如果这个产品根本就没有买主，没有用户，这就不是在做正确的事。这时无论他做事的方式方法多么正确，其结果都是徒劳无益的。而"做正确的事"必须有"正确地做事"作保证，没有"正确地做事"，"正确的事"也无法实施。

当企业真正且透彻地意识到战略与战术的区别以及战略的必要性和重要性后，企业的战略意识才算初步觉醒。但若想填补战略链条中存在的"缝隙"，将战略计划与执行之间的缝隙闭合，就必须将战略意识边界拓宽，例如设立与各个具体职能活动相结合的"战略岗"，强化特定职能的战略性角色。

三、战略管理的历史里程碑

在战略管理研究的初期，有三次会议对这一学科的发展起到举足轻重的作用。

第一次大会于1977年在美国匹兹堡大学举行，本次会议邀请了一批具有代表性的企业政策与战略管理方面的专家，并由香德尔与霍弗（1979年）编印了大会论文集。这标志着哈佛商学院创建的以案例教学为基础的企业政策研究传统正式转向了以科研为基础，特别是以实践为基础的新型战略管理研究范式。本研讨会论文集囊括了当时所有有关战略管理的主要议题，特别是反映了战略决定与执行的整体面貌，并检视了一般经理人的使命特征。由香德尔担任主编的《战略管理学期刊》在1978年创办，1980年该期刊首次正式出版并逐步成为战略管理领域的重要学术阵地。

第二次大会在美国西雅图、安纳海姆和亚特兰大三地举行。"未来博士教育委员会"的知名学者们参加了这次会议。在长达两年的大会讨论和会后的专家咨询（包括明茨伯格、波特、Teece等领头者）后，查尔斯·萨默、约翰·格兰特等7位当时的权威学者于1990年提出了关于战略管理学博士生教育的概念。这个委员会集中讨论了以下问题：①什么是我们这个学科的本质？②我们的疆域有多大？边界在哪里？③当前领域内有哪些已发表的重要学术论文？④其中最具发展潜力的是哪些研究？针对以上问题，该委员会提出了"以企业生存和成败为中心"这一战略管理科学命题，并从"战略""环境""绩效""领导与组织"这四个层面展开了深入的研究。此外，他们还指出，重视企业的经营业绩，可能是战略管理的最终目的，这也是战略管理与其他相关学科的不同之处。

第三次大会于1990年在美国加利福尼亚州纳帕溪谷举行，大会由迪克·鲁梅尔

特、丹安·尚德尔、戴维·泰斯三人合作举办，并邀请了战略管理界和有关方面的著名学者参加。三人基于会上讨论的论文和后来的补充修改，编辑并发表了《战略的基本问题：一个研究纲领》。他们认为，一个特定研究或成熟学科通常情况下都有其独特或相对一致的理论范式（至少在某一期间内）。而战略管理因其应用性、问题导向和比较新的特点，其表现也有些许的差异。作为一门交叉学科，战略管理可能永远无法达到库恩所说的"范式性"，但它将持续地接受新的观点与新的方法论。在战略管理学领域中，最有价值的工作可能并不是追求一种统一的范式，而应该是对这一领域中研究的主要问题进行探索和界定，即战略管理的研究主要是以问题为导向。在对《战略的基本问题：一个研究纲领》进行组织、整理和编写的过程中，他们根据对这门学科的整体现状和未来的理解，概括并明确地定义出了在战略管理学领域，研究人员需要集中精力的四个基本问题：①企业是怎样表现的？②为何企业经营之间会有差异？③在企业多元化经营中，总部发挥了何种作用？④企业的成败在国际竞争中取决于什么因素？

以上三次由顶级学者组织并参加的大型学术研讨会，在战略管理领域具有里程碑意义。总的来说，我们能够概括出战略管理研究的核心问题：企业环境特征、企业自身特征、企业高管（或领导者）与管理团队、企业战略决策与战略实施过程、企业战略具体的内容与形式、企业的经营绩效等。而如何解释不同企业之间的经营业绩差异和如何提高单个企业的经营业绩是战略管理研究中亟待解决的终极问题。

第二节　战略管理的理论流派

一、经典理论流派：波特的五力模型和竞争战略

随着企业战略理论和企业经营实践的发展，企业战略理论的研究重点逐步转移到企业竞争方面，特别是20世纪80年代以来，西方经济学界和管理学界一直将企业竞争战略理论置于学术研究的前沿地位，从而有力地推动了企业竞争战略理论的发展。回顾近几十年来的发展历程，企业竞争战略理论研究涌现出了三大主要战略学派：行业结构学派、核心能力学派和战略资源学派。

（一）行业结构学派

行业结构学派的创立者和代表人物是迈克尔·波特教授。波特的杰出贡献在于实现了产业组织理论和企业竞争战略理论的创新性兼容，并把战略制定过程和战略实施过程有机地统一起来。波特认为，构成企业环境的最关键部分就是企业投入竞争的一个或几个行业，行业结构极大地影响着竞争规则的确立以及可供企业选择的竞争战略；行业结构分析是确立竞争战略的基石，理解行业结构永远是战略制定的起点。为此，

波特建立了五种竞争力量分析模型，他认为一个行业的竞争状态和盈利能力取决于五种基本竞争力量之间的相互作用，即进入威胁、替代威胁、买方讨价还价能力、供方讨价还价能力和现有竞争对手的竞争，而其中每种竞争力量又受到诸多经济技术因素的影响。在这种指导思想下，波特提出了赢得竞争优势的三种最基本的竞争战略：总成本领先战略、差异化战略、专一化战略。

（二）核心能力学派

1990年，普拉哈拉德和哈默尔在《哈佛商业评论》上发表了《企业核心能力》一文。之后，越来越多的研究人员开始投入到对企业核心能力理论的研究。所谓核心能力，就是所有能力中最核心、最根本的部分，它可以通过向外辐射，作用于其他各种能力，影响着其他能力的发挥和效果。一般来说，核心能力具有如下特征：

（1）核心能力可以使企业进入各种相关市场参与竞争；

（2）核心能力能够使企业具有一定程度的竞争优势；

（3）核心能力应当不会轻易地为竞争对手所模仿。

核心能力学派认为，现代市场竞争与其说是基于产品的竞争，不如说是基于核心能力的竞争。企业的经营能否成功，已经不再取决于企业的产品、市场的结构，而取决于其行为反应能力，即对市场趋势的预测和对变化中的顾客需求的快速反应，因此，企业战略的目标就在于识别和开发竞争对手难以模仿的核心能力。另外，企业要获得和保持竞争优势，就必须在核心能力、核心产品和最终产品三个层面上参与竞争。在核心能力层面上，企业的目标应是在产品性能的特殊设计与开发方面建立起领导地位，以保证企业在产品制造和销售方面的独特优势。

（三）战略资源学派

战略资源学派认为，企业战略的主要内容是如何培育企业独特的战略资源，以及最大限度地优化配置这种战略资源的能力。在企业竞争实践中，每个企业的资源和能力是各不相同的，同一行业中的企业也不一定拥有相同的资源和能力。这样，企业战略资源和运用这种战略资源的能力方面的差异，就成为企业竞争优势的源泉。因此，企业竞争战略的选择必须最大限度地有利于培植和发展企业的战略资源，而战略管理的主要工作就是培植和发展企业对自身拥有的战略资源的独特的运用能力，即核心能力，同时核心能力的形成需要企业不断地积累战略制定所需的各种资源，需要企业不断学习、不断创新、不断超越。只有在核心能力达到一定水平后，企业才能通过一系列组合和整合形成自己独特的，不易被人模仿、替代和占有的战略资源，才能获得和保持竞争优势。

尽管波特的行业结构分析以及稍后出现的核心能力和资源观在企业战略研究的侧重点上各有不同，但鉴于它们把市场以买方市场为主要经济特征，环境呈现复杂多样性的变化作为战略研究的时代背景，而将市场竞争作为战略研究的主要内容，以谋求建立和维持企业的竞争优势作为战略目标，我们可以将它们统称为竞争战略。

二、现代理论流派：动态能力视角、知识管理理论

随着21世纪的到来，全球众多企业面临的竞争环境更加易于变化和难以预测。面对竞争环境的快速变化、产业全球化竞争的加剧、竞争者富于侵略性的竞争行为以及竞争者对一系列竞争行为进行反应所带来的挑战，传统战略管理的理论方法无法满足现实商业生活中企业战略管理决策的需要。于是，近年来一些管理学者提出了新的战略理论，即"动态能力论"和"知识管理理论"。

（一）动态能力视角

1. 动态能力论

该理论的提出主要基于以下认识：过去的战略理论主要从企业战略的层次上对企业如何保持竞争优势进行分析，而对企业怎样和为什么要在快速变化的环境中建立竞争优势却论述不多。动态能力论则主要是针对基于创新的竞争、价格/行为竞争、增加回报以及打破现有的竞争格局等领域的竞争展开的。它强调了在过去的战略理论中未能受到重视的两个方面：第一，"动态"的概念是指企业重塑竞争力以使其与变化的经营环境保持一致，当市场的时间效应和速度成为关键、技术变化的速度加快、未来竞争和市场的实质难以确定时，就需要企业有特定的、对创新的反应；第二，"能力"这一概念强调的是战略管理通过适当地使用、整合和再造企业内外部的资源和能力以满足环境变化的需要。

2. 动态竞争的主要特点

（1）动态竞争是高强度和高速度的竞争，每个竞争对手都在不断地建立自己的竞争优势和削弱对手的竞争优势，竞争对手之间的战略互动明显加快。

（2）任何一个抢先战略都有可能被竞争对手的反击行动击败。

（3）任何竞争优势都是暂时的，而不是长期可以保持的。

（4）竞争战略的有效性不仅取决于时间领先，更主要的是及时地建立新优势。

（5）在静态竞争条件下竞争战略的主要目的是建立、保持和发挥竞争优势，主要对成本与质量、时间和专有技术、建立进入障碍、规模优势四个领域的竞争有直接贡献，但在动态竞争条件下，上述四个领域所建立起来的优势都是可以被打破的。

成熟的战略管理理论认为，战略管理是由环境分析、战略制定、战略实施、战略控制四个不同阶段组成的动态过程，这一过程是不断重复、不断更新的。理论上通常都是按上述的顺序对企业的战略管理进行分步研究。但是，在实际应用中，这几个步骤往往是同时发生的，或是按照与上述不同的步骤进行的。这要求企业的管理者们必须创造性地设计、应用战略管理系统，并且这一系统应该有足够的弹性以适应企业所面临的时刻变化着的外部环境。这一动态过程理论上称为战略管理过程。

此外，进入 21 世纪，战略管理理论加强了对人的重视，具体表现为企业家战略。这种观点强调的是企业努力将组织各个层次的员工培育为普遍具有企业家精神、思维和行动的人（战略家），并努力发挥整个企业员工的企业家精神。以企业家精神为特征的企业是以异质的企业家人力资本和企业家智力资产持续创新，破坏均衡，产生竞争优势和显著的业绩。企业家战略可以看作是企业内部基于人的要素考虑的战略。

（二）知识管理理论

彼得·德鲁克在 20 世纪 60 年代初次提出两个概念——"知识工作者"与"知识管理"。他提出，当前人类正逐步进入知识社会，社会中所存在的最基本的经济资源不再是资本、自然资源或劳动力，知识已逐步成为社会中最基本的经济资源，同时知识工作者在社会中将充当越来越重要的角色。在 21 世纪初期，瑞典企业分析师兼企业家卡尔-爱立克·斯威比（Karl-Erik Sveiby）将知识管理的理论研究方向引入实践活动中，并进行对比参照，提出了要更多重视隐含知识的重要性和个人知识的不可取代性。

国外学者通常将知识管理理论流派分为行为学派、技术学派和综合学派三大学派，但国内有专家认为在倡导创新发展的多元化时代，关于知识管理的定义应多种多样，分类也应更加细致。因此，国内专家们尝试将以上相对笼统的综合学派按社会功能进行划分，并将其划分为经济学派和战略学派，即当前行为学派、技术学派、经济学派、战略学派成为知识管理理论的四个主要理论流派。

1. 行为学派

行为学派在知识管理方面的研究既涉及对理论的研究，也包括对实践活动的研究，如何发挥人的能动性，如何评估、改变（改进）人类个体行为或技能是这一学派的研究重点。这一学派的主要代表是瑞典的卡尔-爱立克·斯威比教授，其将知识界定为一种行动的能力，强调知识具有动态性，甚至指出"知识不能被管理"，"在不借助信息技术的情况下也可以实施成功的知识管理"。而日本另一位著名的管理学教授野中郁次郎在他的研究中强调了隐含知识的重要作用。他系统性地阐述了隐含知识和外显知识二者之间的区别，为人类有效利用知识进行各种创新提供了新的技巧与方法。野中郁次郎还提出了一个新概念——"场"，即用于知识创新的共享环境。这是对人类主观能动性高度重视的一种极具代表性的思维的真实反映。关于这方面的实例有很多，其中主要就是中国古代师徒相授的传统教育方式等。总而言之，通过这种学派思潮的延伸，可以揭示出知识的奥秘，指引知识方法和途径。

2. 技术学派

技术学派的知识管理，顾名思义，就是研究利用技术的效率，信息管理系统（IT）、人工智能（AI）、设计和建构群件等是这一学派的研究重点。这一学派认为在信息系统中知识能被识别和处理，也可被管理与控制，他们将知识看作是企业的一种资源，即一种物质对象。在美国，以上观点均是从信息技术演变而来的，其中，托马斯·H.达文波特将知识看作是由结构经验、关系信息、价值观念和专家洞察力等构成的一种流动性集合体，同时这种集合体又给吸收新经验、新信息以及评价提供了一种架构。知识是由知者创造出来的，并在他们的头脑中应用。但是，在组织机构当中，知识并不只是单纯地存在于文件或者数据库之中，而是扎根于这个组织的日常工作、流程、惯例和规范之中，并能够通过电脑和网络对其进行编码、储存和传播。"数据—信息—知识"的递进性，使信息管理与知识管理有着密切的关系，信息技术在里面扮演了重要的角色。其中最典型的例子就是曾经在美国流行过的泰勒主义的知识管理方式和实践活动。的确，在现代社会中，相关产业特别是高科技产业，如果真的没有资讯科技的协助，其运作效率将会大大降低。托马斯·H.达文波特是技术学派的重要代表，他在知识管理工程实践和系统方面进行了再造和创新性工作，其中他的再造思想就是通过运用信息技术来消除纸上谈兵的管理体制以及陈旧的官僚体制。其提出的"知识管理两阶段论"和"知识管理模型"能够指导企业进行知识管理实践。总而言之，这种思想的扩展，对知识垄断造成了一定冲击，对知识障碍起到了一定的缓解作用。

3. 经济学派

经济学派的知识管理重点是追求经济效益，也就是怎样获得有利收益。美国的经济学派主要是由一些技术学派的学者，从注重技术的角度向注重资源的角度发展而来，但经济学派的基本观点又与技术学派相区别。同时，经济学派又在一定程度上结合了行为学派的一些观点，例如，外显知识可由部分隐含知识转化而来。经济学派提出，知识管理就是一种观察商业世界的方法。这种方法能帮助企业认清哪些才是自身的真实资源，企业为了尽可能获得最大投资收益，迫切需要对企业知识资产进行管理。以知识为基础的企业理论作为一个分支流派，在近几年得到了广泛的重视。哈佛大学的一些学者认为，目前的企业管理已进入到了"全球化"与"知识化"的新阶段。在此阶段，企业的管理目标是不断地发展，而知识管理则是企业经营的主旋律。无论是对智力密集型产业中的软件和网络公司，还是对资本密集型产业中的石油和钢铁公司来说，企业若想构建持续性的竞争优势甚至是核心竞争力，必须要创造、再造、传播和共享知识。1998年达文波特曾经提出，"知识管理最有意义的领域，可划分为两大范畴：知识的创造与知识的利用"。该学派另外一个代表人物托马斯·A.斯图尔特在其著作《"软"资产》中认为，"软"资产在所有资产中最为重要，如技能、能力、专业经验、忠诚、文化等，这就是决定企业能否取得成功的知识资产（智力资本）。总而言之，通过这种思想的扩展，人们构建了知识经济，认识了知识财富。

4. 战略学派

战略学派强调不同企业进行知识管理时面对的是不同的战略目标。直接经济目标可以是战略目标，但不能仅限于直接经济目标。相对于经济学派而言，战略学派的眼界和思路都更为宽广，甚至可以说战略学派当中的一个重要分支就是经济学派。例如，组织的战略性目标之一就是发展核心竞争优势。企业若想实现这一目标，除了要关注经济资源外，还要重点发展企业的可持续能力。战略管理理论是战略学派的主要研究起点，同时这一学派有机地融合了行为与技术学派的部分观点（例如，关注人的能动性的发挥以及信息技术的高效应用），通过对企业实际经营和实践活动进行高效指导和改善而不断演变进化。总而言之，在这种学派思想的扩展下，知识战略得到了发展，知识决策得到了加强。

简言之，单纯从行为学派的观点来看，知识管理更多地关注人的主观能动性的发挥；而技术学派为提高效率而进行知识管理时则是以技术为依托；若单纯从经济学派的角度来看，知识管理的重点是追求经济效益；而从单一的战略学派看，知识管理的重点在于不同组织面临的不同目标。实际上企业在进行知识管理实践时，这四种学派不能完全分开或对立，而应该是一种辩证与统一的关系，四种学派应各有侧重。

三、新兴理论流派：平台经济和生态系统思维

平台经济（Platform Economics）是一种以数字技术为基础，由数据驱动、网络协同、平台支撑的经济活动单元组成的新经济系统，它是以数字平台为基础的各种经济关系的统称。在经济学中，平台已有严格的定义，即必须承载双边乃至多边市场，而且双方（多边）之间存在交叉网络效应。平台经济是一种以商业模式创新和技术创新为动力，以资源共享、业态创新和产业融合为基础而产生的新经济模式。从实质上来说，平台是市场的一种体现，它是一种虚拟的或现实的交易场所，它并不会产生任何商品，但是它能够促进双方或更多的供需方之间的交易，通过收取适当的费用或者赚取差价来获取利润。在数字技术广泛应用的背景下，互联网得到了快速发展，平台经济热潮也随之而来，并且平台经济的规模和影响力随着互联网的发展而不断扩大。

生态系统思维（Ecosystem Thinking）属于一种逻辑抽象的能力，又被称为整体观或全局观，即站在整体的角度考虑问题，而不仅是只观一角，就事论事。生态系统思维要求企业把欲取得的结果、实施过程、必要时的优化和可能会对将来产生的某些影响等一系列问题当作一个整体来进行系统研究。

平台，在一定程度上可以看作是一种战略选择。企业可以将自身定位在平台（即途径）上，并致力于做生态（即结果）。平台是一种工具，它将企业置于一个特定的位置，并以某种方式将各种主体组织起来，形成平台生态。若企业选择此种战略，最

终产业结构也能逐步形成，产业平台化也能得到有序推进。更为关键的是，不同的生态结构并不存在固定的规则，平台生态只是一种特殊的形态。换句话说，建立一个生态并不一定要占据上面提到的特定位置。例如，小米在最初的时候会建立一个用户论坛来收集用户的创意，芯片厂商会帮助下游厂商充分利用最先进的芯片技术，给微软、SAP、华为等公司的下游厂商提供咨询和综合认证系统，宝洁公司会在一个网站上向全世界的研究人员众包诸多科研难题等，这些都是在开展非平台的生态实践。

平台只是一种商业模式的雏形（模板），与具体的商业模式相比，还缺少一个价值主张。如果说战略只是一个企业单方面的选择，那么商业模式则把目光投向了企业的外部，也就是生态，这就让平台的商业模式和平台的生态联系在一起。而平台商业模式所允诺的网络效应，则需要借助生态的力量才能实现。平台的建立并不一定是构建生态的先决条件，但是平台建立的前提一定是构建生态。平台和生态紧密相关，甚至有人会认为平台和生态是同义词。然而，如果我们认识到，在搭建平台生态之前，你或许已经拥有了一些可以帮助你更快速、更稳定地搭建平台的商业模式，那么我们就会明白，这就是生态的意义。例如，一些传统的公司尝试着采用平台式的商业模式来进行数字化的转变，他们并不是从头做起。与此形成对比的是，他们在传统业务中所构建的供应链、品牌、行业认知和用户基础等，都是非常重要的生态资产，如果能够好好利用，将会对新模式的构建起到很大的促进作用，特别是对于互联网公司来说。当今社会，企业之间的竞争已经不再局限于商业模式之争，更多的是生态之争。相同的商业模式，在不同的存量生态依托下，也有可能表现出不同的竞争优势。

平台作为基础设施，是指平台作为某种能力的集中化供给实体，为全产业乃至全社会提供开放服务。如果说平台的商业模式是以生产关系为主，那么从这一视角看，平台是一种先进生产力要素的提供者。它被称为平台，是由于它的先进性，因此它必须要互补者的开发才能真正发挥出用户的价值。为什么自来水厂可以不引入平台思维，但5G网络运营商却需要？不管在什么地方，自来水都是有价值的，5G具有高速度、高终端管理、低延时、网络切片等特点，如果不与特定行业的应用场景相结合，它几乎没有任何价值。因此，5G网络运营商就需要其他互补者来进行有针对性的开发或包装以发挥出自身价值。

从生态学的视角出发与从平台的视角出发看待基础设施，所得到的启示是完全不同的。如果局限在平台自身，那就是一种平台业务，而平台理论则引导它将注意力集中在外部的互补资产上。从生态的角度看，基础设施是保持整个企业生态的基石，其价值更多体现为对其他产业的帮助（如火爆的中台），并不是非要冲在最前面才能获得成功。总之，生态是由多个平台组成的一个层次化系统结构，平台的观点仅限于企业业务层面，而生态的角度则关注企业层面。

第三节 战略与战略管理

一、战略的内涵和特征

（一）战略的内涵

"战略"（Strategy）一词最早是军事方面的概念。在西方，"strategy"一词源于希腊语"strategos"，意为军事将领、地方行政长官。后来演变成军事术语，指军事将领指挥军队作战的谋略。在中国，"战略"一词历史久远，"战"指战争，略指"谋略"。春秋时期孙武的《孙子兵法》被认为是中国最早对战略进行全局筹划的著作。《反经》里提出"大体为一，用人为二，识人为三"，其中"大体为一"，就是识大体，你做什么事情要有大局观，不能纠结一些细节的东西。《老子》里的"道可道，非常道；名可名，非常名"及"人法地，地法天，天法道，道法自然"亦体现了战略思想。随着工业革命的发展，"战略"一词逐渐被正式引入企业经营管理领域，由此形成了企业战略的概念，20世纪中后期企业战略被正式提出。有关企业战略的研究著作层出不穷，但是西方相关文献中对企业战略没有一个统一的定义，战略管理专家从不同方面对企业战略进行了描述。此处介绍西方一些有代表性的企业战略的概念，帮助读者从不同角度理解企业战略的内涵。

1. 安德鲁斯的定义

美国哈佛商学院教授安德鲁斯认为，企业总体战略是一种决策模式，它决定和揭示企业的目的和目标，提出实现目的的重大方针与计划，确定企业应该从事的经营业务，明确企业的经济类型与人文组织类型，以及决定企业应对员工、顾客和社会做出的经济与非经济的贡献。

从本质上讲，安德鲁斯的战略定义强调要通过一种模式，把企业的目的、方针、政策和经营活动有机地结合起来，使企业形成自己的特殊战略属性和竞争优势，将不确定的环境具体化，以便较容易地着手解决这些问题。

2. 安索夫的定义

安索夫把企业决策分为战略决策、管理决策和业务决策三类，认为战略是企业为了适应外部环境，对目前从事的和将来要从事的经营活动进行的战略决策，即战略是一条贯穿于企业活动与产品及市场之间的"连线"，涉及产品与市场、增长向量、竞争优势与协同作用。

3. 奎恩的定义

奎恩在1989年将战略定义为"一种将企业的主要宗旨、目标、政策和行动次序结合为一个有内聚力的整体之机制或计划"。也就是说，战略包括目的、政策、活动，同时要有一定的模式,要有一种计划。

4. 明茨伯格的定义

明茨伯格借鉴营销学中 4P 的提法,提出了企业战略 5P 观,即战略就是计划、计策、模式、定位、观念。

(1) 战略是一种计划(Plan),是指战略是一种有意识、有预计、有组织的行动程序,解决一个企业如何从现在的状态达到将来位置的问题。战略主要为企业提供发展方向和途径,包括一系列处理某种特定情况的方针政策,属于企业"行动之前的概念"。根据这个定义,战略具有两个本质属性:战略是在企业开展经营活动之前制定的,以备人们使用;战略是作为一种计划写进企业正式文件中的,当然不排除有些不公开的、只为少数人了解的企业战略。

(2) 战略是一种计策(Ploy),是指战略不仅仅是行动之前的计划,还可以在特定的环境下成为行动过程中的手段和策略,一种在竞争博弈中威胁和战胜竞争对手的工具。例如,得知竞争对手想要扩大生产能力时,企业便提出自己的战略是扩大厂房面积和生产能力。由于该企业资金雄厚、产品质量优异,竞争对手自知无力竞争,便会放弃扩大生产能力的设想。然而,一旦对手放弃了原计划,企业却并不一定要将扩大生产能力的战略付诸实施。因此,这种战略只能称为一种威胁竞争对手的计策。

(3) 战略是一种模式(Pattern),是指战略可以体现为企业一系列的具体行动和现实结果,而不仅仅是行动前的计划或手段。即无论企业是否事先制定了战略,只要有具体的经营行为,就有事实上的战略。

明茨伯格认为,战略作为计划或模式的两种定义是相互独立的。实践中,计划往往没有实施,而模式却可能在事先并未计划的情况下形成。因此,战略可能是人类行为的结果,而不是设计的结果。因此,定义为"计划"的战略是设计的战略,而定义为"模式"的战略是已实现的战略,战略实际上是一种从计划向实现流动的结果。那些不能实现的战略在战略设计结束之后,通过一个单独的渠道消失,脱离准备实施战略的渠道。而准备实施的战略与自发的战略则通过各自的渠道,流向已实现的战略。这是一种动态的战略观点,它将整个战略看成是一种"行为流"的运动过程。

(4) 战略是一种定位(Position),是指战略是一个组织在其所处环境中的位置,对企业而言就是确定自己在市场中的位置。企业战略涉及的领域很广,可以包括产品生产过程、顾客与市场、企业的社会责任与自我利益等任何经营活动及行为。但最重要的是,制定战略时应充分考虑到外部环境,尤其是行业竞争结构对企业行为和效益的影响,确定自己在行业中的地位和达到该地位所应采取的各种措施。把战略看成一种定位就是要通过正确地配置企业资源,形成有力的竞争优势。

(5) 战略是一种观念(Perspective),是指战略表达了企业对客观世界固有的认知,体现了企业对环境的价值取向和组织中人们对客观世界固有的看法,进而反映了企业战略决策者的价值观念。企业战略决策者在对企业外部环境及企业内部条件进行分析后做出的主观判断就是战略，因此，战略是主观而不是客观的产物。当企业战略决策者的主观判断符合企业内外部环境的实际情况时，所制定的战略就是正确的；反之，当其主观判断不符合环境现实时，企业战略就是错误的。

战略是一种观念的定义，强调了战略的抽象性，其实质在于，同价值观、文化和理想等精神内容为组织成员所共有一样，战略观念要通过组织成员的期望和行为而形成共享，个人的期望和行为是通过集体的期望和行为反映出来的。因此，研究一个组织的战略，要了解和掌握该组织的期望如何在成员间分享，以及如何在共同一致的基础上采取行动。

5. 迈克尔·波特的定义

哈佛商学院的迈克尔·波特教授认为战略不是经营效率。经营效率是一个企业在从事相同的经营活动时比竞争对手干得更好，效率更高。企业可以因经营效率获得巨大优势，比如通过全面质量管理与持续改进等管理手段做到这一点。但是，从竞争力的角度来看，只依赖经营效率的问题在于，经营效率的最佳实践太容易被模仿。而战略定位则是通过保持一家企业的独特优势而获得持久竞争力，这意味着它采取了与竞争对手不同的运营活动，或者是以不同方式完成同类活动。

几乎没有企业能一直凭借经营效率方面的优势立于不败之地。经营效率代替战略的最终结果必然是零和竞争、价格战，以及不断上升的成本压力。因此，波特认为战略的本质就是选择，即选择一套与竞争对手不同的活动，以提供独特的价值，企业的这种独特定位能够有效避免由于企业间的相互模仿所导致的过度竞争。简而言之，波特认为，战略就是要做到与众不同，要有目的地选择一整套不同于竞争者的运营活动以创造一种独特的价值组合，具有独特的战略定位。战略定位要遵循三大核心准则，具体如下。

（1）通过一系列不同的运营活动，创造出独特且极具价值的定位。战略定位有三个独特来源，它们之间并非彼此排斥，而是经常存在交集。

基于品类的定位（Variety-Based Positioning），即基于产品或服务多样性的选择，服务庞大顾客群的一小部分需求。

基于需求的定位（Needs-Based Positioning），即基于某个特殊客户群体，为其多项需求提供一整套量身定做的运营活动，以最好地满足客户的需求。

基于接触途径的定位（Access-Based Positioning），即根据接触客户的途径，对客户进行细分。

（2）战略需要在竞争时做出取舍——选择不做哪些事。要使战略定位更加健全，并难以被竞争者模仿，我们就必须进行取舍。取舍将使模仿变得困难，因为模仿者会因此侵蚀自己的优势。取舍，即确定你所不要做的事情。

取舍来自企业本身的运营活动,这点更为重要。不同的定位(以及精心设计的种种活动)要求不同的产品配置、设备、员工行为、人员技能与不同的管理体系。比如宜家,它越是为了降低成本而尽量让顾客自己完成家具的运送与组装,就越是无法满足那些要求高品质服务的用户。

取舍也来自对企业内部协作与管控的限制。当高管选择以某一种方式而不是另一种方式竞争时,就明确了该组织所有事项的优先次序。反之,那些试图做所有事情来满足所有客户的企业,会让员工在日常工作中缺乏一个清晰的决策框架,从而可能陷入混乱。

(3)战略意味着要在所有运营活动之间创造一种"配称"。配称(Fit)让企业所有活动彼此互动并互相加强。配称会同时带来竞争优势和可持续性:由于企业的运营活动之间彼此强化,竞争对手就很难模仿。有效的配称能够让企业在运营活动上打造强大的、环环相扣的紧密连接,将模仿者挡在门外。配称有三种类型,但彼此间并不相互排斥。

第一层面的配称是指每项运营活动(或各业务部门)与企业整体战略之间的简单一致性。

第二层面的配称是指各项运营活动的相互加强。比如,露得清瞄准的一些高档酒店给予露得清一项特权,即允许它使用产品的原包装(而其他香皂都是印酒店的名字)。一旦顾客在豪华酒店用过露得清香皂,他们很可能去药店购买或者向自己的医生咨询。于是,露得清得以降低整体的营销成本。

第三层面的配称超越了各项活动的彼此强化,被称为"投入最优化"(Optimization of Effort)。如休闲服装零售商 Gap 认为,确保店内产品的可获得性是其战略中至关重要的因素。Gap 既通过店内库存,也通过仓库补货来保证产品的供应。Gap 对这些活动进行了优化,它几乎每天都从三家仓库选择一些基本款的服装来进行补货,这样可以让店内库存最小化。

战略的成功,依靠的不是仅仅完成几件事情,而是要完成许多事情,并对各项运营活动进行统筹兼顾。如果这些活动之间缺乏配称,那么战略也将失去独特性和可持续性。

在影响战略的诸多因素中,强烈的增长欲望也许是最危险的。追求增长的种种手段往往会淡化企业的独特性,以致产生妥协、破坏配称,并最终削弱企业的竞争优势。企业在应用增长手段时,应该关注于对现有战略定位进行深化而不是拓宽和妥协。

改善经营效率是管理中必不可少的一部分,但这并不是战略。经营效率讨论的是持续变革以及如何实现最佳实践,而战略讨论的是如何界定独特的定位、如何做出明确的取舍、如何加强各项活动之间的配称性。

战略,就是对你所想达成的目标设定限制。你的直觉可能会告诉你:"设限意着无法快速成长，意味着潜能降低。"然而，我们却不断发觉，这并非事实。设限，是为了让你的企业得以壮大。当你设限之后，才有真正的优势、主控权，"有设限才有成长"，"有所不为才有所为"，这是很辩证的法则。

总之，企业战略是企业为取得或保持竞争优势，通过在不断变化的环境中对经营范围、核心资源与经营网络等方面的界定，通过配置、构造、调整与协调其在市场上的活动来确立创造价值的方式，是指导企业实现某种根本趋势的行为准则和目标。认识企业战略要具有时间观念和系统观念。第一，企业战略的着眼点是未来而不是现在。要在正确认识过去的基础上，高瞻远瞩，谋划未来的发展趋势。第二，企业战略关心的企业组织的全局、长期、整体、基本性问题，是系统性考虑企业的发展，不局限于企业局部和眼前利益。企业战略也具有不同类型、层次和结构，是企业各种战略的统称。例如，从类型上看有单一战略和多元化战略；从层次上看有公司战略、业务战略和职能战略；从结构上看企业战略包括企业战略的制定和实施等阶段和步骤。因此，企业战略是一个复杂的系统，研究角度和重点不同，企业战略的分类也不同，但都有利于我们理解和掌握企业战略的内涵。

（二）战略的特征

企业战略是对远景目标以及实现目标的轨迹进行的总体性、指导性谋划，属宏观管理范畴，具有指导性、全局性、长远性、竞争性、系统性、风险性等主要特征。

1. 指导性

企业战略界定了企业的经营方向、远景目标，明确了企业的经营方针和行动指南，并筹划了实现目标的发展轨迹及指导性的措施、对策，在企业经营管理活动中起着导向的作用。

2. 全局性

企业战略立足于未来，通过对国际国内的政治、经济、文化及行业等经营环境的深入分析，结合企业自身资源，站在系统管理的高度，对企业的远景发展轨迹进行了全面的规划。

3. 长远性

"今天的努力是为明天的收获。""人无远虑，必有近忧。"首先，企业战略着眼于长期生存和长远发展，确立了远景目标，并谋划了实现远景目标的发展轨迹及宏观管理的措施、对策。其次，围绕远景目标，企业战略必须经历一个持续、长远的奋斗过程，除根据市场变化进行必要的调整外，制定的战略通常不能朝夕令改，具有长期的稳定性。

4. 竞争性

竞争是市场经济不可回避的现实，也正是因为有了竞争才确立了"战略"在经营管理中的主导地位。面对竞争，企业需要进行内外环境分析，明确自身的资源优势，通过设计适宜的经营模式，形成特色经营，增强企业的对抗性和战斗力，推动企业长远、健康的发展。

5. 系统性

立足长远发展，企业战略确立了远景目标，并需围绕远景目标确定阶段目标及实现各阶段目标的经营策略，以构成一个环环相扣的战略目标体系。同时，根据组织关系，企业战略需由决策层战略、事业单位战略、职能部门战略三个层级构成。决策层战略是企业总体的指导性战略，决定企业经营方针、投资规模、经营方向和远景目标等战略要素，是战略的核心。本书讲解的企业战略主要属于决策层战略。事业单位战略是企业独立核算经营单位或相对独立的经营单位，遵照决策层的战略指导思想，通过竞争环境分析，侧重市场与产品，对自身生存和发展轨迹进行的长远谋划。职能部门战略是企业各职能部门遵照决策层的战略指导思想，结合事业单位战略，侧重分工协作，对本部门的长远目标、资源调配等战略支持保障体系进行的总体性谋划，比如策划部战略、采购部战略等。

6. 风险性

企业做出任何一项决策都存在风险，战略决策也不例外。若市场研究深入，行业发展趋势预测准确，设立的远景目标客观，各战略阶段人、财、物等资源调配得当，战略形态选择科学，制定的战略就能引导企业健康、快速发展。反之，仅凭个人主观想法判断市场，设立的目标过于理想化或对行业的发展趋势预测偏差过大，制定的战略就会产生管理误导，甚至给企业带来破产的风险。

7. 适应性

企业战略应使企业具有一定的适应环境的能力，随着环境的变化，企业的战略也应适当调整来适应这样的变化。

8. 稳定性

企业战略一经制定，在一个较长的时期内要保持不变（不排除局部调整），以利于上下员工的贯彻执行，除非环境发生重大的变化。

9. 现实性

企业战略是在客观的基础上建立的，是基于现有的基础，并且具有实现的可能。

10. 创新性

企业战略的创新性源于企业内外环境的发展变化及市场竞争的需要，守旧、缺乏特色的企业战略是无法适应时代发展和市场竞争的。

二、战略管理的目标和任务

（一）战略管理的目标

作为企业最关键的一项决策活动，企业战略管理具有如下目标。

（1）保证企业的长远发展和盈利能力。企业必须要为自身经营制定正确的战略规划来应对市场竞争压力和各种变化，以实现且不断提高自己的产品和服务在市场上的优势，从而确保企业能够在未来长时间内保持稳定的发展。

（2）对自身核心优势进行发掘与利用。战略管理的第二个目标就是要发掘并发挥自己的核心优势，从而提高自己的相对竞争力。在对企业内部的资源、能力以及核心能力进行全面的分析之后，企业才能结合自己的实际情况，选择出一条最适合自己的战略道路，并且在战略的实施与优化中，持续地提高企业的核心能力。

（3）探索具有创新性的商业模式。为适应不断变化的市场及激烈的竞争，寻求新的商业模式是企业战略管理的一个重要目标。在充分了解和分析市场的基础上，企业可以把创新作为一个重要的战略决定因素。在此基础上，对新的商业模式、新的方案进行不断的试验与实践，为企业的发展注入新的活力与可能。

（4）与各利益相关者加强交流。企业进行战略管理的另外一个目标就是加强与各利益相关者的交流。企业必须对各利益相关者的预期和需求有深刻的理解，这样才能充分地实现企业的发展远景和目标，并与各利益相关者建立起良好的合作关系，从而给企业带来更好的发展前景。

（5）完成对企业文化的塑造与传承。其实，在企业战略管理过程中有一个重要的目标，就是建立和传承企业文化，因为它是企业的灵魂，更是企业的核心竞争力之一。企业务必要在战略决策和管理的实践过程中建立并弘扬企业文化，实现企业的价值和使命，以此来传承优秀的企业文化，并持续推动企业的发展。

总体来说，企业战略管理的目标就是要保证企业的长远发展，保证企业的盈利，发掘并发挥企业的核心优势，不断寻求创新的商业模式，增强与各利益相关者的交流，并实现对企业文化的塑造和传承。唯有不断地优化与执行，才能使企业的愿景和发展目标得以实现，并为企业的长远发展带来新的活力与契机。

（二）战略管理的任务

企业的战略管理过程主要是指战略的选择、确定和执行，它包含了五个互相关联的管理任务（见图1-1）。

（1）对企业进行战略远景规划，明确企业未来的经营业务、范围、发展方向与目标，即为企业制定长远的发展规划，明确企业要努力从事和深耕的领域，让企业有更清晰坚定的目标。

（2）建立目标体系，把企业的战略远景转化为企业要实现的具体绩效指标。

（3）根据预期要实现的结果制定战略完成目标。

（4）对所选定的企业战略进行有效和高效的执行和实施。

（5）根据实际经营情况、多变的内外部环境、机遇、可能的创新点等，全面评估经营绩效，以及时调整目标体系、战略实施甚至发展方向。

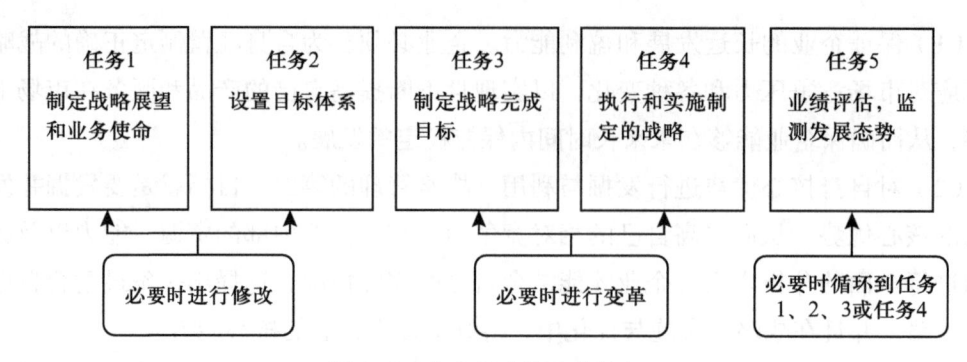

```
任务1              任务2         任务3           任务4            任务5
制定战略展望    设置目标体系   制定战略完成    执行和实施制    业绩评估，监
和业务使命                      目标           定的战略        测发展态势
     ↑              ↑              ↑              ↑              ↑
  必要时进行修改              必要时进行变革                 必要时循环到任务
                                                              1、2、3或任务4
```

图1-1 企业战略管理的任务

　　从上面的例子可以看出，在最初的战略制定过程中，企业必须要解决这样的问题：企业的战略愿景和业务使命是什么？企业的未来在哪里？什么行业是企业不遗余力地想要进军的领域？企业将来会有怎样的商业业务组合？对企业的长期发展方向进行慎重的思考，并得出周全、缜密的结论，将促使企业的管理者对企业当前的业务进行深入的研究和分析，对企业在未来五年或十年中是否需要或如何进行变革有一个全新的认识。企业目前所追求的服务于客户的行为常被称为企业的商业业务使命。企业的使命声明常常有助于清楚地说明企业目前经营的业务和努力要满足的客户需要。但使命声明只是清楚地描述了企业目前经营的业务，并没有对企业的未来发展方向及未来所需要的变革做出必要的描述。在现实生活中，有一项更重要、更必须被执行的管理工作，那就是思考未来企业要怎样才能满足客户的需要，企业的商业组合是否需要因其将来的发展与繁荣而不断进化，以及怎么进化。所以，经理人需要跳出已有的业务使命的圈层，从战略上考虑新技术的演化、变化的顾客需求与预期、新的市场与竞争环境的产生等对企业业务经营范围的影响。如果一家企业的使命宣言对企业现有业务、经营范围和未来发展方向都进行了明确的描述，那么企业业务使命和战略愿景就会统一起来。实际上，企业的使命宣言更多的是描述企业当前的经营目标，对未来的经营目标涉及较少。制定企业未来的战略展望，是企业有效进行战略领导的先决条件。如果不能在一开始就对这个问题给出一个好的结论，那么企业的领导者（管理者）就不能很好地领导企业并准确确定企业的发展方向。反之，如果能够有一个清楚、细致、周全的战略展望，那么企业的领导者（管理者）就会有一座能够指引企业进行战略决策的灯塔，就会有一条清晰的前进道路，就会有企业战略和经营方向的制定依据。因此，明确目标成为战略管理的重要先行步骤。

三、战略管理的基本原则和价值观

（一）战略管理的基本原则

（1）适应环境原则。环境在很大程度上会影响企业的经营目标和发展方向，战略的制定一定要注重企业与其所处的外部环境的互动性。

（2）反馈修正原则。战略管理涉及的时间跨度较大，一般在五年以上。战略的实施过程通常分为多个阶段，在战略实施过程中，环境因素可能会发生变化。此时，企业只有不断地反馈修正方能保证战略的适应性。

（3）整体最优原则。战略管理要将企业视为一个整体来处理，强调整体最优，而不是局部最优。战略管理不强调企业某一个局部或部门的重要性，而是通过制定企业的目标来协调各单位、各部门的活动，使它们形成合力，从而实现整体利益最大化。

（4）全过程管理原则。战略是一个过程，包括战略的制定、实施、控制与评价。在这个过程中，各个阶段互为支持、互为补充，忽略其中任何一个阶段，企业战略管理都不可能成功。

（5）专业分工与全员参与相结合原则。由于战略管理是全局性的，并且有一个制定、实施、控制和修订的过程，所以战略管理绝不仅仅是企业领导和战略管理部门的事，在战略管理的全过程中，企业全体员工都将参与。

（6）从外往里原则。卓越的战略制定是从外往里而不是从里往外。一个企业要想快速地发展，一定要正确地制定企业战略。战略要适应外部环境，能够充分利用外部机会，规避外部威胁，然后发挥企业内部优势，加上企业领导和员工强有力的执行力，这样企业就会稳步地发展。

（二）战略管理的价值观

研究结果表明，美国公司、日本公司、欧洲公司等的发展战略因不同的价值系统而存在着显著的差异，例如虽然有些企业所处的内外经营环境有许多相似之处，但这些企业各自的发展战略却相差甚远。如巨人公司和三株公司虽同为医药保健公司，但多元化、极速扩张是前者采取的战略，而专业化且通过大范围营销来实现市场发展却是后者采取的主要战略。由此可见，各国公司在战略上存在着许多不同，在企业战略管理过程中，价值观念的重要性是不容忽视的。虽然研究背景不同，但众多学者的研究结果表明，企业价值观念与企业战略管理之间存在着紧密的联系。

1. 麦肯锡（McKinsey）7S 理论

20 世纪 80 年代，华特曼、彼得斯、菲利普斯等人首先提出了 7S 理论，帕斯卡、阿索斯等人而后又在日美公司的比较中对 7S 理论进行了验证。"7S"代表战略（Strategy）、结构（Structure）、制度（System）、风格（Style）、员工（Staff）、技能（Skills）和共同价值观（Shared Values）。其中，共同价值观（Shared Values）在战略管理过程中发挥了关键作用。企业只有有机结合上述各要素，才能使企业获得成功。Peters 和 Waterman 于 20 世纪 80 年代在其著作《追求卓越》中清楚地表明：对服务、质量和创新的推崇，是一家成功的公司或追求卓越的公司所共有的，它们为公司带来了竞争优势，因此，它们也是进行战略管理时必须要重视的要素。

2. 文化五维度理论

按照荷兰的霍夫斯蒂德的观点，不同国家（民族）之间的文化差异表现为五个维度，即权力距离、对不确定性的逃避程度、个人/集体主义、阳刚/阴柔意识和短期/长远取向，这五个维度其实就代表价值观的五个方面。权力距离是指组织内的人对权力分配不均的一种接受程度。权力距离越大，代表战略决策时更专制独裁，如集权组织结构；而权力距离越小，说明人们更加期盼民主、分权的组织结构。在集体主义趋势下，人们更多地受到关系密切的社会团体的制约，更多地倾向于将团体内部和外部的人区分开来；而生活与情感独立和注重隐私保护则是个人主义趋势下的价值观。阳刚/阴柔的意识主要反映在人们对于竞赛的观念上，阳刚的意识主张激烈竞赛，阴柔的意识主张适度和谐、关怀他人、关注生活品质。人们回避不确定因素其实就是回避风险。通常，人们都倾向于通过构建一个高度正式化、制度化和层级化的组织来避免风险。具有冒险型价值观的人则是特例，他们倾向于灵活性与不确定性。短期/长远取向是权衡未来和当前利益的一种倾向。

3. 普拉哈德的定向思维观点

普拉哈德认为的定向思维是一种价值观念。他指出在长时间的运作中，企业会发展出一套系列的定向思维，它是企业评判事情好坏的基础，就好像是一台过滤器，让企业在分析各种数据和信息与制定策略的时候，只关注其中的一部分，忽视另外一部分。

4. 战略管理的文化学派

文化学派在价值观对战略管理的影响方面已略有研究成果。这一学派的核心思想为以企业信念、价值观以及战略认知等为核心的社会互动过程就是企业战略管理。该学派指出价值观实际上在企业整个战略管理过程中并不只是起着基础性与指导性作用。

第四节　战略管理层次

一、公司层战略：战略定位和组织范围

公司层战略又称为总体战略，是企业最高层次的战略，是企业整体的战略总纲。在存在多个经营单位或多种经营业务的情况下，企业总体战略主要是指集团母公司或者公司总部的战略。总体战略的目标是确定企业未来一段时间的总体发展方向，协调企业下属的各个业务单位和职能部门之间的关系，合理配置企业资源，培育企业核心能力，实现企业总体目标。它主要强调两个方面的问题：一是"应该做什么业务"，即从企业全局出发，根据外部环境的变化及企业的内部条件，确定企业的使命与任务、产品与市场领域；二是"怎样管理这些业务"，即在企业不同的战略事业单位之间如何

分配资源以及选取何种成长方向等,以实现企业整体的战略意图。

企业战略层次如图 1-2 所示。

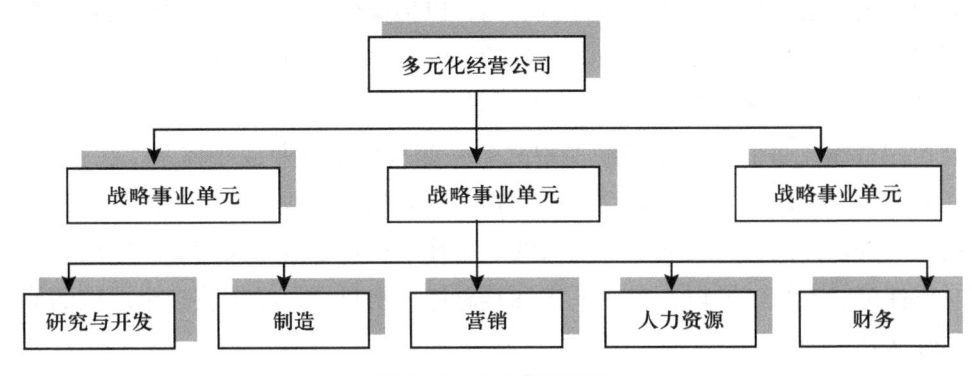

```
          多元化经营公司
    ┌──────────┼──────────┐
 战略事业单元  战略事业单元  战略事业单元
    ┌────┬────┼────┬────┐
 研究与开发 制造 营销 人力资源 财务
```

图 1-2　企业战略层次

二、事业层战略:市场定位和竞争优势

事业层战略又称为经营单位战略。现代大型企业一般都同时从事多种经营业务,或者生产多种不同的产品,有若干个相对独立的产品或市场部门,这些部门即事业部或战略经营单位。由于各个业务部门的产品或服务不同,所面对的外部环境(特别是市场环境)也不相同,企业能够对各项业务提供的资源支持也不同,因此,各部门在参与经营的过程中所采取的战略也不尽相同,各经营单位有必要制定指导本部门产品或服务经营活动的战略,即事业层战略。事业层战略是企业战略业务单元在公司战略的指导下,经营管理某一特定的战略业务单元的战略计划,是具体指导和管理经营单位的重大决策和行动方案,是企业的一种局部战略,也是公司战略的子战略,处于战略结构体系中的第二层次。事业层战略着眼于企业中某一具体业务单元的市场和竞争状况,相对于总体战略有一定的独立性,同时又是企业战略体系的组成部分。事业层战略主要强调的问题是:在确定的经营业务领域内,企业如何展开经营活动;在一个具体的、可识别的市场上,企业如何构建持续优势等。其侧重点在于以下几个方面:贯彻使命、分析业务发展的机会和威胁、分析业务发展的内在条件、明确业务发展的总体目标和要求等。对于只经营一种业务的小企业,或者不从事多元化经营的大型组织,事业层战略与公司战略是一回事。所涉及的决策问题是在既定的产品与市场领域,应在什么样的基础上开展业务,以取得顾客认可的经营优势。

三、职能层战略:资源配置和绩效管理

职能层战略是为贯彻、实施和支持公司战略与业务战略而在企业特定的职能管理领域制定的战略。职能战略主要回答某职能的相关部门如何卓有成效地开展工作的问题,重点是提高企业资源的利用效率,使企业资源的利用效率最大化。其内容比业务

战略更为详细、具体，其作用是使总体战略与业务战略的内容得到具体落实，并使各项职能之间协调一致，通常包括营销战略、人事战略、财务战略、生产战略、研发战略等方面。公司层战略倾向于总体价值取向，以抽象概念为基础，主要由企业高层管理者制定；事业层战略主要就本业务部门的某一具体业务进行战略规划，主要由业务部门领导层负责；职能层战略主要涉及具体执行和操作问题。

公司层战略、事业层战略与职能层战略一起构成了企业战略体系。在企业内部，企业战略管理各个层次之间是相互联系、相互配合的。企业每一层次的战略都为下一层次的战略提供方向，并构成下一层次的战略环境；每层战略又为上一层战略目标的实现提供保障和支持。所以，企业要实现其总体战略目标，必须将三个层次的战略有效地结合起来。

第五节　战略管理过程与战略管理者

一、战略规划过程：目标设定、环境分析、战略选择和战略实施

（一）目标设定

企业战略目标是对企业进行战略经营活动预计获得主要成果的期望值。战略目标的设定，同时也是企业宗旨的拓展和细化，是企业宗旨中既定的企业经营目的、社会使命的进一步明确和规定，也是企业在认定的战略经营范围开展战略经营活动所需达到水平的详细界定。盈利能力、市场占有率、研发成果、生产能力、人力资源、社会责任实现等方面的内容都可作为企业战略目标。

（二）环境分析

政治、经济、社会、技术四类环境通常称为企业外部环境。从外部环境能否直接影响企业看，可分为一般环境和具体环境。一般环境是指对社会中所有企业产生影响的宏观环境，它能对企业产生间接影响。具体环境是指能更直接地影响某个企业的微观产业环境，诸如与本企业有关的竞争对手、用户、供应者等的战略性行为。企业的外部环境因素由影响企业经营管理活动和发展的诸多客观因素与力量共同构成，它是由短时间内不为企业所控制的相关变量构成的，是企业不能掌控的因素。企业内部环境因素是指企业在经营活动中已经拥有的和可以获取的资源，例如人力、物力、财力等方面的数量多少和质量高低，能够体现企业所具备的优劣势。

通常情况下，企业通过分析内外部因素和组合，可以找到企业发展机遇，从而确定企业的使命，并以此为基础，制定出合适的企业目标和战略。

（三）战略选择

战略是企业为实现长远目标的行动方案。在进行战略选择时，企业要及时对自身

当前面临的重大机遇提出相应的长期目标以及为实现长期目标可采取的经营战略，然后再根据长期目标和经营战略，提出短期目标和具体的经营方案。当然，企业在制定战略时，通常会提出多个战略方案，企业要根据评价标准和评估方法等对各方案进行比较、分析和评价，以确定一个能最大可能实现企业长期战略目标的战略组合。通常企业在选择战略时可以使用两个标准进行战略方案评估：一是评估所选战略是否能使企业发挥自身优势、克服劣势，所选战略是否使企业把当前面临的机会利用了起来，是否使企业将自身面临的威胁削弱到最低程度；二是考虑选择的战略能否为企业利益相关者所接受。

（四）战略实施

战略转化为行动即为战略实施。战略实施过程中主要涉及以下几个问题：①如何利用企业现有资源；②为了实现企业设定的战略目标，还需要拓展哪些外部资源，后续如何分配及使用拓展所得的资源；③确定战略后，需要对组织结构做哪些调整才能确保战略目标的实现及战略的有序推进；④如何进行企业文化管理；等等。

二、战略评估和控制：绩效评价、战略修正和变革管理

（一）企业战略绩效评价与控制

企业战略绩效评估的目的是检验和评估战略的执行情况，并对已制定的战略进行及时的调整，从而使预期目标得以实现。检视战略内部基础、对比预期和实际结果以及制定改善措施确保行动紧跟计划是战略绩效评价的三个主要内容。

企业战略控制主要指的是，在企业战略的实施过程中，对企业为了达成目标而开展的各种活动的进度进行检查，对企业在实施企业战略之后的绩效进行评估，并将实施企业战略之后的绩效与先前制定好的战略目标和绩效标准进行对比，找出与战略存在的差异，对造成差异的因素进行分析，然后对这些差异进行修正，从而使企业战略的实施与企业目前所面临的内部和外部环境、企业目标更加协调，进而使企业战略真正落地。

（二）企业战略修正

企业战略修正指的是以企业形势的发展变化为依据，也就是以实际的经营事实、变化的经营环境、新的思维和新的机遇为依据，对所制定的战略进行及时的调整，以确保战略对企业经营管理的指导具有有效性。其中包括了对企业战略前景的调整、对企业长期发展方向的确定、对企业目标体系的确定等内容。

（三）企业战略变革管理

在市场竞争日趋白热化的今天，我国企业面对的市场环境中出现了越来越多的不确定因素。一个企业的发展过程反映着其战略变化过程，一个企业若能实现持续发展，就一定在战略变革上取得了成功。著名企业家张瑞敏曾说："企业发展过程实际上就是

战略转移的阶段性连接，旧的战略不断地、不失时机地被新的战略替代，这样才能使企业不断达到新的高度，赢得长期持续发展。"

为形成可持续竞争力，企业依据其所处经营环境已经或预计发生的变化，按照环境、组织和战略三者间动态协调的原则，使企业战略内容产生可持续性和系统性改变的过程叫企业战略变革。企业若想在战略变革中取得成功，一是要以高层管理者为核心，组建一支具有高素质、较强战略能力的战略变革管理团队；二是对企业的内外部条件进行全面科学的评价，从而为企业的转型提供一种适合的战略变革模式；三是在战略实施上，可以对新战略与各组织因素以及各阶段的实施效果之间的动态关系进行协调；四是将企业战略变革与人力资源有机地结合起来；五是培育并优化企业的战略学习体系。

传统看法认为战略变革是不频繁的，有时是一次性的，而且规模很大。但是，近年来，人们常常把企业的战略成熟化看作是一个不断改变的过程，一种战略的改变通常会引起另一种或几种战略的改变。可见，在企业的生命周期中，基本的战略变革比较少见，而渐进式的变化（可能是战略性的）则比较频繁。所以，在许多案例中，渐进的改变会使得战略发生改变。

企业战略管理的实践证明，战略决策与战略执行都是至关重要的，一个好的企业战略只是取得成功的先决条件。反之，如果企业没有制定出适合自己的战略，但在执行过程中，可以弥补原来战略的缺陷，那么，就有可能使战略得到改进和成功。当然，如果选择的战略有缺陷，而在执行过程中又未能及时纠正，最后企业的战略则只能以失败告终。

三、高层管理者的角色与职责

企业的管理，从上到下一共有四个层次，分别是：董事会，管理层，执行层，辅助层。而管理团队，按照级别和能力，又可以分为三个层次：高层，中层，底层。在企业中，对董事会负责、报告企业运营情况、执行董事会的各项决议、承担企业日常运营管理责任、为企业谋发展谋出路的人员就是企业高层管理者（可简称为高管）。

高管最重要的职责之一就是设定企业的目标，在考虑外部和内部环境资源的基础上，做出战略性的决定，以达到所设定的目标，并领导中层的管理团队完成这些目标。高管要对自己的角色定位和企业目标有一个清晰的认识，要能够担起大任，谋求发展，做到尽职尽责。高层管理人员能在企业中同时承担多重职责，并能为企业创造价值和达成目标。

（一）企业战略制定者

高层管理人员是企业经营管理第一梯队中最重要的核心管理人员，他们是企业战略及经营策略的先导者，即以目标为导向，明确内部资源和外部环境情况，通过运用

SWOT 模型进行分析，最终主导制定组织战略。具体来说，就是要有战略领导、目标分解、授权、监控，要有调查，抓数据，多研究，关注实效。高层管理人员负责对企业的战略蓝图进行调查、研究、分析，并以此为依据，做好企业战略规划，对企业的经营战略和各职能战略进行清晰的阐述。比如，企业选择了"增长型创新发展战略"，则要相应地制定市场拓展、人才开发与引进、技术研发、生产运营等职能战略。战略是否能最终落地，取决于有没有按照 SMART 原则，把战略目标分解为各个部门的目标，以及把各个部门的目标分解为各个岗位的 KPI 指标。

（二）企业外部资源获得者

丰富的各方资源是企业发展与成长的强大支撑。在职权范围内，高层管理人员拥有资源的审批与决策权。只有进行有效的时间管理，充分地授权和控制，才能更好更高效地配置和使用资源，尽可能地创造更大更多的价值。比如，在资金获得方面，企业可以进行外部股权融资、引进合作伙伴、出售设备等。而人才是一个企业发展中最具有能动性的资源，通过员工分红、股权激励、高薪策略、培训等方式可为企业引入所需要的优秀人才，促进企业的长远发展。

（三）中层人员的导师和教练

高层管理人员拥有出色的综合专业知识和管理技能，对企业产品和服务的商业过程、企业财务管理、团队建设等都非常熟悉甚至了如指掌。高层管理者不仅是企业的领导者，更是中层管理者的导师和教练。高管安排项目实践、参访考察、EMBA 研究教育、专项技术培训、委外管理类专项培训等，能使中层管理者成为懂专业、善经营、会管理的高绩效者。

作为导师和教练，高管关注的关键点是规划和执行两大核心计划：核心人才培养计划和管理者接班人计划。对人才的管理，要做到"以德为本，以效率为先，兼顾公平"，要对各种类型的人才进行盘点，激活增量，升华余量。

（四）企业精神领袖

高管是企业的精神领袖，在远景、使命、价值观方面率先垂范。通过利用各种管理会议报告、读书分享会、专项研讨培训、座谈交流会、网站 ERP、企业期刊、OA 系统等，在企业的文化阵地上，对正能量和积极向上的企业文化进行宣传。

（五）企业领导者

千军易得，一将难求。作为一个企业的领导者，高管在项目开发、调研、团队带领、思维先行上，主要处理道、天、地、将、法关键五事。简言之，顺势而为，通晓变化规律；熟悉政策法规；调查与研究自然环境，因地制宜；打造人才梯队；推行文化法治。

（六）优秀的自我开发者

高层管理者必须严格要求自己，宽容对待他人，需要不断跟上时代，不断学习，不断进步。高管不仅要在书籍中学习管理知识和相关专业知识，更要在实际工作中总结复盘，对各个层次的知识库进行有效的整合和梳理，并对其进行优化，规划好培训体系，逐步构建出一个学习型组织，用提高学习力的方式来打造强大的团队执行力。

总之，高管要有战略眼光和目标意识，要做到德能匹配、权责明确，通过"定战略""抓管理""带团队"，做到人员岗位合适，还要把管理体系化、经营指标化、执行流程化、操作电子化，这样才能达到企业的经营目标，才能使企业的员工与企业实现共同发展。

四、战略领导与企业文化

（一）战略领导的概念及工作内容

战略领导是指企业在面临不断变化的内外部环境时，能够保持远见与预见，能够有效地整合企业的资源与知识，能够灵活应变，并在需要的时候赋予他人产生战略变化的能力。战略领导的工作主要有：确立企业的战略方向，建立企业的核心竞争力，培育企业的智力资本，建立有效的企业文化，加强道德规范，变革企业文化，调整企业的经营方式。

（二）企业文化的定义与特征

1. 企业文化的定义

广义上，企业文化是企业在建设与发展过程中，所创造出来的一种物质与精神文明的总称。这一定义包含了企业管理的软件与硬件，以及显性与隐性两个部分的文化。从狭义上来看，企业文化是企业在生存和成长过程中所形成的为其所特有且为企业内成员所共同认可的价值标准、行为规范、思维方式、心理预期等群体意识的总和。

2. 企业文化的特征

（1）意识性。对企业来说，优秀的企业文化应该被看作是企业宝贵的"无形资产"。它是一个企业中的一种群体意识现象，是被认同的一种意念性行为取向或精神理念。但是，这种文化的意识性特点并不排除它可以被概括地表达出来。

（2）系统性。团队精神、共同价值观和行为规范等共同组成了企业文化，这些要素是相互依赖、相互联系的关系。企业文化具有系统性，同时它又是建立在特定的社会背景下，受到社会文化的影响和渗透，并随着社会文化的发展而不断调整。

（3）凝聚性。企业文化具有很强的凝聚性，它总是能给人一种信念感，展现一种共同态度，企业内成员的思维方式与三观会被这种文化深深影响。因此，企业内的人往往为其所信仰的"哲学"所驱动，其功能相当于"黏合剂"。一个好的企业文化能够营造出好的企业氛围，可以鼓舞企业员工的斗志，提高企业的团队凝聚力。

（4）导向性。导向性是企业文化的深层次特性，企业文化决定着企业员工的行为规范和价值取向，对员工行为有最长久、最深远的影响。企业文化是一种导向型的文化，就如英雄人物常常是组织价值观的人格化，也是组织实力的集中体现，他能明确地表明在组织中应该倡导哪些行为，反对哪些行为，从而让组织成员的行为符合组织目标的要求。

（5）可塑性。对于一个企业来说，企业文化并不是一开始就存在的，它是这个企业在生存和发展的过程中逐步总结出来的，它的培育和积累可以通过后天努力完成，而已形成的企业文化也不是一成不变的，它会随着企业内部和外部环境的改变而调整。

（6）长久性。长久性是指一个企业文化塑造和重生的过程会持续很长一段时间，并且是一个极为复杂的过程。一个企业的共同价值、精神导向和集体意识，不可能在短时间内就形成。在企业文化创造的过程中，还牵扯到了对企业与外部环境之间的适应性进行调整的问题，同时还需要使企业的每一位成员之间达成一致。

五、战略管理者的核心素质与能力

（一）战略管理者的含义

战略管理者是指具有战略管理思想，善于战略思维，具有战略能力，掌握战略实施艺术，从事研究和制定战略决策，指导企业开拓未来的企业高层决策群体。

战略管理者的特征是用战略思维进行决策。战略，本质上是一种动态的决策和计划过程，追求的是长期目标，行动过程是以战略意图为指南，以战略使命为目标基础。因此，战略的基本特性是行动的长期性、整体性和前瞻性。

对战略管理者而言，要将领导的权力与全面调动组织的内外资源相结合，实现组织长远目标，对组织的价值活动进行动态调整，在市场竞争中站稳脚跟的同时，积极竞争未来，抢占未来商业领域的制高点。战略管理者认为组织的资源由有形资源、无形资源和有目的地整合资源的能力构成。他们的焦点经常超越传统的组织边界范围，进入组织之间的相互关系地带，并将这种区域视为组织潜在的利润基地。

（二）战略管理者的行为模式与核心素质特点

一般地，战略管理者具有以下几个基本素质：道德与社会责任感、眼睛向前的素养、随机应变的能力、开拓进取的品格、丰富的想象力、某种程度上偏激的心态。根据西方学者的实证研究，有五种战略管理者行为模式，分别是开拓者、征战者、谨慎者、重效率者和守成者。不同的战略方向选择决定了战略管理者不同的行为特征。换言之，每种战略方向对战略管理者的素质和行为都有特殊的要求，战略管理者的素质与行为要与其选择的战略方向保持一致，否则将可能遭遇战略失败的风险。领导者需要具备一定的能力，对战略的制定要精准，执行时需要组织支持和资源保障，最终影响执行者的行为模式。战略领导者的风格决定一个企业战略的成败。

1. 开拓者的核心素质特点和行为特征

开拓者的核心素质特点表现为：非常灵活，不受常规束缚，富有创造性，性格外向,有鉴别力和魄力,容易受环境驱使,极富有主观能动性,思维方式往往很直观,有时候甚至是非理性的思维,有独创性。然而,开拓者们过于积极好动的性格有时候会表现出蛮干、多疑、性急、偏离常规等特征。

开拓者的行为特征主要表现为:喜欢寻求新奇的冒险,善于创造,具有外向型的工作重心,靠创新和领袖魅力来领导,接受一切未知的变革。

2. 征战者的核心素质特点和行为特征

征战者的核心素质特点表现为:有节制地不遵守常规,具有发展新事物的创造性,性格外向,精力充沛,对情绪有较强的自制力,性情平稳,思维方式表现出理性而不恪守常规的特点。

征战者的行为特征主要有:喜欢寻求不平凡的冒险,有创造精神,致力于创业性活动,具有外向型的工作重心,依赖于严格的协调来领导下属,常采用的工作方法为收益分析、方案分析和德尔菲法,对变革的态度是接受间接性变革,成功的模式有多元化经营,即征服竞争者,争取一切机会。

3. 谨慎者的核心素质特点和行为特征

谨慎者的核心素质特点有:遵守常规,性格温和,与人为善,善于合作,守信誉,追求平稳发展,思维方式为有条不紊,严肃认真,专一。

谨慎者的行为特征为:追求通常的冒险,善于计划,工作重心放在企业内部和外部平衡点上(既重视内部,又重视外部),靠目标来领导,工作方式为直面现状并追求最优化,对变革的态度是接受渐进式的变革,成功的模式为追求有效的增长,致力于提高市场占有率。

4. 重效率者的核心素质特点和行为特征

重效率者的核心素质特点有:教条,死板,重视规章制度,恪守程序,靠外界刺激前进而不是主动出击,思维方式过于理性,不思变革。

重效率者的行为特征有:接受通常的冒险,善于组织生产和控制成本,致力于稳定增产和降低产品成本,工作重心放在企业内部,主要依靠奖惩与控制来领导下属,着眼于当前发生的事情而不是未来将要发生的事,工作方法包括投资分析、作业研究、工艺革新、会计等方法,对待变革的态度为接受最低限度的变革,成功的模式主要是追求高效率的生产。

5. 守成者的核心素质特点和行为特征

守成者的核心素质特点为:驯服,古板,有教养,善于合作,性格稳重,冷静,缺乏主动性和激情,过于理智,缺乏创造能力,思维方式单一,不善于独立思考和提出疑问,善于接受他人尤其是权威人士的观点。

守成者的行为特征有:回避风险,以惯例为行为准则,工作重心放在企业内部,重视指挥和监督,常以过去的情况作为参照系而不是着眼于未来,工作方式为发现差错、追究责任、惩罚责任者并警戒他人，成功的模式为在稳定中求生存，将维持现状和保住自己的势力范围视为成功。

本章小结

在当前经济环境多变的情况下，企业进行战略管理时需要对市场和环境、国际化和合作、科技和创新、道德以及企业内部管理等多个方面进行充分考虑，从而持续提升企业的综合实力，应对各种社会环境和市场的挑战。用于实现战略、执行策略的行动技术叫战术。而战略将企业目标与策略结合，全面计划与指导企业的愿景、使命和定位等。其中，战略研究的核心问题是确立未来发展方向以及采取何种策略。对战略的认识应该包括：战略的重点在于方向，而非方法；战略重效果轻效率；战略的重点在于做对事。

企业战略管理的理论流派主要有经典、现代和新兴三种。竞争战略理论（即经典理论）主要分为行业结构、核心能力和战略资源三个学派；而现代理论学派则是以"动态能力"与"知识管理学"为研究重点；当前新的研究热点是"平台经济"和"生态系统思维"。战略管理的关键就是要给自己的企业找一个独一无二的、有别于其他企业的位置，这是企业成功的先决条件。企业战略的主要特点是：指导性、全局性、长远性、竞争性、系统性、风险性、适应性、稳定性、现实性、创新性。

◆ **本章思考题**

1. 阐述对战略的理解。战略管理的理论流派有哪些？
2. 阐述企业战略管理的原则和价值观。
3. 阐述企业战略管理的层次。
4. 阐述战略规划过程。什么是战略管理者？

第二章 数字化概述

正确理解数字化，是企业实现数字化转型并有效运用数字技术的前提。本章将重点介绍数字化的本质以及数字化的现状和发展趋势。

第一节 数字化的发展历程

一、数字化的概念

（一）数字化的起源

数字化是指将信息转化为数字形式进行处理、存储和传输的过程。数字化的起源可以追溯到早期人类开始使用计数系统。古代人类使用各种方法来计算和记录数量，如使用石头、木棍或记号等。这些早期的计数系统为后来数字化的发展奠定了基础。

随着时间的推移，数字化经历了不断的演变和发展。首先是阿拉伯数字系统的出现，它是一种十进制数字系统，使用了 0 到 9 的数字和位置记数法。阿拉伯数字系统在公元 9 世纪左右由阿拉伯数学家建立，并逐渐被全世界广泛接受和使用。

随后，人们开始尝试使用机械计算设备进行数值计算。早期的机械计算设备包括算盘和早期的计算器，虽然操作比较烦琐，但能进行基本的数值计算。然而，真正推动数字化进一步演变的是电子计算机的出现。20 世纪上半叶，电子计算机利用二进制系统进行运算和数据存储，能够更快速和准确地处理数字信息。随着电子计算机的不断进化和发展，数字化在各个领域的应用也不断扩展。

在 20 世纪末和 21 世纪初，互联网的普及和信息技术的飞速发展进一步推动了数字化的演变。互联网的出现使得数字信息的传输和共享变得更加便捷和全球化。数字化媒体、电子商务、在线教育等各种数字化应用和服务的出现改变了人们的生活和工作方式。

近年来，大数据和人工智能技术的快速发展进一步推动了数字化的进程。大数据技术可以处理和分析庞大的数字信息，从中提取有价值的知识和洞见。人工智能技术使得机器能够模拟人类智能，从而实现更加智能化的数字化应用和服务。

（二）数字化的演变

数字化的演变源自人类对数字和计算的理解和应用不断深入，数字化技术的发展也在不断推动社会的变革。这一演变过程可以分为三个方面：数字转换、数字化和数字化转型。

数字转换是指利用数字技术将信息由模拟格式转化为数字格式的过程，有时也被称为计算机化。这个概念在电子数字计算机出现后不久就出现，具体可以追溯到20世纪50年代中期。数字转换的核心目标是利用数字技术处理和存储数据，以提高效率和准确性。这一阶段主要是将纸质或模拟形式的数据转换为数字形式，为后续的数字化奠定了基础。

数字化是指将数字技术应用到业务流程中，并帮助企业（组织）实现管理优化的过程。数字化出现在数字转换之后的阶段，主要关注数字技术对业务流程的集成优化和提升。它强调了利用数字化工具和技术来改善业务流程的效率、精确性和可靠性。数字化推动了组织内部各个环节的数字化改革，包括数据管理、流程自动化、信息共享等，从而提升了组织的运营效率和竞争力。

数字化转型是在数字化的基础上进一步发展起来的概念，最早由国际商业机器公司在2012年提出。数字化转型强调了应用数字技术来重塑企业（组织）的客户价值主张并增强客户交互与协作。它强调了数字技术对企业战略、模式、能力和文化等方面的深刻影响。数字化转型不仅仅是技术的应用，更是对企业全方位的变革和创新。它推动了企业从传统的业务模式向数字化、智能化和创新型的模式转变，以适应不断变化的市场和客户需求。

（三）数字化的范围

数字化可以分为狭义的数字化和广义的数字化。狭义的数字化主要是利用数字技术对具体业务、场景进行数字化改造，更关注数字技术本身对业务的降本增效作用。广义的数字化则是利用数字技术，对企业、政府等各类组织的业务模式、运营方式进行系统化、整体性的变革，更关注数字技术对组织的整个体系的赋能和重塑。

狭义的数字化，是指利用信息系统、各类传感器、机器视觉等信息通信技术，将物理世界中复杂多变的数据、信息、知识，转变为一系列二进制代码，引入计算机内部，形成可识别、可存储、可计算的数字、数据，再以这些数字、数据建立起相关的数据模型，进行统一处理、分析、应用，这就是数字化的基本过程。广义上的数字化，则是通过利用互联网、大数据、人工智能、区块链、人工智能等新一代信息技术，来对企业、政府等各类主体的战略、架构、运营、管理、生产、营销等各个层面进行系统性的、全面的变革，强调的是数字技术对整个组织的重塑，数字技术能力不再只是单纯地用于解决降本增效问题，而成为赋能模式创新和业务突破的核心力量。

数字化的范围会因为场景、语境的不同而不同，对具体业务的数字化多为狭义的数字化，对组织整体的数字化变革多为广义的数字化，广义的数字化包含了狭义的数字化。无论是狭义的数字化还是广义的数字化，均是在信息化高速发展的基础上诞生和发展的，但与传统信息化条块化服务业务的方式不同，数字化更多的是对业务和商业模式的系统性变革、重塑。

（四）数字化的作用

数字化打通了企业信息孤岛，释放了数据价值。信息化是充分利用信息系统，将企业的生产过程、事务处理、现金流动、客户交互等业务过程，加工生成相关数据、信息、知识，来支持业务的效率提升，更多是一种条块分割、烟囱式的应用，而数字化则是利用新一代ICT技术，通过对业务数据的实时获取、网络协同、智能应用，打通企业数据孤岛，让数据在企业系统内自由流动，使数据价值得以充分发挥。

数字化使数据成为主要生产要素。数字化以数据作为企业核心生产要素，要求将企业中所有的业务、生产、营销、客户等有价值的人、事、物全部转变为数字存储的数据，形成可存储、可计算、可分析的数据、信息、知识，并与企业获取的外部数据结合在一起，通过对这些数据的实时分析、计算、应用来指导企业的生产、运营等各项业务。

数字化变革了企业生产关系，提升了企业生产力。数字化让企业从利用传统生产要素转向以数据为生产要素，从传统部门分工转向网络协同的生产关系，从传统层级驱动转向以数据智能化应用为核心驱动，让生产力得到指数级提升，使企业能够实时洞察各类动态业务中的一切信息，实时做出最优决策，使企业资源合理配置，适应瞬息万变的市场竞争环境，实现最大的经济效益。

二、信息技术的发展对数字化的推动

在当代社会中，信息技术的快速发展对数字化产生了巨大的推动作用。信息技术的不断创新和进步，如互联网、移动通信、云计算和人工智能等的发展，极大地改变了人们的生活和工作方式，推动了数字化在各个领域的广泛应用和发展。本部分将探讨信息技术的发展对数字化的重要影响，以及其在商业、教育、家居和娱乐等领域的具体应用。

（一）互联网和数字化交流

互联网的普及使得人们可以以前所未有的速度和便利性获取各种数字化内容。通过互联网，人们可以迅速搜索新闻、音乐、电影等，不再局限于传统的纸质媒体或有限的电视广播渠道。这大大拓宽了人们获取信息的渠道，使得知识和娱乐资源得以更广泛地传播和共享。这种互联网和数字化交流的兴起推动了社交和协作的数字化。人们可以在虚拟空间中建立和维系社交网络，分享生活点滴、观点和经验，形成数字化社群。在这个数字化社群中，人们可以寻求帮助、获取信息、合作创新，从而促进了知识传播和协作的数字化。无论是个人还是组织，都可以通过数字化交流和协作来推动合作、创新和共同发展。

（二）移动通信和数字化生活

移动通信技术的迅猛发展彻底改变了人们的生活方式，使得数字化生活成为现实。首先，随着移动通信技术的进步，智能手机等移动设备已经成为人们日常生活中不可或缺的工具。这些便携设备赋予了人们随时随地获取和传输数字化信息的能力。通过智能手机，人们可以浏览互联网、收发电子邮件、查看社交媒体，甚至进行视频通话。不仅如此，移动通信技术的快速发展还使得数据传输速度不断提升，网络覆盖范围不断扩大，进一步促进了人们在移动环境中的数字化互动和连接。其次，移动应用程序的广泛应用对人们的生活产生了深远的影响。移动支付应用如支付宝、Apple Pay 和 Venmo 等的普及使得人们可以方便快捷地进行电子支付，不再依赖传统的现金或信用卡。在线购物平台如亚马逊、淘宝等的兴起使得人们可以随时在移动设备上购买商品，并享受快速的配送服务。智能家居如智能音箱、智能空调等的普及使得人们可以通过语音指令或手机应用来控制家居设备，提高生活的便利性和舒适度。这些移动应用程序的广泛应用不仅改变了人们的购物习惯和生活方式，也为人们提供了更多便捷和个性化的数字化服务。

第二节　数字化的发展现状

数字化经济是指以数字化的知识和信息作为关键生产要素、以现代信息网络作为重要载体、以信息通信技术的有效使用作为效率提升和经济结构优化的重要推动力的一系列经济活动。随着新一代信息技术的发展和应用，数字化经济在全球范围内快速发展，对经济增长、产业结构、资源配置、竞争格局等方面产生了深刻的影响。

一、全球数字化经济的现状与影响

数字化经济是指基于数字技术和数据的经济活动，包括生产、交易、消费和创新等方面。全球数字化经济的影响是多方面的，既有积极的一面，也有挑战和风险。

全球数字化经济促进了国际贸易和投资的增长和多样化。数字技术和数据使得跨境交易更加便捷、低成本和高效，也创造了新的商业模式和市场机会。例如，电子商务、数字服务、云计算、人工智能等领域都有着广阔的发展前景。参与数字经济的各大经济和地缘政治主体对于数据流动以及更广泛的数字经济的治理模式差异极大，除极个别情况外，在区域和国际层面几乎没有共识可言。世界范围内颇具影响力的治理模式主要有三种。简言之，美国模式强调私营部门控制数据，中国模式强调政府控制数据，而欧盟倡导基于个人权利和价值观的个人数据控制。目前整体来看，各方在治理模式上存在分歧。此外，全球性数字企业正积极扩展其数据生态系统。

众方争夺技术领导地位，因为掌控数据和关键技术（尤其是人工智能）能带来经济和战略优势。这会导致数字空间和互联网分化，可能形成各自主导的数据驱动数字经济，违背了互联网的自由、去中心化和开放初衷。从经济角度来看，这并非最佳选择，因为互操作性能产生更大的收益。各经济体依据自身优势发展特色数字经济：中国侧重于产业基础和市场优势，有效市场与有为政府相互促进；美国凭借持续的技术创新，巩固数字经济全球竞争力；欧盟领先探索数字治理规则，打造统一的数字生态；德国倚重强大制造优势，引领全球制造业数字化转型；英国完善数字经济布局，以数字政府引领数字化发展。

全球围绕数字经济关键领域加快部署、推动发展。在技术赋能方面，以5G和人工智能为代表的技术进步和产品创新快速演进，并加速与垂直行业深度融合，应用场景迸发。在数字化转型方面，制造业数字化转型步伐加快，金融科技等服务业数字化快速成长，推动传统产业新兴裂变和升级演进。在数据与安全方面，各国加快推动数据开发利用及市场化流通，同时，全球网络安全部署升级，带动网络安全产业发展进入快车道。

数字技术和数据可以创造新的就业岗位，提升劳动者的技能和收入水平，也可以促进社会包容和平等。但是，数字技术和数据也可能导致部分就业岗位被取代或降级，加剧收入不平等和社会分化。全球数字化经济带来了新的治理和合作需求。数字技术和数据涉及信息安全、隐私保护、知识产权、税收征管、竞争规则等方面的法律法规和国际标准。为了应对跨境数据流动带来的挑战和机遇，需要建立有效的国内和国际治理机制，加强多边合作和对话。

这些全球性的部署和推动进一步加速了数字经济的发展，并为全球经济注入了新的动力。各个经济体的特色数字经济发展道路以及在关键领域的部署和推动将使数字经济进入更加快速和健康的发展轨道。

随着新一代信息技术的不断创新和应用，数字化经济正呈现出以下几个方面的发展趋势：数字技术与实体经济深度融合，推动传统产业转型升级和新兴产业孕育成长。例如，人工智能、物联网、云计算等技术在制造业、农业、医疗、教育等领域广泛应用，提高了生产效率和质量，降低了成本和风险；同时，也催生了电子商务、在线教育、远程医疗、共享经济等新型业态和商业模式。

数字数据成为关键的生产要素和战略资源，推动数据治理和数据安全成为重要的政策议题。数据是数字经济的核心和基础，也是创新和竞争的关键。随着数据规模的快速增长和跨境流动的加速，如何有效利用、保护和管理数据，成为各国面临的共同挑战。同时，也涉及数据的所有权、访问权、使用权、收益权等复杂的法律和伦理问题，以及数据的隐私、安全、主权等敏感问题。

数字化经济促进全球经济一体化和区域合作，推动数字经贸规则的制定和协调。数字化经济打破了时间和空间的限制，使得各国之间的经济联系更加紧密，也为发展中国家参与全球价值链提供了新的机遇。同时，也催生了一系列新的数字经贸问题，如电子商务、数字税收、数字货币等，需要在多边或区域层面制定相应的规则和标准，以促进数字经济的健康发展。

数字化经济的发展对全球经济产生了深远的影响，主要表现在以下几个方面。

（1）数字化经济提高了全球经济增长的潜力和韧性。数字化经济通过提高全要素生产率、优化资源配置效率、创造新的增长点等方式，为全球经济增长注入了新的动能。特别是在新冠疫情期间，数字化经济在支撑疫情防控、保障民生需求、促进经济复苏等方面发挥了重要作用。

（2）数字化经济改变了全球产业结构和竞争格局。数字化经济推动了传统产业的转型升级和新兴产业的快速发展，使得信息技术、通信技术、互联网技术等领域成为全球产业链、供应链中的核心环节。同时，也加剧了各国之间在数字技术创新、数据资源掌控、市场份额提升等方面的竞争。

（3）数字化经济带来了新的社会问题和挑战。数字化经济虽然为人们带来了便利和福祉，但也引发了一些社会问题，如数字鸿沟、网络安全、数据隐私、就业变革等。这些问题需要各国政府、企业和社会共同应对，以实现数字化经济的包容性和可持续性发展。

二、国内数字技术在各行业的应用

（一）国内数字技术在制造业的应用

从过去十年的发展来看，国内智能制造取得了显著成就。一方面，国家制定了一系列政策支持和推动智能制造的发展，促进企业进行信息化转型；另一方面，各大企业积极采用智能制造技术，不断提升生产效率和质量。

1. 数字技术进展

国内智能制造的技术水平不断提高。人工智能、物联网和大数据等前沿技术得到了广泛应用。例如智能机器人在生产线上的应用，其通过集成视觉识别、路径规划和自主操作等功能，有效提高了生产效率。同时，智能制造平台的建设也取得了重要进展。以工业互联网为基础的智能制造平台，实现了设备、人员和产品的实时数据采集、传输和分析，为企业决策提供了更准确的数据支持。

2. 数字技术应用

通过在各个领域深入应用数字技术，包括生产、运营、管理和营销，实现企业和产业的数字化、网络化和智能化发展。这释放了数字技术在经济发展中的增强效应，成为传统产业实现质量、效率和动力变革的重要途径。当前，新一代信息网络技术与制造业紧密融合，先进的传感技术、数字化设计制造、机器人和智能控制系统等广泛应用，推动制造业的研发设计、生产流程和企业管理实现智能化。大规模定制和个性化定制逐渐成为主流制造方式，生产组织和社会分工正朝着网络化、扁平化和平台化的方向发展，企业边界变得模糊，制造业形态发生深刻变革，呈现出多种新特点。

强化科技的支持和引导，促进跨学科、跨领域融合创新，攻克关键核心和系统集成技术，搭建和完善创新网络，持续提升创新效能。突破设计仿真、混合建模、协同优化等基础技术，开发增材制造、超精密加工等先进工艺，攻克智能感知、人机协作、供应链协同等共性技术，研发工业领域适用的人工智能、5G、大数据、边缘计算等技术。快速开发系统集成技术，面向装备、单元、车间、工厂等制造环节，构建制造装备、生产过程数据字典和信息模型，实现生产过程通用数据集成和跨平台、跨领域业务互联。推进新型创新网络建设，支持产业龙头企业与高校、科研院所及上下游企业合作建设制造业创新载体，鼓励研发机构创新发展，强化数据共享和平台合作，推动协同创新。

目前，国内数字技术在制造业的应用主要体现在以下方面。

（1）利用数字技术对制造业进行全方位、全角度、全链条的改造，提升研发设计、生产制造、企业运维等产业链各环节的数字化水平，延长、拓宽、挖深产业链，提高制造业供给体系的质量，塑造先进制造业竞争新优势。

（2）通过数字技术的广泛应用，降低产业链组织成本，提高资源配置效率和制造业生产效率，促进制造业生产方式、组织方式和服务方式的系统性变革。

（二）国内数字技术在服务业的应用

从零售、餐饮、旅游到办公、教育、医疗等各类传统服务市场，数字化赋能实现了线上线下融合，进一步推动了服务业的繁荣发展。利用大数据、云计算、人工智能、物联网等数字技术，对服务业的供给方式、服务模式、管理体系等进行全面优化升级，可以提高服务业的品质与效益，满足消费者的多样化、个性化需求。当前，我国服务业的数字化水平显著提高，电子商务、移动支付、在线教育、远程医疗、协同办公、数字娱乐等新业态、新模式竞相发展，为经济社会发展和民生改善提供了强大支撑。

1. 运用数字技术优化渠道

打通市场需求端至供给端的信息渠道，实现消费者与生产者之间的直接对接，加快个性化、定制化贸易产品的产出速度，降低交易成本，提高交易效率。当前，我国数字商务规模不断扩大，跨境电子商务、社交电商、直播电商等新兴形态快速崛起，为我国外贸稳定增长和国际贸易市场变革做出了重要贡献。

2. 建立数字场景

随着我国社会矛盾的转变，居民消费结构从生存型向发展型、享受型变化，人们对美好生活的渴望愈发强烈，期待灵活充分的就业、宽敞舒适的住房、生态宜居的环境、便捷贴心的服务、公平优质的教育、多彩丰富的文体活动、质量有保障的便捷医疗、可及有保障的养老服务、和谐有序的社会。数字技术的发展为实现这些需求提供了技术支持。例如，居民通过数字技术在家购物、获得服务、远程学习，保障学校教育不间断，实现无接触医疗预约和在线诊疗，等等。数字技术的广泛应用展现了数字化生活的前景，成为创造美好生活的关键手段。

（三）国内数字技术在农业的应用

农业数字化转型初见成效。近年来，农业数字化转型稳步推进，数字技术在农业生产经营活动中的应用不断扩大。农业生产信息化水平持续提高，这对农业总产值的增长起到了明显的促进作用。发展农业信息化是释放农业数字经济潜力的根本途径。

1. 数字农业技术

数字农业是用现代信息技术对农业对象、环境和全过程进行可视化表达、数字化设计、信息化管理的现代农业。数字农业推动农业现代化的途径主要体现在以下三个方面。一是促进传统农业向现代农业转型。我国的传统农业是以小农经济为主，数字农业依托新兴信息技术，可以全方位深入"耕、种、管、收"各个环节，便于农业信息交换和信息共享，从而能够改变以往的农业生产经营方式，加速向现代农业的转变。二是有助于产业结构优化升级。通过信息技术科学管理农业生产、储藏运输、流通交易等各个环节，为农业产业链提供一体化决策。三是提高农业生产效率。数字技术融入农业生产的各个环节中，可以实现农业精准化生产，降低农业生产风险和成本，也可以使农业生产过程更加节能和环保。

2. 数字农业商务

通过运用数字技术，打造线上线下相结合的农产品流通平台，实现农产品的信息化交易、追溯和监管，降低流通成本，提高流通效率。当前，我国数字商务规模不断扩大，农村电商、跨境电商等新兴形态快速发展，为促进农民增收和乡村振兴做出了重要贡献。

3. 数字农业社会

通过运用数字技术，创新乡村治理和公共服务方式，构建全民畅享的数字生活。当前，我国深入推进数字乡村建设，提供智慧便捷的政务服务、教育服务、医疗服务等，构筑数字化生活新场景，完善乡村网格化治理，建设智能小区和数字家庭。

总体来看，数字农业使信息技术与农业各个环节实现有效融合，对改造传统农业、转变农业生产方式具有重要意义，可以推动农业生产高度专业化和规模化，构建完善的农业生产体系，并实现农业教育、科研和推广"三位一体"，有益于提升农业生产效率，实现农业现代化。

（四）国内智慧政府的发展

智慧政府是电子政府发展的新阶段，是指运用大数据、云计算、人工智能、物联网等数字技术，提升政府管理服务的科学化、精准化、智能化水平，为推进国家治理体系和治理能力现代化提供有力支撑。

1. 智慧政府建设的体制机制

为了加强数字政府建设的统筹协调，我国成立了由国务院指导的数字政府建设工作领导小组。同时，我国也加快完善与数字政府建设相适应的法律法规框架体系，构建多维标准规范体系，推进数字法治政府建设。

2. 智慧政府建设的主要任务

我国智慧政府建设主要围绕提升经济调节能力、市场监管能力、社会管理能力、公共服务能力、生态环境保护能力等五个方面展开。具体举措包括强化经济运行大数据监测分析，运用数字技术构建新型监管机制，积极推动数字化治理模式创新，持续优化全国一体化政务服务平台功能，建立一体化生态环境智能感知体系等。

3. 智慧政府建设的典型案例

"一网通办"是我国智慧政府建设的重要途径和标志性成果，是以"互联网+"为引领的政务服务改革"新名片"和营商环境优化"拳头产品"。"一网通办"通过构建统一整合的一体化在线政务服务平台，实现跨区域、跨部门、跨层级的事项通办和数据共享，让企业和群众办事更便捷高效。目前，"一网通办"已经在全国范围内推广实施，并取得了显著成效。

（五）国内智慧城市的发展

1. 智慧城市的概念和内涵

智慧城市是指利用新一代信息技术，如互联网、大数据、物联网、云计算、人工智能等，对城市进行数字化、网络化、智能化的重塑和再造，提升城市管理和服务的效率和质量，增强城市的可持续发展能力和公民的幸福感。我国提出了新型智慧城市的理念，强调以人为本，以改革创新为动力，以协同融合为特征，以普惠民生为目标，以低碳环保为导向。

2. 智慧城市的发展历程和现状

我国智慧城市建设经历了探索实践期、规范调整期、战略攻坚期和全面发展期四个阶段。目前，我国已经形成了以国家层面高度重视，地方层面积极推进，持续开展国家新型智慧城市评价工作为主要特征的发展格局。所有副省级以上城市、超过89%的地级及以上城市均提出建设智慧城市。

3. 智慧城市建设案例

我国智慧城市建设涵盖了政务服务、社会治理、公共安全、交通出行、教育医疗、文化旅游等多个领域，推动了城市管理方式的转变，提升了城市服务水平，改善了城市生活品质。例如，"一网通办"平台实现了政务服务事项的在线办理，"数字孪生"技术实现了对城市空间的数字化模拟，"智慧交通"系统实现了对交通运行的实时监测和优化,"智慧医疗"系统实现了远程诊疗和健康管理等。

4. 智慧城市的发展趋势和挑战

未来,我国智慧城市将呈现出"城市数字化到数字化城市""建设智慧城市到运营智慧城市""人与人的连接到万物互联"的新趋势。同时,也面临着顶层设计不完善、数据共享不畅通、安全风险不可控、人才缺乏和不匹配等挑战。

第三节 我国工业互联网的发展

一、工业互联网的概念

(一)工业互联网概念的内涵

关于工业互联网的表述,在学术界有几种提法。最早在2000年,沙利文咨询公司发布的一份报告中提到过工业互联网,英文为"Industrial Internet",被定义为"复杂物理机器和网络化传感器及软件的集成",本质是"物的互联"。经过很长时间的沉寂,直到2012年,美国通用电气发布了 *Industrial Internet: Pushing the Boundaries of Minds and Machines* 白皮书,重新引入了这个概念,并详细刻画了未来建设、发展和应用工业互联网的工业愿景和目标。国内学者将"Industrial Internet"翻译为产业互联网,与消费互联网相对应,并将其定义为以新一代信息通信网络为基础,以协同创新模式为核心,以云平台为载体,构建和集聚产业链线上数据资源池,并以数据资源为核心生产要素,实现产业协同互联、资源共享、要素融通,为全产业生态链中各类用户主体提供生产全要素、制造全流程、企业全生命周期服务的产业互联生态网络。从定义中可以看出,产业互联网的核心更加偏向于产业与互联网技术的融合,与通用电气所提概念虽有相同之处,但又有着本质的区别。

随着美国五家行业龙头企业联手组建工业互联网联盟,工业互联网的概念得到了推广,其表述从最初的"Industrial Internet"逐渐被"Industrial Internet of Things"(简称IIOT)替代。国内将"Industrial Internet of Things"翻译为"工业物联网"。这一发展过程展现了工业互联网概念在全球范围内的不断演变与进步。

但无论是技术层面还是经济层面,其本质都是基于射频识别、高级分析等技术,将人、机器、对象和通信技术系统进行实时、智能、水平和垂直连接。这不仅帮助企业实现设计优化、预测性维护、远程维修和高效的运营控制,还能通过合作及关系网络实现行业资源共享及有效配置的目的。因此,两种层面并不是相互对立的,而是技术与最终目的的相互补充。从综合角度可将工业互联网界定为企业之间通过采用物联网、射频识别及高级分析等技术,将人、机、物进行连接,以数据为核心资源,以平台为载体,进行企业内部和外部的水平与垂直连接与交互,从而达到内部资源优化与外部资源共享的目标,最终实现智能化生产的一种战略形式。

(二)工业互联网的构成

关于工业互联网的构成,可从技术划分和功能划分来看。从技术组成的角度来说,工业互联网的关键组成部分包括信息协议和中间件、传感器、执行器、人工智能和大数据分析等信息技术驱动的服务。而从功能角度划分,更多学者偏向自下而上的方式。例如,美国工业互联网联盟将工业互联网划分为边缘层、平台层和企业层,分别对应数据的采集、分析管理以及分配应用功能。国内则将工业互联网平台分为基础设施层(IaaS)、平台层(PaaS)、应用层(SaaS)三大层级,或者划分为接口层、应用层和核心层。

随着工业互联网研究的深入和工业互联网功能的拓展,进一步提出了工业互联网包括工业物联网感知层、综合管控信息层、互联网精准交易层以及工业大数据层四个层级。除了前述三大功能外,还提出了工业大数据层的智能运行功能,而智能运行是前三大功能的综合汇总,是工业互联网的理想目标状态,即实现互联工厂的愿景。

功能的实现离不开技术的支持。无论将工业互联网划分为几个层面,其核心功能主要集中在四个方面:①在传感器、射频识别等关键技术支持下,实现工业设备数据资源的采集和传输,为后续功能提供基础资源服务;②借助组态化的工业和IT微服务,以及强大的工业大数据处理能力,进行数据分析、管理、智能建模及智能算法应用;③开发服务于特定应用场景的工业App,为不同的企业提供基于互联工厂的全流程解决方案;④基于模式跨行复制实现跨行业智能互联与用户深度参与。这些功能相互协作,实现了工业互联网的全面运作和跨行业的智能互联,推动了企业数字化转型与智能化发展。

二、工业互联网数字化升级

(一)产品升级

制造业由单纯提供产品到提供"产品+服务"再到提供一体化解决方案,迈出了更大的步伐。最初,产品是制造企业连接市场获取价值的唯一载体。随着平台垄断结构的形成,以及需求个性化、多样化和动态化等新特征的出现,企业开始开发在研发、物流、营销、金融等服务领域的价值创造能力,产品附加服务成为价值创造的主要来源。但是附加服务具有单一性,对于通过平台拥有了更多资源的制造企业来说,"产品+服务"的业务拓展仍然不够。大型企业率先意识到自己多年积累的"产品+服务"包经验,能够帮助中小企业构建标准化解决方案,并吸纳对方成为合作伙伴,于是向全方位解决方案的提供商发展,利用平台提供整体方案成为今天大型制造企业价值创造的主要来源。企业由最初的销售产品发展为销售产品的功能、服务和制造方案,实现了产品升级。

（二）工艺流程升级

一方面，网络平台下的价值流通渠道不再是从厂商、经销商、零售商再到顾客的逐层传递，而是企业与消费者的双向联系。平台垄断结构和新的需求特征改变了企业与消费者的角色定位，顾客由价值消耗者转变为价值共创者，企业也通过"互联网+"等方式实现与消费者的实时互动。另一方面，产业链上下游的各个环节都可以在平台上实现。在上游，确保了原材料的稳定性和整体集采价格的下降；在中游，构建了跨越时空界限的以数据资源为核心的生产体系；在下游，拿到了大企业的订单，改变了先生产、再销售的传统生产方式，并进行新产品的快速研发迭代。因此，加固、稳定和提升了全产业链、供应链的工艺流程。

（三）职能性升级

工业经济时期，制造企业被牢牢锁定在价值链底层的加工制造环节，只能获取较低的附加价值，然而获取更高利润、拓展产品线是企业的生存本能。在数字经济范式下，消费者的需求满意度和售后服务体验被制造企业更多考虑在内，倒逼企业向研发设计、销售服务等高附加值环节延伸，形成以自身为中心的产业链生态圈。

（四）跨部门升级

跨部门升级以职能性升级为基础。当一个制造企业在研发端和服务端的业务日渐成熟后，就不再满足于向乙方付费获得业务支持，开始将这些业务内化，并逐渐向这些行业进军，带动跨部门升级的实现。如海尔等家电企业、华为等电子设备生产企业、互太等纺织企业都是在使用信息服务的过程中，学习这些领域的业务流程和专业知识，形成自己的行业信息化方案，进而成立信息咨询部门，进军服务业，将解决方案和咨询服务出售给同行业的其他中小企业，获得更高的利润和更丰富的角色定位。

从消费需求升级角度，数字经济激发了市场对智能化产品的巨大需求，促使制造业的供给结构迅速升级。消费者对智能手机、可穿戴设备、数字家电等智能产品和软件应用、互联网信息等智能服务的需求增加，推动了传统PC、手机和电视的生产厂商向智能手机、智能家居等行业延伸，带来了智能设备生产行业的兴起。平台垄断的市场结构能够有效整合企业资源，为各类企业提供一个学习和合作的机会，促进高技术制造业的产值大幅增加，使中低技术制造业在生产、产品和服务中努力提高智能化比重，进而使产业结构出现持续升级趋势。同时，伴随着产业结构的升级，人们又会对生产和生活方式产生更高的预期，带动消费结构再次升级，为生产这些生产资料和生活资料的生产部门源源不断地创造着提升供给质量的动力，形成产业结构升级的良性循环。

从投资需求升级角度，产业"数智化"转型前景广阔，引发了大量投资蜂拥而至。一是在信息技术革命席卷全球的形势下，市场对5G、智能制造等制造前沿领域的投资空前活跃，希望获取这些快速成长的朝阳产业的发展和政策福利；二是根据技术–经济范式的发展规律，国内绝大多数制造设备到了更新改造和升级的窗口期，市场对切削、成形机床等普通设备的购买力，转为对数控机床等智能设备的需求，制造业的新兴产业投资正处在上升通道之中；三是政府对这些战略性新兴产业的政策倾斜和投资，也在一定程度上帮助这些行业迅速成长壮大，一些平台厂商、产业链生态体系在资本的助力下迅速形成，带动了制造业的产业结构升级。

从贸易需求升级角度，中国制造业进出口贸易结构发生改变，高水平对外开放取得积极成效，也刺激了制造业的优胜劣汰。一方面，出口贸易中，初级产品的比例不断缩小，高技术产品的比例逐年扩大，国际市场对中国制造的需求正在从加工产品、初级产品，转向智能手机、笔记本电脑、医疗设备、高铁等高技术产品，推动了相关生产行业的发展壮大和落后产能的淘汰；另一方面，进口贸易中，对机器设备等生产资料的需求下降，带动了国内装备制造行业的兴起，同时国外对核心技术和高端产品的封锁，也迫使中国制造业不得不在核心领域摆脱进口依赖，更专注于关键技术突破和制造能力改进，从而使生产力水平大幅提升，加快了产业结构优化的进程。

第四节　数字化的趋势

数字化是利用新一代信息技术，如互联网、大数据、人工智能等，来改变经济社会发展的方式和模式的过程。数字化有利于提高生产效率、创新能力、资源配置和社会治理水平，给人类生产生活带来了广泛而深刻的影响。

一、数字化顾客定位新趋势

与工业化时代企业关注产品的质量、数量和价格等固有属性不同，数字经济时代下，企业的营销和管理战略围绕数字顾客展开，产品或服务的模式以向数字顾客创造和提供价值为核心。数字顾客和传统顾客的概念在理论基础和现实情境上具有一定的相似和重叠，但仍存在细微的差异。从广义角度来看，在平台商业模式中，数字顾客是通过交互行为创造的体验者，即在数字化交互平台中进行交换的所有市场主体，既包括创造价值的生产者，也包括使用价值的消费者。

一方面，数字顾客越多，平台中的产品或服务种类就越多，从而提高生态位的分化程度。有学者指出，在对概念进行准确、系统的分析与界定后，需要对概念进行操作化。归纳法或者演绎法可以被用来确认概念的维度和测量条目。其中，演绎法适用于通过对文献进行归纳和概括以确认概念的理论边界。研究人员能够通过对概念的认知和总结，提炼出概念包含的理论维度和测量题项，从而达到概念可操作化的目的。通过对数字化顾客导向进行系统的分析，学者们明晰并界定了数字化顾客导向的内涵。基于对数字化顾客导向的界定，我们可以明确表征数字化顾客导向的四个理论维度，即数字顾客定位、交互式价值创造、生态系统构建和数据分析支持,这些维度体现了数字化顾客导向的多层次性。这表明数字化顾客导向不仅包括以数字顾客为中心的理念,而且还包括企业通过实践与流程的践行来发展相应的能力。这些实践与流程包括交互式价值创造、生态系统构建和数据分析支持。

另一方面,许多数字化交互平台是为了推动数字顾客角色转换而设计和存在的,即允许消费者成为生产者,或将生产者转换为消费者。因此,数字化交互平台上的价值消费者对于其他用户而言也是价值创造者。例如,小红书的用户可以查看他人发布的照片和视频,也能够上传自己的笔记和内容;滴滴的乘客也能够成为司机;等等。由此可见,企业进行数字顾客定位的必要性首先体现在,进行数字顾客定位可以更加动态地了解数字顾客随时间变化的需求。由于对创新有强烈偏好的数字顾客可能更倾向于首先加入平台生态系统,而后来的数字顾客是否加入则会考虑生态系统的规模,因此,用户群的组成随时间的推移不断发生变化,这就造成数字顾客的偏好和需求会随着时间的推移而产生变化。例如,游戏机平台的早期使用者更看重游戏的质量而非数量,而后来的使用者在做出决策时会考虑平台中游戏的数量。其次,进行数字顾客定位可以了解数字顾客及其需求,从而降低匹配成本和监管成本。

二、数字化交互创造价值新趋势

交互行为出现在数字化和电子商务的初期,随着新兴和复杂技术的普及,其规模和范围急剧扩大。交互行为的蓬勃发展呼应了新技术、平台革命、参与性文化和社交媒体的快速发展和创新。特别是,人工智能、虚拟现实和增强现实技术在很大程度上重塑了消费者与品牌之间的交互关系,并通过便携式和嵌入式设备以及高度互动的虚拟连接增强了购物体验。交互行为包括相互作用、用户之间的影响,以及用户之间的价值交换三方面的内容。从虚拟现实、聊天机器人、声控内容、交互式短视频和直播到移动和信息应用程序,交互行为已成为当代生活和营销实践中不可或缺的一部分。特别是当与社交媒体相结合时,企业在开发更为定制化和个性化的方法方面尤为有效,使顾客能够参与并享受更深层次的互动过程。例如,物理的和虚拟对象的集成允许顾客通过虚拟试衣间在数字环境中体验产品,或将数字世界引入实体商店,使顾客可以在实体商店中,通过沉浸式多媒体内容体验产品和品牌的方方面面。利用大数据和社交推荐系统的应用增加了更具针对性和个性化的营销活动,无论是推荐朋友还是推荐产品,或是生成音乐或视频播放列表。聊天机器人使顾客能够通过模拟对话与品牌进行交互,为顾客提供更加便捷和个性化的服务。这些数字化的交互手段为企业提供了全新的营销和互动方式,为顾客带来了更丰富、更有趣的体验。

平台革命正在构建一个新的商业生态系统,实现顾客与企业,以及顾客与顾客之间的互动。数字化交互平台的发展取代了传统的中介机构,不仅创造了跨越线上和线下零售商的新型全渠道市场，还改变了商业模式，从线性供应链管道转变为互联生态系统中由生产者和消费者组成的复杂网络。平台技术和交互性行为带来的自适应过程在数字环境中以新的方式为企业、顾客和其他利益相关者创造价值。

具体来说，新技术和交互性行为创造了新市场，进而创造了新的顾客和新的竞争对手，这些新的顾客和竞争者带来的变化最终改变了创造价值的方式。在数字经济时代，顾客是具有创造力的群体，有意愿，有想法，也有能力参与到产品的研发与设计中来。因此，顾客不再满足于只作为产品和服务的使用者，而是期望能够拥有在多种产品属性和特征中，根据个人偏好和需求进行选择和组合的权利。考虑到社交网站的用户能够收集信息和分享意见，顾客不再是品牌信息的被动接受者，而是通过社交推荐成为信息的生产者和分销商。来自品牌社群的粉丝扮演着消费者的角色，他们通过粉丝文化群和品牌社群之间的互动和对话，在品牌联合制作、创造、推广和分销中发挥着至关重要的作用，从而吸引其他参与者并加速市场扩张。因此，如果顾客更全面地了解自我偏好、更精准地表达偏好并且主动参与到产品的设计中来，为自身和企业带来的价值就会更高。

三、数字化技术发展新趋势

（一）云计算和大数据发展新趋势

云计算是一种 IT 基础设施服务，它主要服务于企业和个人，提供数据存储、计算和网络等服务。云计算的主要目标是提供灵活、高效、可靠的 IT 服务，降低企业的运营成本，提高企业的竞争力。云计算的应用包括云存储、云计算平台、云数据库、云安全等。生活中常见的云技术应用领域有以下几个方面。第一，远程办公领域。包括云会议、办公软件、屏幕分享等，用户只需通过终端联网进行简单的点击操作，就可以快速高效地与世界各地的团队和客户共享语音、数据文件和视频。第二，教育领域。包括直播学习、在线学习平台等，通过云技术虚拟化各种软硬件资源后，用户就可以直接登录学习平台进行学习。第三，游戏领域。所有游戏都在云服务器上运行，渲染后的游戏画面被压缩，通过网络数据传输给用户，用户就可以直接登录体验。比如一些大型游戏，需要储备大量的游戏数据、用户信息等，这就需要云技术的承接，从而让用户体验更流畅、质感更好的游戏。第四，医疗领域。医疗体系在采用云计算、物联网、大数据、4G 通信、移动技术、多媒体等新技术的基础上，结合医疗技术，运用云计算的理念构建医疗卫生服务云平台，可以实现在线看病问诊、挂号等。第五，金融领域。金融领域非常需要云技术的支撑，因为有大量的金融数据需要分析筛选。云技术提高了金融机构快速发现和解决问题的能力，提高了整体工作效率，降低了运营成本，同时也提升了预测未来的能力。因此，云技术在投资领域应用广泛。第六，交通领域。云技术以其自动化 IT 资源调度、高度信息部署以及优异的扩展性，成为解决智能交通目前所面临问题的关键技术手段,从而实现对交通运输、城市道路状况、交通流量信息、违法行为等的全面监控。使用云计算服务的操作步骤包括选择合适的云服务提供商、注册账号、选择合适的服务套餐、上传数据等。

大数据则更多地关注数据处理和分析方面,主要服务于数据科学家、数据分析师等专业人士。大数据的主要目标是挖掘数据中蕴含的知识和价值,为企业决策提供更准确的参考和支持。大数据的应用包括以下几个方面。第一,企业管理方面的应用。大数据可以应用在企业的各个方面,如生产制造、物流管理、人力资源管理等,帮助企业更好地管理资源,优化生产流程,提高效率,降低成本。第二,金融领域的应用。金融行业是大数据应用的先行者之一,大数据可以应用于风险管理、信用评估、市场分析等方面,帮助金融机构更好地了解市场和客户,提高决策的准确性和效率。第三,医疗领域的应用。大数据可以应用于医疗领域的诊断、预测和治疗等方面,帮助医疗机构更好地管理医疗资源,提高医疗效率和精度,同时也可以帮助研究人员更好地了解疾病和药物,提高研究效率。第四,城市管理方面的应用。大数据可以应用于城市的各个方面,如交通管理、城市规划、环境保护等,帮助城市管理者更好地了解城市的情况,优化城市发展,提高城市管理的效率。使用大数据分析的操作步骤包括确定分析目标、数据采集和处理、数据分析和应用。

总之,云计算提供了基础设施和平台来支持大数据处理和分析,而大数据则依赖于云计算来提供弹性的计算和存储资源。

(二)人工智能和机器学习发展新趋势

在实际应用中,机器学习经常被用于解决人工智能中的各种问题。例如,机器学习可以通过对大量数据的学习来实现语音和图像识别,这是实现人工智能的重要技术之一。此外,机器学习还可以用于推荐系统、自然语言处理、智能客服、智能交通等领域,从而为人工智能应用提供支持。目前,人工智能系统存在大量的现实应用。

(1)语音识别:也称为自动语音识别(ASR)、计算机语音识别或语音到文本,能够使用自然语言处理(NLP),将人类语音处理为书面格式。许多移动设备将语音识别结合到系统中以进行语音搜索,例如 Siri,或提供有关文本的更多辅助功能。

(2)客户服务:在线聊天机器人正逐步取代客户互动中的人工客服。他们回答各种主题的常见问题(FAQ),例如送货,或为用户提供个性化建议,交叉销售产品,提供用户尺寸建议,从而改变了我们对网站和社交媒体中客户互动的看法。

(3)计算机视觉:该人工智能技术使计算机和系统能够从数字图像、视频和其他可视输入中获取有意义的信息,并基于这些输入采取行动。这种提供建议的能力将其与图像识别任务区分开来。计算机视觉由卷积神经网络提供支持,应用在社交媒体的照片标记、医疗保健中的放射成像以及汽车工业中的自动驾驶汽车等领域。

(4)推荐引擎:人工智能算法使用过去的消费行为数据,帮助发现可用于制定更有效的交叉销售策略的数据趋势。这用于在在线零售商的结账流程中向客户提供相关的附加建议。

（5）自动股票交易：用于优化股票投资组合，人工智能驱动的高频交易平台每天可产生成千上万个甚至数以百万计的交易，无须人工干预。

（三）区块链技术在物联网领域发展的新趋势

1. 物联网设备身份认证

物联网系统中的设备需要具有身份认证功能，以确保系统中的数据不被篡改或冒充。区块链技术可以为物联网设备提供安全的身份认证机制，每个设备都有一个唯一的数字身份证书，这些证书存储在区块链上，并由网络中的所有节点共同验证和认证。

2. 物联网数据的安全传输和存储

物联网系统中的数据需要得到安全的传输和存储。区块链技术可以提供加密和去中心化的数据传输和存储机制，确保数据不被篡改或窃取。此外，由于区块链系统中的数据分散存储在网络中的不同节点上，而且每个节点都具有相同的副本，因此即使某个节点被攻击，数据也不会被完全破坏。

3. 物联网数据的共享和交换

物联网系统中的数据可以用于环境监测、智能家居、智能交通等领域。然而，由于数据的隐私性和安全性问题，数据的共享和交换可能会受到限制。区块链技术可以提供一种安全的数据共享和交换机制。使用区块链技术，数据交换可以实现点对点的加密和去中心化传输，从而避免了数据泄露和被篡改的风险。此外，区块链技术还可以实现数据的匿名化，保护用户的隐私。

4. 智能合约

智能合约是一种基于区块链技术的自动执行合约，它可以在物联网系统中实现各种自动化的操作。例如，智能合约可以自动执行物联网设备之间的交互操作，如当温度传感器检测到环境温度过高时，智能合约可以自动启动风扇来降低温度。智能合约可以提高物联网系统的自动化程度，从而减少对人为干预的需求。

5. 物联网供应链管理

物联网技术可以为供应链管理带来巨大的好处。区块链技术可以实现供应链的透明性和可追溯性，从而可以更好地掌控整个供应链的生命周期。例如，在食品供应链中，运用区块链技术可以记录食品的来源、生产日期、运输情况等信息，从而保证食品的质量和安全。

6. 物联网智能城市

智能城市是一种基于物联网技术的城市管理模式。区块链技术可以为智能城市的管理带来很多好处。例如，区块链技术可以实现城市物资管理的透明性和可追溯性，从而可以更好地掌控城市物资的使用和管理。此外，区块链技术还可以实现城市交通管理的智能化，例如，通过智能合约实现交通信号灯的自动控制，从而缓解城市交通拥堵的问题。

（四）数字化平台构建数字化生态系统的发展新趋势

数字化生态系统是一组基于标准的、可灵活扩展的硬件、软件、数字设备和服务的集合，旨在促进企业内部信息的数字化和数据交流，从而提高运营效率。

在 Tech Target 的定义中，数字化生态系统被描绘为一组相互连接的信息技术资源，能够协同工作为一个整体。这种生态系统可以由供应商、客户、贸易伙伴和第三方数据服务提供商等组成，类似于"组织联盟系统"的概念。当前的数字化生态系统比以往更先进、更复杂，它由一个错综复杂的"利益相关者网络"构成，这些网络能够在线上相互连接，以一种为各方创造价值的方式进行数字化交互。

数字化生态系统对于企业的重要意义在于，它从根本上改变了企业的传统商业模式，提升了企业的核心竞争力。

企业要构建数字化生态，实现数字化转型，需要打造一个良好的数字化平台，而数字化软件系统则是建立数字化平台的技术基础。如此企业需要根据自身需要，选择一款适合自身实际情况的软件系统，这样才能把不同的系统和应用程序中的数据汇集在一起，使得平台运营达到高效、顺畅的目的，以创建一个中央数据库，整合数据，确保数据质量和一致性。

本章小结

本章讨论了数字化的发展历程，以及信息技术的发展对数字化的推动。还介绍了数字化的发展现状，分析了各国数字化发展的情况，以及数字化趋势。

在本章中，我们提到了移动通信和数字化生活的趋势，通过智能手机等移动设备可以随时随地获取和传输数字化信息。云计算技术的发展使得数据和应用程序可以存储在云端服务器上，方便个人和企业备份、共享和管理数字化数据。此外，互联网和数字化交流的兴起改变了人们的信息获取和交流方式，推动了社交和协作的数字化。

综上所述，数字化发展的趋势表明技术在不断进步，并对社会、组织和个人产生了深远的影响。了解和把握这些趋势，可以帮助我们适应和应对不断变化的数字化环境，实现更高效、智能和创新的数字化服务和应用。

◆ **本章思考题**

1. 在数字化的发展历程中，自动化、计算机技术和工业互联网各自扮演了怎样的角色？它们之间有着怎样的联系和演进关系？请对比和分析它们在推动企业数字化转型方面的贡献。

2. 您认为当前数字化在企业中的应用程度如何？哪些行业或领域更加积极地拥抱数字化转型？对于尚未进行数字化转型的企业，面临哪些难题和挑战？您认为应该如何推动数字化转型的普及和深化？

3. 工业互联网在我国的发展情况如何？政府推动的"中国制造2025"和"工业互联网"战略对于推动企业数字化转型有着怎样的影响？在工业互联网建设中，您认为我国在技术创新、数据安全、产业合作等方面应该优先解决哪些问题？

第三章 企业数字化赋能

在第三章中，我们将重点讨论企业数字化工具的应用。随着数字经济的迅速发展，企业数字化工具在提高业务效率、创新业务模式和增强竞争力方面发挥着关键作用。本章将介绍一系列企业数字化工具，包括企业资源规划系统（Enterprise Resource Planning System，ERP）、制造执行系统（Manufacturing Execution System，MES）、商业智能系统等。

企业数字化的核心目标之一是利用数据分析和商业智能工具来提取有价值的信息和洞察，以支持决策制定和业务优化。在这方面，主要涉及三个关键的工具和方法：商业智能（Business Intelligence，BI）、人工智能（Artificial Intelligence，AI）和知识管理（Knowledge Management，KM）。

第一节 企业资源规划系统

企业数字化赋能是指利用数字技术和创新来转变企业的运营方式、业务流程和商业模式，以提升企业的效率、创新能力和竞争力，而企业ERP系统则是实现数字化赋能的重要工具和平台。

一、ERP系统的定义和功能

ERP系统，即企业资源规划系统，是一种集成的、跨部门的管理信息系统，旨在帮助企业有效地管理和整合各类资源，实现企业内部各个部门之间的协同工作和信息共享。在定义上，ERP系统是一种软件平台，将企业各个部门的数据和业务流程整合在一个统一的系统中，以实现信息共享和协同工作。它涵盖了多个领域，包括供应链管理、销售管理、采购管理、财务管理、生产管理、人力资源管理等，以满足企业不同部门的需求。

ERP对于企业的意义是什么？有人把企业比作人，把ERP比作企业的中枢系统。不合适的ERP系统能够让企业瘫痪，而与企业相契合的ERP系统则对企业益处良多，对于企业管理者而言更是如虎添翼。其中主要包括以下几点益处。

帮助管理层决策。ERP系统里的经营数据是共享且动态化的，管理层可以随时查看，而且好的ERP系统也能够帮助企业决策。以智邦国际的ERP系统为例，管理层可以随时一键获取各类报表数据，无论是系统里的销售业绩，还是利润、应收应付等。ERP系统能够智能化、系统化地进行数据的分析，为决策提供强有力的数据支撑，这样就能增加决策的正确性，帮助企业不断发展壮大。

系统处理数据，提高准确性与及时性。一套好的ERP系统拥有多样规范的分析手段，不仅能使企业管理节省时间、降低强度，更为企业管理提供了一种新的处理方式。不管是再烦琐的事务，EPR系统都能为管理者一一简化，从而为管理者省下更多的心力、时间来研究业务方面的问题，研究如何将现代管理方法落实到实际的企业管理之中。

协调各部门业务，这个作用在电商行业尤其突出。采购、生产、财务等每一个部门的业务都能够通过ERP系统协调。特别是在库存查询、业务订单追踪的过程中，能共享实时数据和任务，从而高度协作，缩短订单交付周期，提高资金周转效率。

二、ERP系统的应用

ERP应用是指企业通过管理信息系统（ERP系统）实现流程导向的运营和管理，重点关注订单交付（Order to Delivery，OTD）体系的数字化以及业务财务一体化。它利用信息流来推动物流和资金流，从而实现精细管理、交期缩短、效率提升和成本降低等目标。特别是对于制造型企业，数字化的重点和难点仍然是ERP系统的实施、应用和优化。通过ERP系统，企业能够优化经营管理，提高经营效益，这是基于以下几点认识。

（1）在企业的数字化应用架构中，ERP系统类似于企业的核心，致力于解决企业的整体性和系统性问题。若不着重解决整体性问题，而只注重细枝末节，企业将难以实现显著发展，可能陷入平庸的境地。

（2）ERP系统的实施和应用是企业数字化建设中最成熟的领域之一。相较于其他系统如PLM、MES，ERP系统能提供成熟的解决方案、项目方法论和咨询服务商，项目目标易于确定，绩效评价相对直观。若企业无法充分利用ERP系统，未从数据、流程、知识转移等角度进行反思和改进，而追求那些宣称可以"点石成金"的"神药"或"神仙"，可能最终只会付出智商税。

考虑到企业规模、企业性质、业务发展、费用预算、数据安全、实施周期等因素，不同类型的企业在对ERP系统进行选择与应用时将出现分化趋势。

大型企业。在数字化转型的浪潮下，考虑到个性化需求、产品质量、数据安全、时间周期和商业化等因素，以及对快速支持新业务运作模式的需求的日益增长，越来越多的大型集团化企业开始对自主研发系统提出更高的要求。因此，这些大型企业倾向于建立全面的研发团队，专注于软件和私有化等方面的主导研发工作。尽管自主研发的成本投入更高，例如建立庞大的研发团队，但自主研发系统有助于将核心的IT软件资产掌握在自身手中，同时能够快速响应业务需求的变化。在软件方面，当前的自主研发趋势更多的是将企业资源规划信息系统转变为具备综合能力的中台技术和业务平台，并在外部构建大量自建系统。在硬件方面，大型企业还会构建自己的底层技术平台，并建立私有云以及相应的 IaaS、PaaS 和 SaaS 云服务。此外，微服务化、容器化和 DevOps 持续集成等技术改造工作也越来越受到重视。

中型企业。该类型的企业通过采用自主研发和外部采购 SaaS 应用相结合的方式，推动企业自身的数字化转型。通常会采购 ERP 基础平台，利用平台的可配置和可扩展能力来实现自身的业务功能。对于外围轻量级辅助系统，中型企业一般会采购公有云 SaaS 应用，并与 ERP 基础平台进行集成，以实现企业业务的整体融合。

小微企业。随着公有云服务的发展和企业对数字化转型需求的增加，小微企业更需要打破原有的边界，实现与互联网、供应链上下游以及产业生态的对接。在这个过程中，SaaS 云 ERP 软件得到了快速的发展。对于小微企业而言，其业务相对简单且较为标准化，因此选择成本低廉、易于使用且快速部署的公有云 SaaS 应用更符合其定位。随着 SaaS 应用的发展，其在性能、易用性和数据安全等方面都取得了长足的进步，完全能够满足小微企业对云服务的需求。

第二节　制造执行系统

MES 与 ERP 并非两个对立的系统，这两个系统集成后，带来了单靠任一系统都无法实现的运营透明度。ERP 系统侧重于创建和管理工厂计划，包括生产、物料使用、交货和运输，以及相关业务信息的收集。MES 系统则侧重于管理和监控制造运营，以及实时报告生产线活动。将 ERP 系统和 MES 系统集成能够建立一体化的生态系统，帮助企业全方位了解财务、采购、供应链管理、制造和物流等环节。通过整合这些信息，企业能够提高敏捷性，并提供可靠的数据，从而准确预测从销售到资产利用再到制造管理的各种情况。MES 系统能将 ERP 系统的数据与车间信息相集成，帮助企业确定适当的产品生产方式，减少浪费，提高利润。

一、MES 系统的定义和功能

我国 MES 系统的应用起步较晚，尽管其发展历史较短，但它能高效地实现以时间为关键的制造理念。在发达国家，MES 系统得到了迅速推广并为工厂带来了巨大经济效益。MES 系统的引入和普及也对国外管理界产生了深远影响。

MES 系统全称为制造执行系统，是一种用于管理和监控制造过程的信息系统。它在制造业中起着关键的作用，通过集成各个生产环节的数据和业务流程，提供实时的生产监控、调度和协调，以实现制造过程的高效运行和优化。MES 系统可以理解为一个中间层系统，它位于企业的 ERP 系统和现场自动化系统之间，作为连接和协调二者的桥梁。它与ERP系统实现数据交换和信息共享，获取生产计划、物料需求和订单信息等，同时与现场自动化系统进行通信，收集实时的生产数据，监控设备状态。通过这种方式，MES系统提供了对制造过程的实时可视化管控。

MES系统由车间资源管理、库存管理、生产过程管理、生产任务管理、车间计划与排产管理、物料跟踪管理、质量过程管理、生产监控管理和统计分析等功能模块组成，涵盖了制造现场管理的各个方面。MES系统是一个可自定义的制造管理系统，不同企业的工艺流程和管理需求可以通过现场定义实现。

（1）MES系统的车间资源管理：车间资源是制造生产的基石，也是MES系统运行的核心。它专注于管理车间人员、设备、工具、材料和工时等要素，确保生产正常运行，并提供资源历史记录和实时状态信息。

（2）MES系统的库存管理：库存管理涵盖车间内所有库存物资，包括自制件、外协件、外购件、刀具、工装和周转原材料等。功能包括：库存物资的检索与查询，实时查看当前和历史库存情况；进行库存盘点和调拨，对原材料、刀具和工装等库存不足的情况设置警报；支持库房零部件的出入库操作，包括刀具/工装的借用、归还、报修和报废等操作。

（3）MES系统的生产过程管理：通过实现生产过程闭环的可视化控制，生产过程管理旨在减少等待时间、库存和过量生产等浪费。使用条码、触摸屏和机床数据采集等多种方式实时追踪计划生产进度，以控制生产，实施生产调度，追踪车间工作和工件状态。此外，它还支持工序派工、工序外协和齐套等管理功能，通过看板实时显示车间现场信息和任务进展。

（4）MES系统的生产任务管理。生产任务管理涵盖任务接收与管理、任务进度展示和查询功能。提供项目信息，允许查询特定项目，并呈现项目的整个生产周期和完成情况。通过日、周和月视图展示任务进度，以颜色区分不同阶段，实现对项目任务的跟踪。

（5）MES系统的车间计划与排产管理。优化生产流程和提升生产管理水平的关键是改善生产计划，这是车间生产管理的核心难题。提高计划员的排产效率和计划准确性是实现这一目标的关键方法。车间根据主生产计划、当前生产状态（能力、准备情况、在制任务等）、生产准备条件（图纸、工装、材料等）、项目优先级和计划完成时间等要求，合理制订生产加工计划，并监控生产进度和执行情况。

（6）MES系统的物料跟踪管理。采用条码技术对生产过程中的物料进行管理和追踪，已成为现代制造业的重要手段。在整个生产流程中，物料的流动状态得以实时监控和跟踪，这种精细化的管理方式能够确保物料在车间内迅速高效地流转。通过条码扫描，物料的在线状态得以准确捕捉，使生产人员能够随时了解物料的位置、数量以及流转路径，从而更加精确地进行生产调度和安排。这不仅提升了生产效率，还有效地减少了生产过程中的误差和延误。此外，借助条码技术，不仅可以实现物料的快速定位和溯源，还能够为生产管理者提供及时可靠的数据支持，帮助他们做出更明智的决策，优化生产流程，实现生产效益的最大化。

（7）MES 系统的质量过程管理。生产制造过程中的工序检验与产品质量管理，实现了对工序检验和产品质量的全程追溯，严格控制了不合格品的处理和整改过程。具体功能包括：全面记录生产过程关键要素，确保质量追溯完备；精确统计产品的合格率和不合格率，为质量改进提供可量化的指标；根据产品质量分析结果，进行出厂产品的预防性维护，从而提升产品质量和可靠性。

（8）MES 系统的生产监控管理。从多个维度实现对生产过程的监控，包括生产计划进度和设备运转情况等，同时管理车间的报警信息，涵盖设备故障、人员缺勤、质量等问题的报警信息。通过及时发现、报告和处理问题，确保生产过程的顺利进行和有效控制。此外，结合分布式数字控制 DNC 系统和 MDC 系统，实现设备的联网和数据采集，以提升设备利用率，特别是关键设备的利用率。

（9）MES 系统的统计分析。该功能能够对生产过程中所产生的数据进行综合统计和查询，进而生成有价值的报表，为后续工作提供参考数据和决策支持。由于生产过程中的数据种类繁多，系统可以根据需求，定制各种统计查询功能，包括但不限于产品加工进度查询、在制品查询、车间和工位任务查询、产品配套齐套查询、质量统计分析、车间产能利用率分析（包括人力和设备）、废品率/次品率统计分析等。这样的统计分析功能能够帮助企业更好地了解生产情况，优化决策并提升效率。

二、MES 系统的应用

近年来，我国通过 863CIMS 项目的研究和推广，显著提升了企业的竞争力，将我国的制造业推向了新的高度。然而，与发达国家相比，我国制造业水平仍存在差距。在工厂自动化方面，我国的制造业过去主要专注于物流自动化，如自动化生产设备、自动化检测仪器以及自动化物流运输存储设备等。当然，随着系统的升级和应用，工厂自动化已经分为了流程型和离散型两种不同类型，它们应用于不同领域。流程型MES 系统主要在冶金、化工、钢铁等流程行业中得到应用，而离散型 MES 系统则主要在汽车、3C、工程机械等离散行业中得到应用。

从目前我国 MES 系统的应用来看，流程型 MES 系统应用较为广泛，离散型 MES系统应用刚刚起步。MES 系统的应用领域比较广，在汽车、电子通信、石油化工、冶金矿业和烟草等领域，还有生产、制造、数字化工厂、物流等领域内都使用 MES 系统。例如，西门子（中国）有限公司使用自己开发的 SIMATIC IT 平台作为 MES 系统，为多个行业提供数字化工厂解决方案。江淮集团、陕汽集团、三一重工、中航工业、宇通客车、武重集团、太重集团等大型企业，使用大连华铁海兴科技有限公司提供的天为 Lean Manager 作为 MES 系统，实现生产过程的优化和精细化管理。起家就是做机联网和组态软件的北京数码大方科技有限公司（CAXA），提供涵盖工业产品设计、工艺、制造和管理四大领域的 MES 系统，主要面向装备、汽车、电子电器、航空航天等行业客户。专注智慧工厂 MES、智慧供应链 SCM、智配平台 SAW、智能化集成 CIS 的北京元工国际科技股份有限公司（元工国际），在商用车及工程机械行业成功实施了上百条生产线，在物流 MES 中拥有采购物流、制造物流及成品物流等全套的物流体系。

因此，可以看出制造业 MES 系统可以帮助企业提高生产管理水平和生产效率，保证产品质量，查看生产库存，维护客户关系等。

第三节　商业智能系统

随着企业发展越来越快，业务的运营也会越来越精细化，这意味着需要大量的数据来指导业务迭代。在本节中，主要介绍商业智能系统（BI 系统）的定义与应用。

一、BI 系统的定义和功能

BI 系统是一种商业智能系统，它利用数据仓库、在线分析处理、数据挖掘和数据可视化等技术，对企业中的数据进行收集、整合、分析和展示，从而帮助企业提高业务绩效和决策能力。BI 系统可以让企业快速了解业务的整体情况，发现数据中的问题和机会，制定合理的策略和行动，形成数据驱动型的商业文化。

BI 系统主要包括连接数据源、创建数据集、创建仪表板、权限管理及其他功能。其中，连接数据源可以从不同的数据源获取数据，如数据库、文件、API 等。创建数据集可以对数据进行清洗、转换、聚合等操作，形成一个可用的数据集。创建仪表板可以对数据集进行可视化展示，如图表、地图、仪表盘等。权限管理可以对不同的用户或角色设置不同的数据和功能权限。其他功能有预警、邮件、微信推送、用户画像、用户分群等。

为了构建 BI 系统，需要开展大量工作，包括与各个系统的协调、数据的提取。数据按来源可以分为内部数据、外部数据和实时数据流。

内部数据：BI 系统可以从企业内部的各个系统和应用程序中提取数据，如企业资源规划（ERP）系统、客户关系管理（CRM）系统、人力资源管理（HRM）系统、财务系统等。这些系统产生的数据包含了企业内部的业务操作、交易记录、员工信息等。

外部数据：BI 系统可以整合外部数据源的数据，如市场数据、行业数据、竞争对手数据等。这些数据可以通过第三方数据提供商、市场调研机构、社交媒体平台等渠道获取，用于进行市场分析、趋势分析、竞争情报分析等。

实时数据流：BI 系统可以连接到实时数据流，获取实时更新的数据。例如，通过传感器、物联网设备或日志文件等收集实时数据，用于监控和预警分析。

总的来说，BI 系统是一种强大的数据分析和可视化工具，具有数据整合、可视化、自助式查询、即时性和预测分析等特点。它能够帮助企业从海量数据中获得洞察，为决策制定和业务优化提供支持，提升企业的竞争力和创新能力。综上所述，BI 系统在企业决策和业务分析中的应用范围非常广泛，涵盖了数据分析、报告生成、实时监控、数据挖掘、预测分析、市场分析、客户分析、绩效管理等多个方面。它为企业提供了决策支持和深入洞察，有助于优化业务流程、提高效率和竞争力。

二、BI 系统的应用

对企业来说，企业发展越成熟，越是需要 BI 系统的支持。好的 BI 系统能完美适配业务，及时指出问题，赋能业务，既能创收入也能降成本，帮助企业快速发展。BI 系统在各行各业都有广泛的应用，如电商、金融、教育、医疗、政府等。一些具体的应用场景如下。

电商平台可以通过 BI 系统分析用户行为、购买习惯、商品销量等，优化营销策略和商品推荐。

金融机构可以通过 BI 系统进行风险评估、信用评分、贷款审批等，提高风控能力和业务效率。

教育机构可以通过 BI 系统分析学生学习情况、教师教学质量、课程满意度等，提升教育水平和服务质量。

医疗机构可以通过 BI 系统分析患者病历、医生诊断、药品库存等，提高医疗质量和管理水平。

政府部门可以通过 BI 系统分析公共服务、社会治理、经济发展等，提高政务透明度和公民满意度。

当然，因为 BI 系统的使用仍旧存在一定的门槛，所以不是每个业务人员都能用好 BI 系统。因此，在易用性方面还有很大的提升空间。相信在未来，随着 BI 系统和 AI 系统的深度结合，能在一定程度上减轻业务人员的学习压力，使其更好地服务业务。

第四节 人工智能系统

随着科技的发展，人工智能（AI）已经逐渐成为我们生活中的一部分。无论是在工作、娱乐还是学习中，我们都能感受到 AI 带来的便利和改变。对于企业来说，人工智能系统也越来越流行。因此，希望能通过本节，让读者对 AI 有一个基本的了解。

一、AI 系统的定义和特点

AI 系统，即人工智能系统，是基于人工智能技术构建的一种计算机系统，旨在模拟和模仿人类的智能。它通过收集、处理和分析大量的数据，利用机器学习、深度学习、自然语言处理、计算机视觉等技术，从数据中提取模式、规律和知识，以实现智能决策、问题解决和自主学习。具体来说，AI系统具有以下能力。

学习能力：AI系统能够从大量的数据中学习，并通过算法和模型的优化来提高性能。它可以根据不断积累的经验和知识进行自主学习和改进，从而逐渐提升其准确性和效果。

自主决策：AI系统可以根据预设的目标和规则，以及对输入数据的分析和理解，做出自主的决策和行动。它能够对复杂的情境和问题进行推理和判断，从而生成相应的决策结果。

模式识别：AI系统能够通过对大量数据的分析，识别和提取其中的模式和规律。它可以识别和理解数据中的特征和关联性，从而实现对复杂数据的自动分类、分析和预测。

自然语言处理：AI系统拥有理解和处理人类自然语言的能力。它可以对文本、语音和图像等形式的输入进行处理和解释，实现与人类之间的自然交流和理解。

实时响应：AI系统可以实时地对输入数据进行处理和响应，快速生成结果和输出。它能够在短时间内进行复杂的计算和推理，满足用户的即时需求。

可扩展性：AI系统具有良好的可扩展性，可以应对不同规模和复杂度的任务和数据。它可以根据需求进行灵活的扩展和优化，以适应不断变化的应用场景和需求。

二、AI系统在企业数字化转型中的应用

AI系统在企业数字化转型中可以应用于数据分析和预测、自动化和智能化生产、客户关系管理、营销和广告优化、智能供应链管理、欺诈检测和安全保障领域。

数据分析和预测是指AI系统可以处理大量的数据，通过分析数据中的模式和趋势，提供实时的数据分析和预测能力。它可以帮助企业预测市场需求、优化供应链、进行风险管理等，为决策提供数据支持。

自动化和智能化生产是指AI系统可以应用于生产线，实现生产过程的自动化和智能化。它可以监测和控制设备状态，优化生产计划，提高生产效率和质量。例如，使用机器人和视觉系统进行自动装配、质量检测和物流管理。

客户关系管理是指AI系统可以帮助企业管理客户关系，实现个性化的客户体验和服务。通过分析客户数据和行为，AI系统可以识别客户需求和偏好，提供定制化的推荐和建议。它还可以实现客户服务流程自动化，例如通过聊天机器人提供即时的客户支持。

营销和广告优化是指AI系统可以提供更智能和精准的营销和广告策略。它可以分析大量的市场数据和消费者行为，识别目标受众和关键趋势，优化广告投放和推广活动。AI系统还可以进行个性化营销，根据用户的兴趣和偏好提供个性化的推荐和营销信息。

智能供应链管理是指AI系统可以应用于供应链管理，优化物流和库存管理。它

可以通过实时监测和分析供应链数据，提供精准的需求预测和库存控制。AI 系统还可以优化物流路线和运输规划，降低成本和提高交付效率。

欺诈检测和安全保障是指 AI 系统可以分析大量的数据和行为模式，识别异常和风险事件。AI 系统可以实时监测网络活动、交易行为等，及时发现潜在的安全威胁，并采取相应的措施进行防范和应对。

这些只是企业数字化转型中应用 AI 系统的一些典型领域，随着 AI 技术的不断发展，将有更多的领域受益于 AI 系统的应用。

三、AI 系统实施的考虑因素

AI 系统的实施要考虑多个因素，同时也面临一些困难。以下是与 AI 系统实施相关的考虑因素和困难之处。

数据质量和数据可用性：AI 系统需要大量高质量的数据进行训练和学习。企业在实施 AI 系统之前需要评估现有数据的质量和可用性，确保数据的准确性、完整性和一致性。同时，可能需要进行数据清洗、标注和整合，以便有效地用于 AI 模型的训练和预测。

技术基础设施和资源：AI 系统需要强大的计算能力和存储资源来支持模型的训练和推理。企业需要评估现有的技术基础设施，包括硬件、软件和网络，以确保能够满足 AI 系统的要求。此外，也需要拥有合适的技术团队和专业知识，从而能够有效地开发、部署和维护 AI 系统。

数据隐私和安全性：AI 系统处理的数据可能包含敏感信息，因此数据隐私和安全性是重要的考虑因素。企业需要确保 AI 系统具有适当的数据访问权限控制、数据加密和数据保护机制，以保护数据的安全和隐私。同时，也需要遵守相关的法律法规。

解释性和可解释性：AI 系统的决策和预测结果可能难以解释和理解。这使得一些关键业务决策的可信度和可接受性面临挑战。企业需要考虑如何提高 AI 系统的解释性和可解释性，以便用户和决策者能够理解和接受 AI 模型的结果。

模型训练和优化：AI 系统的成功实施离不开模型的训练和优化。这可能需要大量的标注数据、时间和计算资源。企业需要评估可用的训练数据，考虑数据采集和标注的成本和效率，并确保模型的准确性和性能。

文化和组织变革：AI 系统的实施涉及组织文化和业务流程的变革。这可能需要员工的学习和适应，以及相关业务流程的调整和优化。企业需要考虑如何促进组织内部对于 AI 系统的接受和使用，并在实施过程中积极引导文化和组织变革。

第五节　知识管理系统

知识管理（Knowledge Management，KM）系统是一种专门设计用于收集、组织、存储和传递企业内部的知识和经验的工具,是一种利用信息技术和管理方法,对组织内外的知识进行收集、存储、组织、共享和利用的系统。KM 系统的意义在于提高组织的创新能力和竞争力,促进知识的流动和价值转化,实现知识资产的保护和增值。

一、KM 系统的关键功能和组件

KM 系统可以促进知识的流动和价值转化,实现知识资产的保护和增值。KM 系统的功能主要包括以下几个方面。

知识门户:知识门户是用户进入 KM 系统的首要路径,提供了个性化、智能化的知识服务,让用户根据自身权限获取不同的知识内容,并可自定义知识门户版块。

知识库:知识库是 KM 系统的核心部分,负责对组织内外的各类知识进行收集、存储、组织和检索,提供了多种让用户快速获取知识点的方式,如知识分类树、搜索引擎、推荐信息、知识关联等。

知识社区:知识社区是隐性知识转化为显性知识的"场",在这里用户通过问答、问卷、论坛、互动等形式,充分挖掘在头脑中的隐性知识,并与其他用户进行交流和分享。

协作平台:协作平台提供了团队成员之间交流和协作的工具,包括讨论论坛、协同编辑、在线会议等。通过协作平台,员工可以共同参与知识的创造和分享,促进团队合作和创新。

专家系统:专家系统是一种基于人工智能技术的工具,用于模拟和应用专家知识。它可以帮助员工解决问题、获取指导,并提供智能化的决策支持。

搜索引擎:搜索引擎是 KM 系统中重要的组成部分,它能够帮助用户快速定位和检索所需的知识内容。通过强大的搜索功能,员工可以快速找到相关的知识资源,提高工作效率。

学习管理:学习管理功能用于管理和追踪员工的培训和学习活动。它可以提供在线培训、学习计划、考试评估等功能,帮助员工不断学习和提升能力。

通过使用 KM 系统,企业能够更好地捕捉、保存和传递内部知识,避免知识流失和重复工作,提高工作效率和质量。它还能够促进跨部门和跨团队的知识共享和协作,激发创新和发现新的商业机会。综上所述,KM 系统在企业数字化转型中起着重要的作用,帮助企业充分利用知识资产,提升竞争力和可持续发展能力。

二、KM 系统的应用范围

知识共享和传承:KM 系统可以帮助组织内部的员工记录和分享其专业知识、经验和最佳实践。通过构建知识库、社交平台和协作工具,员工可以共享自己的知识,并从他人的经验中学习和借鉴,促进组织内部的知识传承和学习文化的建立。

政务信息共享：政府部门可以利用 KM 系统建立政务信息共享平台，实现政府间和政府与公众之间的信息沟通和协作。例如，政府可以通过 KM 系统发布政策法规、公共服务、行政审批等信息，让公民和企业能够及时了解和参与政务活动，提高政府的透明度和效率。

客户服务改善：客户服务中心可以利用 KM 系统建立客户知识库，实现对客户需求、问题、反馈等知识的收集、存储、组织和检索，提高客户服务的质量和效率。例如，客服人员可以通过 KM 系统快速查询客户的基本信息、历史记录、常见问题等，为客户提供及时、准确、专业的服务。

教学科研资源共享：教学科研机构可以利用 KM 系统建立教学科研资源共享平台，实现对教学内容、科研成果、学术论文等知识的收集、存储、组织和检索，提高教学科研的水平和效果。例如，教师和学生可以通过 KM 系统分享和获取课程资料、实验报告、论文文献等，进行知识交流和学习。

敏感信息加密：企业或个人可以利用 KM 系统对服务器硬盘上的敏感数据进行加密保护，防止数据泄露或被恶意篡改。例如，企业或个人可以通过 KM 系统对密钥、证书、配置文件等进行加密存储，并通过 API 或在线工具对密钥进行管理和使用。

此外，微软公司开发了一个名为"Microsoft TechNet"的在线平台，用于分享和传播技术知识和经验。该平台提供了丰富的技术文档、案例分析、教程和在线论坛等资源，让开发人员和 IT 专业人员可以共享和学习最新的技术知识。通过这个 KM 系统，微软有效地促进了内部员工之间的知识共享和交流，并与广大的技术社区建立了联系，推动了技术创新和业务发展，展示了 KM 系统在促进知识共享、支持决策和推动创新方面的应用价值。

第六节　人工智能大模型

人工智能大模型是一种利用大量的数据和计算资源，通过深度神经网络训练出的具有强大能力和泛化性的人工智能系统。人工智能大模型通常采用预训练和微调的方式，先在海量的无标注或少标注的数据上进行自监督学习，学习数据的统计规律和隐含知识，然后在特定的任务上进行微调，适应不同的领域和场景。

其中，最为经典的为当前最火的 Chat GPT。

GPT 是一个自然语言处理模型，基于 Transformer 架构，由 OpenAI 开发。GPT 模型使用了大规模的语料库进行预训练，学习了大量的文本数据的统计特征和语言规律，从而能够生成连贯、有逻辑性的文本回复。GPT 模型使应用程序能够创建类似人类所生成的文本和内容（图像、音乐等），并以对话方式回答问题。各行各业的组织正在将 GPT 模型和生成式人工智能用于问答机器人、文本汇总、内容生成和搜索。

GPT 模型，尤其是它们使用的 Transformer 架构，代表着 AI 研究的重大突破。GPT 模型的兴起是机器学习广泛采用的转折点，因为该技术现在可用于自动化和改进各种任务，从语言翻译、撰写文档摘要、撰写博客文章、构建网站、设计视觉效果、制作动画、编写代码到研究复杂话题，甚至创作诗歌。这些模型的价值在于其速度和运行规模。例如，你可能需要几个小时来研究、撰写和编辑一篇关于核物理的文章，而 GPT 模型只需几秒钟就能生成一篇。GPT 模型引发 AI 领域关于实现通用人工智能的研究，这项研究意味着机器可以帮助组织达到新的生产力水平，重塑其应用程序和客户体验。

随后，国内的各大厂商也陆续推出了大模型产品，其中就有百度推出的文言一心，它是一款基于人工智能技术的产品，利用深度学习和自然语言处理等技术，实现了文言文和白话文的互译、文言文的自动补全、文言文的语法检查等功能。文言一心的特点有以下几个：支持多种输入方式，如手写、拼音、语音等，让用户可以随心所欲地输入文言文；支持多种转换方式，如古今互译、古诗词鉴赏、古籍阅读等，让用户可以轻松地理解和欣赏文言文；支持多种校正方式，如错别字纠正、语法纠错、标点符号补全等，让用户可以高效地修改和完善文言文；支持多种输出方式，如复制、分享、保存等，让用户可以方便地使用和传播文言文。大模型的应用包括内容创作、翻译、语言处理和理解、智能对话、智能客服、文本分类和情感分析、摘要生成。

内容创作：GPT 在内容创作方面具有广泛应用，可用于生成文章、新闻报道、博客内容等。它能够根据给定的主题或关键词自动生成相关内容，极大地提高了作者的创作效率和生产力。

翻译：GPT 在机器翻译任务中发挥着重要作用，能够将一种语言的文本翻译成另一种语言。它能够为翻译工作提供辅助，快速翻译大量文本，并提供实时翻译服务。

语言处理和理解：GPT 具备强大的语言处理和理解能力，可以应用于自然语言文本的处理、语义关系的分析、命名实体的识别等。这对于信息提取、文本挖掘、自然语言理解等工作具有重要帮助。

智能对话：GPT 可用于构建智能对话系统，实现与用户的自然语言交互。它能够理解用户的问题并生成相应的回答，提供帮助和解答疑问，从而实现智能化的对话体验。

智能客服：GPT 可用于构建智能客服系统，提供自动化的客户支持。它能够回答常见问题，提供产品或服务信息，甚至处理一些较为复杂的客户问题，提升客户服务的效率和质量。

文本分类和情感分析：GPT 可用于文本分类和情感分析，快速筛选和处理大量文本数据。它可应用于垃圾邮件过滤、社交媒体舆情分析、情感监测等，帮助用户快速了解文本信息的分类和情感倾向。

摘要生成：GPT 具备自动生成文本摘要或概括的能力，能够提取关键信息，帮助用户快速了解文本内容，节省阅读时间。它能够自动化生成精练的摘要，方便用户快速浏览和了解文本要点。

目前大模型的应用场景越来越多。例如，北京天医智医疗技术服务有限公司作为中国医疗人工智能公司，开发了名为"深度医疗"的大模型产品。思源黑洞是中国科学院计算技术研究所的项目，致力于构建具有自主学习和推理能力的人工智能系统。小 i 机器人是中国人工智能公司上海智臻智能网络科技股份有限公司的产品，它是大型对话式人工智能助手，可以回答问题、提供信息和进行智能对话，广泛应用于智能客服、智能家居等领域。阿里云 PAI（平台人工智能）是阿里巴巴集团旗下的云计算平台，它提供了大规模进行模型训练和部署的能力，为开发者和企业提供了构建和应用大模型的基础设施。这些大模型产品在各自的领域内具有重要的影响力，并在人工智能技术的发展和应用中发挥着关键作用。值得注意的是，中国的大模型产品领域正在不断发展壮大，并且还有许多其他的创新公司和项目正在推动这一领域的进一步发展。

本章小结

在第三章中，我们重点讨论了企业数字化工具的应用。随着数字经济的迅速发展，这些工具在提高业务效率、创新业务模式和增强竞争力方面发挥着关键作用。本章介绍了一系列企业数字化工具，包括企业资源规划系统、制造执行系统、商业智能系统等。

总体而言，本章强调了在现代企业中运用数字化工具的重要性，并强调了它们为企业各个方面的管理和发展带来的潜在优势。通过拥抱数字化，并充分利用商业智能、人工智能和知识管理，企业可以在当今数字时代提升灵活性、适应性和竞争力。

◆ **本章思考题**

1. 按照企业数字化的核心目标，分别介绍商业智能、人工智能和知识管理工具在不同企业场景下的应用优势和限制。

2. 比较不同类型的数字化工具在企业数字化转型中的角色和重要性，思考如何根据企业的特定需求和情况选择最合适的工具组合来实现数字化转型目标。

3. 从企业数字化工具实施和应用的角度，思考数字化转型过程中可能面临的挑战和障碍，以及如何克服这些问题以实现成功的数字化转型。

4. 在企业数字化过程中，商业智能、人工智能和知识管理等工具和方法在业务流程优化中的角色和价值是什么？

第四章 企业外部环境分析及技术

对企业外部环境进行分析，是制定数字化战略的关键步骤之一。企业通过洞察数字化的宏观趋势，深刻理解数字化对行业的市场竞争格局、客户行为和供应链管理的影响，全面了解企业数字化面临的发展机遇和挑战威胁。

第一节　企业外部环境不确定性分析

一、企业外部环境不确定性的内涵

在数字经济下，有许多环境因素会对企业产生影响，其影响可能并不明显。企业可以利用数字化技术来处理环境不确定性，从而提高效率和降低风险。环境不确定性意指在没有获得足够的有关环境因素的信息的情况下必须做出决策，而决策人很难估计外部环境的变化。环境不确定性增加了企业战略失败的风险，使企业很难计算与各种战略选择方案有关的成本和概率。为了应对这种环境不确定性，企业可以利用数字化技术来获取更多的信息和洞察。通过数字化技术，企业可以实时收集和分析大量的数据，包括市场趋势、竞争对手活动和客户行为等。企业试图通过分析使某些不确定因素有一定的参考价值，力求将许多环境影响减小到人们能够理解和可操作的程度。下面将介绍环境不确定性是如何进行分类的，并分析企业各种可能的对策以削弱某些不确定因素的负作用。

二、企业外部环境不确定性的两个衡量维度

在数字经济下，企业面临的环境不尽相同，不同环境所呈现出的不确定性也有高低之分。

一般而言，从两个维度来衡量企业所面临环境的不确定性：一是企业所面临环境的复杂性，二是企业所面临环境的动态性。

第一，环境简单或复杂的程度。复杂程度可用环境中的要素数量和种类来表示。在一个复杂环境中，有多个外部因素对企业产生影响。通常外部因素越少，环境复杂

性越低，不确定性越小。

第二，环境稳定或不稳定（即动态）的程度。即企业所处的环境是稳定的还是不稳定的。它不仅取决于环境中各构成因素是否发生变化，而且还与这种变化的可预见性有关。环境条件越多变，环境的不确定性越大。环境条件的多变性是指变化的速度和频率。

（一）简单与复杂程度

简单与复杂程度是指那些与企业经营有关的外部因素的数量和不相同性。在一些复杂的环境情况下，许多种类不同的外部因素对企业产生牵制和影响。复杂程度可能来自企业面临的环境因素的多样性（例如在不同国家经营的跨国公司），也可能来自处理环境影响所需知识的多寡（例如对一家航天公司的要求）。此外，数字化的快速发展也对企业的简单与复杂程度产生了重要影响。随着技术的进步，许多传统业务步骤变得可以通过数字化工具和系统来执行。这使得企业能够更有效地处理和分析大量的数据，以支持决策和运营。同时，数字化还引入了新的外部因素，如互联网和社交媒体，对企业产生了影响。因此，数字化已经成为评估企业简单与复杂程度的重要指标之一。

下面是我们选择的两个主体。

1. 简单环境——油漆商店

对油漆商店而言，有一定实际重要性的外部环境因素不过是一些竞争对手、供应商和客户。政府监管是极少的，风俗上的变化对油漆商店的影响也是微乎其微的。

2. 复杂环境——大学

大学往往横跨不少技术领域，是文化和价值交流的融汇点。大学与政府和赞助机构、专业科研组织、校友会、家长基金会、公司等相互影响，形成了为数众多的外部因素和复杂的环境。

（二）稳定与不稳定程度

稳定与不稳定程度是指外部环境变化的速度。某些外部环境因素变化速度明显超过其他因素。一般来说，计算机公司处在极不稳定或多变的环境中，而许多政府部门则处在比较稳定的环境中。

图4-1包括了以上两个维度，形成了一个评估环境不确定性的框架。我们分别探讨一下由两种维度组成的四种环境状况，以及由此而形成的不确定程度。

	简单	复杂
稳定	简单与稳定状况=低程度的不确定性 1. 外部因素较少,且性质比较接近。 2. 因素趋于稳定,如有变化也比较缓慢。 例如:软饮料制造厂、啤酒批发商、容器制造厂和食品加工厂。	复杂与稳定状况=低至中等程度的不确定性 1. 外部因素较多,且差异性大。 2. 因素趋于稳定,如有变化也比较缓慢。 例如:大学、电器制造厂、化工公司和保险公司。
不稳定	简单与不稳定状况=中至高程度的不确定性 1. 外部因素较少,且性质比较接近。 2. 因素变化频繁,且无预见性。 例如:个人计算机公司、时装公司、声乐公司和玩具制造公司。	复杂与不稳定状况=高程度的不确定性 1. 外部因素较多,且性质相异。 2. 因素变化频繁,且无预见性。 例如:电子公司、航天公司、电子通信公司和航空公司。

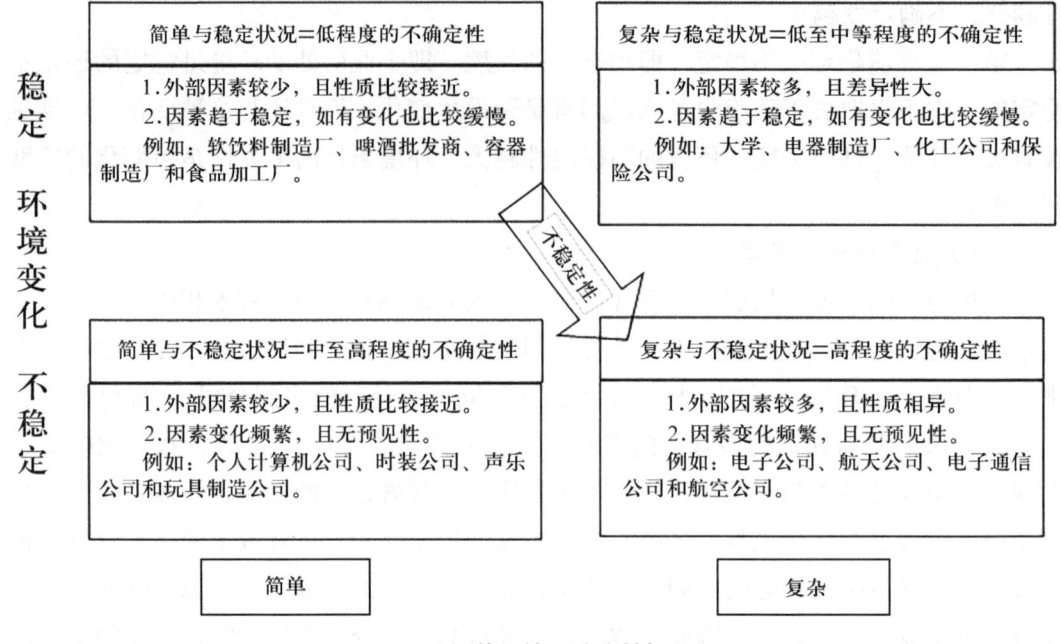

环境变化 ↓ 不稳定性 ↗

图 4-1　评估环境不确定性框架图

1. 简单与稳定状况

在简单与稳定状况下,不确定的程度很低。企业所面临的环境比较容易理解,变化不大。例如,软饮料制造厂、容器制造厂、食品加工厂以及律师事务所等。这类企业的相关外部因素较少,技术过程相对比较单一,竞争和市场在较长的时期内固定。如果企业所处的环境简单且稳定,那么对过去环境影响的分析就有一定的实际意义,因为历史上出现过的规律性事情有可能继续在未来出现。

2. 复杂与稳定状况

复杂与稳定环境表明不确定性有所增加。在外部审查过程中,需要考虑众多的环境因素。为了提高企业的效益,必须对这些因素进行分析。然而,这种环境下的外部因素变化不大,且往往在意料之中。例如,大学、电器制造厂和保险公司所处的环境复杂但比较稳定。尽管外部因素较多且在不断变化中,但是变化速度比较缓慢,而且可以预见。

3. 简单与不稳定状况

在简单与不稳定环境中,不确定性进一步增加。尽管企业的外部因素很少,但是这些因素很难预测,往往与企业初衷相违背。面对这种环境的企业包括时装公司、个人计算机公司、玩具制造公司和声乐公司。这些企业面临的市场供求关系经常发生变动。

4. 复杂与不稳定状况

复杂与不稳定状况下的不确定程度最高。企业面临着众多的外部因素,且变化频繁,对企业的举措影响甚大。当几种因素同时变化时,环境会发生激烈动荡。电子公司和航空公司往往处在这种复杂与不稳定环境中，许多外部因素会同时发生变化。例如航空公司，在过去的几年中出现了不少地区性航空公司，同时法规进一步放宽、价格战不断出现、燃料成本上升、顾客需求发生变化等。除此之外，航天公司和电子通信公司也属于这类处在复杂与不稳定状况下的企业。

三、企业外部环境应对战略

环境的不确定性影响企业的决策，增加了战略失败的风险，我们要认真分析研究环境不确定性，减少或消除其负面影响，保持企业的可持续发展。在企业数字化战略的制定中，企业可以采取两种一般性战略来减少环境不确定性的影响，即内部战略和外部战略。

（一）内部战略

所谓内部战略，是指企业通过数字化赋能调整或改变自身行动以适应环境变化的策略。企业可以将数字化工具和技术应用于人员招聘、财务分析、风险防控、资产管理等业务板块，实现经营科学化。然而，这些方法的应用需要结合企业的实际情况，避免生搬硬套。比如，海尔集团作为一个数字化赋能的典范，在走向国际市场时以品牌为核心，通过数字化赋能直接进入高端国际市场。截至2023年11月，海尔已经在全球构建了一个包括10个研发中心、71个研究院、35个工业园、138个制造中心和23万个销售网络的规模宏大的国际化企业框架。

（二）外部战略

外部战略是指企业通过改变外部环境以适应自身发展的战略模式。在数字化赋能的支持下，企业能快速锁定目标市场，了解竞争对手，确定竞争策略，精准开展市场推广，制定数字化营销、组建同盟等外部战略。然而，这些战略的运用也必须因地制宜，不能一刀切。举个例子，广告宣传在数字化赋能时代变得更加重要，企业可以借助数字化广告渠道和技术来推广品牌，提高市场知名度。但需要注意的是，广告投入的效果与企业实际情况紧密相关，如广告投入与品牌影响力密切相关，而过度的广告费用未必能带来相应的经济回报。

总的来说，数字化赋能为面对环境不确定性的企业提供了新的手段和策略。通过内部战略和外部战略的数字化赋能，企业能够更好地适应环境变化，提升竞争力，并保持可持续发展。

第二节　企业外部环境分析

企业的外部环境是指存在于企业的外部，影响企业经营管理活动及其发展的各种客观因素与力量的总和，由短期内不为企业所支配的各种变量组成，是企业不可控制的因素。

企业外部环境也是对企业外部的政治环境、社会环境、技术环境、经济环境、产业环境等的总称。从外部环境对企业的影响是否直接来区分，又可分为一般环境和具体环境两大类。一般环境是指能影响某一特定社会中一切企业的宏观环境，对企业的影响比较间接；具体环境是指能更直接地影响某个企业的产业环境。

一、企业外部宏观环境分析

（一）企业外部宏观环境的含义

企业外部宏观环境是指那些对企业活动没有直接作用而又能够经常对企业决策产生潜在影响的一般要素，主要包括与整个企业环境相联系的技术、经济、文化、政治四方面的力量。在数字化赋能的背景下，这些要素与力量之间可以通过相互作用来影响企业的行动与决策。短期来看，通过数字化赋能，社会文化因素将对企业行动和决策产生更大的影响。而长期来看，企业也能通过自身的活动，利用数字化赋能对任务环境中相关的权利要求者产生重要的影响。

（二）企业外部宏观环境分析模型

PEST 分析是指宏观环境（又称一般环境）的分析，分析内容包括影响一切行业和企业的各种宏观力量，是战略咨询顾问常用的一种方法。对宏观环境因素进行分析时，不同行业和企业根据自身特点和经营需要，分析的具体内容会有差异，一般包括政治（Political）、经济（Economic）、社会（Social）和技术（Technological）四类主要的外部环境因素，简称为 PEST 分析，如表 4-1 所示。

表 4-1 典型的 PEST 分析表

政治（包括法律）	经济	社会（包括文化）	技术
环保制度	经济增长	收入分布	政府研究开支
税收政策	利率与货币政策	人口统计、人口增长率与年龄分布	产业技术关注
国际贸易章程与限制	政府开支	劳动力与社会流动性	新型发明与技术发展
合同执行法、消费者保护法	针对失业问题的政策	生活方式变革	技术转让率
雇用法律	征税	职业与休闲态度、企业家精神	技术更新速度与生命周期
政府组织/态度	汇率	教育	能源利用与成本
竞争规则	通货膨胀率	潮流与风尚	信息技术变革
政治稳定性	商业周期的所处阶段	健康意识、社会福利及安全感	互联网变革
安全规定	消费者信心	生活条件	移动技术变革

1. 政治法律环境

政治法律环境是指那些制约和影响企业的政治要素、法律系统以及其运行状态。党和国家的路线、方针、政策、制度和环境保护法、社会保障法、反不正当竞争法、产品质量法等国家相关法律法规等构成了政治与法律环境。不同的国家有着不同的社会性质，不同的社会制度对组织活动有着不同的限制和要求。

重要的政治法律变量有执政党性质、政治体制、经济体制、政府的管制、税法的改变、各种政治行动委员会、环境保护法、产业政策、投资政策、国防开支水平、政府补贴水平、反垄断法规、与重要大国的关系、地区关系、民众参与政治的行为、政局稳定状况、各政治利益集团等。

2. 经济环境

经济环境是指影响企业生存和发展的社会经济状况及国家的经济政策。经济环境主要包括宏观和微观两个方面的内容。

宏观经济环境主要指一个国家的人口数量及其增长趋势，国民收入、国民生产总值及其变化情况，以及通过这些指标能够反映的国民经济发展水平和发展速度。

微观经济环境主要指企业所在地区或所服务地区的消费者的收入水平、消费偏好、储蓄情况、就业程度等因素。这些因素直接决定着企业目前及未来的市场的大小。

应该重点监视的关键经济变量有 GDP 及其增长率、贷款的可得性、可支配收入水平、居民消费（储蓄）倾向、利率、通货膨胀率、规模经济、政府预算赤字、消费模式、失业趋势、劳动生产率水平、汇率、证券市场状况、外国经济状况、进出口因素、不同地区和消费群体间的收入差别、价格波动、货币与财政政策等。

3. 社会文化环境

社会文化环境包括一个国家或地区的居民受教育程度和文化水平、宗教信仰、风俗习惯、审美观点、价值观念等。文化水平会影响居民的需求层次；宗教信仰和风俗习惯会禁止或抵制某些活动的进行；价值观念会影响居民对组织目标、组织活动以及组织存在本身是否认可；审美观点则会影响人们对组织活动内容、活动方式以及活动成果的态度。

关键的社会文化因素有妇女生育率、人口结构比例、性别比例、特殊利益集团数量、人口出生和死亡率、人口移进移出率、社会保障计划、人口预期寿命、人均收入、生活方式、平均可支配收入、对政府的信任度、购买习惯、对道德的关切、平均教育状况、对退休的态度、对质量的态度、污染控制、对能源的节约、社会活动项目、社会责任、对职业的态度、宗教信仰状况等。

4. 技术环境

技术环境是指企业所处环境中的科技要素及与该要素直接相关的各种社会现象的集合。分析技术环境时，除了要考察与企业所处领域的活动直接相关的技术手段的发展变化外，还应及时了解：

（1）国家对科技开发的投资和支持重点；

（2）该领域技术发展动态和研究开发费用总额；

（3）技术转移和技术商品化速度；

（4）专利及其保护情况等。

在制定企业数字化战略时，可以利用 PEST 分析法了解企业面临的数字化宏观环境，包括影响企业数字化的相关政策，企业数字化面临的经济形势、社会情况，以及目前的技术条件下哪些技术可供企业选择。

二、企业外部产业环境分析

在数字化赋能的背景下，产业环境分析变得更为重要和复杂。任何企业都会在某一个或者几个产业内生存、发展，产业环境对企业发展的影响甚至比其所处宏观环境的影响更为直接，影响程度更大。企业如何通过数字化赋能在所在产业内生存与发展？或者本企业是否进入某一产业发展？要回答这些战略问题都需要进行产业环境分析。

对于产业环境，通常采用美国著名的战略管理学者波特的五力模型（见图 4-2）进行分析。分析产业环境时，可以从潜在进入者、替代品、购买者、供应商与现有竞争者之间的抗衡来分析产业竞争的强度以及产业利润率。潜在进入者的进入威胁在于减少了市场集中，激发了现有企业间的竞争，并且瓜分了原有的市场份额。替代品作为新技术与社会新需求的产物，对现有产业的"替代"威胁十分明显，但几种替代品长期共存的情况也很常见，替代品之间的竞争规律仍然是价值高的产品获得竞争优势。购买者、供应商讨价还价的能力取决于各自的实力，比如卖（买）方的集中程度、产品差异化程度、资产专用性程度、纵向一体化程度以及信息掌握程度等。产业内现有企业的竞争，即一个产业内的企业为争夺市场份额而进行的竞争，通常表现为价格竞争、广告战、新产品引进以及增进对消费者的服务等。

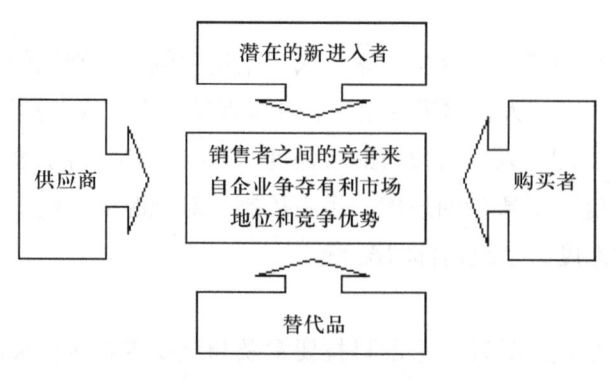

图 4-2 波特五力模型分析图

(一)产业内的竞争

产业内的竞争是指产业内在位企业为争夺市场份额而进行的竞争及产业内竞争行为的强度。它强调企业通过降低价格、产品创新、广告、赊销或者促销活动等不断追求优于竞争者的经营绩效。不过,市场上也可能只有很少的竞争活动,企业满足于其占有的市场份额,无意于通过挑起价格战等去改变市场平衡。波特认为有很多因素决定着一个产业中的竞争程度。

对于不同产业,竞争的激烈程度是不同的。如果一个产业内主要的竞争对手基本上势均力敌,无论产业内企业数目有多少,产业内部的竞争必然激烈,在这种情况下,某个企业要想成为产业内的领先企业或保持原有的高收益水平,就要付出较高的代价;反之,如果产业内只有少数几个大的竞争者,形成半垄断状态,企业间的竞争便趋于缓和,企业的获利能力就会增大。

决定产业内企业之间竞争激烈程度的主要有如下因素。

(1)需求:如果需求缓慢增长,企业只有从竞争者那里夺得市场份额才能保持其历史增长速度。

(2)固定成本(成本构成):如果产业的成本构成中包括很高的固定成本,而边际成本很低,那么,企业将承受着必须充分利用其生产能力的巨大压力。同时,如果需求下降,企业就需要通过削价或其他武器去保持销售额。周期性波动导致生产能力周期性过剩。在生产能力闲置(或出现剩余生产能力)时,企业为了保证工厂开工,将会提高产业内的竞争程度。

(3)转换成本:低转换成本使得企业能够更快速、更灵活地调整策略、产品或业务模式以适应市场变化。这有助于企业保持竞争优势并更好地满足客户需求。相比之下,高转换成本可能使企业无法及时调整,从而失去竞争力。

(4)产品差异程度与品牌特征:产业内企业所提供产品的差异程度越小,则竞争程度越激烈。企业的品牌、形象、产品质量和性能、产品组合、服务等,都可能成为差异化的来源。如果产业内部的企业都具有良好的企业形象或较高的品牌知名度,并且这种信誉、形象成为它们吸引顾客的主要力量,那么这个产业的差异化程度就达到了较高的水平。

(5)市场集中度:如果产业内竞争者数量众多,竞争将较为激烈;如果产业内竞争者数量较少但规模实力基本相当,产业竞争强度也会较高。现有企业的每一个竞争行动,都必然引起竞争者迅速而有效的反应。这在市场集中度较高的汽车、飞机制造、钢铁、软饮料行业表现得较为明显。

(6)数据资产和技术能力:企业利用大数据、人工智能、机器学习等数字技术的能力,以及数据资产的丰富程度,将直接影响其在产业内的竞争力和创新能力。

(7)创新和数字化转型能力:企业能否快速响应市场需求变化,通过数字化转型和创新来提供具有差异化和竞争力的产品和服务，将决定其在产业内的竞争地位。

（8）平台和生态系统建设：企业能否构建完善的数字化平台和生态系统，整合各方面的资源和能力，形成产业内的网络效应和合作共赢，将决定其在产业内的竞争优势和市场份额。

（二）潜在进入者威胁

潜在进入者是指产业外随时可能进入某行业成为竞争者的企业。新进入者在给行业带来新生产能力、新资源的同时，将希望在已被现有企业瓜分完毕的市场中赢得一席之地，这就有可能会与现有企业发生原材料与市场份额的竞争，最终导致行业中现有企业盈利水平降低，严重的话还有可能危及这些企业的生存。然而市场上存在很多障碍，可以阻止潜在进入者进入其中。进入障碍是指那些允许现有企业赚取经济利润，却使产业的新进入者无利可图的因素。潜在进入者威胁的严重程度取决于两方面的因素，即进入新领域的障碍大小与预期现有企业对于进入者的反应情况。在侧重数字化发展时，主要取决于如下因素。

（1）技术门槛：数字经济产业通常涉及复杂的技术和专业知识，潜在进入者需要具备相应的技术能力和专业知识才能进入该产业。

（2）数据资源：数字经济产业对数据的需求非常大，潜在进入者需要有足够的数据资源来支持其进入和参与产业，包括数据的获取、分析和应用能力。

（3）网络效应：在数字经济产业中，存在着网络效应，即产业中已有企业的规模和用户基础越大，其价值和吸引力就越高。潜在进入者需要克服这种网络效应的障碍，以吸引足够的用户和资源。

（4）规模经济：如果大规模经营可以产生显著的成本优势，那么新进入者就必须达到这种规模。否则，单位成本将限制其获利能力。规模经济同样存在于广告、采购、研究与开发、售后服务等活动之中。

（5）资本需求：如果资本成本很高，也会限制潜在进入者的数量。资本成本包括生产设施建设费用、研究与开发费用、建立销售网点费用以及产品初期促销费用等。

（6）学习曲线效应：经验的不断积累可以使人们逐步发现更有效的工作方法。潜在进入者需要投入更多的精力，摸索这个行业发展的核心要义。

（三）替代品威胁

替代品是指那些与本企业产品具有相同功能或类似功能的产品。替代品能够夺取业务和加强现有企业之间的竞争，影响被替代品的价格。新的替代品通常代表着新的技术，即使这些替代品最初看来是无害的，但新的替代品的出现也可能会给现有厂商和产品带来巨大的威胁，导致相互竞争行为，这种源自替代品的竞争会以各种形式影响行业中现有企业的竞争战略。第一，现有企业产品的售价以及获利潜力将由于能被用户方便接受的替代品的存在而受到限制；第二，由于替代品生产者的侵入，现有企业必须提高产品质量，或者通过降低成本来降低售价，或者使其产品具有特色，否则其销量与利润增长的目标就有可能受挫；第三，源自替代品生产者的竞争的强度，受产品买主转换成本高低的影响。

在下列情况下，替代品的威胁是很大的。

（1）有许多相同效用的产品满足相关顾客的需要。

（2）顾客转向替代品只承担很小的转移成本。

（3）顾客对价格非常敏感，而替代品价格很低。

（四）购买者的议价能力

购买者的议价能力即顾客或客户通过价格谈判从销售者或供应商那里获得价格优惠或较低价格的能力。强议价能力意味着能迫使价格下降，从而减少销售者的利润。作为买方（顾客、用户）必然希望所购产品物美价廉，服务周到，且从产业现有企业之间的竞争中获利。因此，他们总是为压低价格而同该产业内的企业讨价还价，使得产业内的企业相互竞争残杀，导致产业利润下降。决定买方议价能力的基本因素有两个：价格敏感度和相对议价能力。价格敏感度决定买方讨价还价的欲望有多大；相对议价能力决定买方能在多大程度上成功地压低价格。

（1）价格敏感度：买方对价格是否敏感取决于产品价格在买方的成本结构中是否重要。当该产品的价格占买方成本的大部分时，买方就会更关心是否有成本较低的替代品。当然，该产品的质量也决定着价格是否能成为影响购买决策的重要因素。

（2）相对议价能力：即使买方对价格很敏感，但若他们没有更多的选择——"不得不买"的话，其相对议价能力就较弱。购买者在如下情况下具有强大的议价能力。

①购买次数很少，但购买量巨大。

②购买者承受很低的转换成本，具有较低的忠诚度。

③购买者面对很多小的销售商。

④对于购买者来说，所购买的产品并不重要，购买者可以接受它，也可以放弃它。

⑤购买者掌握了大量关于竞争性产品的信息，他们可以利用这些信息进行讨价还价。

⑥当存在实际风险时，购买者决定后向一体化，即自己生产而非购买。

（五）供应商的议价能力

供方主要通过其提高投入要素价格与降低单位价值质量的能力，来影响行业中现有企业的盈利能力与产品竞争力。供方力量的强弱主要取决于他们所提供给买主的是什么投入要素，当供方所提供的投入要素的价值占据了买主产品总成本的较大比例，对买主产品生产过程非常重要或者严重影响买主产品的质量时，供方的潜在讨价还价力量就大大增强。一般来说，决定供应商议价能力的因素主要有以下几个。

71

（1）供应商集中程度：市场上有大量的供应商，还是只有少数几个占支配地位的供应商。

（2）品牌：供应商的品牌是否出名。

（3）供应商的收益率：供应商是否被迫提高价格。

（4）供应商是否有前向和后向威胁的可能：如果供方能够方便地实行前向联合或一体化（产业链纵向延伸的能力），而买主难以进行后向联合或一体化，则供应商议价能力将较强。

（5）产品和服务的角色地位：若供应商的产品和服务具有重要的作用，甚至是不可缺少和独一无二的，则会提高供应商议价能力。

（6）本行业是否是供应商的核心顾客群：如果本行业为供应商的核心顾客群，供应商的竞争优势集中在本行业，则其具有较强的议价能力。

（7）转换成本：如果供方各企业的产品各具一定特色，以至于买主难以转换或转换成本太高，或者很难找到可与供方企业产品相竞争的替代品，则供应商议价能力将较强。

（8）买主集中程度：如果供应商行业为一些具有比较稳固的市场地位而不受市场激烈竞争困扰的企业所控制，其产品的买主很多，以至于每一单个买主都不可能成为供方的重要客户，则供应商议价能力将较强。

（9）供应链管理和交付能力：如果供应商在数字经济产业中具备供应链管理和交付能力，能够及时、准确地满足客户需求，提供高品质的产品和服务，那么这种能力可以增加供应商的议价能力，因为客户愿意与具备可靠供应能力的供应商进行合作。

（10）合作伙伴关系和资源整合：供应商与其他企业建立良好的合作伙伴关系，并进行资源整合，可以提升其议价能力。通过合作伙伴的支持和资源整合，供应商可以提供更全面、综合的解决方案，增加与客户议价的空间。

波特五力模型为管理者提供了一种思考竞争环境的框架。在数字化战略制定过程中，五力分析的意义在于以下方面。

（1）有助于企业更加深刻地认识产业的性质或竞争状况，识别影响环境的主要竞争力量，从而确定数字化发展方向。

（2）有助于企业识别战略集团，并确定自己的战略区间（空间）界限。

（3）有助于更好地评价企业的核心能力，从而确定如何通过数字化来强化该优势。

（4）有助于重新定义市场，使其与核心能力相适应，或根据竞争的需要确定培育哪些新的能力。

当然，产业竞争状态总是不断变化的，因此管理者需要定期对其所处产业的竞争状态进行重新评估。

三、关键成功因素分析

（一）关键成功因素的含义

外部环境因素很多，要找到关键因素进行具体分析，然后再围绕这些关键因素来确定系统的需求，并进行数字化规划。

作为企业在特定市场实现盈利必须拥有的技能和资产，关键成功因素可能是一种价格优势，一种资本结构或消费组合，或一种纵向一体化的行业结构。不同产业的关键成功因素存在很大差异，同时随着产品生命周期的演变，关键成功因素也会发生变化，即使是同一产业中的各个企业，也可能对关键成功因素有不同的侧重。在环境分析中，应积极关注与这些关键因素相关的环境因素的变化趋势。

（二）关键成功因素的五个主要来源

关键成功因素的重要性位于企业所有目标、策略和目的之上。若企业能掌握少数几项重要因素（一般关键成功因素有 5~9 个），便能确保相当的竞争力。关键成功因素有五个主要来源。

（1）个别产业的结构：不同产业因产业本身的特质及结构不同而有不同的关键成功因素，此因素取决于产业本身的经营特性，该产业内的每一家企业都必须注意这些因素。

（2）竞争策略、产业中的地位及地理位置：企业的产业地位是由过去的历史与现在的竞争策略所决定的，在产业中每一个企业的竞争地位不同，其关键成功因素也会有所不同。对于由一家或两家大企业主导的产业而言，领导厂商的行动常给产业内的小企业带来重大的影响，所以对小企业而言，大企业的策略可能就是其生存和竞争的关键成功因素。

（3）环境因素：外在因素（总体环境）的变动都会影响每个企业的关键成功因素。如在市场需求波动大时，存货控制可能就会被高阶主管视为关键成功因素之一。

（4）暂时因素：大部分是由企业内部的特殊原因导致的，通常在某一特定时期对企业的成功产生重大影响。

（5）数字化发展：随着数字化的发展，数字化能力成为关键成功因素之一。企业需要具备适应数字化转型的能力，包括数字技术应用、数据分析与挖掘、数字化营销和客户体验等方面的能力。在数字化环境下，拥有先进的数字化能力可以提升企业的竞争力，实现创新和业务增长。

（三）关键成功因素的确认方法

（1）环境分析法：将要影响或正在影响产业或企业绩效的包括政治、经济、社会、技术等外在环境的力量，换句话说，即重视企业外在环境的未来变化，这些外在环境的变化比企业或产业的总体变化来得更重要。

（2）产业环境分析法：采用波特所提出的产业环境五力分析架构，作为此项分析的基础。此架构由五个要素构成，对每一个要素和要素间关系的评估可为分析者提供客观的数据，以确认及检验产业的关键成功因素。产业环境分析不仅可以为此架构提供一个很完整的分类，而且可以以图形的方式找出产业环境要素及要素间的主要关系。

（3）产业/企业专家法：向产业专家、企业专家或具有知识与经验的专家请教，除可获得专家累积的智慧外，还可获得从客观数据中无法获得的信息，唯因缺乏客观的数据会导致实证或验证上的困难。

（4）竞争分析法：分析企业在产业中应该如何竞争，以了解企业面临的竞争环境和态势。研究焦点的集中可以提供更详细的资料，且深度的分析能够有更好的验证性，但其发展受到特定的限制。

（5）产业领导厂商分析法：该产业领导厂商的行为模式可作为产业关键成功因素重要的信息来源。因此，对领导厂商进行分析，有助于确认关键成功因素，但对于其成功的解释仍会受到限制。

（6）企业本体分析法：此项技术乃针对特定企业，通过对企业某些构面进行分析，如优劣势评价、资源组合分析、优势稽核及策略能力评估等，找到影响企业的关键成功因素，但该技术耗费的时间较长。

（7）突发因素分析法：此项技术亦是针对特定企业，通过对企业相当熟悉的专家的协助，常能揭露一些其他传统客观技术无法察觉到的关键成功因素，甚至可以获得一些短期的关键成功因素。不足的是较为主观，其中得到的短期关键成功因素难以验证。

（8）市场策略对获利影响的分析法：针对特定企业，以战略与绩效分析（Profit Impact of Market Strategy，PIMS）研究报告的结果进行分析。此技术的主要优点为具有实验性基础，而缺点在于"一般性的本质"，即无法指出这些数据是否可直接应用于某一企业或某一产业，也无法得知这些因素的相对重要性。

（9）数据分析法：通过对大数据、市场数据和内部数据的收集和分析，识别出与企业业绩和竞争力密切相关的关键因素。利用数据分析技术和工具，可以深入了解市场趋势、消费者需求、竞争对手行为等方面的信息，从而找到对企业成功至关重要的因素。

（四）关键成功因素法的步骤

关键成功因素法主要包含以下几个步骤。

（1）确定企业数字化的战略目标：确定企业数字化的战略目标是关键成功因素法的首要步骤，其影响着该方法的后续分析。不同的企业数字化战略目标的实现所需要的成功因素不同。

（2）识别所有的成功因素：主要是分析影响数字化战略目标实现的各种因素和影响这些因素的子因素。

（3）确定关键成功因素：不同行业的关键成功因素各不相同。即使是同一个行业的企业，由于各自所处的外部环境的差异和内部条件的不同，其关键成功因素也不尽相同。

（4）明确各关键成功因素的性能指标和评估标准：量化认识和客观评价关键成功因素，有利于有针对性地采取措施获取关键成功因素。

关键成功因素法的优点是能够使所开发的系统具有很强的针对性，能够较快地取得收益。应用关键成功因素法需要注意的是，当识别关键成功因素后，又会出现新的关键成功因素，就必须再重新开发系统。识别行业关键成功因素是在竞争中取胜的关键环节。可以通过判别矩阵的方法定性识别行业关键成功因素。其具体操作过程是采取集中讨论的形式对矩阵中的每一个因素打分，一般采用两两比较的方法，如果 A 因素比 B 因素重要就打 2 分，同样重要就打 1 分，不重要就打 0 分。在对矩阵所有格子打分后，横向加总，依次进行科学的权重分配。一般权重最高的因素就成为行业关键成功因素。表 4-2 为运用判别矩阵方法设计的行业关键成功因素分析表。

表 4-2　行业关键成功因素分析表

得分矩阵	权重
A 因素得分矩阵 =（1，1，2，0）	权重 = 0.25
B 因素得分矩阵 =（1，1，2，0）	权重 = 0.25
C 因素得分矩阵 =（0，0，1，0）	权重 = 0.0625
D 因素得分矩阵 =（2，2，2，1）	权重 = 0.4375（因素 D 为关键成功因素）

第三节　企业外部环境分析技术

一、外部因素评价矩阵

（一）外部因素评价矩阵简介

外部因素评价矩阵，也称为 EFE 矩阵，是一种对外部环境进行分析的工具，其做法是从机会和威胁两个方面找出影响企业未来发展的关键因素，根据各个因素影响程度的大小确定权数，再按企业对各关键因素的有效反应程度对各关键因素进行评分，最后算出企业的总加权分数。通过 EFE 矩阵分析，企业就可以把自己所面临的机会与威胁汇总，从而刻画出企业的全部吸引力。

（二）外部因素评价矩阵的构建

EFE 矩阵可以按如下五个步骤来建立。

1. 列出在外部分析过程中确认的关键因素

（1）因素总数在 10～20 个之间。

（2）因素包括影响企业和所在产业的各种机会与威胁。

（3）首先列举机会，然后列举威胁。

（4）尽量具体，可能时采用百分比、比率和对比数字。

2. 赋予每个因素以权重

（1）数值由 0.0（不重要）到 1.0（非常重要）。

（2）权重反映该因素对于企业在产业中取得成功的影响的相对大小。

（3）机会往往比威胁得到更高的权重，但当威胁因素特别严重时也可得到高权重。

（4）确定权重的方法：对成功和不成功的竞争者进行比较，以及通过集体讨论而达成共识。

（5）所有因素的权重总和必须等于 1。

3. 按照企业现行战略对关键因素的有效反应程度对各关键因素进行评分

（1）确定分值范围。

（2）确定分值标准。

（3）评分反映了企业现行战略的有效性，因此它是以企业为基准的。

4. 用每个因素的权重乘以它的评分，即得到每个因素的加权分数

5. 将所有因素的加权分数相加，得到企业的总加权分数

无论 EFE 矩阵包含多少因素，总加权分数的范围都是从最低分值到最高分值。总加权分数说明了企业对外部影响因素能做出反应的程度。

（三）外部因素评价矩阵案例分析

某移动增值服务公司是一家专注于移动增值业务的服务提供商（SP），主要业务为经营短信平台，提供彩铃、彩信、音乐下载，以及手机游戏等。该公司总部设在上海，在纳斯达克上市，目前已经有近千名员工，年营业收入上亿元，发展势头非常好。但是，该公司也面临很多威胁。因此，以其为例来分析 EFE 矩阵权重设置的当与不当之处，比较有代表性。

1. 影响某移动增值服务公司的外部因素

机会：

（1）移动增值服务市场增长迅速。

（2）年轻人不断增加的消费能力。

（3）人们花在交通、会议等方面的时间增加。

（4）5G 网络将提供更多市场空间。

（5）内容提供商大量涌入。

（6）纳斯达克上市提供了更多的资金支持。

威胁：

（1）社交平台的蓬勃发展。

（2）内容提供商的产业链延伸。

（3）社会舆论对资费陷阱和不良信息的反感。

（4）技术发展导致的技术门槛降低。

（5）海外上市导致的管理成本上升。

2. 赋予上述因素以权重

关键外部因素权重如表 4-3 所示。

表 4-3　关键外部因素权重表

关键外部因素	权重
机会	
（1）移动增值服务市场增长迅速	0.10
（2）年轻人不断增加的消费能力	0.05
（3）人们花在交通、会议等方面的时间增加	0.10
（4）5G 网络将提供更多市场空间	0.05
（5）内容提供商大量涌入	0.05
（6）纳斯达克上市提供了更多的资金支持	0.10
威胁	
（1）社交平台的蓬勃发展	0.20
（2）内容提供商的产业链延伸	0.05
（3）社会舆论对资费陷阱和不良信息的反感	0.15
（4）技术发展导致的技术门槛降低	0.10
（5）海外上市导致的管理成本上升	0.05
总计	1.00

注：此处有意使机会和威胁的权重数值不均等

3. 对各因素进行评分

评分的范围为 1—4。4 代表反应很好，3 代表反应超过平均水平，2 代表反应为平均水平，1 代表反应很差。关键外部因素评分如表 4-4 所示。

表 4-4 关键外部因素评分表

关键外部因素	权重	评分
机会		
(1) 移动增值服务市场增长迅速	0.10	3
(2) 年轻人不断增加的消费能力	0.05	4
(3) 人们花在交通、会议等方面的时间增加	0.10	2
(4) 5G 网络将提供更多市场空间	0.05	1
(5) 内容提供商大量涌入	0.05	2
(6) 纳斯达克上市提供了更多的资金支持	0.10	4
威胁		
(1) 社交平台的蓬勃发展	0.20	2
(2) 内容提供商的产业链延伸	0.05	3
(3) 社会舆论对资费陷阱和不良信息的反感	0.15	2
(4) 技术发展导致的技术门槛降低	0.10	1
(5) 海外上市导致的管理成本上升	0.05	3
总计	1.00	

4. 评分及加总

关键外部因素加权分数如表 4-5 所示。

表 4-5 关键外部因素加权分数表

关键外部因素	权重	评分	加权分数
机会			
(1) 移动增值服务市场增长迅速	0.10	3	0.30
(2) 年轻人不断增加的消费能力	0.05	4	0.20
(3) 人们花在交通、会议等方面的时间增加	0.10	2	0.20
(4) 5G 网络将提供更多市场空间	0.05	1	0.05
(6) 内容提供商大量涌入	0.05	2	0.10
(7) 纳斯达克上市提供了更多的资金支持	0.10	4	0.40
威胁			
(1) 社交平台的蓬勃发展	0.20	2	0.40
(2) 内容提供商的产业链延伸	0.05	3	0.15
(3) 社会舆论对资费陷阱和不良信息的反感	0.15	2	0.30
(4) 技术发展导致的技术门槛降低	0.10	1	0.10

续表

关键外部因素	权重	评分	加权分数
（5）海外上市导致的管理成本上升	0.05	3	0.15
总计	1.00		2.35

5. 分析

根据表 4-5，加权分数总计为 2.35，说明这家公司对整个产业中的现有机会与威胁做出了反应，比较有效地利用了现有机会并抵消了部分外部威胁的不利影响；另外，2.35 低于 2.5 的平均分数，这说明该公司在利用机会、抵消外部威胁的不良影响方面，并不是做得最好。

二、竞争态势矩阵

（一）竞争态势矩阵简介

竞争态势矩阵，也称为 CPM 矩阵，用于确认企业的主要竞争对手，它们相对于该企业的战略地位，以及它们的特定优势与弱点。CPM 矩阵与 EFE 矩阵的权重和总加权分数的含义相同，编制矩阵的方法也一样。

（二）竞争态势矩阵的分析步骤

（1）确定行业竞争的关键因素。

（2）根据每个因素对企业在该行业中成功经营的相对重要程度，确定每个因素的权重，权重和为 1。

（3）筛选出关键竞争对手，按每个因素对企业进行评分，分析各自的优势所在和优势大小。

（4）将各评价值与相应的权重相乘，得出各竞争者各因素的加权评分值。

（5）加总得到企业的总加权分，在总体上判断企业的竞争力。

（三）竞争态势矩阵应用实例

用竞争态势矩阵来分析 B 公司在省级区域市场的竞争态势，分析 B 公司在区域市场上所面临的竞争状况。

CPM 矩阵与 EFE 矩阵的权重和总加权分数含义相同，但是 CPM 矩阵中的因素涉及内部和外部两方面的问题，评分则表示优势与弱点。在此，我们定义：4=强，3=次强，2=弱，1=次弱。

决定各品牌在区域市场上竞争态势的关键因素有：广告、产品质量、价格竞争力、分公司对市场的管理控制能力、分公司对渠道规划设计的合理性、渠道成员的忠诚度、顾客的忠诚度、顾客的满意度、渠道库存的合理性、库存机型构成结构的合理性、市场占有率、零售商的上柜率、零售商的主推率、硬终端建设情况、软终端建设情况、促销活动情况。

B 公司区域市场竞争态势矩阵如表 4-6 所示（xx 年 10—12 月，第四季度）。

表 4-6　B 公司区域市场竞争态势矩阵

关键因素	权重	苹果 评分	苹果 加权分数	三星 评分	三星 加权分数	华为 评分	华为 加权分数	B 公司 评分	B 公司 加权分数
广告	0.08	2	0.16	1	0.08	3	0.24	3	0.24
产品质量	0.1	4	0.4	3	0.3	3	0.3	2	0.2
价格竞争力	0.1	2	0.2	2	0.2	3	0.3	4	0.4
分公司对市场的管理控制能力	0.04	2	0.08	2	0.08	3	0.12	2	0.08
分公司对渠道规划设计的合理性	0.05	3	0.15	3	0.15	3	0.15	3	0.15
渠道成员的忠诚度	0.08	3	0.24	3	0.24	4	0.32	2	0.16
顾客的忠诚度	0.05	4	0.2	3	0.15	2	0.1	2	0.1
顾客的满意度	0.05	4	0.2	3	0.15	3	0.15	2	0.1
渠道库存的合理性	0.05	2	0.1	2	0.1	3	0.15	1	0.05
库存机型构成结构的合理性	0.03	2	0.06	2	0.06	3	0.09	2	0.06
市场占有率	0.06	1	0.06	1	0.06	4	0.24	3	0.18
零售商的上柜率	0.08	2	0.16	2	0.16	3	0.24	2	0.16
零售商的主推率	0.08	2	0.16	2	0.16	3	0.16	2	0.16
硬终端建设情况	0.05	3	0.15	3	0.15	3	0.15	4	0.2
软终端建设情况（人员推广）	0.05	1	0.05	1	0.05	3	0.15	4	0.2
促销活动情况	0.05	3	0.15	3	0.15	3	0.15	3	0.15
总计	1		2.52		2.24		3.01		2.59

从 CPM 矩阵中我们得出：在区域市场上，B 公司的竞争态势矩阵加权分数为 2.59，其主要竞争对手华为、苹果、三星的加权分数为 3.01、2.52、2.24。这反映出苹果和三星在区域市场上并不是很强势，市场占有率并不高。从竞争态势矩阵中可以得出，在区域市场上竞争态势由强到弱依次是：华为、B 公司、苹果、三星。

本章小结

企业外部环境是不断变化的动态环境，不同环境所呈现出的不确定性也有高低之分，一般而言，从两个维度分析：一是企业所面临环境的动态性，二是企业所面临环境的复杂性。

企业外部宏观环境分析主要分析与整个企业环境相联系的技术、经济、社会文化、政治法律四方面，得出对企业活动没有直接作用而又能够经常对企业决策产生潜在影响的一般要素。分析产业竞争的强度时主要采用美国著名的战略管理学者波特的五力模型，分别从潜在进入者、替代品、购买者、供应商与现有竞争者五个方面进行分析。通过以上两个关键分析，得到企业数字化发展面临的机会和挑战。常用的企业外部环境分析技术有外部因素评价矩阵、竞争态势矩阵等。

◆ **本章思考题**

1. 为什么企业外部环境分析是制定数字化战略的关键步骤之一？请阐述企业外部环境分析在企业发展中的重要性和价值。

2. 企业外部环境分析应该是一个持续的过程，企业应该如何不断更新对外部环境的认识和理解，以及调整数字化战略来适应不断变化的市场和技术环境？

3. 在数字化战略分析中，企业应该如何平衡内外部因素？在制定数字化战略时，应该如何考虑企业自身的优势和劣势，以及外部环境的变化和趋势？

4. 在评估企业数字化能力和资源时，应该考虑哪些因素？数字化能力和资源的评估对企业适应和利用数字化趋势具有怎样的指导作用？

第五章 企业内部环境分析及技术

企业内部环境是企业经营的基础，是制定企业数字化战略的出发点、依据和条件。对企业数字化内部环境进行分析，其目的在于掌握企业当前的数字化情况，明确企业的数字化优势和短板，推动企业有效利用数字化资源，选择合适的数字化战略实现企业经营目标。

第一节 企业内部环境：资源和能力

一、企业的资源及其构成

在数字经济下，企业的资源分为有形资产、无形资产和人力资源。有形资产包括物理设施、设备和资金等实体形式的资产，在企业的发展初期起到重要作用。然而，随着数字经济的迅速发展，无形资产的重要性逐渐增加。无形资产包括知识产权、品牌价值、创新能力、数据资产和数字化技术等，它们在数字经济时代成为企业竞争的关键要素。同时，人力资源也是企业发展的重要组成部分，人才的技术能力、创新思维和数字化技能对企业的竞争力具有决定性影响。

（一）有形资产

有形资产是可见的、能量化的资源，如货物、资金、厂房、机械设备、办公室等资产，包括实物资产与资金资产。有形资产一般是可以从企业的财务报表上查到的，但从战略的角度看，资产负债表上所反映的资产价值是模糊的，这是因为过去的成本报价并不能真实地反映某些资产现在的市场价值。

考虑某项有形资产的战略价值时，不仅要看到会计科目上的数目，而且要注意评价其产生竞争优势的竞争力，这是因为一项账面价值很高的实物资源，其战略价值可能并不大。实物资源的战略价值不仅与账面价值有关，而且取决于企业所处的地理位置、设备的类型和先进程度、能否适应输入要素和产品的变化、企业对这些资源的整合能力等。

在评估有形资产的战略价值时，应注意是否有机会更经济地利用现有资源以及怎样才能使现有资源有效地发挥作用。事实上，企业可通过多种方法提高有形资产的回报率，如：采用先进的技术和工艺提高资源的利用率；通过与其他企业的联合，尤其是与供应商和客户的联合，充分地利用资源。实际上，由于不同的企业掌握的技术不同，人员素质也有差异，他们对所拥有资产的利用能力也是不同的，因而同样的有形资产在不同的企业中会表现出不同的战略价值。

（二）无形资产

无形资产是没有实物形态的资产，如专利、版权、商标、关系、质量、品牌。无形资产是企业在长期的经营实践中逐步积累起来的，是靠以前投入大量有形资产换来的。由于无形资产的不可见性和隐蔽性，人们往往忽略其战略价值。实际上，无形资产同样事关企业的生存与发展，其作用是有形资产不可替代的。下面仅就无形资产的某些方面进行说明。

1. 企业的信誉、知名度与市场形象

在产品和服务质量相同的条件下，或在产品与服务质量不易于直观辨识的情况下，企业的信誉、知名度与市场形象往往是企业竞争力的最重要来源。这是因为，信誉与知名度高、市场形象好的企业不仅其产品和服务容易被消费者接受，从而可以卖出更好的价钱，而且可以在融资、信贷等方面获得便利与优惠。例如，在软饮料行业，可口可乐和百事可乐是世界上信誉和知名度很高的两大品牌，这种巨大的无形资产已成为可口可乐和百事可乐两大公司最重要的竞争资源。

2. 具有先进性、独创性和独占性的技术

企业一旦拥有了某种专利、版权和商业秘密，就可以凭借这些无形资产去建立自己的竞争优势，英特尔、微软、联想、海尔等企业都是这方面的典型例子。企业所具有的技术能否成为重要的无形资产，除与其先进性和独创性有关外，还与其是否易于转移有密切的关系。如果某项技术易于被模仿，或者主要由单个容易流动的人员所掌握，那么该项技术的战略价值将大大降低；反之，如果某项技术很难被模仿，或者必须与其他技术方法一起使用才能发挥其应有的作用，而这些技术方法又分别控制在很多人手中，那么该项技术作为一种无形资产的战略价值就高得多。

3. 数字平台运营能力

数字平台是指以技术为基础，集成各种资源和服务，连接供应商、客户和其他利益相关者的虚拟空间。通过数字平台，企业可以实现多方协同、数据共享、创新合作等，提供更全面、便捷的产品和服务。例如，亚马逊的电商平台、阿里巴巴的跨境电商平台等都是数字平台的典型案例。数字平台的价值在于其规模效应、网络效应和数据效应，可以吸引更多的用户和参与者，进一步增强企业的市场影响力和竞争力。

4. 网络生态系统的完整性

网络生态系统是由多个相互关联的数字平台和服务构成的生态系统。企业通过参与和引领网络生态系统，可以获得更广泛的合作伙伴、丰富的资源和创新的机会。例如，谷歌的生态系统包括搜索引擎、云计算服务、移动操作系统等，其构建了全球性的数字生态系统。在网络生态系统中，企业可以通过整合和优化各种资源和服务，提供更综合、一体化的解决方案，满足用户的多样化需求。

（三）人力资源

人力资源主要是指组织成员向组织提供的知识、技能和决策能力等，我们通常把这些能力称为人力资本。一个组织中最重要的资源是人力资源，大量的研究发现，那些能够有效地利用其人力资源的企业总是比那些忽视人力资源的企业发展得更快。在技术飞速发展和信息化加快的知识经济时代，人力资源在企业中的作用越来越突出。

在环境迅速变化的条件下，如果一个企业想要适应这种变化并利用新的机会求得发展，那么更重要的不是考察其雇员过去和现在具有怎样的能力与业绩，而是要评估他们是否具有挑战未来的信心、知识和能力。近年来，许多企业开始对其成员进行更广泛、更细致的知识、技巧、态度和行为测评，越来越多的企业认识到在评估其人力资源状况时不仅要考察其成员的专长和知识，而且要评价他们的人际沟通技巧和合作共事的能力。

二、企业能力

（一）企业能力的含义

企业能力是指企业有效配置资源，发挥其生产和竞争作用的能力。能力来源于企业有形资源、无形资源和组织资源的整合。企业能力是企业在生产、技术、销售、管理和资金等方面力量的总和。企业的竞争力来源于企业能力，而企业能力只能来源于企业在市场竞争中的学习：积累相关的知识和能力并将其嵌入企业组织中，体现在企业的运作程序上。企业能力主要分为三种：技术能力、功能性能力（产品开发能力、生产能力、营销能力）和管理能力。

从企业经营的宏观方面来看，它包括企业发展战略规划能力、品牌运作及企业定位能力、资源获取能力、资源整合能力、价值链管理能力、关键核心竞争优势和能力等。

从企业内部管理这一微观角度来看，它包括企业组织运作能力、指挥控制能力、战略分解与执行能力、综合管理能力等。

从企业职能分配来看，它包括企业产品开发与设计能力、市场与客户服务能力、产品与服务提供能力、生产与品质保障能力、供应与物流管理能力、人力资源开发与利用能力、成本管控能力、品牌策划与运作能力、后勤保障支撑能力等基础能力。

（二）企业能力的构成

企业能力主要由研发能力、生产管理能力、营销能力、财务能力和组织管理能力等构成。

（1）研发能力。企业的研发能力主要从研发计划、研发组织、研发过程和研发效果几个方面进行衡量。

（2）生产管理能力。生产管理能力主要涉及五个方面，即生产过程、生产能力、库存管理、人力管理和质量管理。

（3）营销能力。企业的营销能力可以分解为以下三种能力：产品竞争能力、销售活动能力和市场决策能力。

（4）财务能力。企业的财务能力主要涉及两方面：一是筹集资金的能力；二是使用和管理所筹资金的能力。

（5）组织管理能力。组织管理能力主要可以从以下一些方面进行衡量：①职能管理体系的任务分工；②岗位责任；③集权和分权的情况；④组织结构（直线职能、事业部等）；⑤管理层次与管理范围的匹配。

（三）企业能力的分类

虽然企业能力是一个整体概念，但是在具体体现其作用时，还是可以分解的。按照不同的标准，企业能力可以分解为各种分项能力。

1. 按经营职能划分

决策能力：是企业适应经营环境制定企业经营方案的能力。在现代企业中，这部分能力主要由企业董事会成员及企业研究人员所拥有。

管理能力：是企业实施经营方案的能力。在现代企业中，这部分能力主要由企业管理人员所拥有。

监督能力：是企业监督正确决策和有效管理的能力，包括工作监督能力和产权监督能力。其中：工作监督能力由企业董事会成员所拥有；产权监督能力主要由企业监事会成员所拥有。

改善能力：是企业成员发现问题、提出问题并制定改善方案的能力。一般由企业全体成员所拥有。

2. 按经营活动划分

可以分为战略经营能力、生产能力、供应能力、营销能力、人力资源开发能力、财务能力、合作能力、投资能力。

3. 按在经营过程中的重要性划分

可以分为核心能力和非核心能力。

以上这些分类只是相对的，因为这些分项能力不是彼此孤立的，而是相互关联、相互作用、相互融合的。我们只是为了更好地说明各项能力的含义，在理论上将它们独立出来做解释。

（四）企业能力的构建和培育

企业能力的构建和培育，对于确立企业的市场领导地位和持续竞争优势是极为重要的。

1. 企业能力的构建和培育步骤

第一，必须了解什么是企业能力的组成要素。

第二，企业需要审视自身业务、现有资源与能力，以及市场竞争状况和发展趋势，独具慧眼地确定培育企业能力的战略意图，并保证该战略意图能被员工理解、认同和接受。

第三，将现有资源与企业能力培育的战略意图相比较，然后依照企业能力和企业战略的要求来对资源进行重新配置，通过内部培育和外部获取的方式获取企业能力要素，弥补差距。

第四，将本企业所拥有的各种能力和资源与外部获取的各种能力和资源进行有机整合，形成全新的企业能力。

2. 企业能力要素的内部培育和外部获取

在企业实施数字化战略之前，应该对企业自身的能力和资源进行梳理，然后将现有资源和能力与企业数字化战略目标要求相比较，最后进行如何弥补差距的战略决策。弥补差距以培育和提升能力的基本途径可划分为两条：一是内部培育，依照企业能力和企业战略的要求来对资源进行重新配置，建立内在的企业能力；二是外部获取企业能力要素，包括与拥有互补优势的企业形成战略联盟，以及并购拥有企业所需要的某种专长或资源的企业。

（1）内部培育企业能力。企业能力的本质是以个体和组织为载体的具有企业特性的知识。企业能力植根于不断积累的企业知识及技能之上，并通过内部管理得以培育和巩固。内部培育又可以分为两种途径：一是演化法，即在不影响相关员工从事日常工作的同时建立某些技能；二是孵化法，即组建独立的工作组，专门从事企业能力的开发。

许多能力强的优秀大企业都积极通过独立开发来培育企业能力。独立开发是指在企业战略目标的指导下，将注意力和内部资源集中在科研与产品开发等少数关键目标上，实现企业资源、知识和技能的最佳配置和有效利用，最终建立起强有力的企业能力。

企业能力的内部成长轨迹强调企业能力载体通过对知识的不断学习和积累，以增加企业内部具有独特性的、稀缺的、不可模仿的资源和能力，实现企业能力从相对静态的量的扩张，到动态的质的飞跃，这是一个动态的台阶式跃进的过程。

内部培育企业能力的优点是稳健、有序、控制程度高，然而由于它更多的是依靠经验和知识的积累，因此，很难"压缩"或"突击"，即使产品周期越来越短，企业能力的建设仍需要数年甚至更长的时间。

（2）外部获取企业能力要素。企业在培育和提升企业能力的过程中，必然会在所需要的各种要素或专长方面面临不同程度的匮乏，企业内部资源的约束使得通过内部培育建立企业能力是一个漫长的过程。相比之下，通过吸收"外来"资源，则有可能在较短时间内获得必要的企业能力要素。

一是外部并购，是企业通过对拥有构建某种企业能力所需的要素（知识、能力和资源）的企业进行收购或合并，从而建立起某种企业能力的策略。综观一些企业的发展史，可以清楚地看到，并购是促进企业能力培育和提升的重要途径。例如，2022年宁夏建材集团股份有限公司（以下简称宁夏建材）发布《宁夏建材集团股份有限公司换股吸收合并中建材信息技术股份有限公司及重大资产出售并募集配套资金暨关联交易预案》，宣布将把旗下水泥等相关业务的控制权出售给天山水泥股份有限公司，并以换股的形式吸收合并中建材信息技术股份有限公司，交易完成后，宁夏建材将被定位为建材行业数字化、信息化服务平台，实现主营业务的转变，以降低科技投入，规避市场风险，迅速增强企业竞争力。

二是与拥有互补优势的企业或科研院所形成战略联盟，这种以知识学习为中心目标的战略模式可以克服内部开发所需资源和能力不足的问题，从而快速地提升企业能力。例如，2023年5月云上贵州大数据产业发展有限公司联合华为发起成立贵州信息技术创新产业联盟，旨在全面提升贵州信息技术产业的创新能力，推动信息技术产业健康持续发展。

（五）企业能力对企业成长的决定作用

企业的成长需要企业能力的支撑，有什么样的企业能力，就有什么样的企业成长，企业能力决定了企业成长的速度、方式和界限。一个企业只有具备了一定的企业能力——并且该企业能力不断变化，以适应不断变化的外界环境——企业才能够不断地成长。

1. 企业能力促进企业成长

资源本身不会引起企业的成长，它只提供了企业成长的可能，说到底，引起企业成长的根本在于企业能力。当企业现有能力能够满足企业维持现在经营与进一步发展的需要时，它就会促进企业的成长，这种促进企业成长的企业能力突出表现为企业家能力、企业管理能力和技术创新能力三个方面。就是企业家要有企业成长的目标，企业的管理能够满足企业成长的需要，而技术创新能力为企业的发展提供途径。总体上来看，当企业能力达到一定的程度时，它就会带来企业的成长。

2. 企业能力限制企业成长

企业在任何时刻总需要一定的企业能力以维持企业现有的经营，并期望获得今后企业扩张成长所需要的潜在能力。当企业现有能力的任何一方面不能够满足企业成长的需要时，它就会限制企业的成长。例如，当企业家能力不足时，企业就没有成长的动力。虽然此时企业可以通过从外界引入满足企业成长需要的一定能力，如招募新的管理人员，来增加企业的成长潜力，但外部引入的能力与企业原有能力的整合需要一定的过程，且如果企业本身的能力不足的话，这种整合可能不会有令人满意的结果，所有这些都会限制企业的成长。

在企业家能力、企业管理能力、技术创新能力和企业文化四个主要的企业能力中，限制企业成长的主要因素应该是企业管理能力。当企业管理能力的增长速度赶不上企业成长的速度时，企业的成长是不坚实的，其最终会轰然倒下。即企业管理能力既是成长的加速器也是成长的刹车。

3. 企业能力决定企业成长的方式

企业成长的方向取决于其所具备的内部资源、能力条件和外在环境所提供的市场机会。一般来说，企业的资源和能力（物质性资源和人力资源，以及在此基础上所形成的企业能力）决定了其所能生产的产品和所能提供的服务，因此在其成长扩张过程中所进入的市场与其原有的资源与能力密切相关。

有研究发现，生产消费品的企业往往倾向于进入同类市场。企业更可能进入与其原有业务相关的产业，在生产产品的要素投入活动中，资源居于主导地位的企业更容易进行相关性的成长，而能力居于主导地位的企业则容易进行多元化的成长。究其原因在于，对于一般的企业来说，由于其本身具备的企业能力与原有的业务密切相关，该企业能力只能支撑企业进行相关性的成长。当然，对于一些比较特殊的企业来说，由于其企业能力比较强大，足够企业选择多元化成长的模式。

三、核心竞争力

（一）核心竞争力的含义

核心竞争力决定竞争优势。核心竞争力并不是企业内部人、财、物的简单叠加，而是能够使企业在市场中保持和获得竞争优势的，别人不易模仿的能力。企业核心竞争力是建立在企业核心资源基础上的企业技术、产品、管理、文化等的综合优势在市场上的反映，是企业在经营过程中形成的不易被竞争对手仿效，并能带来超额利润的独特能力。在制定企业数字化战略时，只有分析出企业的核心竞争力，才能明确企业数字化发力的关键所在，促进企业获取持久的竞争优势，保持长盛不衰。

（二）核心竞争力的构成要素

具体地讲，核心竞争力包括下列一些构成要素。

（1）研究开发能力。即企业所具有的为增加知识总量以及用这些知识去创造新的知识而进行系统性创造活动的能力。研究开发包含基础研究、应用研究和技术开发三个层次。

（2）持续创新能力。即企业根据市场环境变化，在原来的基础上重新整合人才和资本，进行新产品研发并有效组织生产，不断开创和适应市场，实现企业既定目标的能力。所谓创新，包含技术创新、产品创新和管理创新三个方面的内容。

（3）组织协调各生产要素有效生产的能力。这种能力不仅仅局限于技术层面，它涉及企业的组织结构、战略目标、运行机制、文化等多方面，突出表现在坚强的团队精神和强大的凝聚力、组织的大局势和整体协调以及资源的有效配置上。

（4）应变能力。客观环境时刻都在变化，企业决策者必须具有对客观环境变化敏锐感应的能力，必须使经营战略随着客观环境的变化而变化，即因时、因地、因对手、因对象而变化。

（三）企业核心竞争力的识别标准

企业核心竞争力的识别应以其性质或特征为立足点，如果识别评价的结果与这些特征的吻合程度较高，就可以初步认定它是企业的核心竞争力。为此，必须对核心竞争力的性质做深入研究。企业核心竞争力必须同时具有以下六个方面的特性。

（1）价值性。核心竞争力能很好地实现顾客所看重的价值，能给顾客带来高的可感知的附加价值。例如，能显著地降低成本，提高产品质量，提高服务效率，增加顾客的效用。顾客是决定某项能力是不是核心竞争力的最终裁判，符合顾客需求的程度越高，价值性越高，企业的竞争优势才会越显著。

（2）难以模仿性。核心竞争力是企业围绕市场需求不断进行技术创新、制度创新、文化创新和市场创新而获得的各种运作体系的积累性知识和能力，比竞争对手具有领先性或差异性，从而不断形成新的竞争优势。不像材料、机器设备那样能在市场上购买到，核心竞争力是企业所特有的，难以为其他企业所复制和模仿，从而使企业在市场上处于优势地位。这种难以模仿的能力能为企业带来超过平均水平的利润。

（3）延展性。核心竞争力主要表现在价值链的相关活动中，覆盖了多个部门或产品，能够为企业自身所复制和模仿，使企业的整体资源得到有效利用，从而在相关领域衍生出许多具有竞争力的产品和技术，提供潜在进入市场的多种方法，形成规模经济和范围经济。

（4）持久性。核心竞争力是企业在长期经营实践中以特定的方式、沿特定的发展轨迹逐步积累起来的，能维护企业竞争优势的持续性，且能不断开发和维护。

（5）关联性。核心竞争力是企业长期取得超过同行业平均利润水平的利润的决定性因素，因而与行业关键成功因素密切关联，能使企业通过抓住机会或回避威胁而形成竞争优势。

（6）稀缺性。核心竞争力仅为行业内极少数企业所拥有，如果一种特殊能力由众多企业控制，则它不可能成为任何一家企业的竞争优势源泉。

核心竞争力的价值性、关联性、稀缺性特征反映出其必须具有很强的符合市场需求的外在特征，对企业在某行业成功经营具有很重大的影响，体现了行业的关键成功因素；核心竞争力的难以模仿性、延展性、持久性特征是企业在关键成功因素上所具有的优势资源和能力在竞争中的综合体现，反映其必须具有竞争优势这一内在特征。

因此，识别核心竞争力首先须确认企业所在行业的关键成功因素，然后评价企业在这些因素上的竞争力大小。

（四）企业核心竞争力的识别方法

核心竞争力是企业长期保持竞争优势的源泉，管理者必须能够正确识别它，以便就如何培养和开发它做出决策。但由于企业核心竞争力深植于企业产品技术、生产流程、企业文化和制度之中，整体存在着一定的互联互通，这使得它难以与企业中的其他因素相分离，要分析鉴别它的细节或要素则更困难。因此，如何拟定一种科学的评价方法一直是学术界关注的焦点。目前有代表性的识别方法主要有以下几种。

1. 矩阵分析法

企业的内部资源中，"与竞争对手相似的或比较容易模仿的"就属于一般的必要资源，"比竞争对手好的或不容易模仿的"就属于企业独一无二的资源。在企业的能力中，与"竞争对手相似的或比较容易模仿的"就是一般的基本能力，而"比竞争对手好的或不容易模仿的"能力就是企业的核心竞争力了，如图5-1所示。

	比竞争对手好的 或不容易模仿的	与竞争对手相似的 或比较容易模仿的
资源	独一无二的资源	必要资源
能力	核心竞争力	基本能力

图 5-1 矩阵分析图

企业在识别核心竞争力时，需要区别资源和能力这两个概念。如果企业具有非常独特的价值资源，但是企业却没有将这一资源有效利用，那么，企业所拥有的这一资源就无法为企业创造出竞争优势。另外，当一个企业拥有竞争者所不具有的竞争能力时，那么，该企业并不一定具有独特而有价值的资源。

2. 模糊综合评判法

模糊综合评判法是模糊数学集合论与层次分析法的有机结合，按因素集的划分层次可分为单级和多级模糊综合评判。其主要思想是根据企业特点建立核心能力识别指标体系，如体现市场价值性的指标、体现技术创新性的指标、体现不易模仿性的指标、体现延展性的指标；然后运用专家咨询法构造两两比较判断矩阵，进而用方根法或乘积法求矩阵的特征向量和特征，并进行一致性检验，从而得出各指标体系分项的权重，建立隶属矩阵；最后进行模糊综合评价，汇总处理专家意见后得出企业的核心竞争力。

3. 基于企业资源论的识别方法

企业是以资源为基础的组合体，企业的核心竞争力建立在企业所拥有的关键资源上。因此，识别企业核心竞争力可以从识别关键资源入手，通过对关键资源的识别归纳出企业拥有的能力。具体识别程序为：第一，通过对企业拥有的关键资源进行识别，初步得出企业拥有的能力；第二，对企业在行业中的有关统计数据进行分析，进一步证实企业拥有的能力；第三，以调查表的形式对顾客进行调查，根据顾客认可的企业价值进一步证实企业拥有的能力；第四，向企业专家发放调查表，对企业的能力进行识别，最后得出企业的核心竞争力。其识别模型如图 5-2 所示。

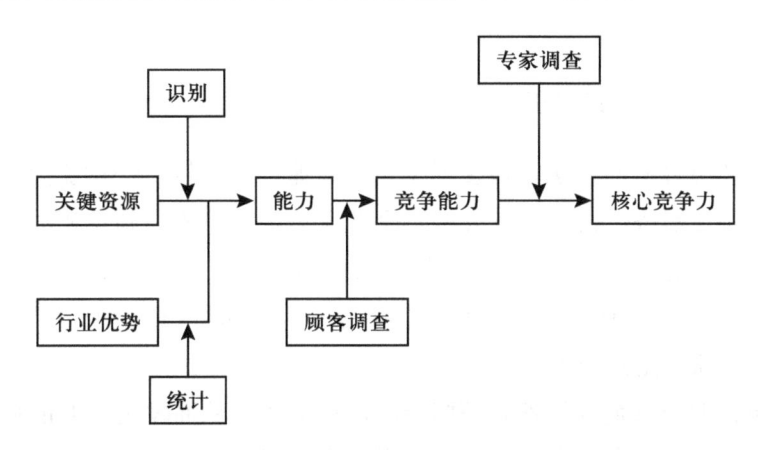

图 5-2　基于企业资源论的核心竞争力识别基本模型

（五）构建核心竞争力

核心竞争力的构建是通过一系列的持续提高和强化来实现的，它应该成为企业的战略核心。从战略层面来讲，它的目标就是帮助企业设计、发展某一独特的产品功能，实现领导地位。

企业一旦识别出所有的核心竞争力，就必须要求企业的项目、人员等资源都紧紧围绕企业的竞争核心进行有效的资源配置。

必须注意不能使企业的核心竞争力发展成为僵化的核心。对于企业来说，培养一个竞争核心难，遗忘一个竞争核心同样困难。企业不遗余力地构建了一项核心竞争力，有时候却又可能忽略了新的市场环境和需求，在这种情况下，企业就会面临着故步自封的危险。

第二节　企业内部环境分析

一、企业内部环境分析的内容

企业内部环境分析的内容包括很多方面，如组织结构、企业文化、资源条件、价值链、核心能力、技术条件等。按照企业的成长过程，企业内部环境分析又分为企业成长阶段分析、企业历史分析和企业现状分析等。

企业成长阶段分析就是分析企业处于成长阶段模型的哪一个阶段，然后有针对性地制定企业发展战略，对症下药。

企业历史分析的内容包括企业过去的经营战略和目标、组织结构、过去五年的财务状况、过去几年的人力资源战略以及人力资源状况，包括人员的数量及质量等。

企业现状分析的内容包括企业现行的经营战略和目标、企业文化、企业各项规章制度、人力资源状况、财务状况、企业研发能力、设备状况、产品的市场竞争地位、市场营销能力等。

二、企业内部环境分析的工具

企业内部环境分析的方法多种多样，包括企业素质分析、经营能力分析、市场营销能力分析、企业财务分析、比较分析、企业竞争地位分析、利益相关者分析、内部环境评价矩阵、雷达图分析、波特价值链分析模型等。

一般来说，以上各种分析方法根据主要的分析方向可归纳为三大类：纵向分析、横向比较分析、综合比较分析。

纵向分析，即分析企业的各方面职能的历史演化，从而发现企业的哪些方面得到了加强和发展，在哪些方面有所削弱。根据纵向分析的结果，在历史分析的基础上对企业各方面的发展趋势做出预测。分析工具包括企业素质分析、经营能力分析、市场营销能力分析、利益相关者分析、内部环境评价矩阵等。

横向比较分析，即将企业的情况与行业平均水平做横向比较。通过横向比较分析，企业可以发现相对于行业平均的优势和劣势。这种分析对企业的经营来说更具有实际意义。分析工具包括企业财务分析、波特价值链分析模型、比较分析等。对某一特定的企业来说，可比较的行业平均指标有资金利税率、销售利税率、流动资金周转率、劳动生产率等。

综合比较分析，既对企业进行纵向分析，也对企业进行横向分析，从而了解企业整体发展情况、路径以及竞争优劣势和地位，有利于企业准确了解自身情况，从而制定出合适的战略目标和采取相应的措施，促进企业发展。分析工具有雷达图分析等。

三、企业内部环境分析的方法

企业内部环境分析可以从企业素质分析、企业经营力分析、企业市场营销能力分析、企业财务分析和其他内部环境分析几个方面进行。

（一）企业素质分析

1. 企业素质的含义

企业素质指的是企业各要素的质量及其相互结合的本质特征，它是企业生产经营活动所必须具备的基本要素的有机结合所产生的整体功能。从这个定义可以看出，企业素质是一个质的概念而不是量的概念，因此看企业不能只看其规模，还要注重其内在质量。同时企业素质也是一个整体的概念，在分析企业素质时，不仅要分析企业各个部分的质量，更要注重各个要素之间的内在联系和相互整合。

企业素质是一个"动态"的概念，企业素质的好坏不仅与其"先天"因素（即企业创建初期的各因素）的素质有关，而且与其"后天"因素有关，即企业创建以后，随着科学技术的发展、社会消费结构的变化，会对企业素质提出新的要求，企业应不断改善和提高自己的素质。提高企业素质本身不是目的，它是为提高企业经济效益这一目标服务的。

2. 企业素质的内容

（1）领导基本素质：是指企业主要领导的综合治理能力、领导才能、协调和沟通能力以及个人品德修养和责任感等。

（2）员工素质：是指企业员工的思想素质、业务技能素质以及文化知识素质。

（3）企业管理素质：是指企业的经营管理思想、管理的基础工作、管理的方法手段以及管理系统的科学性。

（4）技术装备素质：是指企业技术装备的自动化水平和现代化程度。

3. 企业素质的体现

企业素质是由各个因素以某种确定的方式构成的，其中有些因素之间存在着相互包容的关系。企业素质可以通过企业能力得到反映，企业能力是企业素质的表现形式。企业素质主要通过以下四种企业能力得到体现。

（1）企业产品的竞争力。企业是通过自己的产品去参加社会竞争，满足环境的要求的，因此，产品竞争力是企业素质的综合反映。产品竞争力主要表现在产品盈利能力和产品适销能力两个方面。

（2）企业管理者的能力。即企业决策能力、计划能力、组织能力、控制能力、协调能力以及它们共同依赖的管理基础工作的能力，这些管理能力直接决定了企业人、财、物的潜力和潜在优势的充分发挥。

（3）企业生产经营能力。企业生产过程主要包括产品开发过程、资源输入过程、产品生产过程、产品销售过程、售后服务与信息反馈过程等。这些过程的好坏都是由企业的技术素质、人员素质和管理素质共同决定的。

（4）企业基础能力。它包括企业的基础设施对生产的适应能力、技术设备能力、工艺能力、职工文化技术能力、职工劳动能力以及职工团结协作、开拓创新和民主管理的能力。

4. 企业素质的结构

企业素质的结构是指企业素质的各种构成因素相互结合的方式，反映了企业素质的基本构成因素，如图 5-3 所示。

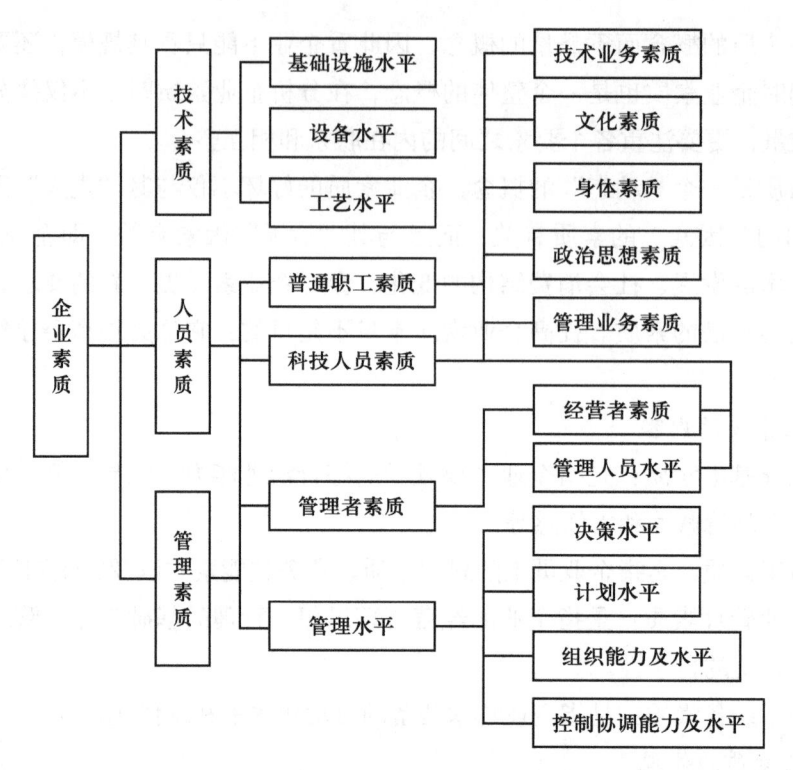

图 5-3　企业素质的基本构成因素

由图 5-3 可以看出，企业素质是由各个因素以某种确定的方式构成的，其中有些因素之间存在着相互包容的关系。例如，管理者素质既属于人员素质又属于管理素质，职工素质既属于人员素质又属于技术素质。

（二）企业经营力分析

1. 企业经营力的含义

企业经营力是企业对包括内部环境及其发展潜力在内的经营战略与计划的决策能力，以及企业上下各种生产经营活动的管理能力的总和。

企业经营力是一个系统的概念。因此，仅用某一类单方面的指标不能全面评价经营力水平，必须建立一个能够综合评价企业经营力的指标体系。经营力评价的目的在于：具体分析经营力所创造的经济效益的有效程度，为不同经营力的比较、论证和寻求改善提高的途径提供依据。

企业经营力的实际构成已形成四元结构：企业结构力 + 企业传播力 + 企业科技力 + 企业知识力。

2. 企业经营力指标体系

企业经营力指标体系包括如下十类指标。

（1）反映企业综合效益或收益力的指标。

（2）反映企业产品市场力水平或市场地位的指标。

（3）反映企业生产力和技术水平的指标。
（4）企业的价格水平。
（5）人员能力。
（6）企业的战略目标和计划的完成率。
（7）企业可比成本升降率。
（8）企业经营管理水平升降率。
（9）质量控制能力。
（10）企业信誉。

企业经营力指标体系具体如表 5-1 所示。

表5-1　企业经营力指标体系

项目	具体指标
1. 收益力	总资金利用率、销售额利润率、损益分析点比率、总资金周转率、流动资金周转率
2. 市场地位	市场占有率、产品畅销率、资源订货率、资金销售率
3. 生产力和技术水平	人均净产值、纯劳动净产值、固定资产产值率、新产品率、产品寿命周期
4. 价格水平	同行业价格水平、价格升降率、价格策略适应程度
5. 人员能力	员工年龄、知识结构、技术水平、经营者素质
6. 战略目标和计划完成率	计划完成率、计划完成率逐年比较情况
7. 产品成本水平	可比产品的成本水平、同类产品的成本水平
8. 经营水平提高率	万元销售额增长率、总资金利润增长率、净资产增长率
9. 质量控制力	质量保证体系完善程度、质量管理组织状况、质量问题投诉率
10. 企业信誉	产品信誉、财务信用、消费者反应

（三）企业市场营销能力分析

市场营销能力是指企业根据市场营销环境和自身资源条件，通过系统化的营销努力在市场竞争中获得比较优势，创造顾客价值，达成互利交换，实现企业及利益相关方目标的能力。市场营销能力在企业竞争力理论中占有非常重要的地位。

企业市场营销能力分析，即从企业的市场定位和营销组合两方面来分析企业在市场营销方面的长处和弱点。

企业高层管理者在制定新的战略之前必须回答"谁是我们的顾客"这一问题，这就是市场定位。企业要为自己的产品和服务确定一个目标市场，从产品、地理位置、顾客类型、市场等方面来规定和表述。企业市场定位明确合理，可以使企业集中资源在目标市场上创造"位置优势"，从而在竞争中获得优势地位。企业市场定位的准确性取决于企业市场研究和调查的能力、评价和确定目标市场的能力与占据和保持市场位置的能力。

市场营销组合是指可以用于影响市场需求和取得竞争优势的各种营销手段的组合，主要包括产品、价格、分销和促销等变量。有效地使用营销组合，既要设计适应目标市场需要的营销组合，还要根据产品生命周期的变化及时地调整营销组合。

（四）企业财务分析

企业财务分析可以从企业财务管理分析和企业财务状况分析两方面进行。

1. 企业财务管理分析

企业财务管理分析就是看企业财务管理人员如何管理企业资金，是否根据企业的战略要求决定资金筹措方法和资金的分配，监视资金运作和决定利润的分配。企业的财务决策主要有三种：①筹资决策，即决定企业最佳的筹资组合或资本结构，企业财务管理者应根据企业战略目标和政策的要求，按时按量从企业内外以合适的方式筹集所需的资金；②投资决策，即企业财务管理者运用资本预算技术，根据新增销售、新增利润、投资回收期、投资收益率、达到盈亏平衡时间等将资金在各种产品、各个部门以及新项目之间进行分配；③股利分配决策，涉及分红和利润留成的比例问题。

（1）筹资管理。筹资是指企业为满足生产经营对资金的需要，向企业外部单位或个人以及从其企业内部筹措资金的一种财务活动。筹资的目的在于满足企业创建对资金的需要，满足企业发展对资金的需要，保证日常经营活动顺利进行，调整资金（本）结构。筹资要遵循规模适度、结构合理、成本节约、时机得当、依法筹措等原则。

（2）投资管理。投资能力是指企业通过经营活动和筹资活动创造的现金净流量能够满足投资活动现金需要的能力。反映企业投资能力的指标主要有投资活动融资比率、现金再投资比率等。

第一，投资活动融资比率。

投资活动融资比率是企业投资活动现金净流量与经营活动和筹资活动现金净流量的比值，是衡量企业全部投资活动资金来源水平的指标。其计算公式为：

投资活动融资比率 = 投资活动产生的现金净流量 /（经营活动产生的现金净流量 + 筹资活动产生的现金净流量）

投资活动融资比率原则上应控制在 0.5~0.8 之间。如果大于 1，将严重影响企业的现金支付，给财务造成压力；如果比率太低，有可能是企业缺乏投资作为或开始萎缩。

第二，现金再投资比率。

现金再投资比率是指经营活动产生的现金净流量扣除现金股利和利息后与再投资额的比值，它反映企业进行再投资的能力。其计算公式为：

现金再投资比率 =（经营活动产生的现金净流量 − 现金股利 − 利息）/ 再投资额 × 100%

式中再投资额就是企业期末非流动资产加营运资金，或总资产减去流动负债。一般认为，现金再投资比率达到8%～12%为理想水平；低于8%时，经营活动产生的现金净流量将满足不了投资活动对现金的需要，会给财务带来压力；高于12%时，意味着经营活动现金净流量过于充足，或者投资不旺，还可能是投资机会太少，这些都不是企业所希望的。

（3）营运资金管理。营运资金从会计的角度看是指流动资产减流动负债的净额。营运资金可以用来衡量企业的短期偿债能力，其金额越大，代表该企业对于支付义务的准备越充足，短期偿债能力越好。当营运资金出现负数，也就是一家企业的流动资产小于流动负债时，这家企业的营运可能随时因周转不灵而中断。

营运资金管理是对企业流动资产和流动负债的管理。一个企业要维持正常的运转就必须拥有适量的营运资金，因此，营运资金管理是企业财务管理的重要组成部分。据调查，企业财务经理有60%的时间都用于营运资金管理。要搞好营运资金管理，必须解决好流动资产和流动负债两个方面的问题。

第一，企业应该投资多少在流动资产上，即资金运用的管理。主要包括现金管理、应收账款管理和存货管理。

第二，企业应该怎样进行流动资产的融资，即资金筹措的管理。包括银行短期借款的管理和商业信用的管理。

加强营运资金管理就是加强对流动资产和流动负债的管理；就是加快现金、存货和应收账款的周转速度，尽量减少资金的过分占用，降低资金占用成本；就是利用商业信用，解决资金短期周转困难，同时在适当的时候向银行借款，利用财务杠杆，提高权益资本报酬率。

总之，营运资金管理在企业销售及采购业务中处于重要地位，对企业利润目标的实现会产生重大影响。

（4）利润分配管理。利润分配是将企业实现的净利润，按照国家财务制度规定的分配形式和分配顺序，在企业和投资者之间进行分配。

利润分配的过程与结果关系到所有者的合法权益能否得到保护，关系到企业能否长期、稳定发展，为此，企业必须加强利润分配管理。企业利润分配的主体是投资者和企业，利润分配的对象是企业实现的净利润，利润分配的时间即确认利润分配的时间，是利润分配义务发生的时间和企业做出决定向内向外分配利润的时间。

利润分配的合理与否是利益机制最终能否持续发挥作用的关键。利润分配涉及投资者、经营者、职工等多方面的利益，企业必须兼顾，并尽可能地保持稳定的利润分配。在企业获得稳定增长的利润后，应增加利润分配的数额或百分比。同时，由于发展及优化资本结构的需要，除依法必须留用的利润外，企业仍可以出于长远发展的考虑，合理留用利润。在积累与消费关系的处理上，企业应贯彻积累优先的原则，合理确定提取盈余公积金和分配给投资者利润的比例，使利润分配真正成为促进企业发展的有效手段。

2. 企业财务状况分析

企业财务状况分析是指企业在一定时期内，以资产负债表、损益表、财务状况变动表及其他附表、财务情况说明书等为依据，分析企业的财务状况，进行财务评价，为投资者、债权人、国家有关部门，以及其他与企业有关的单位提供财务报告。

企业财务状况分析是判断企业实力和对投资者吸引力的最好办法。通过分析企业的清偿能力、债务资本的比率、流动资本、利润率、资产利用率、现金产出、股票的市场表现等，可能会排除许多原本可行的战略选择，企业财务状况的恶化也会导致战略实施的中止和现有企业战略的改变。分析企业财务状况的常用方法是财务比率的趋势分析，财务比率可分为清偿比率、债务与资产比率、活动比率、利润比率和增长比率五大类。当然，财务比率因计算的依据为企业会计报表提供的数据、通货膨胀、行业经营周期等因素，所以在解释企业能力方面存在一定的局限性，但仍然不失为分析企业内部长处和弱点的有效工具。

企业财务状况分析的目的主要在于考察和了解企业财务状况的好坏，促进企业加强资金管理，经常保持合理的资金分布与良好的资金循环，保证企业的顺利经营。

对财务比率的比较分析是最重要的分析，因为比率是相对数，排除了企业规模的影响，使不同对象具有了可比性。财务比率涉及企业经营管理的各方面，可分为以下四方面的指标：变现能力比率、资产管理比率、负债比率和盈利能力比率。

（1）变现能力比率。变现能力比率用来衡量企业产生现金的能力，对企业的稳定性有很大影响。反映企业变现能力的指标主要有流动比率和速动比率，流动比率也可反映企业的短期偿债能力，具体计算公式如下：

流动比率 = 流动资产 / 流动负债

速动比率 =（流动资产 – 存货）/ 流动负债

（2）资产管理比率。资产管理比率用来衡量企业在资产管理方面的效率，主要指标有营业周期、存货周转率、应收账款周转率、流动资产周转率和总资产周转率。

营业周期是指从取得存货开始到销售存货并收回现金为止的这段时间，营业周期越短，说明资金周转速度越快，其计算公式为：

营业周期 = 存货周转天数 + 应收账款周转天数

存货周转率是评价和衡量企业购入存货、投入生产、销售收回等各环节管理状况的综合性指标，其计算公式为：

存货周转率 = 销售成本 / 平均存货

应收账款周转率反映应收账款的周转速度，若能及时收回应收账款，证明企业的短期偿债能力强，该指标反映企业管理应收账款的效率，其计算公式为：

应收账款周转率 = 销售收入 / 平均应收账款

流动资产周转率和总资产周转率反映了资产的周转速度，周转越快，资产利用就越充分，其计算公式分别为：

流动资产周转率 = 销售收入 / 平均流动资产

总资产周转率 = 销售收入 / 平均资产总额

（3）负债比率。负债比率衡量债务和资产、净资产的关系，反映企业偿付到期长期债务的能力。主要指标及计算公式如下：

资产负债率 =（负债总额 / 资产总额）× 100%

产权比率 =（负债总额 / 股东权益）× 100%

有形净值债务率 =[负债总额 /（股东权益 – 无形资产净值）]× 100%

已获利息倍数 = 税息前利润 / 利息费用

资产负债率反映了总资产中通过借债来筹资的比例，可衡量企业在清算时保护债权人利益的程度。产权比率反映由债权人提供的资本与由股东提供的资本的相对关系，反映企业基本财务结构是否稳定。有形净值债务率反映企业在清算时债权人投入的资本受到股东权益保障的程度，其值越低，长期偿债能力越强。已获利息倍数为企业经营业务收益与利息费用的比率，反映偿付借款利息的能力。

（4）盈利能力比率。盈利能力比率指标通常有销售净利率、销售毛利率、资产净利率和净资产收益率。通过对上述指标的分析，可对企业的盈利能力进行评估。各指标的计算公式如下：

销售净利率 =（净利润 / 销售收入）× 100%

销售毛利率 =[（销售收入 – 销售成本）/ 销售收入]× 100%

资产净利率 =（净利润 / 平均资产总额）× 100%

净资产收益率 =（净利润 / 平均净资产）× 100%

前两项指标反映销售收入带来利润的多少，资产净利率反映了企业资产利用的综合效果，净资产收益率反映了所有者权益的投资报酬率，这几项指标均具有较强的综合性，能充分反映企业整体的盈利能力。

（五）其他内部环境分析

主要从企业文化、企业沟通管理、企业信息化管理等方面进行分析。

1. 企业文化

（1）企业文化的含义。企业文化是由企业成员所共同分享和代代相传的各种信念、期望、价值观念的集合。企业文化为职工提供了一种认同感，激励职工为集体利益工作，增强了企业作为一个社会系统的稳定性，可以作为职工理解企业活动的框架和行为的指导原则。企业文化规定了企业成员的行为规范，对于企业数字化战略的实施具有十分重要的影响。

企业文化是企业在生产经营实践中逐步形成的，为全体员工所认同并遵守的，带有本组织特点的使命、愿景、宗旨、精神、价值观和经营理念，以及这些理念在生产经营实践、管理制度、员工行为方式与企业对外形象中的体现的总和。

（2）企业文化的层次。一个能够落地的企业文化主要由三个层次组成。

第一层次是企业理念，它是企业文化最核心的层次，企业理念也可以被称为企业发展的定位和未来的愿景。

第二层次是企业的核心价值观。它是指明确的做事原则，也就是企业对待员工、对待客户、对待工作的准则。其中包含企业规定的员工价值取向和做事情的行为态度等内容。例如，华恒智信提出的"认真、敬业和共享"的价值观就是要求员工在工作中以认真为准则，选人时以敬业为条件，日常工作中能够相互支持与实现信息共享等。又如，有的企业提出的"以此为生，精于此道"的价值观就是对员工的规范要求和期望。

第三层次是企业的形象与标识，其主要包括企业对外的形象，员工工作时的着装、用语等一系列行为形象。例如，华恒智信曾经协助中国电信提出"标准着装十八条，标准行为十二条，标准用语五不说"等。

（3）企业文化的内容。根据企业文化的定义可知，其内容是十分广泛的，但其中最主要的是以下几点。

第一，经营哲学，也称为企业哲学，是一个企业特有的从事生产经营和管理活动的方法论原则。它是指导企业行为的基础。一个企业在竞争激烈的市场环境中面临着各种矛盾和多种选择，要求企业有一个科学的方法论来指导，有一套逻辑思维程序来决定自己的行为，这就是经营哲学。例如，日本松下公司"讲求经济效益，重视生存的意志，事事谋求生存和发展"，这就是它的战略决策哲学。

第二，企业的价值观，是指企业职工对企业存在的意义、经营目的、经营宗旨的价值评价和为之追求的整体化、个异化的群体意识，是企业全体职工共同的价值准则。只顾企业自身经济效益的价值观，就会偏离社会主义方向，不仅会损害国家和人民的利益，还会影响企业的形象；只顾眼前利益的价值观，就会急功近利，搞短期行为，使企业失去后劲，导致灭亡。北京西单商场的价值观以求实为核心，即"实实在在的商品、实实在在的价格、实实在在的服务"。在经营过程中，严把商品进货关，保证商品质量；控制进货成本，提高商品附加值；提倡"需要理解的总是顾客，需要改进的总是自己"的观念，提高服务档次，促进企业发展。

第三，企业精神，是企业基于自身特定的性质、任务、宗旨、时代要求和发展方向，并经过精心培养而形成的企业成员群体的精神风貌。企业精神通常用一些既富于哲理，又简洁明快的语言予以表达，便于职工铭记在心，时刻激励自己；也便于对外宣传，在人们脑海里产生印象，从而在社会上形成个性鲜明的企业形象。如王府井百货大楼的"一团火"精神，就是用大楼人的光和热去照亮、温暖每一颗心，其实质就是奉献和服务。

第四，企业道德，是指调整本企业与其他企业之间、企业与顾客之间、企业内部职工之间关系的行为规范的总和。它是从伦理关系的角度，以善与恶、公与私、荣与辱、诚实与虚伪等道德范畴为标准来评价和规范企业。

企业道德与法律规范和制度规范不同，不具有那样的强制性和约束力，但具有积极的示范效应和强烈的感染力，当被人们认可和接受后具有自我约束的力量。因此，它具有更广泛的适应性，是约束企业和职工行为的重要手段。中国老字号同仁堂药店之所以三百多年长盛不衰，在于它把中华民族的传统美德融于企业的生产经营过程之中，形成具有行业特色的职业道德，即"济世养身、精益求精、童叟无欺、一视同仁"。

第五，团体意识，是指组织成员的集体观念。团体意识使企业的每个职工把自己的工作和行为都看成是实现企业目标的所有努力的一个组成部分，使他们因作为企业的成员而感到自豪，对企业的成就产生荣誉感，从而把企业看成是利益共同体和自己的归属。因此，他们就会为实现企业的目标而努力奋斗，自觉地克服与实现企业目标不一致的行为。

第六，企业形象，是企业通过外部特征和经营实力表现出来的，为消费者和公众所认同的企业总体印象。由外部特征表现出来的企业形象称为表层形象，如招牌、门面、徽标、广告、商标、服饰、营业环境等，这些都给人以直观的感觉，容易形成印象；通过经营实力表现出来的形象称为深层形象，它是企业内部要素的集中体现，如人员素质、生产经营能力、管理水平、资本实力、产品质量等。表层形象是以深层形象为基础的，没有深层形象这个基础，表层形象就是虚假的，也不能长久地保持。

第七，企业制度，是在生产经营实践活动中所形成的，对人的行为具有强制性，并能保障一定权利的各种规定。从企业文化的结构层次看，企业制度属中间层次，它是精神文化的表现形式，是物质文化实现的保证。企业制度作为职工行为规范的模式，使个人的活动得以合理进行，内外人际关系得以协调，员工的共同利益受到保护，从而使企业职工有序地组织起来为实现企业目标而努力。

（4）企业文化的功能。

第一，导向功能，就是通过企业文化对企业的领导者和职工起引导作用，指导员工采用科学的方法从事生产经营活动。企业共同的价值观念规定了企业的价值取向，使员工对事物的评判形成共识，有着共同的价值目标，企业的领导和员工为着他们所认定的价值目标而行动。

第二，约束功能，企业文化的约束功能主要通过完善管理制度和道德规范来实现。企业制度是企业内部的法规，企业的领导者和职工必须遵守和执行，从而形成约束力。道德规范是从伦理关系的角度来约束企业领导者和职工的行为。如果人们违背了道德规范的要求，就会受到舆论谴责，心理上会感到内疚。

第三，凝聚功能，企业文化以人为本，尊重人的感情，从而在企业中营造了一种团结友爱、相互信任的和睦气氛，强化了团体意识，使企业职工之间形成强大的凝聚力和向心力。共同的价值观念形成了共同的目标和理想，职工把企业看成是一个命运共同体，把本职工作看成是实现共同目标的所有努力的重要组成部分，整个企业步调一致，形成统一的整体。

第四，激励功能，共同的价值观念使每个职工都感到自己存在和行为的价值，自我价值的实现是人的最高精神需求的一种满足，这种满足必将形成强大的激励。在以人为本的企业文化氛围中，领导与职工、职工与职工之间互相关心，互相支持。特别是领导对职工的关心，会让职工感到受人尊重，自然会振奋精神，努力工作。另外，企业精神和企业形象对企业职工有着极大的鼓舞作用，特别是企业文化建设取得成功，在社会上产生影响时，企业职工会产生强烈的荣誉感和自豪感，他们会加倍努力，用自己的实际行动去维护企业的荣誉和形象。

第五，调适功能，调适是调整和适应。企业各部门之间、职工之间，由于各种原因难免会产生一些矛盾，解决这些矛盾需要各自进行自我调节；企业与环境、与顾客、与企业、与国家、与社会之间都会存在不协调、不适应之处，这也需要进行调整和适应。企业哲学和企业道德规范使经营者和普通员工能科学地处理这些矛盾，自觉地约束自己。完美的企业形象就是进行这些调节的结果。调适功能实际也是企业能动作用的一种表现。

第六，辐射功能，企业文化不仅在企业起作用，它也能通过各种渠道对社会产生影响。企业文化辐射的渠道很多，主要包括传播媒体、公共关系活动等。

2. 企业沟通管理

（1）企业沟通管理的内涵。企业沟通管理是企业组织的生命线。管理的过程，也就是沟通的过程。通过了解客户的需求，可以整合各种资源，创造出好的产品和服务来满足客户，从而为企业和社会创造价值和财富。企业是一个有机体，而沟通则是机体内的血管，给组织系统提供养分，实现机体的良性循环。沟通管理是企业管理的核心内容和实质。

企业管理有四种职能：计划、组织、领导、控制，而贯穿在其中的一条主线即为沟通。沟通是实现管理职能的主要方式、方法、手段和途径。从某种意义上讲，现代企业管理就是沟通，沟通是现代企业管理的核心、实质和灵魂。

（2）企业沟通管理的方式。企业沟通分外部沟通和内部沟通两种。

第一，企业外部沟通。一是通过公共关系手段，利用大众传媒、内部刊物等途径，与客户、政府职能部门、周边社区、金融机构等建立良好关系，争取社会各界的支持，创造良好的发展氛围。二是企业导入 CIS 企业形象识别系统，把理念系统、行为系统、视觉系统有效整合，进行科学合理的传播，树立良好的企业形象，提高企业的知名度、美誉度、资信度，为企业腾飞和持续发展提供好的环境。

第二，企业内部沟通。一是建立健全企业会议系统，使企业各种指令、计划信息能上传下达，相互协调，使员工围绕企业各项指标的完成统筹执行。通过月会、周例会、调度会、座谈会、班前班后会等形式，快速地将信息进行有效的传递，使大家按计划有条不紊地进行，步调一致，方向目标明确，从而提高工作效率和效能，保障目标得以完成。二是面向企业全体员工开展"合理化建议"活动，设立合理化建议箱和合理化建议奖。应从技术改造、成本控制、行政管理等领域全面展开，推动员工树立主人翁意识，为企业发展建言献策。三是创办企业内部刊物，每月一期，发至企业各个层面。内部刊物要将企业生产经营动态进行有效汇总，整合企业信息，统一全体员工思想。各车间定期办黑板报、开设报纸专栏，丰富职工精神生活，同时这也是沟通的一种形式。四是把每周五定为企业"沟通日"。企业总经理的门是敞开着的，欢迎各层级员工进来沟通谈话。针对意见建议，要快速做出改进。了解各层级员工的需求动态，尽可能满足他们，真正实现"以人为本"，提高员工满意度，把员工当作绩效伙伴而非"打工者"雇员，形成命运共同体，而非单纯的利益共同体。五是每月集中给该月过生日的员工举办"生日餐会"，给每位过生日的员工发生日蛋糕，同时送上总经理签名的生日卡，使员工感到企业大家庭的温暖，从而一心一意为企业做贡献，提升对企业的忠诚度和凝聚力。此外，定期举办联欢会、运动会、表彰会、优秀员工干部旅游活动等，使大家干得起劲、玩得开心，觉得自己与企业已密不可分，从而把企业当成自己创业、施展才能的大舞台，与企业共同成长。

（3）企业沟通在管理中的作用。

第一，沟通有助于改进个人以及群众做出的决策。任何决策都会涉及干什么、怎么干、何时干等问题。每当遇到这些急需解决的问题时，管理者就需要从广泛的企业内部沟通中获取大量的信息，然后进行决策，或建议有关人员做出决策，以迅速解决问题。下属人员也可以主动与上级管理人员沟通，提出自己的建议，供领导者做决策时参考，或经过沟通，取得上级领导的认可，自行决策。企业内部的沟通为各个部门和人员进行决策提供了信息，增强了其判断能力。

第二，沟通促使企业员工协调有效地工作。企业中各个部门和各个职务是相互依存的，依存性越大，对协调的需要越高，而协调只有通过沟通才能实现。没有适当的沟通，管理者对下属的了解就不会充分，下属就可能对分配给他们的任务和要求他们完成的工作有错误的理解，使工作任务不能正确圆满地完成，导致企业在效益方面的损失。

第三，沟通有利于领导者激励下属，建立良好的人际关系和组织氛围，提高员工的士气。除了技术性和协调性的信息外，企业员工还需要鼓励性的信息。沟通可以使领导者了解员工的需要，关心员工的生活，在决策中就会考虑员工的要求，以提高他们的工作热情。人一般都会希望自己的工作能力得到一个恰当的评价。如果领导的表扬、认可或者满意能够通过各种渠道及时传递给员工，就会形成某种工作激励。同时，企业内部良好的人际关系更离不开沟通，思想上和感情上的沟通可以增进彼此的了解，消除误解、隔阂和猜忌，使企业形成和谐的组织氛围。

（4）如何使沟通更顺畅。

第一，管理者意识到沟通的重要性。沟通是管理的高境界，许多企业管理问题都是由于沟通不畅引起的。良好的沟通可以使人际关系和谐，使员工顺利完成工作任务，达成绩效目标。沟通不良则会导致生产力、品质与服务不佳，使得成本增加。

第二，企业内建立良好的沟通机制。沟通的实现依赖于良好的机制，包括正式渠道、非正式渠道。员工不会做你期望他去做的事，只会去做有奖励的事和会考核的事，因此引入沟通机制很重要。应使沟通实现制度化、轨道化，使信息传递更快、更顺畅，达到高效高能的目的。

第三，从"头"开始抓沟通。企业的领导者必须以开放的心态来进行沟通，制定沟通机制。企业文化即领导者文化，他直接决定是否能构建一个开放的沟通机制。企业领导者应以身作则，在企业内部构建起"开放的、分享的"企业文化。

3. 企业信息化管理

（1）企业信息化管理的内涵。企业信息化管理的重要性不可忽视。它是指对企业信息实施过程进行的管理，主要包括将企业的各项业务过程数字化，例如生产、物流、财务、客户交互等，并通过信息系统网络加工生成新的信息资源，为不同层级的人员提供洞悉和观察动态业务的信息。这些信息对于优化生产要素组合、合理配置企业资源、适应市场经济竞争环境以及追求最大经济效益都起着关键作用。企业信息化管理属于战略管理的范畴，对于企业的发展具有重要意义。

企业信息化管理的核心在于信息集成，而数据平台的建设和数据的深度挖掘是其关键要素。通过信息管理系统，企业可以将设计、采购、生产、财务、营销、经营、管理等各个环节进行集成，并实现信息和资源的共享。同时，利用现代技术手段，企业能够寻找潜在客户，有效支撑决策系统，降低库存，提高生产效率和质量，并能够快速应对市场变化，从而增强企业的市场竞争力。

因此，企业信息化管理程度的提升不仅仅是技术层面的问题，更关乎企业整体战略和运营的成功。通过不断改进信息集成和数据挖掘能力，企业能够实现高效的业务流程，更好地满足市场需求，增强创新能力，提升运营效率，进而取得持续的竞争优势。在数字化时代，企业信息化管理的重要性将愈发凸显，对企业的可持续发展具有重要的引领作用。

（2）企业实施信息化管理的注意事项。

第一，分析和规划企业自身信息化建设的需求。在选择信息软件之前，企业必须首先明确自己的需求，也就是企业实现信息化要解决什么问题。当前，很多企业还在采用传统的手工管理模式，还处在由计划经济向市场经济转换的过渡阶段，企业管理有很多不足和缺陷。解决这些问题，正是引进信息系统的主要目的。因此，企业在购买信息软件之前，必须对自身的管理进行诊断和冷静的思考。在对现状进行认真分析的基础上，做好企业信息化建设的规划，在规划中确定管理信息系统建设的目标，系统涉及的范围，要解决的关键问题，系统建设的阶段划分和进度要求，并对企业在现行条件下可投入的人力、物力、财力进行可行性分析。在此基础上提出信息软件需求任务书，提供给信息服务提供商，作为软件选型的依据。这种信息化建设的前期规划是非常重要的，它将成为企业信息化建设全过程的指导性文件，是各阶段开展工作的依据。规划的正确性是非常重要的。规划既要保持一定的先进性，又要具有实用性。因此，规划的编制是一件非常重要和严肃的事。企业决策层都要参与此事，并抽调各部门的领导和业务骨干及信息化技术人员组成专门小组。如果企业缺乏对信息了解的人员，可以聘请社会上专业的 IT 咨询专家参与此项工作。

第二，功能是否满足企业自身的需求。在明确了企业的需求以后，软件的选择就有了依据。选择的信息软件的功能与企业的需求相符合，是信息软件成功实施的关键因素。当前，在国内信息软件市场上，商品化信息软件种类繁多，有些大型信息软件具有强大的功能，能较好地适应各类企业的需求，但是企业由于资金、技术等多种原因的限制，只能在国内信息软件市场上选择那些中小型信息软件。这些软件虽然都冠以信息的名号，但由于软件开发商的历史、技术背景、应用的程度、投入的力度等差别很大，软件功能和性能上的差异也很大。企业必须做好需求分析，充分调研，找到自己的特点和关键问题，有针对性地考察软件，选准软件，避免由于软件与企业不匹配而造成系统实施失败。

第三，考察并评估信息软件的成熟度。信息软件是一个大型的、复杂的软件包，程序中的关联错综复杂。任何一个信息软件都不可避免地存在着缺陷和错误，只是程度有所不同。企业应用信息软件能否取得成功，与信息软件的质量和可靠性有很大的关系。因此，企业在选择信息软件时，要认真考虑该软件是否成熟可靠，这是企业选择信息软件的一个重要标准。信息软件是一个管理应用软件，它的成熟度自然与它在企业实际应用的程度有关。信息软件在开发成功以后，除了经过严格的实验室测试以外，还会通过在企业的实际应用对错误和缺陷进行不断修改和补充，持续提升软件的可靠性和成熟度。通常，实验室测试是通过人为设计的程序和模拟数据进行的，具有一定的局限性。而在企业的实际应用中，软件会受到大量的实际数据和复杂的业务流程的考验，这是实验室条件不能比拟的。所以，企业在选择信息软件时，必须考查该软件公司的历史和经历，考查该软件的形成和发展过程，以及应用的客户数和客户对应用效果的评价，并且考查该软件商的软件版本维护机制。一般来讲，通过大量客户企业实践考验的软件的质量和可靠性要高一些，企业要尽量避免成为不成熟产品的试验场。

（3）企业实施信息化管理的意义。

第一，改变信息获取方式。在传统方式下，原始数据的获取靠的是企业员工肉眼观察、手工计数或使用仪器测量。在信息化条件下，可以利用传感设备全自动地获取所需的数据或信息。例如，用装有重量感应装置的货架自动测量存货数量，用自动监控装置代替值班人员，等等。自动传感设备具有高度自动化、准确性高、24小时不间断、数据实时获取、不受恶劣环境影响等优点，利用自动传感设备为企业实施更有效的内部控制提供了基础。

第二，改变信息存储方式。存储介质由纸变为磁盘或光盘。与纸介质相比，磁介质或光介质具有存储密度大、擦写不留痕迹的特点，使企业可以集中保存数据和信息资源，便于对其加以保护。需要注意的是，磁盘或光盘一旦遭到损毁、盗窃、改写，将会使企业遭受更大的损失，需要加强内部控制。

第三，提高信息处理效率。在信息化环境下，借助计算机的高速处理能力，能够使信息处理的速度大为加快，有利于企业实施更复杂、更有效的控制措施和控制方法，提高内部控制的效果和效率。

第四，改变信息传递方式。在信息化环境下，利用电缆、光缆、无线电波等传递信息，改变了手工环境下的传票、报告、电话等方式，使办公更加便捷。

第五，提高信息集成度。在完善的企业信息系统的支持下，管理层足不出户就能在电脑屏幕前对企业各项信息了如指掌，轻点几下鼠标就能成交生意、调动资金、指挥员工。

第六，提高信息价值。在信息时代，人们对信息资源的利用能力得到提高。人们已经认识到企业的数据和信息资源是企业最宝贵的资产之一，通过信息集成，形成完整的数据库，可以为决策提供更好的分析依据。

第七，改变工作方式。在信息化环境下，人们越来越多地通过计算机网络进行联系和沟通，人与人之间的直接接触有所减少。

第三节　企业内部环境分析技术

一、雷达图分析法

（一）雷达图的含义

雷达图又称为综合财务比率分析图、戴布拉图、蜘蛛图。雷达图是分析客户财务能力的重要工具，从静态和动态两个方面分析客户的财务状况。静态分析将客户的各种财务比率与其他相似客户或整个行业的财务比率做横向比较；动态分析把客户现时的财务比率与先前的财务比率做纵向比较，从而可以发现客户财务及经营情况的发展变化方向。雷达图把横向和纵向的分析比较方法结合起来，综合计算客户的收益性、安全性、流动性、成长性及生产性这五类指标。

（二）雷达图分析法详解

效益分析雷达图是综合分析企业经济效益的工具，它是企业收益性、安全性、流动性、成长性及生产性分析（"五性分析"）结果的直观体现。下面对涉及的五类指标进行说明。

1. 收益性指标

分析收益性指标，目的在于观察企业一定时期的收益及获利能力。主要指标含义及计算公式如表 5-2 所示。

表 5-2 企业收益性指标

收益性指标	基础含义	计算公式
1. 资产报酬率	反映企业总资产的利用效果	（净收益 + 利息费用 + 所得税）/ 平均资产总额
2. 所有者权益报酬率	反映所有者权益的回报	税后净利润 / 所有者权益
3. 普通股权益报酬率	反映股东权益的报酬	（净利润 − 优先股股利）/ 平均普通股权益
4. 普通股每股收益额	反映股东权益的报酬	（净利润 − 优先股股利）/ 普通股股数
5. 股利发放率	反映股东权益的报酬	每股股利 / 每股利润
6. 市盈率	反映股东权益的报酬	普通股每股市场价格 / 普通股每股利润
7. 销售利税率	反映企业销售收入的收益水平	利税总额 / 净销售收入
8. 毛利率	反映企业销售收入的收益水平	销售毛利 / 净销售收入
9. 净利润率	反映企业销售收入的收益水平	净利润 / 净销售收入
10. 成本费用利润率	反映企业为取得利润所付的代价	（净收益 + 利息费用 + 所得税）/ 成本费用总额

2. 安全性指标

安全性指的是企业经营的安全程度，也可以说是资金调度的安全性。分析安全性指标，目的在于观察企业在一定时期内的偿债能力。主要指标含义及计算公式如表 5-3 所示。

表 5-3 企业安全性指标

安全性指标	基本含义	计算公式
1. 流动比率	反映企业短期偿债能力和信用状况	流动资产 / 流动负债
2. 速动比率	反映企业立刻偿付流动负债的能力	速动资产 / 流动负债

续表

安全性指标	基本含义	计算公式
3. 资产负债率	反映企业总资产中有多少是负债	负债总额/资产总额
4. 所有者权益比率（股东权益比率）	反映企业总资产中有多少是所有者权益	所有者权益/资产总额
5. 利息保障倍数	反映企业经营所得偿付借债利息的能力	（税前利润－利息费用）/利息费用

其中，流动比率说明每1元负债有多少流动资金作为保证，流动比率越高，流动负债得到偿还的保障就越大。但比率过高，则说明企业滞留在流动资产上的资金过多，未能有效利用，可能会影响企业的获利能力。经验认为，流动比率在2∶1左右比较合适。所谓速动资产，通俗地讲就是可以立即变现的资产，主要包括流动资产中的现金、有价证券、应收票据、应收账款等，而存货的变现能力则较差。因此，从流动资产中扣除存货后则为速动资产。经验认为，速动比率在1∶1左右较为合适。资产负债率越高，企业借债资金在全部资金中所占比重越大，在负债的利息率低于资产报酬率的条件下，股东的投资收益率就越高，对股东有利，说明经营有方，善用借债。但是，比率越高，借债越多，偿债能力就越差，财务风险就越大。而资产负债率低，则说明企业在偿债时存在着资金缓冲。因此，资产负债率也要保持适当水平，一般来说，资产负债率低于50%比较好。所有者（股东）权益比率与资产负债率之和等于1，所有者（股东）权益比率越大，资产负债率越小，财务风险就越小。利息保障倍数如果比率低于1，说明企业经营所得不足以偿付借债利息，因此，该比率至少应大于1。比率越高，说明按时按量支付利息就越有保障。

3. 流动性指标

分析流动性指标，目的在于观察企业在一定时期内的资金周转状况，掌握企业资金的运用效率。主要指标含义及计算公式如表5-4所示。

表5-4 企业流动性指标

流动性指标	基本含义	计算公式
1. 总资产周转率	反映全部资产的使用效率	销售收入/平均资产总额
2. 固定资产周转率	反映固定资产的使用效率	销售收入/平均固定资产总额
3. 流动资产周转率	反映流动资产的使用效率	销售收入/平均流动资产总额
4. 应收账款周转率	反映年度内应收账款的变现速度	销售收入/平均应收账款
5. 存货周转率	反映存货的变现速度	销售成本/平均存货

总资产周转率、固定资产周转率、流动资产周转率分别反映全部资产、固定资产和流动资产的使用效率，比率越高，说明资产利用率越高，获利能力越强；应收账款

周转率反映年度内应收账款转为现金的速度,比率越高,说明企业催收账款的速度越快,坏账损失的可能性越小;存货周转率越高,说明投入存货至销售收回的平均期间越短,资金回收越快,效率越高。

4. 成长性指标

分析成长性指标,目的在于观察企业在一定时期内经营能力的发展变化趋势。一个企业即使收益性指标高,但成长性指标不好,也就表明其未来盈利能力下降。因此,以发展的眼光看企业,动态地分析企业财务资料,对战略制定来讲特别重要。这类指标的计算比较简单,如表5-5所示。

表5-5 企业成长性指标

成长性指标	基本含义	计算公式
1. 销售收入增长率	反映销售收入变化趋势	本期销售收入/前期销售收入
2. 税前利润增长率	反映税前利润变化趋势	本期税前利润/前期税前利润
3. 固定资产增长率	反映固定资产变化趋势	本期固定资产/前期固定资产
4. 人员增长率	反映人员变化趋势	本期职工人数/前期职工人数
5. 产品成本降低率	反映产品成本变化趋势	本期产品成本/前期产品成本

5. 生产性指标

分析生产性指标,目的在于了解企业在一定时期内的生产经营能力、水平和成果的分配。主要指标含义及计算公式如表5-6所示。

表5-6 企业生产性指标

生产性指标	基本含义	计算公式
1. 人均销售收入	反映企业人均销售能力	销售收入/平均职工人数
2. 人均净利润	反映企业经营管理水平	净利润/平均职工人数
3. 人均资产总额	反映企业生产经营能力	资产总额/平均职工人数
4. 人均工资	反映企业成果分配状况	工资总额/平均职工人数

上述企业财务能力的五性分析结果可以用雷达图表示出来,如图5-4所示。雷达图的绘制方法是:首先,画出三个同心圆,同心圆的最小圆圈代表同行业平均水平的1/2值或最低水平,中间圆圈代表同行业平均水平,又称标准线,最大圆圈代表同行业先进水平或平均水平的1.5倍;其次,把这三个圆圈的360度分成五个扇形区,分别代表收益性、安全性、流动性、成长性和生产性指标区域;再次,从五个扇形区的圆心开始以放射线的形式分别画出相应的财务指标线,并标明指标名称及标度,财务指标线的比例尺及同心圆的大小由该经营比率的量纲与同行业的水平来决定;最后,把企业同期的相应指标值用点标在图5-4上,以线段依次连接相邻点,形成的多边形折

线闭环就代表了企业的现实财务状况。

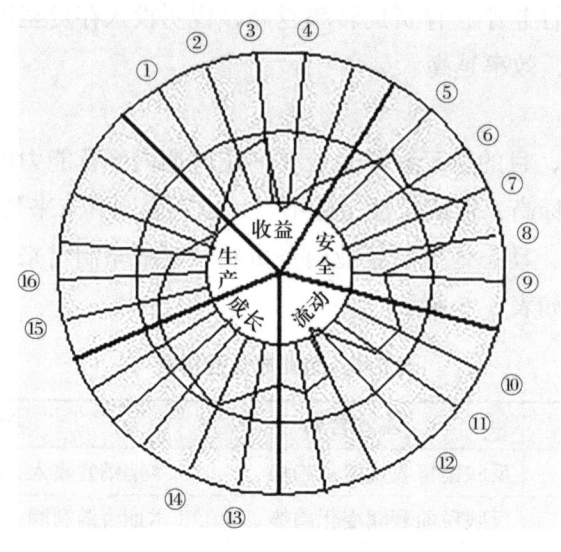

图 5-4 雷达图

收益性：①资产报酬率；②所有者权益报酬率；③销售利税率；④成本费用率。
安全性：⑤流动比率；⑥速动比率；⑦资产负债率；⑧所有者权益比率；⑨利息保障倍数。
流动性：⑩总资产周转率；⑪应收账款周转率；⑫存货周转率。
成长性：⑬销售收入增长率；⑭产值增长率。
生产性：⑮人均工资；⑯人均销售收入。

从图 5-4 可以看出，当指标值处于标准线以内时，说明该指标低于同行业水平，需要加以改进；若接近最小圆圈或处于其内，说明该指标处于极差状态，是企业经营的危险标志；若处于标准线外侧，说明该指标处于较理想状态，是企业的优势所在。当然，并不是所有指标都处于标准线外侧就是最好，还要具体指标具体分析。

二、波特价值链分析模型

美国哈佛商学院著名战略学家迈克尔·波特提出了"价值链分析法"。如图 5-5 所示，该方法把企业内外价值增加的活动分为基本活动和支持性活动，基本活动涉及企业进料后勤、生产、发货后勤、销售、售后服务，支持性活动涉及人事、财务、计划、研究与开发、采购等，基本活动和支持性活动构成了企业的价值链。在企业参与的价值活动中，并不是每个环节都创造价值，实际上只有某些特定的价值活动才真正创造价值，这些真正创造价值的经营活动，就是价值链上的"战略环节"。企业要保持的竞争优势，实际上就是企业在价值链某些特定的战略环节上的优势。运用价值链分析方法来确定核心竞争力，就是要求企业密切关注自身的资源状态，要求企业在价值链的关键环节上获得重要的核心竞争力，以形成和巩固企业在行业内的竞争优势。企业的优势既可以来源于价值活动所涉及的市场范围的调整，也可以来源于企业间协调或合用价值链所带来的最优化效益。

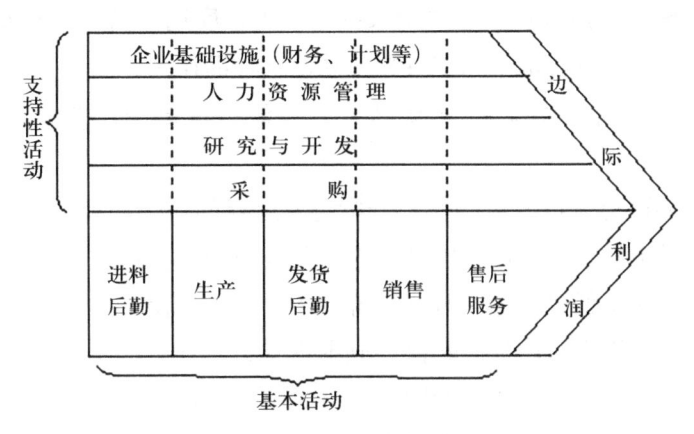

图 5-5 价值链结构图

价值链列示了总价值、价值活动和利润。价值活动是企业所从事的物质上和技术上的界限分明的各项活动，这些活动是企业创造对买方有价值的产品的基石。利润是总价值与从事各种价值活动的总成本之差。

价值活动分为两大类：基本活动和支持性活动。基本活动是涉及产品的物质创造及其销售、转移给买方和售后服务的各种活动。支持性活动通过提供采购投入、技术、人力资源以及各种企业范围的职能支持基本活动。

在任何产业内所涉及的各种基本活动都可以分为五种类型。

进料后勤：与接收、存储和分配相关联的各种活动，如原材料搬运、仓储、库存控制、车辆调度和向供应商退货。

生产作业：与将投入转化为最终产品形式相关的各种活动，如机械加工、包装、组装、设备维护、检测等。

发货后勤：与集中、存储和将产品发送给买方有关的各种活动，如产成品库存管理、产品搬运、送货车辆调度等。

销售：与提供买方购买产品的方式和引导他们进行购买相关的各种活动，如广告、促销、销售队伍建设、渠道建设等。

服务：与提供服务以增加或保持产品价值有关的各种活动，如安装、维修、培训、零部件供应等。

在任何产业内所涉及的各种支持性活动都可以分为四种基本类型。

采购与物料管理：指购买用于企业价值链的各种投入的活动，采购既包括企业生产原料的采购，也包括与支持性活动相关的购买行为，如研发设备的购买等，另外亦包含物料的管理作业。

研究与开发：每项价值活动都包含着技术成分，无论是技术诀窍、程序，还是在工艺设备中所体现出来的技术。

人力资源管理：包括涉及所有类型人员的招聘、雇用、培训、开发和薪酬等各种活动。人力资源管理不仅对基本和支持性活动起到辅助作用，而且支撑着整个价值链。

企业基础制度：企业基础制度支撑了企业的价值链条，如会计制度、行政流程等。

对企业价值链进行分析的目的在于分析企业运行的哪个环节可以提高客户价值或降低生产成本。对于任意一个价值增加行为，关键问题在于：

（1）是否可以在降低成本的同时维持价值（收入）不变；

（2）是否可以在提高价值的同时保持成本不变；

（3）是否可以在降低工序投入的同时保持收入不变；

（4）更为重要的是，企业能否同时实现前三条。

价值链的框架是将链条从基础材料到最终用户分解为独立工序，以理解成本行为和差异来源。通过分析每道工序的成本、收入和价值，业务部门可以获得成本差异、累积优势。

价值链一旦建立起来，就会非常有助于准确地分析价值链各个环节所增加的价值。价值链的应用不仅仅局限于企业内部，随着互联网的应用和普及、竞争的日益激烈，企业之间组合价值链联盟的趋势也越来越明显。

企业可以发展整个价值链中的一个环节，如研发、生产、物流等，从而实现核心能力的建设和发展。

三、内部因素评价矩阵

（一）内部因素评价矩阵简介

内部因素评价矩阵，也称为 IFE 矩阵，是一种对内部环境进行分析的工具，其做法是从优势和劣势两个方面找出影响企业未来发展的关键因素，根据各个因素影响程度的大小确定权数，再按企业对各关键因素的有效反应程度对各关键因素进行评分，最后算出企业的总加权分数。通过 IFE 矩阵，企业就可以把自己所面临的优势与劣势进行汇总，从而刻画出企业的竞争力。

（二）IFE 矩阵建立的步骤

IFE 矩阵可以按如下五个步骤来建立。

（1）列出在内部分析过程中确定的关键因素。采用 10～20 个内部环境因素，包括优势和弱点两方面。首先列出优势，然后列出弱点。要尽可能具体，要采用百分比、比率和比较数字。

（2）赋予每个因素以权重，其数值范围由0.0（不重要）到1.0（非常重要）。权重标志着各因素对于企业在产业中成败的影响的相对大小。无论关键因素是内部优势还是弱点，对企业绩效有较大影响的因素就应当得到较高的权重。所有权重之和等于1。

（3）对各因素进行评分。评分以企业为基准，而权重则以产业为基准。

（4）用每个因素的权重乘以它的评分，即得到每个因素的加权分数。

（5）将所有因素的加权分数相加，得到企业的总加权分数。

无论IFE矩阵包含多少因素，总加权分数的范围都是从最低的1.0到最高的4.0，平均分为2.5。总加权分数低于2.5表示企业的内部状况处于弱势，而分数高于2.5表示企业的内部状况处于强势。IFE矩阵应包含10~20个关键因素，因素数不影响总加权分数的范围，因为权重总和永远等于1。

（三）IFE矩阵案例

评分采用4分制，1分代表重要弱点，2分代表次要弱点，3分代表次要优势，4分代表重要优势。值得注意的是，优势的评分必须为3或4，弱点的评分必须为1或2。下面以星指针软件公司为例进行说明，具体如表5-7所示。

表5-7 星指针软件公司内部因素评价矩阵

关键内部因素	权重	评分	加权分数
内部优势			
1. 软件技术优势：采用Silverlight和国外优秀控件的BS结构，与其他竞争者相比有明显优势	0.15	4	0.60
2. 软件内容优势：软件等级不同，涵盖企业全部管理系统，并且做到一体化	0.12	3	0.36
3. 软件成本优势：核心骨干自己动手开发，价格低廉而效率高	0.14	4	0.56
4. 人才优势：拥有经验丰富的管理人才和多个定制开发ERP的团队	0.13	3	0.39
5. 企业战略明确	0.07	2	0.14
威胁			
1. 财务压力大	0.12	2	0.24
2. 品牌没有知名度	0.12	1	0.12
3. 咨询服务人员相对匮乏	0.07	2	0.14
4. 开发周期长，员工压力较大	0.08	1	0.08
合计	1.00		2.63

结论：平均总加权分数为2.5，星指针软件公司总加权分数为2.63，略高于平均水平，表明星指针软件公司的内部环境总体处于稍好水平。

本章小结

在数字化转型中，对企业内部环境进行分析的目的在于深入了解企业当前的数字化状态，明确企业的数字化优势和短板，以便有效利用数字化资源，实现企业发展目标。

企业数字化内部环境主要是指企业的资源和能力。企业资源包括有形资产、无形资产和人力资源。企业能力主要有研发能力、生产管理能力、营销能力、财务能力和组织管理能力等。数字化转型能力可以分解为各种分项能力，如决策能力、管理能力、监督能力、改善能力等。在数字化转型中，企业核心竞争力决定着竞争优势。企业核心竞争力是建立在企业核心资源基础上的企业技术、产品、管理、文化等的综合优势在市场上的反映，是企业在经营过程中形成的不易被竞争对手仿效，并能带来超额利润的独特能力。

常用的企业数字化内部环境分析技术有雷达图分析法、波特价值链分析模型、内部因素评价矩阵（IFE 矩阵）等。

◆ 本章思考题

1. 为什么企业内部环境分析是制定战略的出发点、依据和条件？请解释企业内部环境分析在战略制定中的作用和重要性。

2. 在数字经济环境下，企业内部环境分析的目的是什么？请说明数字化状态对企业战略制定和实施的影响。

3. 如何深入了解企业当前的数字化状态？请提供一些方法和工具，帮助企业全面了解数字化优势和短板。

4. 在进行企业内部环境分析时，有哪些常见的挑战和难点？如何克服这些挑战并有效进行分析？

第六章 数字化、组织与业务流程

数字化不仅改变了组织结构，还深刻地改变了业务流程，通过自动化和智能化的工具使得业务流程更加高效，减少了手工操作和错误。同时，数字化也开启了全新的商业模式，企业需要重新思考自己的价值链和交付方式。数字化业务流程使企业更具竞争力，同时也提升了客户体验。在本章中，我们将深入探讨数字化如何与组织和业务流程相互关联，以及数字化所带来的重大变革。

第一节 数字化与组织

一、组织理论的演进

作为管理理论的核心，组织理论研究组织结构、职能、运营，以及管理主体的行为，揭示出具有规律性的逻辑知识体系。组织理论的发展紧密联系着管理实践的需求。自从19世纪末20世纪初泰勒开创了组织理论以来，组织理论的发展经历了从古典组织理论、行为科学组织理论到如今的现代组织理论的过程。

第一，古典组织理论。在古典组织理论中，有三个主要派别：科学管理学派，代表人物是泰勒；行政管理学派，代表人物是法约尔；官僚体制学派，代表人物是韦伯。这些派别共同提出构建以集权型层级制为基础的组织结构。这种结构适应了社会生产体制从小规模的作坊式生产向大规模的工厂化社会化生产的转变，进而促进了组织效率的提升和生产力的发展。

第二，行为科学组织理论。随着科技的进步，管理学界逐渐认识到组织不仅仅是经济系统，更是一个社会系统。在激励员工方面，不仅要考虑经济因素，还应关注社会和心理层面的满足。这种全面的满足对于组织效率的提升至关重要。于是，20世纪20年代至40年代，行为科学组织理论应运而生，其中代表人物包括梅奥和巴纳德等。这一时期的组织理论强调员工在组织内的重要作用，强调用心理和社会因素来解释整个组织结构的变化。同时，为了满足组织之间协作的需要，采用了分权型层级制的组织形式，包括事业部制、超事业部制以及矩阵式结构等，这些形式有助于员工参与决策,提高管理效率,也顺应了组织规模扩大、产品多样化以及市场国际化的趋势。

第三,现代组织理论。当谈到现代组织理论时,我们必须将目光转向"二战"后的时代。在这个阶段,科技突飞猛进,市场的国际化程度日益加深,物质和人力资源逐渐积累,这些资源的不断演化使得组织模式与关系愈发复杂。然而,在此前的阶段,旧有的组织理论逐渐显露出难以满足当代管理实践需求的弱点。而正是在这个背景下,系统论的原则、方法和思想开始发挥关键作用。现代组织理论所涵盖的范围广泛,包括系统组织理论、权变系统组织理论、群体生态理论和资源依赖理论等。这些理论的核心在于探讨组织与环境之间错综复杂的关系,并通过系统性的方法对其进行深入分析。这一时期的组织理论强调组织结构的灵活性,致力于适应快速变化的外部环境。在实际应用中,以团队为基础的工作单元、临时工作小组和网络型组织等灵活形式得到了迅猛发展。

组织结构在管理领域被认为是确保内部高效运转以及取得优异绩效的前提条件。它通常呈现为人力资源、职权、职责、工作内容、目标、工作关系等要素的融合,构成了组织在"软层面"的基本构建,其实质在于成为实现特定组织目标的手段。

"现代管理学之父"彼得·德鲁克深刻洞察了组织结构的本质,具体如下。

(1)组织结构并非"自发演化"的结果。在组织中,自然而然的演化只会导致混乱、摩擦和不佳绩效。因此,组织设计与组织架构需要经过深思熟虑、深入分析以及系统性研究。

(2)战略决定结构。结构作为实现组织各种目标的手段,必须与战略相一致,以确保效率和合理性。战略决策在回答"我们的业务是什么、应该是什么以及未来会是什么"这类问题时发挥关键作用。它决定了组织结构的宗旨,进而决定了企业或服务机构中哪些活动至关重要。而有效的组织结构则在于精心构建,使这些核心活动能够有效运行并取得卓越绩效。因此,任何与组织结构相关的工作都必须从目标和战略出发。

(3)日常经营管理、创新以及高层管理这三种不同的职能在同一组织结构中必须相互融合。有效的组织结构应以任务为核心,同时关注人力资源,并在权力和责任方面维持平衡。企业组织结构是指为实现工作任务和组织目标,组织成员在职责和职权方面的分工和协作体系。

(4)企业组织结构调整即企业内部结构的变革。随着企业发展阶段的变化,组织结构不应固化不变。当企业发展至一定阶段时,可能出现一些尖锐矛盾,例如企业管理制度混乱、组织内部沟通迟缓、跨部门合作不足、对客户投诉反馈滞后等问题。因此,如何通过调整建立与企业实际情况相符的组织结构体系,成为众多企业迫切需要探讨的议题之一。

二、数字化赋能之下的组织结构

数字化与组织之间的密切关系体现为数字化技术提升组织效率,增强创新能力,改变组织结构和文化，推动竞争力提升，并驱动组织全面转型。根据不同的研究视角和方法，可以从多个方面分析企业数字化发展战略对组织结构的影响。

（一）数字化赋能之下组织结构的四个类型

数字化赋能之下组织结构的四个类型如图 6-1 所示。

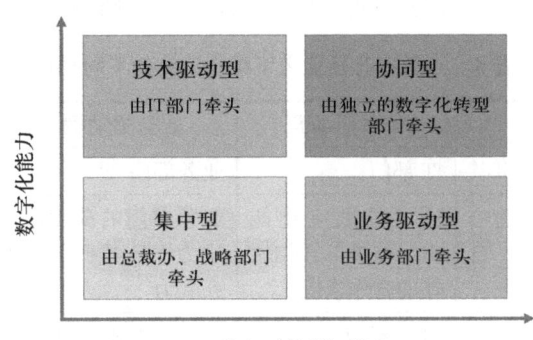

	技术驱动型 由IT部门牵头	协同型 由独立的数字化转型部门牵头
数字化能力	集中型 由总裁办、战略部门牵头	业务驱动型 由业务部门牵头

业务（转型）能力

图 6-1 数字化与组织结构

集中型：最为常见，由总裁办或者战略部门牵头。这些部门相对远离技术和业务，必须强依赖技术和业务部门开展工作。企业着重于数字化转型工作的整体提升，这意味着在集中型模式下，企业将注重整合各个部门的资源和能力，以实现数字化转型的目标。在这种模式中，总裁办或战略部门将扮演重要的角色，牵头制定数字化转型的战略规划和方向，并协调各个部门之间的合作与配合，以确保数字化转型能够顺利进行。

技术驱动型：第二常见，由 IT 部门牵头。以数字化这条线切入，辐射到业务部门。企业着重于提升数字化能力。在技术驱动型模式下，企业的数字化转型将由 IT 部门主导。IT 部门将负责引领和推动数字化技术的应用与创新，以满足业务部门的需求，并促使业务部门在数字化转型方面取得进展。重点放在提升企业的数字化能力，包括数据分析、人工智能、云计算等技术的应用，以推动企业在数字化转型中占据领先地位。

业务驱动型：第三常见，由业务部门牵头。以业务转型这条线切入，辐射到技术部门。企业着重于提升业务收入。在业务驱动型模式下，业务部门将成为数字化转型的主导力量。业务部门将引领数字化转型的方向，通过创新业务模式、优化业务流程以及改善客户体验，实现业务收入的增长和市场份额的提升。技术部门将在业务部门的引领下，提供相应的技术支持和解决方案，以满足业务部门的需求。

协同型：罕见，由独立的数字化转型部门牵头。该模式能够高度协同各部门开展数字化转型，存在于数字化转型能力和成熟度高的企业。数字化转型在企业内部有序迭代。该模式非首次数字化转型企业的选择。由于协同型模式需要企业具备较高的数字化转型能力和成熟度，所以相对较为罕见。在协同型模式下，企业将设立独立的数字化转型部门，该部门将负责统筹协调企业各个部门的数字化转型工作。通过高度的协同合作，各个部门将在数字化转型过程中相互配合，进行有序的迭代和改进。这种模式适用于已经经历过一次或多次数字化转型的企业，旨在进一步提升企业的数字化水平和效能，以应对不断变化的市场需求和竞争挑战。

数字化赋能之下组织结构的不同类型归纳如表6-1所示。

表6-1 数字化赋能之下组织结构的不同类型

	集中型	技术驱动型	业务驱动型	协同型
牵头部门	总裁办、战略部门	IT部门	业务部门	独立的数字化转型部门
优势	离CEO近，快速响应，高效决策，自上而下	原生的数字化能力，与外部合作伙伴的合作经验	业务部门的高度影响力，已具备的业务能力	战略统一，企业部门间协调一致
挑战	IT部门、业务部门不买账，好大喜功	CEO不买账，业务部门不买账，数字化转型能力缺失	CEO不买账，IT部门不买账，数字化转型能力缺失	必须已经证明自己存在的价值，数字化转型自带风险属性

（二）数字化赋能之下的组织设计原则

企业数字化发展战略要求企业在组织设计上遵循一些新的原则，如数据中心、客户导向、价值创造、协同创新等。这些原则要求企业在组织结构上具体实现以下内容。①数据中心：以数据为核心资源，建立数据采集、分析、共享、应用等流程和机制，提高数据质量和价值；②客户导向：以客户需求为导向，建立客户关系管理、用户体验设计、客户满意度评估等流程和机制，提高客户忠诚度和口碑；③价值创造：以价值创造为目标，建立价值主张设计、商业模式创新、价值链优化等流程和机制，提高附加价值和竞争优势；④协同创新：以协同创新为手段，建立跨部门、跨层级、跨界别的协作平台和机制，提高创新效率和效果。

（三）数字化赋能之下的组织形式类型

企业数字化发展战略要求企业在组织形式上实现一些新的类型，如平台型、生态型、网络型等。这些类型要求企业在组织结构上具体实现以下内容。①平台型：以平台为基础，连接内外部的多方参与者，提供数据、技术、服务等资源，实现规模效应和网络效应；②生态型：以生态为理念，连接内外部的多方合作伙伴，提供价值、信任、共赢等关系，实现互补效应和协同效应；③网络型：以网络为形态，打破内外部的边界和层级，提供灵活、敏捷、开放等特征，实现自组织效应和适应效应。

（四）数字化赋能之下的组织结构要素

企业数字化发展战略要求企业在组织结构的要素上实现一些新的变化，如分工、协调、控制等。这些变化要求企业在组织结构上具体实现以下内容。①分工：从垂直分工向水平分工转变，从功能分工向过程分工转变，从固定分工向动态分工转变；

②协调：从正式协调向非正式协调转变，从集中协调向分散协调转变，从单一协调向多元协调转变；③控制：从结果控制向行为控制转变，从规则控制向目标控制转变，从集权控制向授权控制转变。

根据以上分析框架，可以举一些具体的企业数字化发展战略下的组织结构实例。例如，阿里巴巴是一个典型的平台型和生态型的数字企业，其数字化发展战略是以数据为核心资源，以客户为导向，以价值创造为目标，以协同创新为手段。其组织结构主要有以下特点。

（1）数据中心：阿里巴巴建立了一个庞大的数据中心，通过各种平台和渠道收集、分析、共享、应用海量的数据，为内外部提供数据服务和数据智能。

（2）客户导向：阿里巴巴以客户需求为导向，通过各种平台和渠道提供个性化、场景化、体验化的产品和服务，满足客户多样化和个性化的需求。

（3）价值创造：阿里巴巴以价值创造为目标，通过各种平台和渠道提供创新性、差异化、有附加值的产品和服务，形成独特的商业模式和价值链。

（4）协同创新：阿里巴巴以协同创新为手段，通过各种平台和渠道构建内外部的合作伙伴关系，形成开放式的创新生态系统。

三、企业数字化发展战略与组织结构

（一）企业数字化发展战略与组织结构的关系

企业数字化发展战略是指企业积极运用新一代信息技术，构建完备的数据闭环，涵盖数据采集、传输、存储、处理以及反馈等环节，消除不同层级与行业之间的数据障碍，以此提升行业整体运行效率，构筑全新的数字经济生态。这一战略对应企业在数字时代的前沿趋势，其核心在于以数据技术创新为驱动，赋能组织全面的变革，以实现向全新数字型企业的转型。在此转型中，企业依托全新的模式、架构和行为，为价值创造创新奠定基础。

企业数字化发展战略与组织结构有着密切的关系。一方面，组织结构是实施数字化发展战略的重要基础和保障。组织结构决定了组织内部的资源配置、沟通协作、决策执行等方面，影响着组织对外部环境变化的适应能力和创新能力。因此，企业需要根据自身的数字化发展战略，设计适合自己的组织结构，以提高组织效率和效果。另一方面，组织结构也是实施数字化发展战略的重要结果和反馈。随着数字技术的广泛应用和深度融合，企业的组织结构也会随之发生变化，如扁平化、网络化、模块化、敏捷化等。这些变化又会反过来影响企业的数字化发展战略，促使企业不断调整和优化自己的战略目标和路径。

数字化转型应考虑企业所处的发展阶段和多维情境基础。数字化与企业各阶段的战略设计和组织变革是相互耦合、相互推进的关系。企业的发展划分为数量扩大、地

域扩散、纵向一体化和多种经营四个主要阶段。在不同的发展阶段中，战略引领组织调整，企业战略转变会对组织结构提出变革要求。与此同时，构建组织结构的过程中形成的组织氛围是战略产生的土壤。

企业所处的阶段不同，战略与组织结构的关系也不同。在初创阶段，战略决定组织结构，而在成长阶段，组织结构反过来对战略产生较大影响，这与信息处理方式的差异有关。当组织提供的信息处理方式不能达到战略要求时，组织会遵循战略需求进行调整，直至信息处理满足相应要求，此时战略与组织结构达到匹配。

（二）数字化发展战略对组织变革的要求

企业数字化转型虽然常以提升效率为直接目标，但并非简单地开发或升级管理信息系统，而是涉及企业多维度、多主体、多模式的调整，如业务流程再造、管理机制重构、生态主体重塑、交易结构重整等。事实上，数字化转型能够打破"部门墙"，形成整体协同效率，梳理产业链和价值链体系，提高组织与外部合作伙伴之间的集合效率，并进一步帮助企业塑造开放式结构形态，加强企业与生态系统的互补，构建良性生态系统。

从战略、组织、营销、信息系统等不同角度对企业数字化转型开展广泛深入的研究后，普遍认为数据抓取、数字分析、算法处理等技术和手段极大地改变了组织内外部环境，并从根本上改变了组织的管理、运行和成长方式。数字化转型中的技术创新方式不仅提高了企业管控的精细化程度，更实现了自动化、智能化的赋能。信息技术、人工智能技术等新的生产要素将实体世界的高成本事务映射到数字世界进行低成本处理，再反馈到实体世界，形成了创新聚变和创新裂变效应。

基于消费者、第三方和企业数据的大数据分析正替代传统决策方式，成为推动企业实现智能制造的重要决策工具。数字技术在这一基础上具有巨大的应用潜力，可促进企业资源整合的拓展和生态系统的外部性，推动企业由竞争关系向共生关系转变，构建网络化生态，使企业与顾客、竞争者和合作伙伴实现共生。

（三）数字化驱动企业战略与组织转型的路径

数字化转型并非孤立进行，而是与所在企业的具体情境密切联系，与企业战略、组织模式存在协同演化关系。企业成长初期少量业务和单一市场的聚焦战略自上而下形成引领，决定了独立型的组织结构形式，数字化对组织运行和战略落地起辅助支撑作用；随着业务规模的扩大，在战略布局的指引下，数字化驱动组织向集团化方向创新演进，赋能创新转型；企业步入成熟期后，战略呈现自下而上的更新方式，数字化成为企业战略的重要组成部分，前期数字化赋能驱动战略由封闭走向开放，由布局趋向联动，特别是数字化共生重新塑造了组织结构形式，数字化在企业体系内的价值和作用凸显。

数字化驱动创新的两条主要路径如图6-2所示。一是数字化驱动组织创新，即组织由单一型企业向集团化企业迈进中的数字化驱动作用,通过标准化、协同整合、集中管控等方式实现,在战略一致性模型中,形成"战略—组织—数字化—组织重构"的牵引型动态演化路径。二是数字化驱动战略创新,即战略由布局向联动、少量或相关业务向大量或非相关业务演化中的数字化驱动作用,通过协同平台构建、智能制造、工业和产业互联等方式实现,在战略一致性模型中,形成"组织—数字化—战略重塑"的推动型动态演化路径。因此,数字化转型并非仅提升了运行效率,降低了运行成本,更为组织结构、战略定位的创新演进提供了动力源。

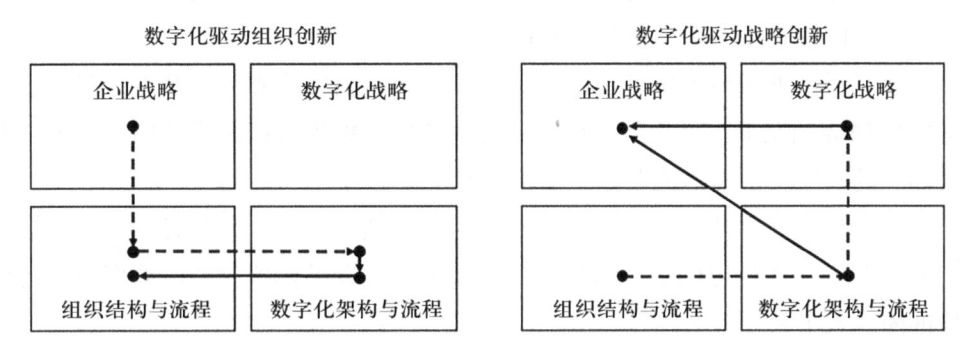

图 6-2 数字化驱动创新的路径

第二节 数字化与业务流程

关于流程的概念,在学界尚未形成一致的定义。哈佛商学院的观点认为,流程可被解释为"一系列相关联的活动过程,其目的在于为客户创造价值"。著名管理学者托马斯·达文波特和詹姆斯·肖特则将流程界定为"为向特定顾客或市场提供特定产品或服务而经过精心设计的一系列活动"。国际标准化组织则将流程定义为"一系列相互关联或相互作用的活动,将输入转化为输出"。

因此,业务流程是指企业为实现特定目标而开展的一系列有序的活动或任务,涉及人员、部门、信息、资源等要素。业务流程是企业运营和管理的核心,也是企业创造价值和竞争优势的基础。

数字化与业务流程有着密切的联系。一方面,数字化是业务流程优化和创新的重要驱动力。通过数字技术,企业可以实现业务流程的数据化、结构化、可视化、自动化、智能化等,提高业务流程的效率和效果,满足客户需求,降低成本和风险,增强竞争力。另一方面,业务流程是数字化转型的重要载体。通过业务流程,企业可以将数字技术融合到各个环节和层级中,改变相关人员参与和互动的模式,提升流程参与者对流程的影响能力,大幅改善参与者的体验并提升其满意度,进而为企业战略的实现提供有力的支撑。

一、企业业务流程的含义

企业业务流程是指在企业内部完成特定业务目标所涉及的一系列活动和任务的有序排列和组织方式。它是为了实现特定业务目标而设计和执行的一套有规范和逻辑顺序的活动流程。

具体而言，企业业务流程包括以下几个关键要素。

活动和任务：业务流程由一系列特定的活动和任务组成，这些活动和任务是为了完成特定的业务目标而进行的操作。例如，销售业务流程可能包括客户开发、产品演示、报价、合同签订等一系列相关活动和任务。

顺序和关系：业务流程中的活动和任务按照一定的顺序和关系开展，每个活动和任务的完成都会触发下一个活动或任务。这些顺序和关系可以是线性的，也可以是并行的或循环的，取决于具体的业务需求和流程设计。

角色和责任：在业务流程中，不同的角色和责任被分配给参与者，他们根据自己的职责和权限来完成相应的活动和任务。这些角色可以是具体的职位或部门，也可以是特定的团队或个人。

输入和输出：业务流程中的每个活动和任务都有明确的输入和输出。输入是完成该活动或任务所需的资源、数据或信息，输出是该活动或任务完成后产生的结果、产品或服务。

控制和监测：为了确保业务流程的顺利进行，需要制定相应的控制和监测机制。这包括设定关键绩效指标、监控流程执行情况、识别潜在问题并进行纠正等，以确保业务流程的效率、质量和可持续性。

通过规范和优化企业业务流程，企业可以提高工作效率，减少错误和重复工作，优化资源利用，从而提升业务绩效和客户满意度。企业业务流程的设计和管理通常涉及业务流程重组、流程自动化、业务流程改进等方法和工具的应用。

二、数字化赋能下的业务流程

数字化赋能下的业务流程是指在数字化技术和工具的支持下进行的业务流程，旨在提高效率、降低成本、增强创新能力和客户体验。

第一，通过数字化流程分解战略目标，以提升组织的执行力。这涉及将总体任务拆解为一系列明确的"任务树"节点，每个节点都应具备量化的详细目标指标、明晰的工作架构和制度支持，以及细致的过程评估和绩效追踪机制。

第二，通过将业务流程和管理流程进行无缝衔接，塑造数字表达的主导流程，并将各个子流程紧密对接，从而达到全面协同的效果。这种一体化的方式旨在同时提升效率和效能，确保组织运作的高度协调性。业务和管理流程的紧密结合，以及与数据仓库的有机衔接，将形成有机循环，推动组织朝着流程指向的优化方向不断前进。

第三，基于数据实现精准化。利用数据仓库的功能，能够及时呈现业务全生命周期中各个环节的真实情况，从而实现数据驱动决策和评估。数据将被用来支持组织的优化措施，以红、黄、绿三种色彩呈现，从而直观地指导组织朝着流程所指方向进行优化，实现全面精益化的管理。

第四，通过数字化流程实现简单化。将例行事件交给流程驱动，流程的每个节点要拆解为简单的行为，让基础工作人员可以完全胜任，不必依赖特殊人才，同时也解放了领导和管理人员的精力。领导和管理人员应该把精力放在问题及例外事件上，形成改革表，通过制度变革、组织变革和流程变革来解决问题，并最大限度地把例外变成例行。

第五，基于数字化流程实现业务的标准化，为组织建立起一条清晰的高效路径。尽管通往目标的途径多种多样，但在众多选择中总有一条最为直接和高效的路径，这条路径可以被捕捉、优化并确立为标准流程，从而成为可复制的宝贵资产。标准化流程的实施不仅使组织能够更快速地达成目标，还为进一步的智能化发展打下了坚实的基础。在业务标准化的基础上，组织能够进一步加强智能化的引入和应用。标准化流程为智能化奠定了可靠的基础，因为它确保了在整个组织中的各个环节都能够按照一致的规范进行运作。这种一致性为智能技术的实施提供了更好的数据和环境，从而为组织的决策和创新提供了有力支持。

三、数字化对业务流程的影响

（一）业务流程类型

根据业务流程的目标和特点，可以将其分为三种类型：管理型、运营型和支持型。管理型流程是指涉及组织战略、规划、决策等方面的高层次流程，如预算制定、绩效评估等。运营型流程是指涉及组织核心价值创造活动的中层次流程，如产品开发、生产制造、销售服务等。支持型流程是指涉及组织辅助性活动的低层次流程，如人力资源管理、财务管理、物资管理等。数字化对不同类型的业务流程有不同的影响。一般来说，管理型流程更多地受到数字技术在数据分析、决策支持等方面的影响；运营型流程更多地受到数字技术在自动化、智能化等方面的影响；支持型流程更多地受到数字技术在信息化、协作化等方面的影响。

（二）业务流程要素

根据业务流程管理理论，可以将业务流程分解为四个要素：输入、输出、活动和控制。输入是指启动或驱动业务流程所需的资源或条件，如原材料、客户需求等。输出是指完成或结束业务流程所产生的结果或效果，如产品、服务等。活动是指构成业务流程的具体任务或操作，如加工、检验等。控制是指对业务流程进行规范或调整的规则或机制，如标准、流程图等。数字化对业务流程的不同要素有不同的影响。一般来说，数字化可以实现输入的数字化、输出的数字化、活动的自动化和控制的智能化。

（三）业务流程维度

根据业务流程管理模型，可以将业务流程分为四个维度：设计、执行、监控和优化。设计是指对业务流程进行规划和建模的过程，如确定流程目标、流程步骤、流程角色等。执行是指按照设计好的模型实施业务流程的过程，如分配任务、协调资源、完成活动等。监控是指对业务流程进行跟踪和评估的过程，如收集数据、分析指标、发现问题等。优化是指对业务流程进行改进和创新的过程，如识别机会、提出方案、实施变更等。数字化对业务流程的不同维度有不同的影响。一般来说，数字化可以实现设计的可视化、执行的自动化、监控的数据化和优化的智能化。

四、数字化业务流程的实例

根据以上分析框架，可以举一些具体的数字化业务流程的实例。以下是一些典型的案例。

亚马逊：亚马逊是一个典型的电子商务企业，其数字化业务流程涵盖了从客户下单到商品送达的全过程。其数字化业务流程主要有以下特点。①输入数字化：亚马逊通过网站、移动应用等渠道接收客户的订单信息，并通过人工智能技术提供个性化推荐和搜索优化等功能；②输出数字化：亚马逊通过电子邮件、短信等方式向客户发送订单确认、发货通知、物流跟踪等信息，并通过网站、移动应用等渠道提供客户评价、退换货等服务；③活动自动化：亚马逊通过仓储管理系统和物流管理系统对订单进行分拣、打包、配送等操作，并通过机器人、无人机等设备辅助完成这些操作；④控制智能化：亚马逊通过大数据分析技术对订单数据进行预测和优化，如确定最佳库存位置、最优运输路线等，并通过机器学习技术不断改进这些预测和优化。

星巴克：星巴克是一个典型的咖啡连锁企业，其数字化业务流程涵盖了从客户点单到商品制作的全过程。其数字化业务流程主要有以下特点。①输入数字化：星巴克通过网站、移动应用等渠道接收客户的订单信息，并通过会员卡、积分系统等方式提供客户忠诚度计划；②输出数字化：星巴克通过网站、移动应用等渠道向客户发送订单状态、取货通知等信息，并通过社交媒体、电子邮件等方式提供客户反馈、促销活动等服务；③活动自动化：星巴克通过点餐系统和咖啡机系统对订单进行接收、制作等操作，并通过无线网络、移动支付等设备辅助完成这些操作。

第三节 数字化对组织及流程的影响

数字化转型是指利用数字技术和数据驱动业务增长，提升企业运营效率和客户体验，实现业务模式和组织形态的创新和变革。数字化转型对组织及流程有着深刻的影响。

一、数字化转型、流程与组织

企业数字化转型中不同阶段的差异性源于企业所处的成长阶段、战略选择和组织流程的差异性。战略与组织条件为数字化变革提供了重要情境和关键前因，同时也推动了企业数字化转型的走向与价值释放。在数字化转型进程的不同阶段，"战略—组织—数字化"的协同演进关系也不同。传统企业数字化转型的战略一致性演化机制模型如图 6-3 所示。

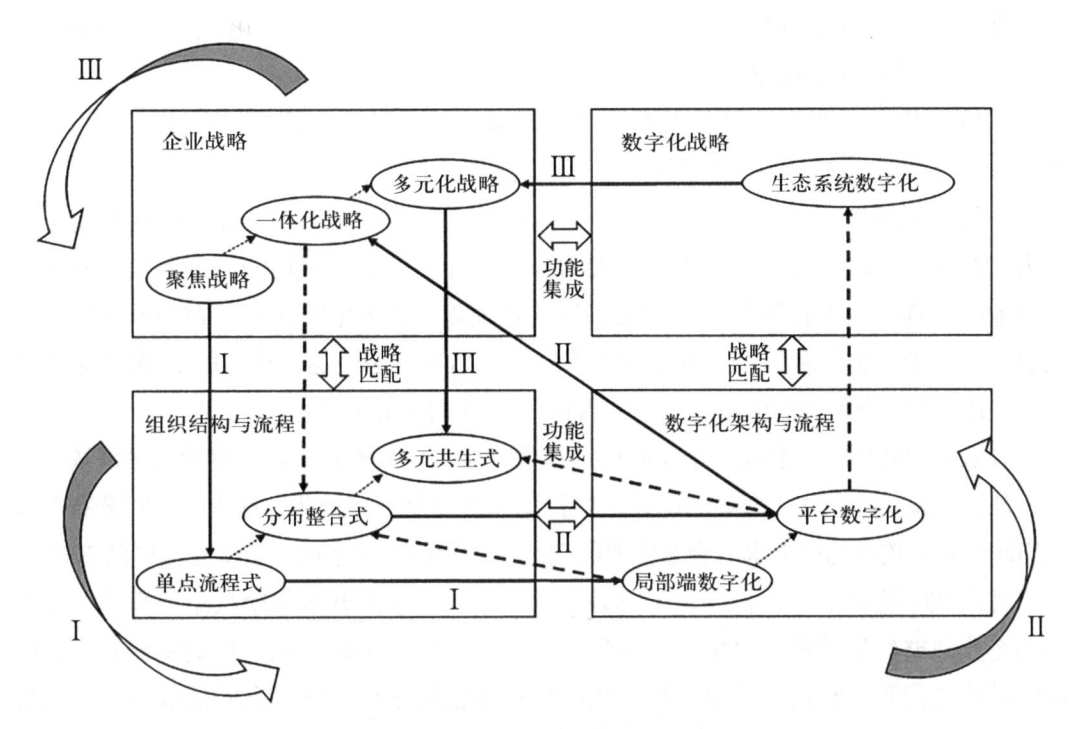

图 6-3 企业数字化转型的战略模型

在战略模型框架下，企业数字化转型经历了三个主要阶段。

在第一阶段，企业着重关注战略决策，这决定了单点流程组织结构。在这个结构框架下，企业推进局部端的数字化，实现线下业务和管理流程的线上化。数字化的目标主要是提高效率和降低成本，通过引入信息技术来优化特定业务环节和管理流程。这个阶段的重点是在有限的范围内实现数字化的初步应用，为后续发展打下基础。

在第二阶段，企业数字化转型迈入了更广泛的发展阶段。数字化管控能力赋能企业开展分布整合式结构布局，意味着企业开始在多个领域推进数字化，并在不同业务单元之间进行协同和整合。企业打造平台化的数字化体系，以支持组织一体化战略的产业链纵深发展和横向拓展。在这个阶段，数字化不再局限于局部流程，而是开始涉及更多的业务领域，帮助企业形成更加紧密的价值链和供应链。

在第三阶段，数字化在企业组织体系中的作用日益凸显。高层领导将数字化提升至战略高度，认识到数字化不仅是一种工具或手段，而且是企业战略的重要支撑和推动因素。在集团层面，企业开始构建生态系统数字化战略，这意味着企业将数字化应用于整个生态系统，与外部伙伴和利益相关者形成更加紧密的合作关系。数字化不仅影响业务流程和内部组织，还对企业的商业模式、价值观和战略定位产生深远的影响。在这个阶段，数字化转型不再是单一的变革项目，而是成为企业持续演进和创新的动力源。企业开始实现数字化与战略的双向互动，数字化驱动战略的更新和转型，同时战略的演进也反过来推动数字化的进一步发展。这种多元共生式的新型组织结构体系成为数字化转型的最终目标。

（一）数字化转型的驱动机制

从数字化转型的驱动机制来看，企业战略、组织结构与流程、数字化架构与流程、数字化战略这四个核心要素构成了不同的驱动因果链。

在数字化转型的试点期，企业聚焦于战略，需要基于企业主营业务构建可持续竞争力。在这个阶段，降本增效成为发展的首要任务，因此数字化的论证和实施主要围绕着业务管理的线上化进行，例如大宗计量系统化、财务电算化等。在局部端的数字化建设过程中，企业采用单点流程式的简约组织结构形态，建立独立的IT部门来推进人力资源管理等辅助职能的线上化，从而实现业务办公信息化。

在数字化转型的拓展期，企业需要搭建数字化平台以实现价值链管理与资源统筹配置，从而具备实施一体化战略的能力，以扩张和整合上下游企业。这个阶段对分布整合式组织流程结构提出了要求，企业需要构建相应的组织框架来适应数字化拓展的需求。

进入数字化转型的整合期，生态系统数字化的诉求上升至集团战略的高度，成为驱动企业战略转型的重要引擎。企业致力于以多元化战略为基础，打造多元共生式的组织结构与流程。在这个阶段，数字化的目标不仅仅是提高效率和降低成本，而且更加关注于构建多元化战略，使企业能够适应不同的市场和环境变化，形成更加灵活和适应性强的组织结构。

总的来说，企业数字化转型的不同阶段涵盖了战略决策、组织结构调整、数字化架构的建设以及数字化战略的制定。不同阶段的数字化转型需求和目标各有侧重，但都是企业发展和转型的重要驱动力。在不同阶段，企业需要根据自身情况和发展需求，灵活应用数字化技术，推动企业向着更加智能、灵活和适应性强的方向发展。

（二）数字化转型的路径

从数字化转型的路径来看，企业战略、组织结构与流程、数字化架构与流程、数字化战略这四个核心要素之间形成了一个迭代循环和驱动升级的过程。在数字化试点期第一阶段，企业基本实现了聚焦战略对单点流程式组织结构的影响，成功完成了局部端的数字化转型任务（阶段Ⅰ）。这时，原先分散的数字化孤岛开始联结，企业逐渐过渡到分布整合式组织结构与流程，数字化架构与流程逐渐形成，数字化转型进入了第二阶段的拓展期，平台数字化的形态开始影响企业战略，使其从聚焦战略逐步转变为一体化战略（阶段Ⅱ）。在第二阶段，一体化战略构建完成后，平台数字化的发展使得生态系统数字化上升至数字化战略的层面，进而反作用于企业战略，使其从一体化战略进一步转变为多元化战略（阶段Ⅲ）。这一转变进一步驱动了组织结构与流程的变革，企业向着多元共生式演进，数字化进入了生态系统数字化的全新时期，即第三阶段的整合期。

综上所述，数字化转型与企业战略、组织结构与流程之间形成了一个互动的迭代升级闭环。数字化转型不是一个静止的过程，而是一个持续发展的循环。在不断迭代的过程中，数字化不断影响企业的战略决策、组织结构和流程设计，同时，企业的战略和组织结构也反过来推动数字化的发展和升级。这种协同作用使得企业能够不断适应和应对不断变化的市场环境和竞争压力，实现持续创新和提升竞争力。因此，数字化转型是一个动态的、不断迭代的过程，需要企业持续关注和积极应对，以保持竞争优势和持续发展。

二、数字化转型下的组织与流程策略选择

（一）数字化转型的关键策略阶段

数字化转型要求企业打破传统的组织边界，构建更灵活、更协作、更开放的组织形态，以适应不断变化的市场需求和客户期望。根据不同的数字化转型阶段，企业的组织形态也会有所演进。

信息化阶段：传统 IT 团队主导数字化进程，IT 与业务分离，尚未全面开启数字化组织变革。在此阶段，企业一般已建立相对完备的 CTO 团队，主导业务流程的信息化运营工作，并承担基本的数据治理及底层数仓管理角色。从系统及数据特征来看，在此阶段企业一般以传统 ERP 为核心系统，且数据域相对局限，以业务经营数据为主。就组织形态而言，此阶段的 IT 团队与业务呈现"泾渭分明"的状态，存在明显的"部门墙"。

线上化阶段：企业通过建设"数字化创新业务中心"团队，全面整合全渠道数字化创新业务，引领企业数字化转型。在此阶段，企业将全渠道发展所涉及的所有数字化创新业务（如电商、第三方平台等）统筹其中，独立承担盈亏指标；同时也与零售门店运营团队合作，主导传统门店的全渠道转型，如开展"线上下单，到店取货"业务。从系统及数据特征来看，在此阶段企业已具备数字化产品孵化能力，并通过全渠道建设持续拓展用户数据及用例，但跨渠道数据仍存在割裂，尚未完全打通。同时，此阶段企业已经初步开启中台化建设进程。其中，数字化创新业务中心已初步衍生出数据用例、数字化产品角色，IT 部门则负责底层数仓管理及数据治理。总体而言，此阶段数字化角色已与业务局部融合于数字化创新业务中心，支持前端创新业务的灵活部署、快速迭代。

数智化阶段：企业实现真正的"全渠道一体化"运营，并推进数字能力与业务能力的完全融合，搭建复合型能力中台。在此阶段，企业已实现全渠道、全价值链的数据拉通整合，并具备成熟的算法平台，支撑数据的深度分析及运用。同时，企业也全面实现了"中台化"能力体系的搭建。通过业务中台的打造，充分提炼散落在前端业务部门的共性能力，实现高效化、集约化运营和管控；通过数据中台的打造，实现数据的标准化、共享化、智能化，助力数智化运营决策的深化。在此阶段，数字化组织的终局形态将是数智化能力与运营、产品团队的深度交融，从而打造复合型能力中台，推进全渠道、全链路的转型升级。

（二）数字化转型中的模式与策略

数字化转型要求企业拥抱敏捷工作机制，以适应快速变化的市场环境和客户需求。敏捷工作机制是指以客户为中心、以团队为单位、以结果为导向、以迭代为方式的工作模式，强调团队的自主性、协作性、创新性和反馈性。根据不同的业务场景和组织形态，企业可以选择不同程度的敏捷工作机制。

部分敏捷模式：锚定敏捷试点，以虚拟项目制小组稳步推进敏捷转型。对于企业内的部分传统业务组织而言，大规模敏捷转型往往"伤筋动骨"，因此可考虑以虚拟小组形式稳步推进敏捷转型。在业务运营模式上，仍主要通过传统的职能条线型组织架构管理业务，同时机动调用跨部门人才组成虚拟小组，以周为频次汇聚共创，推动创新业务的快速迭代。

完全敏捷模式：固化跨职能"敏捷小队"。此类模式多适用于高度跨部门协作需求和创新型新兴业务，在企业中通常以数字化产品起步，敏捷的必要性和效果均相对显著。通过固化敏捷型跨部门团队的组织形态，清晰定义权责及汇报机制，支持创新业务快速起跑，实现高效的业务迭代。

第四节　数字化的流程再造

一、业务流程再造的概念和原则

（一）业务流程再造的概念

业务流程再造（Business Process Reengineering，BPR）是由美国 MIT 教授迈克尔·哈默和 CSC 管理顾问公司董事长钱皮于 20 世纪 90 年代提出的概念。在他们合著的《企业再造》一书中，哈默和钱皮指出，在长达 200 年的时间里，人们一直遵循亚当·斯密的劳动分工思想来建立和管理企业，即将工作分解为最简单和最基本的步骤。然而，他们认为企业应该以另一种概念为依据，建立和管理一种重新组合工作任务的连贯一致的工作流程，这即是业务流程再造所追求的目标。业务流程再造被精确界定为："为实现成本、质量、服务、速度等现代企业关键运营指标的飞跃性改善，必须对工作流程进行根本性重新构思和全面变革。"其核心思想在于通过根本性的改变彻底颠覆传统的工作方式。

达文波特和萨特深入探讨道："流程表现为特定工作活动的有序序列，具有明确的起始点和终止点，以及明确的输入资源和产出成果。"流程再造涵盖了"通过全面分析并重新设计流程，实现在各项指标上取得显著突破"的重要观点。言外之意是，流程再造被视为一项系统性工程，借助先进制造技术、信息技术和现代管理手段，彻底颠覆传统的职能导向组织结构，构建崭新的流程导向组织体系，以最大限度融合技术功能与管理职能，实现成本、质量、服务和速度等各方面的显著提升。从根本上来说，流程再造着重以业务流程和管理流程为改进对象，关注于客户需求的实现和满意度的提高。

（二）业务流程再造的原则

关于业务流程再造所要遵循的原则，不同的人可能会有不同的观点和解释。下面对业务流程再造需要遵循的一些常见原则进行简要介绍。

1. 迈克尔·哈默提出业务流程再造的八大原则

（1）围绕结果进行组织：将组织的重点放在实现业务目标和结果上，而不仅仅是关注任务的执行。

（2）让利用流程结果的人执行流程：让那些直接受益于流程结果的人负责执行和管理相应的流程，以确保流程的质量和效率。

（3）将信息处理工作归入实际工作流程：将信息处理和数据管理纳入实际的业务工作流程中，确保信息在流程中的准确性和及时性。

（4）将分散各处的资源视为集中的资源：将分散在不同部门和环节的资源视为整体，加强资源的集中管理和协同利用，以提高整体业务流程的效率和效益。

（5）将平行的活动连接起来：通过连接和协同平行的活动，而不仅仅是合并它们的结果，以实现更加高效和协调的业务流程。

（6）将开展工作的地方设定为决策点：在流程中明确定义决策点，并将工作的地方设定为决策点，以提高决策的速度和效果，并实现对流程的控制。

（7）从源头上一次获取信息：在流程中及时获取所需的信息并共享，避免信息的重复收集和传递，以提高流程的效率和准确性。

（8）领导层要支持：业务流程再造需要得到组织领导层的积极支持和参与，他们应该为流程改进提供资源、指导和推动，确保流程再造的成功实施。

以上这些原则旨在指导业务流程再造的实施，以确保流程的优化、效率和质量的改善。然而，具体的原则和方法可能因组织的特定需求和情境而有所不同，因此在实施业务流程再造时，需要综合考虑组织的具体情况和目标，灵活应用适合的原则和方法。

2. 阿什利·布拉干扎提出业务流程再造的十大原则

（1）全面业务流程再造需要在大家对组织的变革动因充分认同的基础上进行：在进行全面业务流程再造之前，组织内的成员需要对变革的必要性和动因有一个共识和认同，这是成功实施流程再造的前提条件。

（2）跨职能变革的需求推动全面流程再造：只有当跨职能变革成为变革的必要动力时，全面流程再造才有可能成功实施。各个职能部门之间的协同和协作是实现全面流程再造的关键。

（3）组织要素和职能流程导向的一致性：当人们认识到组织要素需要改变，并且这些要素应该与职能流程保持一致时，实现全面流程再造的可能性会更高。组织结构、文化和流程之间的一致性对于流程再造的成功至关重要。

（4）明确和接受组织所需的所有变革：当所有人都明确并接受组织所需的所有变革时，全面流程再造将更有可能实现。这需要在组织内形成一个共识，使每个人都能够理解和支持变革的目标和方向。

（5）建立全面的流程意识：当所有人都愿意接受变革并让其影响到他们的工作时，就更容易建立全面的流程意识。这意味着每个人都认识到流程对于组织的重要性，并愿意为实现流程改进和优化而努力。

（6）将问题与变革联系起来：当人们发现需要处理的问题，并将这些问题与所需的真正变革联系起来时，全面流程再造将更有可能实现。这可以帮助人们更好地理解变革的必要性和影响，从而推动流程再造的实施。

（7）革命性和改良性方法的结合：在进行全面流程再造时，如果能够根据不同问题的实际情况同时运用革命性和改良性的实施方法，变革就更有可能获得成功。这意味着在流程再造过程中，需要灵活运用不同的方法和工具，以适应不同的情况和挑战。

（8）激发变革的意识和意愿：组织只有通过全面的行动方案激发人们实施变革的意识和意愿，全面流程再造才更可能取得成功。这可以通过参与式决策、培训和激励等方式来实现，以提高组织成员的积极性和参与度。

（9）实施者和接受者的角色认同和关联：如果变革的实施者和接受者都能认同这两种角色，并意识到它们之间的关联性，就更有可能实现全面流程再造。变革实施者需要关注和理解接受者的需求和反馈，并与其密切合作，以确保变革的顺利进行。

（10）成果衡量的关键：衡量全面流程再造所取得的成果时，要考察变革动因是否被根除以及行为方式改变的程度。这意味着要关注变革的可持续性和长期影响，并进行绩效评估和改进措施的落实。

以上这些原则为全面业务流程再造提供了指导和借鉴，帮助组织更好地实施流程改进和优化。然而，具体的实施方法和策略应根据组织的特定情况和需求进行调整。

3. 乔·佩帕德和菲利普·罗兰提出业务流程优化的十五大原则

（1）高层管理者的口头和行动支持至关重要。

（2）必须沟通、沟通、再沟通。

（3）善待人，尊重人。

（4）选对主持者。

（5）明确重新设计的目标。

（6）项目的规模和范围要与目的相适应。

（7）设定进取的再造绩效目标。

（8）理解被重新设计流程的环境。

（9）整体对待 BPR 哲理。

（10）短线出击。

（11）要保证流程与所服务的市场需求相"匹配"。

（12）要认识到顾客和供应商参与流程重新设计的必要性。

（13）要舍得投入资源。

（14）要认清 IT 为新设计提供的机会。

（15）认清流程再造可能只是一个开头。

二、流程再造的实施程序

实施流程再造就是企业深入调查研究与细致分析原有经营管理的每项活动、每个环节，梳理价值链增值过程中的瓶颈环节，删除或彻底改良不合理、不必要的环节，按照系统优化原则，重新设计和安排企业的"供、产、销"流程。具体实施一般按以下程序进行。

第一，分析原有流程的功能和效率。当经营环境、市场需求、技术条件发生变化时，企业原有的作业流程的效率和功能会降低，甚至影响组织体系整体效能的发挥。因此，需要研究企业现行的作业流程，绘制完整、细致、清晰的作业流程图，从功能障碍、影响程度、可行性方面研究可能存在的问题，提出解决方案。

第二，设计和评估改进方案。成立流程改进项目组，经过充分授权，激励组员的创新积极性，为设计更加科学、合理的作业流程集思广益。在设计流程改进具体方案时，价值链中同一种作业流程可以考虑设置若干种方式进行，也可将现行的数项业务或活动合并为一，按自然顺序组织设计作业流程的各个步骤。然后从成本、效益、技术条件和风险程度等方面，对项目组提出的流程改进备选方案进行评估，按照先前确定的决策标准，选取最为可行的方案。

第三，制定配套保障体系。完成新流程改进方案后，为保障新作业流程的顺利实施，还需要调整相应的组织结构、规范运营机制、优化资源配置、完善渠道建设以及制定相关规则,如此才能形成以流程改进为核心的再造方案,提高流程运行效率。

第四,组织实施与持续改善。新流程改进方案的实施并不意味着流程再造工程的结束,恰恰相反,方案实施意味着流程再造工程新的开始,因为实施流程再造必然会涉及原有利益格局的调整和利益的再分配,实施过程难免出现或多或少的阻力与挑战,新环境、新形势的变化也会给流程再造提出新的要求。因此,一方面要精心组织,积极宣传,尽量达成共识;另一方面要态度坚定,排除阻力,保证流程再造的成功实施。

三、利用业务流程再造优化数字化战略和流程效率

随着经营环境不断变化,企业发展战略需要不断调整与优化,相应地,企业的业务流程也需要进行再造以适应战略调整。企业可以选择多种战略调整方向,包括前向一体化、后向一体化、横向一体化、多元化、并购、剥离、全面突破等,并且可以采取单一战略或组合战略,但关键在于评估企业自身的资源状况,因为没有一家企业能够拥有足够的资源来选择和实施所有有益的战略。根据弗雷德·R.戴维教授的分类,企业可选择的战略主要分为多元化战略、防御型战略、一体化战略和加强型战略,如表6-2所示。

表6-2 企业数字化战略类型

战略类型		战略适合的企业	对应流程
多元化战略	集中多元化战略:增加新的但与原业务相关的产品或服务	(1)企业参与竞争的产业属于零增长或缓慢增长的产业 (2)增加新的但与原业务相关的产品或服务会促进现有产品或服务的销售 (3)现有产品处于生命周期的衰退阶段	客户开发流程、订单开发流程、计划管理流程、采购管理流程、生产管理流程、客户服务流程等
	横向多元化战略:向现有用户提供新的与原业务不相关的产品或服务	(1)通过增加新的产品或服务,企业从现有产品或服务中得到的盈利可显著增加 (2)企业参与竞争的产业处于高度竞争或低成长状态 (3)企业可以利用现有的渠道向现有客户销售新的产品	客户开发流程、订单开发流程、计划管理流程、采购管理流程、生产管理流程、客户服务流程等
	混合多元化战略(又称为无关多元化战略):增加新的与原业务不相关的产品或服务	(1)企业主营业务的销售额和盈利能力在迅速下降 (2)企业拥有拓展新业务的资源 (3)企业现有产品和服务已达到饱和状态 (4)企业有机会拓展与原业务不相关的新市场机会	发展战略管理流程、投资管理流程、新产品开发流程、新产品交付流程等
防御型战略	收缩战略(重组战略、扭转战略):企业通过减少成本与资产而重组企业,以扭转销售和盈利下降的局面	(1)企业虽然具有一定的竞争力,但在所属产业领域不能持续实现经营目标 (2)企业在特定产业中处于竞争弱势地位 (3)企业需要进行产业重新布局与调整	战略调整流程、商业模式优化流程等

续表

战略类型		战略适合的企业	对应流程
防御型战略	剥离战略：出售、分拆、转让企业的任何部分产品或服务	（1）企业为了维持竞争力需要投入超出承受范围的资源 （2）部分业务经营业绩表现不佳 （3）需要剥离的业务与企业整体战略定位不一致	战略调整流程、商业模式优化流程等
	清算战略：为了实现有形资产价值而将企业的全部资产分块出售	（1）企业通过收缩和剥离战略不能达到经营预期 （2）企业可以通过清算战略将资产损失降到最低	战略调整流程、商业模式优化流程等
一体化战略	横向一体化战略：获得与本企业竞争企业的所有权或加强对其的控制	（1）企业所在行业竞争较为激烈 （2）企业所在行业规模经济较为显著 （3）企业的横向一体化符合反垄断法的规定，并能在局部取得一定的垄断地位 （4）企业所在产业增长潜力较大 （5）企业具备横向一体化所需要的资金、人力资源等	企业并购流程、股权投资流程、客户开发流程、订单开发流程、计划管理流程、采购管理流程、生产管理流程、客户服务流程等
加强型战略	市场渗透战略：努力加强市场营销，提高现有产品或服务的市场份额	（1）企业产品或服务在当前市场还未达到饱和 （2）现有市场中企业的产品或服务还有很大的提升空间 （3）整个行业主要竞争者的市场份额在下降 （4）规模的大幅提升可以带来更大的竞争优势	渠道开发流程、客户开发流程、订单开发流程、客户服务流程等
	市场开发战略：将现有产品或服务打入新的市场	（1）通过努力可以获得新的市场、更加优质的销售渠道 （2）企业在现在经营的市场领域已经取得了巨大的成功 （3）存在未开发或未饱和的市场 （4）企业存在过剩的生产能力 （5）企业所从事的领域迅速成为全球化的产业	渠道开发流程、客户开发流程、订单开发流程、客户服务流程等
	产品开发战略：通过改进和新开发产品或服务增加销售	（1）现有产品或服务处于生命周期的成熟阶段或衰退阶段 （2）企业所处产业属于高速发展的高科技产业 （3）主要竞争对手可以提供更具性价比和竞争力的产品或服务 （4）企业已经拥有极强的产品研发能力	渠道开发流程、订单开发流程等

在数字化转型的背景下，企业战略的分类和选择显得尤为关键。迈克尔·波特所

著的战略三部曲《竞争战略》《竞争优势》《国家竞争优势》深刻阐明了企业获取竞争优势的基本要素，包括成本领先、差异化和专注经营，常被称为"一般性战略"。其中，成本领先战略又称为低成本战略，即通过有效手段降低总成本，使企业总成本低于竞争对手，甚至在行业中处于最低成本水平，以谋取竞争优势。

在企业追求成本优势的过程中，我们可以归纳出几种主要的成本领先战略类型。一是简化产品型成本领先战略，即通过淘汰产品或服务中烦琐复杂的元素，实现产品的简明化。二是改进设计型成本领先战略，即通过对设计和工艺的优化改进，大幅降低研发和制造成本，从而实现战略目标。三是材料节约型成本领先战略，即通过引入新材料，实现材料成本的节约，从而赢得竞争优势。四是人工费用降低型成本领先战略，即通过优化编制，提高人力资源效率，降低人工成本，从而在竞争中获得优势地位。五是生产创新及自动化型成本领先战略，即借助创新性的生产模式和进一步提升自动化及信息化水平，实现成本的有效削减与战略目标的达成。与成本领先战略相关的流程包括产品成本管控流程、新产品研发流程、产品工艺管理流程、采购管理流程、人力资源规划流程、定岗定编管理流程、信息化规划流程等。

数字化的流程再造需要遵循以下几个步骤。

（1）确定转型愿景和目标：明确数字化转型的战略方向和业务蓝图，识别企业的痛点和机会，确定转型的价值主张和关键指标。

（2）分析现有流程和数据：通过流程挖掘等技术，客观地分析业务流程的运行过程，发现流程中存在的问题和改进空间，同时梳理现有的数据资源和能力。

（3）设计新的流程和平台：基于客户需求和数据驱动，设计新的流程，并选择合适的数字化平台或工具来支撑流程的实施。

（4）实施新的流程和平台：按照敏捷工作机制，分阶段实施新的流程和平台，并进行测试、评估、反馈、优化等，确保流程的有效性和稳定性。

（5）持续改进和创新：建立数据收集、分析、应用等闭环机制，持续监测和评估流程的运行状况和效果，并根据市场环境和客户需求的变化，进行流程的改进和创新。

本章小结

在本章中，我们深入探讨了数字化、组织和业务流程之间的紧密关系。通过逐节分析，我们得出了以下几个重要结论。首先，数字化与组织之间存在着密切的互动关系。数字化技术的引入使得组织具备了更高效的协作能力，同时也改变了传统的层级结构和决策模式。数字化转型不仅仅是技术上的升级，更是一种组织文化和管理方式的变革。其次，数字化与业务流程紧密相连。随着企业数字化转型的推进，传统的业务流程正经历着重大的变革和优化，以适应数字化时代的需求和挑战。数字化技术为业务流程带来了新的可能性和机遇，同时也带来了新的挑战和风险。

综上所述，数字化、组织和业务流程之间的关系是一个复杂而重要的议题。企业需要认识到数字化转型对组织和业务流程的深远影响，并积极采取措施来优化和提升企业的数字化能力，以在数字化时代取得持续的竞争优势。

◆ **本章思考题**

1. 在数字化时代，组织和数字化之间的互动关系是什么？

2. 数字化与业务流程之间的联系是什么？数字化转型如何改变传统的业务流程？举例说明数字化技术在业务流程中的应用和优化效果。

3. 数字化对组织和流程的影响有哪些？数字化是否会导致传统层级结构和决策模式的变革？

4. 在数字化时代，企业如何进行流程再造？

第七章 数字化与战略

在数字化时代，数字化战略、核心竞争力和协同效应将共同塑造企业的未来。积极应对数字化挑战，并将数字化纳入战略规划中，将有助于企业更好地适应不断变化的市场环境，以造福人类和社会。在本章中，我们将探讨数字化与战略之间的紧密联系，以及如何有效制定数字化战略管理方案。

第一节 数字化战略管理

一、数字化战略驱动供应链数字化转型

战略管理是企业生存与发展的关键，企业数字化战略的本质是企业为应对数字经济时代的各种不确定性而执行的重塑型战略，它决定了企业能否在数字经济时代长久存活下去。例如，柯达公司曾是影像行业的翘楚，在数字时代来临之际，由于战略上的失误，它一度面临破产的窘境。与之相反，华为公司制定了明确的数字化战略，借助数字化技术赋能供应链。

企业进行数字化转型并不是对数字化技术的简单应用，而是针对整个供应链的组织形态、业务流程、商业模式、技术能力体系的全面变革。因此，企业必须提升数字化战略的层级，并建立相应的数字化部门，由 CEO、CIO 等高级领导者亲自管理，指挥制定数字化转型战略和行动方针。一些数字化变革程度较低的企业由于没有认识到数字化战略的意义，通常只把数字化战略定位为企业的一般战略，把数字化部门作为一般部门甚至是子部门来管理，并以技术为中心进行数字化变革，这通常因为无法改变组织形态、业务流程、商业模式和技术能力体系而导致企业难以推动数字化转型。只有将数字化战略放到企业生存与发展的核心战略位置，企业才能够制定切实可行的行动方针，并充分调动企业内外部和供应链上的资源，从而保证供应链数字化转型的顺利推进。例如，华为公司在 2017 年制定了全新的数字化战略，将数字化转型提升至公司级战略层面，并由任正非亲自领导。他们聚焦于基础设施和智能终端的建设，持续针对供应链进行数字化转型，最终重新构建了能够应

对复杂、多变环境的创新供应链网络，使得业务更加稳固。华为的案例进一步验证，建立明确的数字化战略能够有效推动企业的供应链数字化转型。研究发现，企业数字化成熟度的高低与企业战略有直接关系，建立明确、连贯的数字化战略的企业在数字化成熟度方面远超那些战略不清晰的企业。明确的数字化战略能够推动员工积极参与企业的供应链数字化转型。一方面，它能够让员工意识到企业进行供应链数字化转型是在不确定环境下生存与发展的需要，也关乎员工自身的命运；另一方面，在数字化战略的指导下，企业会定期组织员工参与数字化创新，加快供应链数字化转型的进程。

二、复杂性视角下数字化战略的理论架构

本部分从复杂性视角探讨数字化战略与价值创造问题，将数字化战略视为多层级复杂结构，并将其解构为不同层级上相互关联的要素，通过研究要素之间的交互作用解决价值创造问题。数字化战略可在时间轴上分解为一系列数字化竞争行动，这些行动进一步在内容上细分为不同的战略选择。也就是说，多维选择组合构成了数字化竞争行动，这些行动在时间维度上不断变化，内部行动组合构成了数字化战略。数字化战略通过对内的多维融合、对外的竞争互动和时间轴上的动态演化，得以全面展现。

（一）层级一：战略选择

对内来说，相互关联的战略选择作为基本构成要素，是数字化战略的"积木块"，表征了数字化战略的多维融合特征。在企业数字化战略情景下，战略选择是指企业可以采用什么样的技术设计方案、采取何种平台治理方案管理合作关系和制定何种数字化创新目标，反映了企业目前所掌握的战略技能。这些战略选择之间彼此关联，也就是说，当选择其中一个战略技能时必须选择另外一个战略予以支持，从而形成了战略对内多维融合的特征。

（二）层级二：数字化竞争行动

对外来讲，根据动态竞争理论，一项数字化竞争行动作为组合不同战略选择的载体在竞争互动中进行价值创造，体现战略对外竞争对抗的特征。数字化竞争行动是企业为了市场地位利用数字化技术发起的一次特定的且可被观察到的市场竞争性行为，反映了企业基于何种平台技术设计、采用何种治理方式和实现了何种数字化创新。在以高度竞争和日益透明为特征的数字化竞争环境下，企业应用平台技术所发起的数字化竞争行动极易引起竞争平台的响应，从而形成对外竞争对抗的特征。

（三）层级三：数字化战略

从时间维度上来讲，根据动态竞争理论，企业某段时间的数字化战略是该段时间内企业所发起的一系列数字化竞争行动的组合，体现了不同数字化竞争行动重新配置内部战略组合所产生的随时间演化的特征。

第二节 企业数字化核心竞争力

企业数字化核心竞争力是指企业在数字化转型过程中，通过运用数字技术和数据资源，提升企业的创新能力、运营能力、服务能力、协同能力和应变能力，从而在市场竞争中获得优势和价值的综合能力。

一、数字化竞争战略的定义和意义

企业竞争优势外生论以新古典经济学的 SCP 范式和战略定位理论为代表。在新古典经济学的完全竞争市场假设下，企业被视为同质产品或服务的产出系统，在这种情况下，企业竞争优势没有实际意义。但是在现实中，受各种内外部因素的影响，不同企业在销售同类产品或服务时存在明显的盈利差，这使得制定前瞻性战略且抢占市场先机的企业获得其他企业难以实现的竞争优势。这一框架被称为 SCP 范式，它强调了市场结构和市场行为的重要性。根据 SCP 范式，企业的竞争优势源自企业绩效的不同，而绩效的不同是由企业所在市场的结构和行为所导致的。20 世纪 80 年代，迈克尔·波特进一步延伸 SCP 范式的内容，提出战略定位理论和"五力模型"。他认为企业战略的核心就是获得竞争优势，而竞争优势源自行业吸引力和企业相对竞争地位，也就是说，企业应该进入高利润、有吸引力的行业，并分析自身在行业中的相对地位，从而进行战略定位。"五力模型"着重于对竞争环境进行分析，"五力"分别是现有竞争者的威胁、新进入者的威胁、替代性产品的威胁、供应商议价能力和客户议价能力，这五种力量共同决定了企业在行业中的竞争地位。这个观点将企业竞争优势归因于其行业背景，突出了诸如进入或退出壁垒、供应商或客户的议价能力等结构属性，例如，一家企业可以精确地定位在一个有利可图的行业中，或努力塑造对它有利的行业结构，从而获得相对于竞争对手的竞争优势。迈克尔·波特在《竞争优势》一书中提出了企业获得竞争优势的三种路径：第一种是成本领先战略，即企业通过规模效应等方式严格控制成本，向市场提供低于竞争对手成本的产品，最终获得更多的收益；第二种是差异化战略，即通过提升产品质量、性能或提供个性化服务等方式向客户提供区别于竞争对手的产品，以突出企业在行业中的独特性，从而获得更高的收益；第三种是聚焦战略，即专注于一个小的细分市场，选择成本领先战略或差异化战略，牢牢抓住这个特定市场，使企业在细分市场的收益高于整个市场的竞争对手。

但进入数字化时代后，行业边界愈加模糊，很难区分谁是合作伙伴、谁是竞争对手，企业间的关系在竞争与合作之间不断转化，形成混合的竞合关系。当传统企业利用其生产生态系统和消费生态系统释放数据的价值时，数字化竞争战略就会出现。数字化从多个层面重新定义了企业之间的竞争与关系，也是促进平台企业快速成长的主要动因。从广义上看，数字化改变了竞争的本质，竞争越来越少地发生在行业内部或试图取代对方的相似企业之间，却更多地发生在不同行业之间，甚至发生在彼此相互依赖的合作伙伴之间。数字化也强化了结合的重要性，在某些领域直接竞争的对手，在其他领域很可能是有价值的合作伙伴。从原子时代到数字化时代，竞争关系发生了显著的变化。

二、构建企业数字化核心竞争力

数字化转型是现今及未来众多企业主要的业务创新依托，企业需重新思考业务发展模式与服务策略。为此，企业应建立数字化竞争优势，而首要之务是对董事会进行数字化组织结构调整，以在激烈的市场竞争中立于不败之地。企业应充分利用信息化基础设施，汇聚大量数据，从而实现业务数据的交流、沟通、分析和应用，推动企业发展。董事会可从以下两个方面着手优化数字化组织结构。

（一）全盘梳理数字化转型方案

作为企业组织结构的最高层，董事会的主要职责在于政策制定，而不仅限于执行。然而，在数字化转型过程中，董事会需要深入了解政策制定的意义和内容，同时也必须了解数字化转型的过程和成果，以便及时采取措施来调整转型方向。

因此，董事会需与执行团队合作，对转型方案进行全面审视，包括战略规划、财务预算、人才组织、技术配置、进度控制等各个方面。在考虑行业发展趋势和企业特点的基础上，明确数字化转型的战略目标和阶段性目标。

（二）设立数字化转型监督机构

企业数字化转型开始后，必须投入较大精力来监测和分析效果。为此，董事会可以设立数字化转型监督机构，负责监督并了解企业数字化转型的进展和成效，为制定下一步的数字化措施提供更多依据。此外，董事会作为数字化政策的制定者，并不直接参与企业数字化改革的实际执行。一线执行团队的成效需要由中层领导进行总结和审查。因此，董事会需要审慎评估一线执行团队的数字化业务能力，确保他们具备将传统业务转向数字化业务的衔接和调控能力。

第三节　企业数字化协同效应

企业能力与环境之间的协同进化是指通过有效的协同管理方法和手段，使企业所拥有的能力与所处环境在发展和演化过程中保持相互适应的共同进化状态。《中国制造2025》指出，全球制造业格局正面临巨大调整，新一代信息技术与制造业深度融合，引发了深远的产业变革，形成了新的生产方式、产业形态、商业模式和经济增长点。在这样的时代背景下，制造企业所处的市场环境显现出复杂化、波动化和不确定化等特征。特别是在信息化和网络化高速发展的现代，技术变革、市场需求、资源限制、政策法规等环境要素的不确定性和波动性不断增强，各要素之间的非线性作用关系变得十分复杂。这种情况对企业未来发展的影响日益增强和加剧。

一、企业协同效应的定义与要素

在1965年出版的《公司战略》一书中，Igor Ansof首次引入"2+2=5"来解释协同的概念，将这一概念引入了管理学领域。协同可实现范围经济效应，即联合化大规模生产所需成本小于分别独立生产所需成本之和。范围经济的实现源于联合利用生产要素，共享企业无形资产，以及综合开发生产过程中的产品。

伊丹敬之将协同的概念进一步分解为"协同效应"和"互补效应"两部分。他认为在严格意义上，协同是一种仅限于应用于隐形资产，以最大化资源效能的方法。这意味着通过合理整合和协调企业内部的各种无形资产和资源，可以使整体效能超过各个资源单独运用时的效果。

从Ansof和伊丹敬之的解释中可以得出，协同在企业战略中扮演着关键角色，通过合理利用资源、共享资产和协调各个方面的优势，企业能够实现范围经济，提高资源利用效率，并在市场竞争中取得更大的优势。协同的概念为企业提供了一种全新的战略思维，帮助企业在不断变化的商业环境中保持竞争力。

（一）协同主体方面

协同创新涉及多个主体，研究表明在不同的创新环境下，协同主体的作用及其带来的创新效果有所差异。在协同创新中，涵盖产业链上下游合作伙伴、竞争对手、高校、科研院所、中介机构、政府等不同对象。供应商协同能够助力技术创新信息和产品开发知识的获取，提高创新企业的市场适应性，降低运营风险；竞争者协同有助于共享共性技术创新资源；客户协同能够带来更为复杂的创新效果。企业与政府、竞争者、供应商、客户、研究机构、中介机构等多方协同对企业的创新绩效都有正向影响。随着产业的不断变革，协同主体的范围也不再局限于单一组织，多主体协同的重要性日益凸显。产业链垂直协同能够使上游创新对下游市场的正外部效应内部化；产学研协同能显著提升企业的创新绩效，另外，中介机构是产学研合作的重要纽带，政府监管也会影响产学研协同创新的收益和系统演化路径，生产性服务机构及用户也是产学研协同创新中重要的参与主体。

然而，机构作为创新活动的参与方，在产学研协同创新中仍面临一些挑战，例如，需要解决资金不足、风险管理等问题。因此，在协同创新中，需要加强各主体之间的合作与协调，充分发挥各方优势，以实现更加有效的创新成果。

（二）协同要素方面

协同要素方面，现有研究主要从战略统一、组织协调、文化认同、资源互补等视角对协同活动进行了考察。首先，高效的协同创新活动离不开协同网络的构建，其中资源互补、知识流动等因素在协同网络中发挥着重要作用。协同网络的建立使得不同主体能够突破创新的边界，有效地聚集补充性知识和创新性技术等创新资源，这是实现创新成果的关键。其次，战略协同也对协同目标的达成产生影响。因此，高效的协同创新需要识别各主体的优势资源，并将战略、资源、组织等因素视为协同创新的必要因素。最后，文化协同也是支撑协同创新的重要因素，需要推进技术、文化、制度、市场等各要素的全面协同配合。

（三）协同冲击方面

协同冲击方面，现有研究主要从客观机制和主观因素两个维度对协同创新的影响因素进行阐述。在无主观干预的情况下，组织性质及文化、业务方向及经验、学习能力及壁垒等差异构成了协同主体间天然的合作障碍。同时，知识性质、信息交流度以及信息泄露、利益分配等因素也是协同创新过程中的共性影响因素。合作成本和合作收益会影响协同网络的形成和稳定性。此外，主观干预也会影响协同创新的演化路径，政府的惩罚、监督、资金支持、政策扶持等因素都会对协同创新的系统演化路径产生影响，同时生产性服务组织激励和用户激励也是影响协同机制建立的重要因素。

（四）数字化协同创新

数字化协同创新与传统创新的区别在于创新要素和创新主体的范围及地位不同。在数字经济时代，创新源自对知识资源的整合和对用户需求信号的采集和处理。数据作为传统生产要素的"黏合剂"贯穿于数字经济发展的全过程，激发了要素组合的乘数效应。用户在其中扮演着需求表达、创新源头等重要角色，围绕用户需求的改造和提升成为企业创新的主要动力，逐渐成为企业创新的主旋律。

在数字化发展的背景下，用户在协同创新中的地位逐渐受到学术界的重视。将用户纳入政府、制造企业间的协同创新中成为一个重要的研究课题。学者们对政府支持、数字化服务平台与终端用户等协同影响因素进行了分析，构建了一个制造业与数字化服务平台之间的协同创新模型。

二、数字化企业适应性、协同性的提高

在数字化企业竞争力的培育过程中，重点强调了系统适应性与系统协同性之间的关联。其中，竞争力培育过程主要通过提高数字化企业能力系统的协同性来提高系统的适应性。

（一）数字化企业的适应性

（1）数字化企业的环境适应性。随着信息时代的到来和经济全球化程度的不断加

深，与传统制造企业相比，现代制造企业所面对的金融环境、产业结构、政策法规、供应链结构及企业间的合作竞争关系等外部环境因素的稳定性减弱、不确定性增强，同时环境要素及其不确定性对企业发展造成的影响更为复杂，因此制造企业的能力系统必须具备环境适应性。

（2）数字化企业内部的适应性。由于多元化经营和多产业协同发展的经营模式，制造企业内部在组织管理、人力资源管理、技术研发等方面的协作关系更为复杂，因此制造企业能力系统内部各要素必须具备对其他要素变化的动态适应性。

（二）数字化企业的协同性

（1）数字化企业能力系统的演化过程与外部环境间的协同性，主要体现为企业能力系统内部要素的功能耦合方式、资源配置形式、运行协作关系等随外部环境需求变化而调整的适应性进化能力。

（2）数字化企业能力系统内部运行的协同性，主要体现为企业能力系统的协同度。

（三）数字化企业协同的演化过程

数字化企业竞争力培育过程更加注重系统机制与系统演化之间的关联，突出强调系统机制对系统演化的引导性作用。从系统工程学的角度分析，一个系统整体功能的强弱一方面取决于系统内部各要素的质量，另一方面取决于系统内部各个要素围绕系统目标运行的协同一致程度。

就数字化企业协同的机制设计而言，其最理想的目标是通过机制的运行对企业内部各要素进行有效的协调，提高要素间的合作强度、协同运行程度和企业与环境间的互动能力，进而帮助企业成为能够主动适应变化、具有自优化功能的自适应企业，即当外部需求条件发生变化时，企业可以自主地、迅速地做出反应，优化系统内部结构，通过自优化过程使企业的整体功能与环境变化相适应。主要体现在以下三个方面。

（1）信息收集、传递功能。企业是收集、传递外界信息的媒介，应保障企业与环境间信息流的通畅，使企业可以准确地感知外界环境的波动和变化。对于制造企业而言，及时、敏锐地掌握技术、政策、行业发展和人力资源状况等环境信息，是企业准确地对外界的环境变化做出反应和增强企业竞争力的重要前提和保障。

（2）行为引导功能。首先，当企业感知到外界环境发生变化时，数字化机制会及时、准确地引导企业围绕外界环境的需求有效地调整企业组织内部结构并维护企业的自组织、自优化状态，实现数字化的自适应功能。其次，当企业战略目标形成以后，通过数字化机制引导企业内部要素按照一定的方式有序、协调地运行，实现企业的整体功能大于部分之和的协同效应。

（3）维持企业稳定的功能。从系统科学的角度来看，企业的功能强弱不仅取决于企业内部的基本质量，更重要的是取决于企业内部协调和有序运行的稳定程度，即企业的这种稳定性越高，企业内部运行的有序状态和协同一致程度越具有持续性，系统所表现出的功能越为强大。通过数字化机制的运行，可以确保有效的相互作用，提高有序运行和协同一致的稳定程度。

三、数字化企业协同机制的构建

数字化企业协同机制是对企业能力系统的协同整合过程和企业竞争力培育过程起到协助作用的辅助性机制，其构成机制包括协同监控机制、协同传输机制等。

（一）协同监控机制构建

协同监控机制是指对企业能力系统内部环境和外部环境中可能影响企业能力系统协同运行状态的信息进行感知、收集、初步筛选和分析的具体方式及相关制度。

要对可能影响企业能力系统协同运行状态的纷繁复杂的信息进行有效的监控，首先必须构建具有较强针对性的监控指标体系，指明需要监控的监控源类别和监控方向，监控体系可以从企业能力系统内部环境监控体系和外部环境监控体系两个层次构建；其次，还应明确具体的监控制度。

（1）内部环境监控体系构建。数字化企业能力系统的内部环境监控体系主要以技术能力、组织管理、人力资源和市场营销四个数字化子系统为基础构建。其中，技术能力的数字化监控源指标可以从研发能力、技术成果转化和制造能力等方面展开；组织管理的数字化监控源指标可以从组织结构、运营管理、发展能力等方面展开；人力资源的数字化监控源指标可以从员工结构、员工培训、员工激励等方面展开；市场营销的数字化监控源指标可以从服务能力、销售能力、供应链支持等方面展开。具体指标的选取要依据企业的数字化情况而确定。

（2）外部环境监控体系构建。在我国经济环境发生重大变化的当下，构建一个高效的外部环境监控体系能够实时监控和分析行业发展趋势、消费需求变化以及环境可持续发展的关键指标。随着数字化和技术革新的加速，外部环境监控体系需要利用先进的数据分析工具和技术，如人工智能、大数据分析和云计算，以提供准确、全面的环境监测数据。同时，这一体系应遵循数字化市场主导原则，结合政府政策引导，确保既能满足当前的监控需求，又能预见未来的环境变化趋势。其目标是在保障自主发展的同时推动开放合作，从而在全球范围内有效应对环境挑战，促进可持续发展。

（二）协同传输机制构建

对于数字化企业能力系统的运行而言，首先，系统依靠数字化协同监控机制获取大量的信息，这些信息需要被及时、准确地传输到能力系统内部的相关数字化子系统中，才能发挥其自身的价值，帮助系统实现数字化协同、有序运行和持续进化；其次，系统内部各要素或子系统间也需要进行必要的数字化信息交流、沟通和反馈，才能协调彼此间在结构、功能等方面的数字化耦合关系。因此，构建健全的数字化传输机制是企业能力系统生存和发展的另一个重要保障。数字化传输机制的构建环节主要包括组建数字化传输机构、选择数字化传输手段以及明确数字化传输制度。

在组建数字化传输机构方面，以分形理论和孤立子理论的"锥式"数字化组织结构为基础，对企业内部的数字化传输机构进行设计和组建。在数字化整合设置模式下的传输机构具有以下三个方面的特征。

其一，具有独立性，即数字化整合信息传输部门属于独立组织部门，并不从属于任何子系统。

其二，具有动态性，即数字化整合信息传输部门为多个子系统提供相应的数字化服务，并在企业数字化系统所赋予的权限范围内，根据数字化传输需求的变动，进行有益的适应性进化。

其三，具有最佳的协同传输收益。由于数字化整合设置模式下的传输机构具有独立性和动态性，因此，数字化传输机构不仅可以综合数字化信息传输的要求，在数字化传输网络中对信息传送和反馈的路径、方式、时间等内容进行系统的规划，还可以在数字化传输需求产生变动的第一时间，及时进行自优化改进，确保获得最大化的协同传输收益。

在选择数字化传输手段方面，需要考虑不同的技术和工具，以满足特定的传输需求。这可能涉及选择合适的通信软件、数据存储解决方案、数据加密方法等。选择适当的数字化传输手段对于确保信息的安全性和可靠性非常重要。

在明确数字化传输制度方面，涉及建立规则和流程，以管理数字化传输的运作。这包括制定数据安全政策，确保数据的保密性和完整性，以及规定如何处理和共享信息。制度也可以包括数据备份和恢复计划，以应对潜在的数据丢失或损坏情况。

本章小结

在本章中，我们探讨了企业数字化的三个重要方面：企业数字化核心竞争力、创新驱动的数字化竞争战略和企业数字化协同效应。

在数字化时代，企业的核心竞争力不再仅仅依赖于传统的资源和资产，而更多地依赖于数据和信息的价值。企业需要善于运用数据分析和商业智能工具，从海量数据中提取有价值的信息和洞察，以支持决策制定和业务优化。

企业数字化是一个复杂而关键的议题，涉及企业的方方面面。企业需要充分认识数字化转型的价值和重要性，并制定切实可行的数字化战略和计划，以在数字化时代获得持续的竞争优势。同时，协同合作和创新驱动也是企业数字化成功不可或缺的要素。通过不断努力和创新，企业可以在数字化时代取得更加显著的成就。

◆ **本章思考题**

1. 在企业数字化价值链中,哪个环节对于企业来说最具挑战性?如何克服这些挑战,以提高数字化转型的效率和竞争力?

2. 企业的核心竞争力在数字化时代发生了哪些变化?请列举一些数字化工具和技术,说明它们如何帮助企业提升核心竞争力并创造更多价值。

3. 在数字化时代,创新成为企业竞争的关键因素。您认为企业如何将创新融入数字化竞争战略中?请分享一些推动创新的实践案例或经验。

4. 数字化技术如何帮助企业实现协同效应?请阐述数字化技术在产品设计、生产规划和生产制造等阶段的应用,并解释其对企业决策制定和业务优化的重要作用。

第八章 企业数字化战略分析技术

本章主要介绍了企业制定数字化战略时的分析技术。这些分析技术帮助企业全面了解内外部环境,评估不同战略选项的优劣,并优化业务流程以适应数字化时代的变革。

第一节 SWOT 矩阵

一、SWOT 分析的概念和意义

SWOT 分析是基于内外部竞争环境和竞争条件进行的态势分析,就是将与研究对象密切相关的各种主要内部优势、劣势和外部的机会和威胁等,通过调查列举出来,并依照矩阵形式排列,然后用系统分析的思想,把各种因素相互匹配起来加以分析,从中得出一系列相应的结论,而结论通常带有一定的决策性。运用这种方法可以对研究对象所处的情景进行全面、系统、准确的研究,从而根据研究结果制定相应的发展战略、计划以及对策等。其中,S(Strengths)是优势、W(Weaknesses)是劣势、O(Opportunities)是机会、T(Threats)是威胁。按照企业竞争战略的完整概念,战略应是一个企业"能够做的"(即组织的强项和弱项)和"可能做的"(即环境的机会和威胁)之间的有机组合。

通过 SWOT 分析工具,可以帮助组织或项目深入了解自身的内部和外部情况,以及行业环境、市场机遇和威胁,从而制定更有针对性的战略规划,发挥优势、避免风险、把握机遇、提高绩效,进而实现成功发展。

(1)了解组织或项目的内部优势和劣势:SWOT 分析可以帮助组织或项目识别和评估其具有的资源、技能和能力,以及可能存在的缺陷或限制。了解内部情况,可以更加明确地制定日后的发展规划,更好地运用组织或项目的优势资源,以及针对劣势部分予以改进和弥补。

(2)把握机会:SWOT 分析可以帮助组织或项目了解行业或市场中存在的机会,如新技术、法律政策的变化、市场需求的变化等,并且制定相应的策略和措施,以便更好地把握机遇。

(3)预防威胁:SWOT 分析也可以帮助组织或项目了解行业或市场中存在的各种

威胁，如竞争压力、政策和法规的变化、供应链的变化等，并及时制定相应的对策对抗这些威胁。

（4）指导战略规划：通过 SWOT 分析，组织或项目可以更好地了解自身情况，评估行业环境，了解客户需求和市场机遇。这些了解可以帮助其制定长期的战略规划，并提供方向来实现其未来的目标。

（5）改进绩效：SWOT 分析也可以用来评估组织或项目的效率和绩效。通过了解和分析内部和外部因素，组织或项目可以查找并解决可能影响绩效的问题，为实现更高的绩效做出改进。

二、利用 SWOT 矩阵分析企业的优势、劣势、机会和威胁

SWOT 分析法可以用于制定企业战略和分析竞争对手的情况。在进行 SWOT 分析时，一般要经过以下步骤。

（一）列出企业的关键外部机会、威胁与关键内部优势和劣势

运用各种调查研究方法，分析出企业所面临的各种环境因素，即外部环境因素和内部环境因素。外部环境因素包括机会因素和威胁因素，它们是外部环境中对企业的发展直接有影响的有利和不利因素，属于客观因素。内部环境因素包括优势因素和劣势因素，它们是企业在其发展中自身存在的积极和消极因素，属于主动因素。在调查分析这些因素时，不仅要考虑到历史与现状，而且要考虑未来发展问题。

（二）构造 SWOT 矩阵

将调查得出的各种因素根据轻重缓急或影响程度等进行排序，构造 SWOT 矩阵。在此过程中，将那些对企业发展有直接的、重要的、大量的、迫切的、久远的影响的因素优先排列出来，而将那些有间接的、次要的、少许的、不急的、短暂的影响的因素排列在后面，如表 8-1 所示。

表 8-1　SWOT 矩阵分析表

		内部环境	
		优势（S）	劣势（W）
外部环境	机会（O）	SO 战略 依靠内部优势，利用外部机会	WO 战略 克服内部劣势，利用外部机会
	威胁（T）	ST 战略 依靠内部优势，回避外部威胁	WT 战略 减少内部劣势，回避外部威胁

表 8-1 中将特定的外部因素与内部因素进行匹配组合，形成了四种战略组合：SO（优势/机会）战略、ST（优势/威胁）战略、WO（劣势/机会）战略和 WT（劣势/威胁）战略。

（三）进行组合分析

对于每一种外部环境和企业内部条件的组合，企业可能采取的策略原则如下。

1. SO 战略

即增长型战略，这是一种最理想的组合，任何企业都希望凭借自身的优势来最大限度地利用外部环境所提供的多种发展机会。一般来说，企业应在面对新机会时将其优势发挥至最大。

2. ST 战略

即多种经营战略，企业应该利用自身的优势来应对外部环境中的威胁，但这并不意味着一个企业必须以其自身的实力来正面迎击外部环境中的威胁，而应该扬长避短，采用迂回策略达到发展优势、减少威胁的目的。

3. WO 战略

即扭转型战略，这一组合显示了企业的劣势及当前面临的外部机会，企业应尽可能克服内部劣势，利用外部机会。如果不采取任何行动，实际上就是将机会拱手让给了竞争对手。

4. WT 战略

即防御型战略，显示了企业的劣势及面临的外部威胁，企业应该尽量避免处于这种状态，但如果企业无法回避而不得不面对这种状态时，只有两种选择，要么破产倒闭，要么破釜沉舟。要想迅速扭转企业面临的不利局面，较明智的战略选择是通过合并重组，在短时间内迅速壮大企业的实力以抗衡外部威胁。

（四）制订行动计划

在完成环境因素分析和 SWOT 矩阵的构造和组合分析后，需要制订出相应的行动计划。制订计划的基本思路是：发挥优势因素，克服劣势因素，利用机会因素，化解威胁因素；考虑过去，立足当前，着眼未来。可以运用系统分析的方法，将排列与考虑的各种环境因素相互匹配起来加以组合，得出一系列企业未来发展的可选择对策。

在实际运用中，SWOT 模型还有待进一步发展。例如，无论是内部因素还是外部因素都处于不断变化之中。因此，除了对目前的优势和劣势、机遇和威胁进行评价外，还需要根据 SWOT 模型分析所选的战略实施后对企业的未来将产生什么影响，这种分析也应该成为 SWOT 模型的重要补充，以增强模型的动态性和发展性。再比如，在运用 SWOT 这种重要的战略选择模型时，不仅需要分析资源和活动，而且要分析其他企业因素，同时还需要整合社会和经济等因素，这样才能够使模型具有更多的整合性和包容性。

三、SWOT 分析在企业数字化战略制定中的应用

当应用于企业数字化战略制定时，SWOT 分析可以帮助企业识别数字化转型的关键要素和战略方向，从而制定有效的数字化战略。下面以 ABC 制造公司运用 SWOT 分

析制定数字化战略为例进行说明。

（一）内部优势（Strengths）

数字化基础设施：ABC 制造公司已经投资并建立了先进的信息技术基础设施，包括高速网络、云计算设施和现代化的生产设备。

内部专业知识和技能：公司拥有一支技术熟练、经验丰富的数字化团队，能够开发和应用最新的数字化技术，如物联网和数据分析。

品牌和声誉：ABC 制造公司在行业中享有良好的声誉，客户对其产品的质量和可靠性有高度认可。

（二）内部劣势（Weaknesses）

人员培训和适应能力：部分员工可能缺乏数字化技能和知识，需要进行培训和提升，以适应数字化转型的要求。

信息孤岛和系统集成：公司的信息系统可能存在孤立的情况，不同部门间的数据流通和集成可能不够顺畅，影响协同工作和决策效率。

文化转变和变革管理：数字化转型需要企业内部进行文化转变和变革管理，以适应新的工作方式和业务流程。

（三）外部机会（Opportunities）

智能制造和物联网：行业趋势表明智能制造和物联网技术的应用将为 ABC 制造公司提供增长机会，如通过传感器和数据分析优化生产过程。

数据驱动的决策：大数据和数据分析技术的发展为 ABC 制造公司提供了更好的决策依据和洞察，从而提高运营效率和产品质量。

新兴市场需求：新兴市场对于 ABC 制造公司的产品的需求增长迅速，数字化转型可以帮助公司更好地满足这些需求。

（四）外部威胁（Threats）

市场竞争压力：ABC 制造公司面临来自国内外竞争对手的竞争压力，一些竞争对手可能已经实施了先进的数字化战略。

数据安全和隐私：随着数据的增加和对数据的依赖，ABC 制造公司需要关注数据安全和隐私保护，以防止数据泄露和网络攻击。

技术快速发展：数字化技术的快速发展可能导致某些已投资的技术过时，需要持续关注和更新。

基于以上 SWOT 分析的结果，ABC 制造公司可以制定以下数字化战略。

（1）优化内部协同和系统集成，改善信息流通和业务流程效率。

（2）开展员工培训计划，提升数字化技能和知识水平。

（3）借助智能制造和物联网技术，提高生产效率和产品质量。

（4）加强数据安全和隐私保护，确保合规性和信任度。

（5）持续关注行业趋势和技术发展，保持竞争力并及时调整战略。

通过 SWOT 分析，ABC 制造公司能够全面评估自身的数字化优势、劣势、机会和威胁，以制定适应市场需求和行业变化的数字化战略，从而实现更好的业务成果和竞争优势。

第二节 波士顿矩阵

一、波士顿矩阵的基本原理、应用场景和应用步骤

（一）波士顿矩阵的基本原理

波士顿矩阵（BCG 矩阵）又称为市场增长率 – 相对市场份额矩阵、波士顿咨询集团法、四象限分析法、产品系列结构管理法等。波士顿矩阵将组织的每一个战略事业单位标在一种二维的矩阵图上，从而显示出哪个战略事业单位提供高额的潜在收益，以及哪个战略事业单位是组织资源的漏斗。企业若要取得成功，就必须拥有增长率和市场份额各不相同的产品组合。组合的构成取决于现金流量的平衡。波士顿矩阵的实质是通过业务的优化组合实现企业的现金流量平衡。波士顿矩阵区分出了四种业务组合，具体如图 8-1 所示。

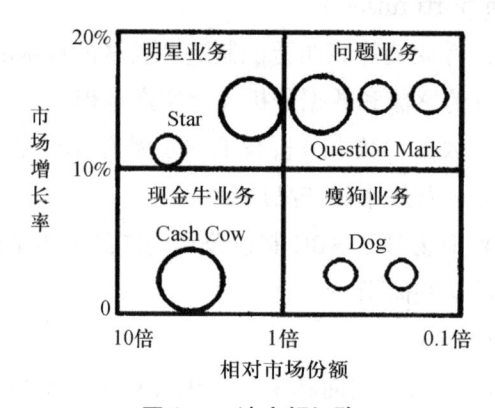

图 8-1 波士顿矩阵

（二）波士顿矩阵的应用场景

（1）产品组合管理：波士顿矩阵可以用来评估企业的产品组合，通过将产品放在矩阵的四个象限中，分析其在市场中的表现和发展潜力，以便为产品组合调整和战略规划提供决策依据。

（2）新产品开发：波士顿矩阵可以用来评估新产品的发展潜力，以帮助企业决定是否应该继续进行新产品的开发。如果新产品在高增长市场中占有领先地位，企业就可以在其发展初期进行大规模的投资和推广；如果新产品处于低增长市场中，则企业需要重新考虑其研发资金的分配。

（3）企业并购：波士顿矩阵可以用来评估潜在收购目标公司在市场中的地位和前

景，以便企业决定是否应该并购该公司，以及所需支付的价格。

（4）市场规划：波士顿矩阵可以用来分析整个市场的市场份额和市场增长率，帮助企业预测市场的未来变化，从而决定是否要进入或退出该市场。

（三）波士顿矩阵的应用步骤

（1）评价各项业务的前景。波士顿矩阵是用"市场增长率"这一指标来表示发展前景的。这一步的数据可以从企业的经营分析系统中提取。

（2）评价各项业务的竞争地位。波士顿矩阵是用"相对市场份额"这个指标来表示竞争力的。这一步需要做市场调查才能得到相对准确的数据，计算公式是把一单位的收益除以其最大竞争对手的收益。

（3）标明各项业务在波士顿矩阵图上的位置。具体方法是以业务在二维坐标上的坐标点为圆心画一个圆圈，用圆圈的大小来表示企业每项业务的销售额。

到了这一步企业就可以诊断自己的业务组合是否健康了。一个失衡的业务组合就是有太多的瘦狗或问题业务，或太少的明星和现金牛业务。例如，有三项问题业务，不可能全部投资发展，只能选择其中的一项或两项集中投资发展；只有一个现金牛业务，说明财务状况是很脆弱的；有两项瘦狗业务，这是沉重的负担。

（4）确定纵坐标"市场增长率"的一个标准线，从而将"市场增长率"划分为高、低两个区域。

比较科学的方法有两种：一是把该行业市场的平均增长率作为界分点；二是把多种产品的市场增长率（加权）平均值作为界分点。需要说明的是，将高市场增长定义为销售额至少达到10%的年增长率（扣除通货膨胀因素后）。

（5）确定横坐标"相对市场份额"的一个标准线，从而将"相对市场份额"划分为高、低两个区域。

布鲁斯认为，这个界分值应当取2，他认为："任何两个竞争者之间，2比1的市场份额似乎是一个均衡点。在这个均衡点上，无论哪个竞争者要增加或减少市场份额，都显得不切实际，而且得不偿失。这是一个通过观察得出的经验性结论。"在同年发表的另一篇文章中，布鲁斯说得更为明确："明星业务的市场份额必须是仅次于它的竞争者的两倍，否则其表面业绩只是一种假象。"按照布鲁斯的观点，市场份额之比小于2，竞争地位就不稳定，企业就不能回收现金，地位就难保。但在实际的业务市场上，市场领先者的市场份额是跟随其后的竞争者的2倍的情况极为少见。所以和上面的市场增长率的标准线的确定一样，由于评分等级过于宽泛，可能会造成两项或多项不同的业务位于一个象限中或位于矩阵的中间区域，难以确定使用何种战略。因此，在划分标准线的时候要尽量占有更多资料，审慎分析，对这些数字的范围在运用中根据实际情况的不同进行修改。而且不能仅仅注意业务在波士顿矩阵图中的现有位置，还要注意随着时间推移的历史移动轨迹。对于每项业务都应该回顾它去年、前年甚至更早的时候是处在哪里，用于标准线的确定。

二、波士顿矩阵中的明星、问题、现金牛和瘦狗业务

（一）明星业务（Star，指高增长、高市场份额的业务）

这个领域中的产品处于快速增长的市场中并且市场份额占有支配地位，但也许会或也许不会产生正现金流量，这取决于新工厂、设备和产品开发对投资的需要量。明星业务是由问题业务继续投资发展起来的，可以视为高速成长市场中的领导者，它将成为企业未来的现金牛业务。但这并不意味着明星业务一定可以给企业带来源源不断的现金流，因为市场还在高速成长，企业必须继续投资，以保持与市场同步增长，并击退竞争对手。企业如果没有明星业务，就失去了希望，但群星闪烁也可能会闪花企业高层管理者的眼睛，导致做出错误的决策。这时必须具备识别能力，将企业有限的资源投入在能够发展成为现金牛的业务上。明星业务要发展成为现金牛业务适合采用增长战略。

（二）问题业务（Question Mark，指高增长、低市场份额的业务）

处在这个领域中的是一些投机性产品，带有较大的风险。这些产品可能利润率很高，但占有的市场份额很小，这往往是一个企业的新业务。为发展问题业务，企业必须建立工厂，增加设备和人员，以便跟上迅速发展的市场，并超过竞争对手，这意味着大量的资金投入。"问题"非常贴切地描述了企业对待这类业务的态度，因为这时企业必须慎重回答"是否继续投资发展该业务"这个问题。只有那些符合企业发展长远目标、企业具有资源优势、能够增强企业核心竞争力的业务才能得到肯定的回答。得到肯定回答的问题业务适合采用战略框架中提到的增长战略，目的是扩大市场份额，甚至不惜放弃近期收入来达到这一目标，因为问题业务要发展成为明星业务，其市场份额必须有较大的增长。得到否定回答的问题业务则适合采用收缩战略。

（三）现金牛业务（Cash Cow，指低增长、高市场份额的业务）

处在这个领域中的产品产生大量的现金，但未来的增长前景是有限的。这是成熟市场中的领导者，是企业现金的来源。由于市场已经成熟，企业不必大量投资来扩大市场规模，同时作为市场中的领导者，该业务享有规模经济和高边际利润的优势，因而给企业带来大量现金流。企业往往用现金牛业务来支付账款并支持其他三种需大量现金的业务。现金牛业务适合采用战略框架中提到的稳定战略，目的是保持战略事业单位的市场份额。

（四）瘦狗业务（Dog，指低增长、低市场份额的业务）

这个领域中的产品既不能产生大量现金，也不需要投入大量现金，这些产品的绩效是没有希望改进的。一般情况下，这类业务常常是微利甚至是亏损的。瘦狗业务的存在更多的是由于感情上的因素，虽然一直微利经营，但像人养了多年的狗一样恋恋不舍。其实，瘦狗业务通常要占用很多资源，如资金、管理部门的时间等，多数时候是得不偿失的。瘦狗业务适合采用战略框架中提到的收缩战略，目的在于出售或清算

业务,以便把资源转移到更有利的领域。

波士顿矩阵的精髓在于把战略规划和资本预算紧密结合了起来,把一个复杂的企业行为用两个重要的衡量指标来分为四种类型,用四个相对简单的分析来应对复杂的战略问题。该矩阵帮助开展多种经营的企业确定宜于投资哪些产品,宜于操纵哪些产品以获取利润,宜于从业务组合中剔除哪些产品,从而使业务组合达到最佳经营成效。

三、利用波士顿矩阵评估企业产品组合的优势和劣势

(一)利用波士顿矩阵评估企业产品组合的优势

波士顿矩阵根据两个客观标准评估一个企业活动领域的利益:市场的增长率和企业在该市场上的相对份额。其中,相对市场份额是该产品本企业市场占有率与该产品市场占有份额最大者的市场占有率之比。波士顿矩阵的优点是简单明了,可以使企业在资源有限的情况下,合理安排产品系列组合,放弃萎缩产品,加大在更有发展前景的产品上的投资。

(二)利用波士顿矩阵评估企业产品组合的劣势

1. 具有一定的滞后性

在用波士顿矩阵分析之前,除了准确了解自己的销售情况之外,还需要详细地了解竞争对手的同类产品的销售状况。企业本身的销售额能够及时准确地统计到,但要统计竞争对手的销售情况却相当困难。首先,竞争对手所报出的数据不一定真实。其次,竞争对手的销售状况不能及时地了解到,需要经过很长时间才能了解到其详细情况。在这个科技高速发展的时代,技术时刻都在更新,商机转瞬即逝。能够抓住时间的人往往能够赢得商机、获得成功,从而超越竞争对手。如果运用波士顿矩阵来制定企业的战略,在这个过程中会消耗大量的时间。所制定出来的战略是适合之前某个时间段的,未必适合现在,尤其是那些技术更新非常快的行业(如电脑、通信等)。所以,运用波士顿矩阵制定出来的战略具有一定的滞后性。

2. 具有一定的片面性

波士顿矩阵仅仅以销售额增长率和相对市场占有率作为依据而忽略了其他因素的影响。企业在决定发展、维持还是放弃某项业务时应该以该产品带给企业的利润为前提,而不应该以销售额增长率和相对市场占有率为主要依据。如果没有利润作为保证,销售额增长率和相对市场占有率再高也没用。2000年长虹集团通过价格战获取了大量的市场,在当时它的销售额增长率和相对市场占有率是非常高的,但它这种牺牲利润的做法最终还是失败了。劳斯莱斯每年限量销售汽车,所以它的销售额增长率和相对市场占有率都是较低的。按照波士顿矩阵的分析,劳斯莱斯汽车应该是一个瘦狗产品,该公司应该收缩或放弃这种产品。但是劳斯莱斯公司并没有这样做,事实证明它的限量销售是非常成功的,因为该公司是以利润为前提的,虽然它的销量并不大,但利润非常丰厚。

3. 忽视了瘦狗产品的发展

波士顿矩阵对瘦狗产品的结论是收缩或放弃。对于瘦狗产品，应该分析其成为瘦狗产品的原因，看能否通过一些努力使其重新转化为明星或现金牛产品。比如，在这个技术更新很快的时代，很多产品之所以沦为瘦狗产品很大程度上是因为技术跟不上时代的发展。针对这种情况，企业应该在技术上下功夫，而不是简单地收缩或放弃。

4. 利用现金牛产品所创造的资金支持明星和问题产品并不符合现代理财观

波士顿矩阵法认为，企业的资金主要来源于现金牛产品，为了使企业各类产品都能协调发展，企业会把现金牛产品创造的资金用于明星和问题产品的发展。然而，波士顿矩阵却忽视了现金牛产品自身的成长。虽然现金牛产品处于一个相对稳定的成熟阶段，但它所面临的竞争仍然是非常激烈的，因此企业需要投入资金以维护其已有的市场形象并进一步巩固其市场地位。如果过度地抽走现金牛产品产生的现金，可能使得留给现金牛产品的利润不足，使现金牛产品的发展缺乏后劲，被竞争对手超越，致使本来可以进一步发展壮大的现金牛产品不仅未发展壮大，反而未老先衰。现代理财观念认为，企业的发展不能完全靠自有资金，而是要进行融资，比如利用银行和资本市场。通过银行借款，发挥财务杠杆效应，以提高自有资本收益率，或者利用资本市场，通过发行股票吸引新的投资者，从而迅速筹集企业发展所需资金，突破企业自有资金不足的瓶颈，迅速把企业做大。百事可乐在饮料市场占有很大的份额，但百事公司每年都会花很大人力、物力、财力来对百事可乐进行广告宣传，以巩固它的地位。

5. 更适合大企业和多元化经营的企业，而不适合小企业和专业化经营的企业

由于自身实力的限制以及市场领导者的层层设防，小企业的业务往往长期为问题和瘦狗业务，很难发展为明星或现金牛业务。然而，这并不意味着小企业无利可图。从管理学的角度来看，一流企业定规格、二流企业拼品牌、三流企业拼服务、四流企业杀价格。小企业往往属于三流或四流企业，这些企业可以在服务和价格上下功夫，以此来获得利润。波士顿矩阵需要将多种业务进行综合分析，因此它适合多元化经营的企业。

另外，波士顿矩阵的一个局限性是仅仅假设企业的业务发展依靠的是内部融资，而没有考虑外部融资。通过举债等方式筹措资金并不在波士顿矩阵的考虑之中。

波士顿矩阵还假设这些业务是独立的，但是许多企业的业务是紧密联系在一起的。比如，现金牛业务和瘦狗业务是互补的业务组合，如果放弃瘦狗业务，那么现金牛业务也会受到影响。

卖出瘦狗业务的前提是瘦狗业务单元可以卖出，但全行业面临亏损的时候，谁会来接手；波士顿矩阵并不是一个利润极大化的方式；市场占有率与利润率的关系并不非常固定；波士顿矩阵并不重视综合效果，采用波士顿矩阵时要进行 SBU（战略事业部）重组，这要遭到来自组织的许多阻力；并没告诉厂商如何去找新的投资机会。

对于市场占有率，波特在分析日本企业时就已说过，规模不是形成竞争优势的充

分条件，差异化才是。波士顿矩阵的背后假设是"成本领先战略"，当企业在各项业务上都准备采用（或正在实施）成本领先战略时，可以考虑采用波士顿矩阵，但是如果企业准备在某些业务上采用差异化战略，那么就不能采用波士顿矩阵了。

四、波士顿矩阵在企业数字化战略制定中的应用

在企业数字化战略制定中，波士顿矩阵可以帮助企业对其数字产品和服务进行分类和优化。下面以阿里巴巴集团为例进行说明。

明星产品：在波士顿矩阵中，阿里巴巴集团的明星产品可能是其电子商务平台——淘宝和天猫。这些平台在中国市场具有高市场份额，并且在过去几年中一直保持着强劲的增长势头。阿里巴巴集团可以继续投入大量资源，包括技术创新、推广和物流等方面，以进一步扩大市场份额并提升用户体验。

问题产品：在波士顿矩阵中，阿里巴巴集团的问题产品可能是其新兴业务，如云计算和人工智能。这些业务在市场份额和增长潜力上可能相对较低，但在快速发展的科技领域中具有潜力。阿里巴巴集团可以加大研发投入，改进产品技术和服务，通过市场推广和战略合作来提高其市场地位和增长潜力。

现金牛产品：在波士顿矩阵中，阿里巴巴集团的现金牛产品可能是支付宝和蚂蚁金服。这些产品在中国市场中具有高市场份额，并且已经成为人们日常生活中不可或缺的支付工具。对于这些产品，阿里巴巴集团可以通过不断提升用户体验、推出创新功能和扩大国际市场份额来稳定其市场地位，并进一步提高盈利能力。

瘦狗产品：在波士顿矩阵中，阿里巴巴集团的瘦狗产品可能是一些尝试性项目或市场份额较小的业务。对于这些产品，可能需要进一步评估其商业模式和市场前景，以确定是否继续投入资源或进行战略转型。

第三节 QSPM 矩阵

一、QSPM 分析的目的和原理

定量战略计划矩阵（QSPM 矩阵）是战略决策阶段的重要分析工具，该分析工具能够客观地指出哪一种战略是最佳的。QSPM 矩阵利用第一阶段和第二阶段的分析结果来进行战略评价。

QSPM 分析的原理是这样的：将第二阶段制定的各种战略分别评分，评分是根据各战略是否能使企业更充分地利用外部机会和内部优势，尽量避免外部威胁和减少内部弱点四个方面，通过专家小组讨论的形式得出的，得分的高低反映战略的最优程度。也就是说，QSPM 分析的输入信息正是第一阶段的因素评价结果（由 EFE 矩阵、IFE 矩

阵、竞争态势矩阵分析得出）和第二阶段的备选战略（由 SWOT 矩阵、SPACE 矩阵、BCG 矩阵、IE 矩阵和大战略矩阵分析得出），QSPM 分析的结果反映战略的最优程度。

虽然 QSPM 矩阵是基于事先确认的外部和内部因素来客观评价备选战略的工具，但是良好的直觉判断对 QSPM 分析仍然是必要且极为重要的。

二、QSPM 矩阵的构成和使用步骤

QSPM 矩阵的格式如表 8-2 所示。QSPM 矩阵顶部一行包括了从 SWOT 矩阵、SPACE 矩阵、BCG 矩阵、IE 矩阵和大战略矩阵中得出的备选战略。这些匹配工具通常会产生类似的可行战略。需注意的是，并不是说匹配工具所建议的每种战略都要在 QSPM 分析中予以评价，战略分析者必须运用良好的直觉和丰富的行业经验剔除一些明显不可行的战略选择，只将最具吸引力的战略列入 QSPM 矩阵。QSPM 矩阵的左边一列为关键的外部和内部因素（来自第一阶段），顶部一行为可行的备选战略（来自第二阶段）。具体地说，QSPM 矩阵的左栏包括了从 EFE 矩阵和 IFE 矩阵中直接得到的信息。在紧靠关键因素的一列中，将标出各因素在 EFE 矩阵和 IFE 矩阵中所得到的权重。在 QSPM 矩阵中一个重要的概念是战略的最优程度，它是根据各战略对外部和内部因素的利用和改进程度而确定的。QSPM 矩阵中包括的备选战略的数量和战略组合的数量均不限，分析的结果并不是非此即彼的战略取舍，而是一张按重要性和最优程度排序的战略清单。

表 8-2　QSPM 矩阵因素表

关键因素	备选战略			
	权重	战略 A	战略 B	战略 C	战略 D
外部因素					
因素 1					
因素 2					
因素 3					
……					
内部因素					
因素 1					
因素 2					
因素 3					
总计					

建立 QSPM 矩阵的六步骤。

（1）在 QSPM 矩阵的左栏列出企业的关键外部机会与威胁、内部优势与弱点。

这些信息直接从 EFE 矩阵和 IFE 矩阵中得到，QSPM 矩阵中应至少包括 10 个外部和 10 个内部关键因素。

（2）给每个外部及内部关键因素赋予权重。

这些权重应与 EFE 矩阵和 IFE 矩阵中的相同，权重在第二栏中。

（3）考察匹配阶段的各矩阵并确认企业可考虑实施的备选战略。

这些战略置于 QSPM 矩阵顶行，若可能将各战略分为互不相容的若干组。

（4）确定吸引力分数（Attractiveness Scores，AS）。

用数值表示各组中各个战略的相对吸引力。AS 确定法为：依次考察各外部或内部关键因素，提出"这一因素是否影响战略的选择？"，回答"是"，以这一因素对各战略进行比较；回答"否"，不给该组战略以吸引力分数。

1= 没有吸引力；2= 有一些吸引力；3= 有相当吸引力；4= 很有吸引力。

（5）计算吸引力总分（TAS）：TAS 等于权重乘以吸引力分数，吸引力总分越高，战略的吸引力就越大。

（6）计算吸引力总分和（STAS）。

吸引力总分加总而得，表明了在各组供选择的战略中，哪种战略最具吸引力。

备选战略组中各战略吸引力总分和之差表明了各战略相对于其他战略的可取性。

下面进行实例分析。如表 8-3 所示的 QSPM 矩阵中，一家商品公司有两种备选战略：在欧洲建立合资企业和在亚洲建立合资企业。

表 8-3 QSPM 矩阵因素分析表

	关键因素	权重	在欧洲建立合资企业 AS	在欧洲建立合资企业 TAS	在亚洲建立合资企业 AS	在亚洲建立合资企业 TAS
机会	1. 欧洲的一体化	0.050	4	0.200	2	0.100
	2. 消费者在选购商品时更加重视健康因素	0.075	4	0.300	3	0.225
	3. 亚洲自由市场经济的上升	0.050	2	0.100	4	0.200
	4. 对汤料的需求每年增长 10%	0.075	3	0.225	4	0.300
	5. 北美自由贸易协定	0.025	—	—	—	—
威胁	1. 对食品的需求每年仅增长 1%	0.050	3	0.150	4	0.200
	2. ConAgra's Banquet 电视食品以 27.4% 的市场份额领先	0.025	—	—	—	—
	3. 不稳定的亚洲经济	0.050	4	0.200	1	0.050
	4. 罐头盒不能被生物降解	0.025	—	—	—	—
	5. 美元的贬值	0.075	4	0.300	2	0.150

续表

关键因素		权重	备选战略			
			在欧洲建立合资企业		在亚洲建立合资企业	
			AS	TAS	AS	TAS
优势	1. 盈利增长 30%	0.050	4	0.200	2	0.100
	2. 新的北美分公司	0.050	—	—	—	—
	3. 成功的新健康汤料	0.050	4	0.200	2	0.100
	4. Swanson 电视食品的市场份额已增长至 25.1%	0.025	4	0.100	3	0.075
	5. 所有管理人员奖金的 1/5 是基于公司的整体业绩	0.025	—	—	—	—
	6. 生产能力利用率从 60% 提高到 80%	0.075	3	0.225	4	0.300
弱点	1. Pepperidge 农场的销售额下降了 7%	0.025	—	—	—	—
	2. 企业重组花去 3.02 亿美元	0.025	—	—	—	—
	3. 公司在欧洲的经营正在亏损	0.075	2	0.150	3	0.225
	4. 公司国际化经营进展缓慢	0.075	4	0.300	3	0.225
	5. 税前盈利率为 8.4%，仅为产业平均水平的一半	0.025	—	—	—	—
总计		1.000		2.650		2.250

三、QSPM 矩阵在企业数字化战略制定中的应用

在企业数字化战略制定中，通过 QSPM 矩阵，可以相继地或同时地考察一组战略。例如，可以首先评价公司一级的数字化战略，之后是分公司一级的数字化战略，再之后是功能部门一级的数字化战略。在 QSPM 矩阵中可以同时评价的数字化战略或战略组数量不受限制。

另外，它要求战略家在决策过程中将与企业数字化有关的外部和内部因素结合起来考虑。通过建立 QSPM 矩阵，可避免关键因素不适当地被忽视或偏重。QSPM 矩阵使人们注意到影响数字化战略决策的各种重要关系。虽然在建立 QSPM 矩阵过程中需要进行一些主观性决策，但这些次要的决策可能使最终战略决策质量更佳。QSPM 矩阵经过适当修改便可用于大型和小型的、营利和非营利性的组织，它实际上可以被应用于任何类型的组织。QSPM 矩阵尤其可以提高跨国公司的战略决策水平，因为它可以同时考察很多关键性因素和战略。它也已经被成功地应用于一些小型企业的战略决策中。

QSPM 矩阵在企业数字化战略制定中有一定的局限性。一是它总是要求直觉性判断和经验性假设，权重和最优程度分数的确定都要依靠主观判断。尽管这些判断所依据的是客观信息，但不同的战略分析专家也可能应用相同的方法得出不同的结论，这种差别是由他们的经验和微妙的直觉的不同所造成的。二是其结果的科学性取决于它

所基于的信息和匹配分析的质量。

第四节 SPACE 矩阵

一、SPACE 矩阵的含义

SPACE 矩阵（Strategic Position and Action Evaluation Matrix），即战略地位与行动评价矩阵，用于评估企业外部环境，以便确定最合适的战略组合。通过 SPACE 矩阵，企业可以更好地进行战略的规划，做好战略的组合。通过 SWOT 矩阵分析了解到企业的优势、劣势、机会、威胁后，会得到多项指标，确定内外维度，如图 8-2 所示，SPACE 矩阵再利用四个象限来呈现可能的战略模式：进取、保守、防御和竞争。这个矩阵的两个数轴分别代表了企业的两个内部因素——财务优势（FS）和竞争优势（CA）；两个外部因素——环境稳定性（ES）和产业优势（IS）。这四个因素对于企业的总体战略地位是最为重要的。

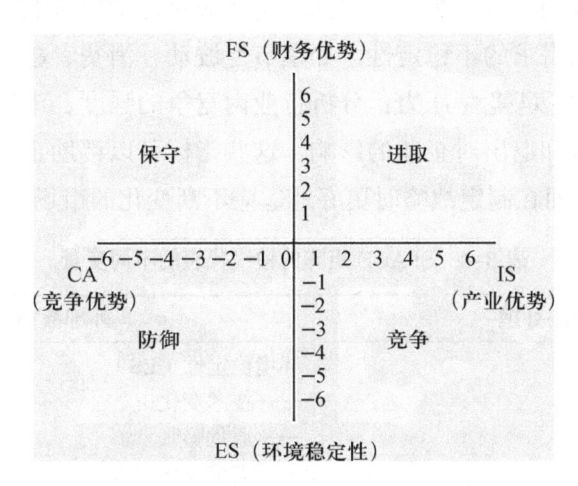

图 8-2 战略地位与行动评价矩阵图

二、SPACE 矩阵评价指标

（一）内部战略指标

1. 财务优势

企业通常采用以下四个指标，即投资收益率、杠杆比率、偿债能力、流动资金来评估财务优势。这些指标能够提供关于企业财务状况的信息，帮助决策者了解企业是否有足够的财务优势来支持不同的战略决策。

2. 竞争优势

企业竞争优势的评价要素包括下列四点：产品的市场份额；产品本身质量——衡

量产品的性能、可靠性和符合度，高质量的产品通常可以为企业带来竞争优势；产品生命周期；用户忠诚度。

（二）外部战略指标

1. 产业优势

企业通常用以下五项指标来评估。①潜在增长：对产业未来的增长趋势和机会进行评估；②收益能力：评估企业盈利的能力水平；③财务稳定性：评估企业在特定产业中的财务健康状况，包括债务比率、现金流等指标；④专有技术：特指企业拥有的独特的技术、专利或知识产权，可为企业带来产业上的优势；⑤行业地位：企业在所在行业的排位，无论是领先者、追随者还是新进入者，都决定了企业的竞争地位和优越性。这些指标有助于企业评估其在所处产业中的优势和潜力，从而制定相应的战略决策。

2. 环境稳定性

企业用来衡量环境稳定性的指标包括以下四点。①技术变化：评估产业的技术发展速度和创新能力，技术变化可能会影响企业的竞争地位和产业环境；②通货膨胀：研究通货膨胀对企业的多方面影响，并探讨企业应对通货膨胀的紧急处理能力；③需求变化性：分析市场需求的不稳定性，如季节性波动、消费者趋势变化等，对企业销售和运营产生的影响；④竞争压力：分析行业内竞争的强度、市场份额的波动，以及其他行业竞争者涌入和退出对企业的影响。这些指标可以帮助企业了解外部环境的稳定性和变化情况，从而在制定战略时更好地适应不断变化的市场条件（见表 8-4）。

表 8-4 SPACE 矩阵的轴线代表的不同变量

内部战略处理	外部战略处理
财务优势（FS） ——投资收益 ——杠杆比率 ——偿债能力 ——流动资金 ——退出市场的方便性 ——业务风险	环境稳定性（ES） ——技术变化 ——通货膨胀 ——需求变化性 ——竞争产品的价格范围 ——市场进入壁垒 ——竞争压力 ——价格需求弹性
竞争优势（CA） ——市场份额 ——产品质量 ——产品生命周期 ——客户忠诚度 ——竞争能力利用率 ——专有技术知识 ——对供应商和经销商的控制	产业优势（IS） ——增长潜力 ——盈利能力 ——财务稳定性 ——专有技术知识 ——资源利用 ——资本密集度 ——进入市场的便利性 ——生产效率和生产能力利用率

三、SPACE 矩阵在企业数字化战略制定中的作用

（1）评估企业在数字化转型中的内部资源优势：通过分析企业的内部因素，包括财务状况、管理能力、技术能力等，可以确定企业目前的竞争力水平。

（2）评估企业面临的外部市场环境：通过分析企业的外部因素，包括市场需求、竞争程度、技术趋势等，有助于企业抓住数字化转型带来的机会，并应对潜在的风险和挑战。

（3）提供企业数字化战略定位建议：根据企业的内外部因素评估结果，得出企业在 SPACE 矩阵中的位置，明确企业数字化战略定位。

（4）确定企业数字化战略行动：根据企业在 SPACE 矩阵中的位置，确定可以采取的数字化战略行动。

四、运用 SPACE 矩阵分析企业数字化战略的步骤

在企业数字化战略制定中，可以运用 SPACE 矩阵，通过以下步骤实现数字化战略的选择。

（1）选择合适的各类变量来衡量各个指标。

（2）对构成财务优势和产业优势的各类变量给予从 1 分到 6 分的评分，而对构成竞争优势和环境稳定性的相关变量给予从 −1 分到 −6 分的评分，这些评分代表了各个因素的重要程度和影响程度。

（3）针对不同组的变量，进行总分和平均分的计算，随后将横轴平均分与纵轴平均分分别进行累加。

（4）把相加后的两个得分标注在坐标轴上，画一个交叉点。

（5）从原点到交叉点，画一个向量，代表可以采取的战略类型。

当向量位于"进取"区域时，意味着企业目前正处于最佳战略地位。企业可以采取积极的经营战略，以最大限度地利用内部优势和外部机会，从而实现更广泛的业务拓展和增长。

当向量位于"保守"区域时，企业应该侧重于保持基本的竞争优势，避免过分冒险。企业可以考虑采取集中多元化的经营战略，以稳健的方式拓展业务，不过分扩张，同时保持在现有优势领域的力量。

当向量位于"防御"区域时，企业可以考虑采取紧缩或剥离的经营战略，以降低成本、减少风险，以及集中资源于核心业务领域，从而增强竞争力。

当向量位于"竞争"区域时，企业可以采取竞争性的战略，例如横向一体化战略，通过扩大业务范围或提高市场份额来进一步利用其竞争优势，以获得更多的市场份额或利润。

五、SPACE 矩阵应用案例

某私立医院在制定数字化战略时，决定先采用 SPACE 矩阵分析目前医院的资源和环境，确定应该采取的战略决策，具体内容如下。

（一）内外部关键因素的选定

第一，两类关键内部因素的选定。

财务优势（FS）关键因素六项，包括：医疗收入、医疗外收入、科研经费投入、各种奖励经费、政府专项投入、资金的平均利用率。

竞争优势（CA）关键因素七项，包括：病人来源，医、教、数字化人才队伍，引进人才渠道，员工晋升的空间，医疗设施设备，硬件环境，服务意识。

第二，两类关键外部因素的选定。

环境稳定性（ES）关键因素六项，包括：技术创新能力、福利待遇、医院文化、工作条件、信息技术、个人价值体现。

产业优势（IS）关键因素七项，包括：人才成长周期、学科的相关性、从业人员风险性、专科特色、社会关注程度、个人道德素质、工作的依赖性。

（二）建立 SPACE 矩阵数轴

第一，根据 SPACE 矩阵原理，结合医院情况对内外部关键因素进行分析评价。一是对构成 FS 和 IS 轴的各变量给予从 1（最差）到 6（最好）的评分值；二是对构成 ES 和 CA 轴的变量给予从 –1（最好）到 –6（最差）的评分值。

第二，计算 FS、CA、IS 和 ES 各自的平均分，并建立 SPACE 矩阵，得出医院可以采取的战略。

本案例评分结果为：

财务优势（FS）的平均分为：23/6=3.83（分）。

环境稳定性（ES）的平均分为：–14/6=–2.33（分）。

竞争优势（CA）的平均分为：–15/7=–2.14（分）。

产业优势（IS）的平均分为：33/7=4.71（分）。

向量坐标 X 轴：–2.14+4.71=2.57（分）；Y 轴：3.83+（–2.33）=1.50（分）。

SPACE 矩阵评分表如表 8–5 所示。

表 8-5 SPACE 矩阵评分表

内部战略处理	评分	外部战略处理	评分
财务优势（FS）	23	环境稳定性（ES）	-14
——医疗收入	6	——技术创新能力	-5
——医疗外收入	5	——福利待遇	-1
——科研经费投入	5	——医院文化	-2
——各种奖励经费	2	——工作条件	-2
——政府专项投入	1	——信息技术	-1
——资金的平均利用率	4	——个人价值体现	-3
竞争优势（CA）	-15	产业优势（IS）	33
——病人来源	-1	——人才成长周期	3
——医、教、数字化人才队伍	-2	——学科的相关性	6
——引进人才渠道	-2	——从业人员风险性	5
——员工晋升的空间	-4	——专科特色	4
——医疗设施设备	-1	——社会关注程度	5
——硬件环境	-4	——个人道德素质	6
——服务意识	-1	——工作的依赖性	4

把相加后的两个得分（2.57，1.50），标注在坐标轴上，画一个交叉点，并连接原点，得到分析结果如图 8-3 所示。

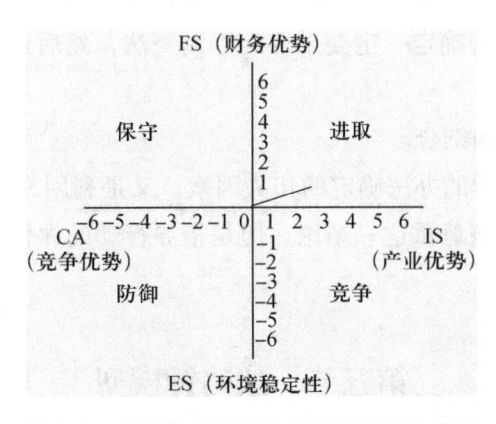

图 8-3 某医院战略地位与行动评价矩阵图

（三）医院 SPACE 矩阵结论分析

根据分析结果，医院的总战略应该是进取型战略。行动评价如下。

第一，医院应该进一步加强人才培养，加大教育经费投入力度，在充分留住现有人才的基础上，多渠道引进高层次、多领域相关人才。

第二，医院在发展整体优势的同时，更要注重特色专科的发展。差异化发展是医院永远立于不败之地的法宝，新技术、新业务的开展是实现这一目标的有力措施。

第三，医院加强各方面的沟通是非常必要的，在机构设置上要尽量扁平化，加强信息化技术的运用，数字化医院的建立是实现这一目标的重要手段。

第四，医院自身的文化建设尤为重要，要注重医院的形象宣传，正确引导员工热爱医院，爱护病员。精湛的医疗技术依靠高素质的科技人才，医院的整体形象需全体员工共同打造，各项因素的整合才能展现出一所医院的整体实力。

第五，最好的防御就是进攻，在医院上下要形成一种凝聚力，围绕医院总体目标，根据发展战略的定位，一步一个脚印前进。

第六，医院必须建立健全各项规章制度，完善信息化管理机制建设，做好数字化安全和隐私保护；搞好资金运作，强化成本核算工作；增强服务意识，主动涉足公益事业，不断增强自身的竞争能力。

六、运用 SPACE 矩阵的注意事项

第一，理论与实际相结合。

SPACE 分析方法来源于工业企业经验的总结，存在着一定的特殊性。在实际运用中，由于部分企业的经营方式与工业企业存在着一定的区别，所以在运用 SPACE 矩阵时要结合企业自身的特点。

第二，定性与定量相结合。

两类四种关键因素的确定是一个定性的过程，可以采取综合判断法或德尔菲法进行确定，但各因素分值的确定一定要采取问卷调查法，然后还要加权平均，这样得出的结果才更接近于实际。

第三，尊重与修订相结合。

因为是通过相对科学的办法确定的相关因素，又是利用 SPACE 矩阵进行认真分析后得出的结论，所以应该尊重这一结论。但是指导行动的评价结论可以因时因势及时进行修订。

第五节　战略钟模型

一、战略钟的概述

战略钟模型（Strategic Clock Model）由克利夫·鲍曼于 1996 年首次引入，具备高度的实用性。该模型用于分析企业在市场中选择的竞争战略，并帮助管理人员和顾问理解企业如何在不同竞争级别中寻找竞争优势。战略钟模型有助于确定适合的竞争策

略，理解市场动态以及分析竞争对手的战略选择，具备为企业提供战略规划基础的能力，同时还能根据市场变化和竞争环境的变动进行灵活调整。

二、战略钟模型的八种途径

假设多家企业的产品在功能或服务方面相似，那么顾客是如何在众多选项中做出选择的？原因可能如下：一是这家企业的产品价格或者服务价格偏低，更有价格优势；二是顾客觉得在这家企业购买产品和服务的价值超出意料。为了协助企业高层管理人员和决策者更充分详细地理解各种竞争战略的选择，通过战略钟模型以产品价格和顾客对产品价值的认可作为两个坐标轴，将各种可能出现的企业竞争战略表现在一个平面上，共有八种途径，如图 8-4 所示。每一种途径代表着一种可能的竞争战略，从低价格战略到高附加值战略不等。通过这种视觉化的方式，战略钟模型能够帮助企业更清楚地评估每种战略的效果和风险，从而找到最适合自身目标的竞争战略。同时，各类决策可能会带来成功，也可能带来失败，因此决策者在做出决定时必须谨慎。

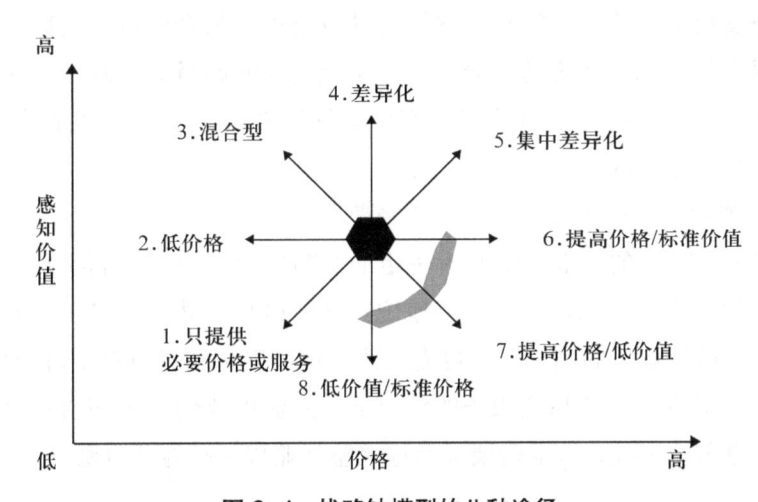

图 8-4　战略钟模型的八种途径

1. 低价低质战略——低品质低价格

这种战略的目标是吸引特别关注价格的消费者，从而在市场上赢得竞争优势。然而，需要注意的是，这种战略可能会对企业的利润率和品牌形象产生影响，因为产品或服务的降价可能会导致消费者对其质量产生怀疑。另外，企业若选择执行此战略，需有效管控成本，以维持盈利能力。

2. 低价战略——中品质低价格

此种竞争战略的目标在于构建企业的竞争优势，通过供应适当品质的产品或服务以吸引顾客。然而，需要注意的是，这种战略可能容易被竞争对手模仿，从而降低产品价格并加剧竞争。要在这个途径上取得成功，企业需要实现成本领先，以确保在提供高质量产品和服务的同时保持竞争力。

3. 混合战略——高品质低价格

该战略的难点在于既满足顾客的个性化需求，在保持低价的基础上让顾客感受到附加值，又要求企业能够合理控制成本。另外，为了保持竞争优势，实施这种战略还应该具备竞争对手难以模仿的特点，从而形成自身独特的"护城"优势。

4. 差别化战略——高品质中价格

这一战略的目标是通过提供更优质的产品和服务以及适中的价格来增加市场份额，或略微提高价格来增加总收入。在这一方面，有形差异化战略借助产品外观、质量、功能等方面的独特性，成功地引起了顾客的兴趣；无形差异化战略通过提供卓越的客户服务、高品质的售后支持、独特的品牌文化等来赢得客户的青睐。这种战略的关键在于让顾客感受到与其他竞争对手不同的价值，从而促使他们愿意支付略高的价格。

5. 集中差别化战略——高品质高价格

此战略的重点在于通过在品质、性能、服务等领域展现卓越，从而吸引愿意为优质产品和服务支付更高价格的客户。尽管这种战略可以为企业带来高额的利润和品牌价值，但它通常只适用于特定的细分市场。企业需要明确目标受众，确保他们真正愿意支付高价来获取卓越的产品或服务。实施这种战略需要在建立高品质形象的同时，寻找目标市场并维持与目标市场的紧密联系。

6. 高价撇脂战略——一般适用于垄断经营企业

采用途径6、7、8的企业通常具有一定的垄断地位，因此它们在制定竞争战略时可以相对独立地考虑产品的定价和市场地位。这些途径的共同点在于企业在制定战略时可以较少受到市场竞争的制约，但也需要注意市场变化和竞争对手可能带来的挑战。在没有竞争对手提供类似产品或服务的情况下，企业可能会在短期内获得利益，但随着市场变化和竞争的出现，企业需要灵活地调整战略以保持竞争优势。

三、战略钟模型在企业数字化战略制定中的应用

战略钟模型关注两大因素，即成本和价值（差异性），它在数字化战略制定中提供了思考竞争战略和取得竞争优势的方法。战略钟模型可以广泛应用于不同领域的战略制定和决策中，包括数字化战略和市场策略等方面。数字化战略的制定可以借助战略钟模型来实现，这一方法有助于制定出有效的战略方案。战略钟模型的应用使得企业能够评估不同的数字化战略选择，从而明晰其在竞争中的位置。举例而言，企业能够明确是应该采取低成本战略还是差异化战略，以提升竞争优势。同时，在市场策略方面，企业可以根据不同的市场情况和竞争环境，选择适合的途径来进入市场。论及定价和品类策略，战略钟模型提供了实用的指导。企业得以借助该模型来确立产品定价和差异化战略，以迎合多元化的顾客需求。

定义方向：这是制定有效战略的关键一步，它确保企业清楚地认识到顾客的需求和价值取向。这个过程可以涵盖多个层面，从细分市场到更广泛的范围都有可能。企业可以将目标市场进一步细分，以更精准地了解不同顾客群体的需求和特点。通过细分市场，企业能够更精确地制定产品开发、定价和营销策略。另外，在更广泛的范围内定义方向也是重要的。企业需要了解整个市场的总体趋势和顾客价值观，以便在全局层面上做出战略决策。

明确战略目标：通过这些重要活动及其所带来的成本优势和从中获得的经验，可以实现提高效率或降低成本的目的。

考虑组织适用性：考虑一般战略的哪条路径最适合于企业。

衡量相关性：是指企业通过实施一系列完全不同于竞争对手的活动，以满足顾客的需求，并在这些活动之间建立相关联系，从而创造独特的价值。

与其他工具一起使用，并得出有价值的结论：例如，基本竞争策略、波特五力模型、SWOT模型等。

四、战略钟模型的优势和局限性

（一）优势

通用性强：模型结构简单并且容易掌握，为竞争战略制定提供很好的指导思想。

简单易用：能够为企业提供一个清晰的分析框架，以便更容易地进行战略分析、定位和调整。

关联性强：模型与基本竞争战略等有延续及关联，能对同一战略进行综合分析。

（二）局限性

没有明确的应用条件：战略钟模型鼓励使用低成本以及差异化的混合战略，但是没有明确使用的条件，哪些情况对应何种战略不太清晰。

具有明显的时代性：模型主要关注的是成本和价值，而现代企业强调的更多，如组织内部结构等，而非单一的产品战略。

第六节　GE矩阵

GE矩阵法又称为通用电气公司法、麦肯锡矩阵、九盒矩阵法、行业吸引力矩阵，是美国通用电气公司（GE）于20世纪70年代开发的投资组合分析方法。它被用来衡量企业内部不同业务在市场上的竞争实力和对市场的吸引力。GE矩阵在企业的业务选择、定位和战略规划中扮演着重要角色。该工具将市场吸引力和竞争实力作为关键要素，每个要素都分为三个不同层级，从而形成了一个九宫格矩阵。这个矩阵的主要目的是帮助企业分析业务单位的相对优势和劣势，从而决定是否投入、维持或退出特定的业务领域。通过 GE 矩阵，根据市场吸引力和竞争实力这两个维度，各业务单位被划分到不同的方格中。GE 矩阵通过将市场和业务两个维度结合起来，为企业提供了一个相对简单但有用的工具，以便更好地理解和规划其业务组合，从而做出更明智的战略决策。

一、GE 矩阵的分析方法

运用市场吸引力和竞争实力这两个主要维度，对企业的事业单位进行 GE 矩阵评价。同时，在分析企业内的事业单位组合时，揭示各单位的优点和不足。通过评估目前业务（或事业单位）在市场吸引力和竞争实力两方面维度上的表现，将每个维度划分为三个层级，从而形成一个九宫格矩阵，展示不同层级的组合。

GE 矩阵的绘制涉及确定外部因素（市场吸引力）和内部因素（竞争实力等），然后对这些因素进行加权计算，得出评价内外因素的标准。在着手搜集资料之前，认真筛选具有意义的战略事业单位很重要。

1. 定义各因素

在进行 GE 矩阵评估时，所选择的因素必须与业务（或产品）的市场吸引力和竞争实力有关联，这些因素在矩阵内部还被划分为外部因素和内部因素，通常所说的外部因素是市场吸引力，内部因素是竞争实力。表 8-6 是一些常被考虑的因素，根据企业的具体情况可能会有所调整。明确这些因素的途径可以是头脑风暴法、名义小组法等方法，确保涵盖关键因素，而不将次要因素纳入分析。

表 8-6　GE 矩阵的外部因素和内部因素

外部因素	内部因素
市场吸引力	**竞争实力**
市场规模	企业资产与实力
市场成长率	品牌/市场影响力
市场收益率	市场份额
定价趋势	顾客忠诚度
竞争强度	相对成本结构
行业投资风险	相对利润率
进入壁垒	分销渠道结构及产品生产能力
产品/服务差异化	技术研发与其他创新活动
产品/服务需求变动性	产品/服务质量
市场分割	融资能力
市场分销渠道结构	管理能力
技术发展	人员素质

续表

外部因素	内部因素
政治、经济、文化等环境	产品系列宽度
……	……

2. 分析评估外部和内部因素带来的影响

纵览表8-6，从外部因素开始，根据每一因素的吸引力大小对其进行评分。若某一因素对所有竞争对手的影响相似，则对其影响做总体评估；若某一因素对不同竞争者有不同的影响，可比较它对自身业务的影响和对重要竞争对手的影响。在这里，可以采取五级评分标准（1=毫无吸引力，2=没有吸引力，3=中性影响，4=有吸引力，5=极有吸引力）。然后也使用五级评分标准对内部因素进行类似的评定（1=极度竞争劣势，2=竞争劣势，3=同竞争对手持平，4=竞争优势，5=极度竞争优势）。在这一部分，应该选择一个总体上最强的竞争对手作为对比的对象。这样，通过对内外部因素的双重评估，就可以在GE矩阵中定位和评估不同的业务（或产品），从而帮助进行战略规划。具体的方法如下。

确定内部和外部的影响因素，这些因素可以包括市场规模、市场增长率、竞争对手数量、技术创新能力、品牌知名度等，并且要确定这些因素的权重，以表明其在整体评估中的重要性。权重的分配可以借助专家观点、市场数据和详尽分析来确定，保证所有权重相加为1。同时，还要为市场吸引力因素和竞争实力因素分别确定一个级别，通常采用五级评分标准。通过将各个因素的权重与相应级别相乘，计算得出每个因素的加权得分。随后，将所有因素的加权得分相加，获得整体市场吸引力和竞争实力的加权得分值。采用这种方法可以量化每个因素对市场吸引力和竞争实力的相对贡献，并考虑内部和外部因素的综合影响。得出的分数可以用于在GE矩阵中确定位置和进行评估，从而指导战略规划。

3. 得出评分结果

通过对内外部因素的评估，获得了一个简单易用的标准，用于衡量市场吸引力和竞争实力。这个评估方式能够考虑到定性分析和定量分析两种方法。

定性方法：根据第二步的评分，在综合考虑内外部因素后，将其划分为强、中、弱三个层级，以评估战略事业单位的市场吸引力和竞争实力。

定量方法：将内外部因素划分为两个清单，并赋予相应的权重系数，以确保这些系数的总和为1。接着，将第二步的得分与相应的权重系数相乘，分别求和，从而得出市场吸引力和竞争实力的综合得分。这些得分的范围在1至5之间，其中1代表低吸引力或弱实力，而5表示高吸引力或强实力。

无论是定性还是定量方法，都需要充分讨论和审阅内外部因素，确保得出的分数和等级能够准确地反映该事业单位的市场吸引力和竞争实力水平。这些得分和等级将作为决策的依据,帮助制定相应的战略规划。

4. 在矩阵坐标标示

将战略事业单位放置于相应的位置,其中垂直轴表示市场吸引力,水平轴表示竞争实力。通过将两个轴分别分为三个部分,形成了一个网格图。可以选择使用高、中、低这些刻度,或者使用1至5的等级。这样的标注方式允许经理根据其战略焦点对其他事业单位或竞争对手进行类似的分析。为了展示更详尽的细节,可采用圆形图进行表达。每家战略事业单位可由一个圆形代表,其直径与销售规模成正比。另外,阴影扇形的面积可反映市场份额的大小。这种方法能够在需要考虑多个业务单位在不同市场中的情况时,提供更丰富的信息。

5. 对矩阵进行诠释

通过对战略事业单位在矩阵上的定位进行分析,企业能够规划相应的战略行动方案。有人将其归结为一句很经典的话:"高位优先发展,中位谨慎发展,低位捞它一把。"一般比较具体的战略图如图8-5所示。

市场吸引力	高	尽量扩大投资,谋求主导地位	市场细分以追求主导地位	专门化,采取并购策略
	中	选择细分市场大力投入	选择细分市场专门化	专门化,谋求小块市场份额
	低	维持地位	减少投资	集中于竞争对手的盈利业务,或放弃
		高	中	低

竞争实力

图 8-5 战略图

二、GE矩阵在企业数字化战略制定中的应用

在企业数字化战略制定的过程中使用GE矩阵时,可以按照以下步骤进行。

(1)确定关键因素:确定数字化战略成功实施所需的关键因素,这些因素包括市场规模、市场增长率、竞争对手、技术能力等。

(2)确定指标:为各个关键因素选取适当的指标或者评分标准,确保这些指标可以量化和测量,以便进行有效的比较与评估。

(3)评估业务单位:基于重要因素和指标,对不同的数字化业务单位或产品线进行评估,收集并分析可以采用的数据,以深入了解各个业务单位在关键因素方面的表现情况。

(4)构建GE矩阵:制定一个二维矩阵,横轴对应关键因素,纵轴涵盖各个业务单位或产品线。

(5)归类业务单位:每个业务单位在关键因素上的表现不一,将它们分为不同的

类别，可用"强""中""弱"来表示。

（6）分析和定位：在 GE 矩阵中，对各业务单位进行标识，以强调其在市场中的相对竞争力和定位。一般来说，被归类为"强"的业务单位会在矩阵的左上方位置，而被归类为"弱"的业务单位则会在矩阵的右下方位置。

（7）制定战略决策：根据 GE 矩阵分析所得出的结论，制定相应的战略决策。例如，对于强势业务单位，可以考虑进一步加大资源投入以保持竞争优势；对于弱势业务单位，则可以考虑重新定位或退出相关领域。

（8）追踪和调整：持续追踪和评估业务单位的表现，并根据需要进行战略调整和优化。随着市场环境和竞争态势的变化，可以对 GE 矩阵进行更新和调整。

通过使用 GE 矩阵进行分析，企业能够更好地了解不同业务单位在数字化战略方面的竞争力和定位，从而指导战略规划和资源分配的决策。

三、GE 矩阵的应用案例

下面以纺织企业为例说明 GE 矩阵在产品战略选择中的应用。

1. 选取评估市场吸引力和产品竞争能力所需要的指标

评价指标的选取是分析市场吸引力和产品竞争能力的关键。

确定这些指标可以采取头脑风暴法或名义小组法等。

在产品战略选择中，评估纺织企业的市场吸引力和产品竞争能力所需要的评价指标如表 8-6 所示。

2. 确定各评价指标的权重

可以采用专家意见法、德尔菲法等方法来确定各评价指标的权重。对影响市场吸引力和产品竞争能力的因素分别赋予权重：a_1，a_2，$\cdots$，a_{12} 和 b_1，b_2，$\cdots$，b_{10}，使得：

$$\sum_{i=1}^{12} a_i = 1 \qquad \sum_{j=1}^{10} b_j = 1$$

3. 对各因素进行打分，确定市场吸引力和产品竞争能力的得分

可以采用李克特量表，对每一等级赋予一定的分值。假设市场吸引力各评价指标的得分分别为 x_i，产品竞争能力各评价指标的得分分别为 y_j，则市场吸引力得分为：

$$X = \sum_{i=1}^{12} a_i x_i$$

产品竞争能力得分为：

$$Y = \sum_{j=1}^{10} b_j y_j$$

4. 根据分值确定该产品在矩阵上的位置

在坐标图上以纵轴表示市场吸引力，以横轴表示产品竞争能力，按照高、中、低的标准，将坐标图分成九个象限（见图 8-6），将产品类别按标准分别填入相应的象限内。

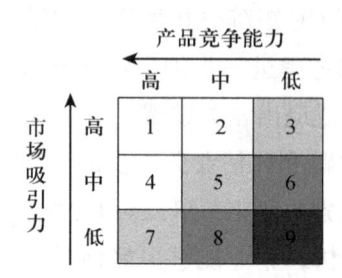

图 8-6　GE 矩阵图

5. 企业的战略选择

对于处在九个象限内的不同产品，企业应采取不同的经营战略。企业应将发展重点放在第一、二、四象限区域内，采取积极发展战略重点投资、重点经营。对于市场吸引力和产品竞争能力相对一般的第三、五、七象限区域，企业应设法提高产品的竞争能力。而对于市场吸引力和产品竞争能力都较弱的第六、八、九象限区域，企业应采取维持或收缩退出战略。

四、应用 GE 矩阵应该注意的问题

在应用 GE 矩阵时需要注意下列两个问题，以确保能够客观准确地确定各项业务的定位和发展策略。

（1）评价指标尽量定量化。对评价指标进行量化，对于无法完全量化的指标，可以进行分级划分，以确保得分体现相对差异。

（2）各种业务存在差异，可以根据业务特征对不同类别的评价指标的权重进行个性化的调整。在确定评价指标的权重时，务必考虑到每项业务的特点。企业竞争力评价指标的权重可能会因不同的业务单元而异。不同战略业务单元的市场地位和目标存在差异，评价指标的权重也会因此而异。

第七节　BLM 模型

业务领导力模型（BLM 模型）在咨询领域中得到了广泛应用，是战略制定和执行的方法与平台。作为一种类似于波士顿矩阵、SWOT 模型以及波特五力模型的战略管理工具，BLM 模型是由 IBM 研发的，旨在实现企业战略制定与执行的紧密连接，以促

进更加有效的业务管理。BLM 模型的要素涵盖了九个关键领域，具体包括市场分析、战略意向、创新聚焦、业务设计、关键任务、正式组织、人才培养、文化氛围和领导力。通过对九个核心内容的分析，BLM 模型提供了一个综合性的视角，以指导企业在战略层面进行决策和规划。BLM 模型在战略制定和执行的过程中发挥重要作用，帮助企业更好地适应变化，保持竞争力。

一、BLM 模型的结构

BLM 模型特别强调了战略制定的步骤，这一过程被总结为"由业务领导主导，以结构为基础，具备纪律性，依托于基于实际情况的对话和合作过程"。在这一过程中，战略的制定源自不满意情况，而这种不满意情况是基于对现状和期望业绩之间差距的感知。

业绩差距是现有经营结果和期望值之间差距的一种量化的陈述。机会差距是现有经营结果和新的业务设计所能带来的经营结果之间差距的量化的评估。业绩差距常常可以通过高效的执行填补，并且不需要改变业务模式，填补一个机会差距却需要有新的业务设计。

该模型采用一系列工具进行三年战略规划滚动、年度经营计划实施与跟踪，实现中长期与短期战略视角的有效衔接、资源的有效配置、持续监控与纠偏，并落实到预算管理及绩效体系。

BLM 模型示意图如图 8-7 所示。

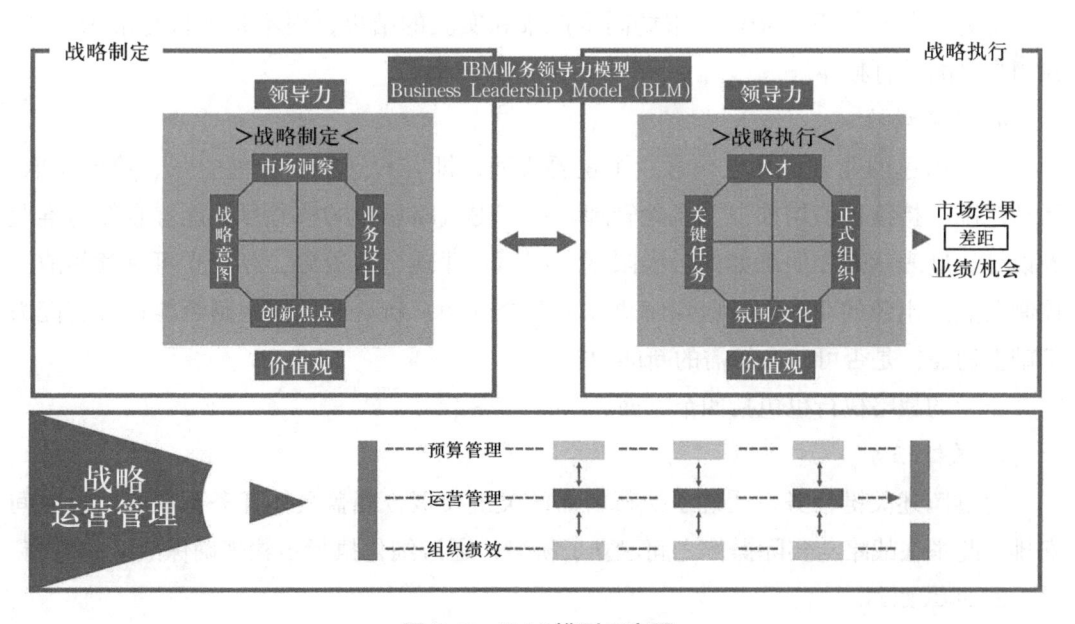

图 8-7　BLM 模型示意图

二、BLM 模型的内容

企业的战略制定包括四个方面。

1. 战略意图

战略意图是指企业或部门的方向和所希望实现的目标,或者可以说是关于要实现什么样的事情、达成什么样的结果的描述。通常,战略意图可以涵盖未来 3~5 年的展望,而战略目标则是具体分解到每个年度的目标陈述。在进行战略规划时,一个良好的起点就是拥有明确的战略意图以及明晰的战略目标,这些构成了战略规划的初始阶段。

2. 市场洞察

市场洞察指的是要对影响业绩的关键外部因素进行清楚的了解,不仅了解现状,还要试图预见未来的发展。这包括:客户需求、竞争者状况、技术发展趋势、市场结构乃至经济结构的发展。市场洞察对于战略思考的深度具有至关重要的影响,它的主要目标是清晰地把握未来潜在的机遇以及企业可能面临的挑战和风险。此外,它还有助于全面理解和解释当前的市场动态,从而能够更准确地预测这些动态对企业未来的影响。

3. 创新焦点

在战略设计中,创新焦点是指在一个战略框架内如何运用创新方法,以获取更多的创新思路和方法经验。这种方法的目标是通过引入新的增值点,为企业的竞争力和独特商业模式注入新的活力。将创新置于战略思考的核心,旨在开拓思维和经验空间。一个优秀的创新体系是企业与市场同步探索和实验的结果,而不是来自与市场脱节、封闭自身的单打独斗。

4. 业务设计

一份出色的业务设计应包含六个重要方面,即客户选择、价值主张、价值获取、活动范围、持续价值增加以及风险管理。这使得战略思考的核心目标能够直接对准业务设计。这表示需要明确如何最大限度地利用企业现有的资源,以建立可持续的战略控制要点。出色的业务设计应当解决以下两个疑问:新的业务构想是否能在现有能力基础上构建?是否可获取所需的新能力?

企业的战略执行也包括四个方面。

1. 关键任务

通过阐述关键任务,明确了执行所需的关键要素,涵盖具体任务事项和执行时间安排。此举在战略与实际操作之间建立了桥梁,通过细化执行步骤来确保战略的实施。

2. 正式组织

借助建立适应性的组织架构、管理规定、运营机制和评估标准,正式机构保障了关键任务和流程的有效推进和执行。这种组织的设立为战略实施提供了坚实的基础,确保了战略与实际行动之间的紧密联系和协调。在开展新业务时，必须投入充足的人力和组织资源。同时，建立适当的组织结构、管理制度、管理系统以及考核标准是至关重要的。缺乏这些元素可能会严重影响执行效果，导致战略无法得到顺利实施。

3. 人才

人才在此指的是在重要岗位任职的员工，需要具备适当的技能，以确保卓越的绩效。确定组织结构以后，需要重点考虑的因素就是人才。出色的人才具有企业所需的技能，能够高效执行战略。这方面包括技能的具体描述，以及获取、培养、激励和留住人才的策略和举措。

4. 氛围与文化

氛围指的是与企业战略执行有关系的管理氛围，而文化则涉及员工默认的工作行为准则，这很大程度上与企业价值观相联系。在管理方面，有多种常见的风格，包括教师式的手把手指导、英雄式的身先士卒、教练式的激发动力，以及放权式的员工自主。在知识密集型经济的背景下，那些成功转型的企业逐渐发展出一种强调开放、授权和共享的和谐文化氛围。这种文化氛围有助于企业更为灵活地适应不断变化的市场环境。

三、BLM 模型的应用步骤

应用 BLM 模型的关键点在于识别差距产生的根本原因并治本，而不能只是治标。具体应用步骤如下。

（1）弄清差距：我们是否都同意、理解并能齐心协力地面对差距？

（2）基于直觉的调查（头脑风暴）：差距出现的原因是什么？存在哪些薄弱点？

（3）挑战关于根本原因的每一种假设：为什么？

（4）将答案分别归类到 BLM 模型的不同部分中去。

（5）核对假设的事实和数据，看是否涵盖了所有部分。

（6）检查模型的一致性，识别每一部分中最重要的问题。

（7）建立行动计划来淡化最重要的根本原因。

四、BLM 模型在企业数字化战略制定中的应用

BLM 模型可以用于企业数字化总体战略与数字化业务战略的制定与分解，并且会综合考量企业数字化战略的商业、法律和道德因素。

（一）公司战略

公司战略回答某个业务做不做、怎么样通过数字化战略做好的问题，这是多业务之间的取舍和资源投入，不包括某一个具体的业务如何实施。公司战略通常指由多个业务单元与一个独立的企业总部（Corporate Center）构成的组织的总体战略。公司战略回答的关键问题包含以下方面：企业应当选择进入哪类行业和哪类市场？在各个业

务领域中,哪些业务将构筑企业的业务组合?哪些业务有能力为企业带来价值?哪些业务应当成为资金的接受者?而不同业务之间如何协同发展?企业总部的关键职能是什么?如何支撑业务实现增值?

(二)业务战略

业务战略解答特定数字化业务如何实施的问题,实际上是该业务的数字化作战计划。在公司整体战略的引导下,各个业务单元需要制定与其特点相符的数字化业务战略规划。

业务单元的战略规划确定企业的每个业务单元如何在特定的业务领域内实现与其企业愿景相统一的短期、中期和长期目标。业务单元通过战略规划重点回答的问题包括:在该业务领域,业务单元选择针对何种市场、客户、产品或技术?业务单元是如何为客户带来价值的?目前业务单元所采用的业务模式是怎样的?未来,业务单元将以何种方式构建战略控制要点,以保持其竞争优势?业务单元需要锁定何种机会或需要面对哪些风险?业务单元应在充分利用现有资源的基础上强化哪些优势,并针对哪些劣势采取补救措施?

(三)职能战略

针对如何将某一专业模块纳入公司战略实施的问题,通常需要将公司战略和业务战略与特定的职能管理领域相融合,进而制定相应的职能战略。通过以上措施,研发部门能够有效地支持公司战略和业务战略的实现,确保产品创新与市场需求相符,同时在技术、人才、协作、风险等方面进行有效的管理和优化。这样,企业的研发投入将更加有针对性,从而为业务战略的落地提供有力的支持。

战略层次与 BLM 模型的对应关系如图 8-8 所示。

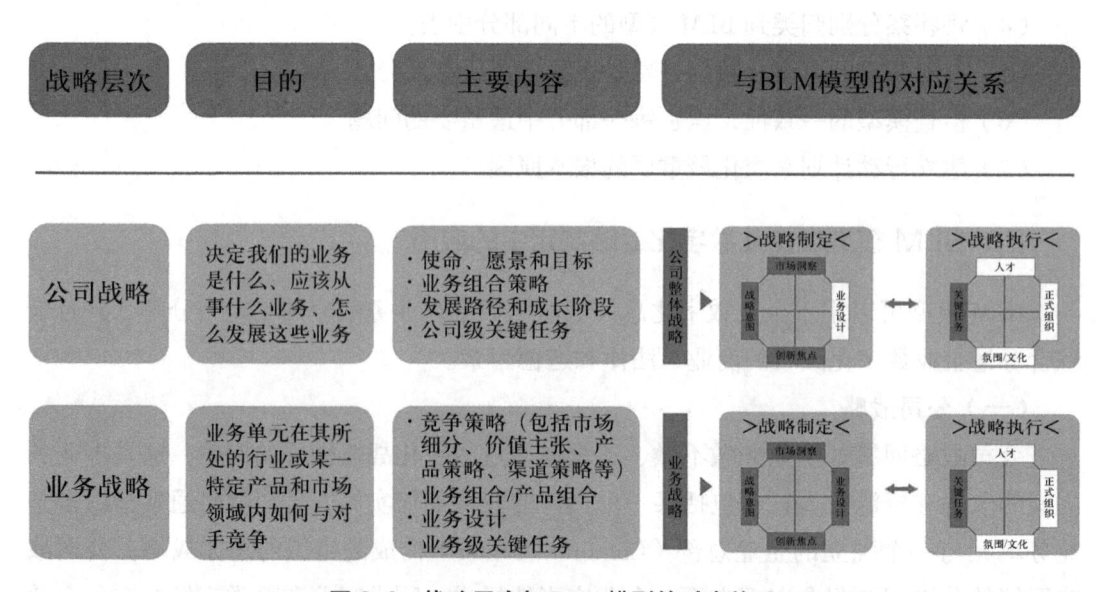

图 8-8 战略层次与 BLM 模型的对应关系

（四）综合考量企业数字化战略的商业、法律和道德因素

1. 商业因素

考量商业因素即考虑企业数字化战略对业务增长、市场份额和盈利能力的影响。商业因素涵盖了数字化转型过程中的核心商业目标和关键结果。通过分析这些商业因素，企业可以更好地评估数字化战略的潜在影响，制定相应的策略，并做出更明智的决策。

具体来说，要分析数字化投资能否带来商业上的竞争优势，例如提高效率、提升产品或服务质量、拓展新市场，以及增强客户体验。评估投资回报率（ROI）等财务指标，确保数字化战略能够产生商业上的收益和价值。

2. 法律因素

考量法律因素即考虑企业数字化战略是否符合相关法律法规。要确保数字化战略在数据隐私、信息安全、消费者保护、电子商务合同等方面遵守法律法规要求。

评估数字化战略在法律合规方面面临的风险和挑战，并制定相应的控制措施和合规策略，是数字化转型过程中至关重要的一环。在数字化战略的制定和执行过程中，确保遵守法律法规能够保护企业免受潜在的法律风险的影响，同时维护企业的声誉和促进可持续发展。

3. 道德因素

考量道德因素即考虑企业数字化战略对社会和利益相关者的影响，以及与道德原则的符合程度。

要分析数字化战略是否与企业的社会责任、道德准则以及可持续发展目标保持一致，并就数字化战略对员工自身权益、社区、环境保护和企业声誉的道德影响进行综合伦理评估。

BLM模型的应用可以帮助企业在数字化战略制定和实施过程中综合考虑商业、法律和道德因素，以确保数字化战略的全面有效性。通过平衡商业目标、法律合规和道德责任，企业可以更好地实现数字化转型，并建立可持续的数字化业务模式。

本章小结

在企业数字化战略的制定中，通过运用一些定性或定量的工具和方法，能够使企业更多地了解自身面临的情况，明确自己的定位和可采取的应对措施。经常用到的工具和方法有SWOT矩阵、波士顿矩阵、QSPM矩阵、SPACE矩阵、战略钟模型、GE矩阵、BLM模型等。

◆ **本章思考题**

1. 企业在制定数字化战略时，应该如何选择工具？

2. GE 矩阵应用于企业数字化战略制定时，应该注意哪些问题？
3. SPACE 矩阵的步骤包括哪些？
4. 如何尽可能地保证 GE 矩阵评分的客观性？
5. QSPM 分析的原理是什么？建立 QSPM 矩阵的六步骤是什么？
6. BLM 模型的成功应用需要哪些关键因素？

第九章 企业数字化战略目标的制定

通过对企业数字化内外环境的分析，我们可以识别出企业数字化的发展机会、威胁、优劣势等。在拟定企业数字化战略之前，首要步骤是设立数字化战略目标。应当制定具体和可衡量的目标，并与企业发展的使命和愿景保持一致，推进企业朝着数字化转型的方向发展。这既是企业内外环境分析的重要目的和结果，也是企业数字化战略制定的重要前提和步骤。

第一节 数字化战略目标的定义和特征

一、数字化战略目标的定义

数字化战略目标是企业在数字化转型过程中预期达成的主要成果。这些目标在指导企业的数字化战略和行动计划方面具有引导作用，进一步规定了企业战略经营活动所期望达到的具体要求。数字化战略目标的确立体现了企业宗旨的具体展开和落实，进而界定和深化了企业经营目标和社会使命。这些目标代表了企业在数字化转型领域追求的结果，是对企业使命的具体诠释。

从广义上来说，数字化战略目标乃企业数字化战略规划的核心元素，是企业在履行使命过程中所确立的具体目标。这些目标在企业数字化战略的选择与实施方面扮演着启示和基石的角色，同时也是企业数字化战略实施所追求达成的结果。

从狭义上来说，数字化战略目标是指企业为了适应数字化转型和发展趋势，制定的旨在实现数字化转型的具体目标和计划，这些目标主要包括提升企业经营效率、增强客户体验、数据驱动决策、风险管控等。

因此，数字化战略目标指导着企业的数字化战略，促使企业朝着数字化转型的方向不断努力，并为企业的长期发展和成功奠定基础。

二、数字化战略目标的特征

（一）全面性

数字化战略目标是指企业在数字化转型进程中所致力追求的具体目标与愿景，它涵盖了企业利用数字技术和数字化手段来实现战略目标的方向和重点，能够指导决策和行动，推动企业朝着数字化方向迈进。数字化战略目标在范围上应具备广泛性和综合性，涵盖企业内外的各个方面，即不仅限于企业内部，还要考虑外部市场、供应链和生态系统等因素。

（二）明确性

数字化战略目标应该具有明确的表达和定义，为企业提供一致的指导，确保各项举措和决策都与数字化战略目标保持一致。企业要能够清晰地传达给内部的各个层级和利益相关方，使不同的部门和团队理解和赞同这些目标，并在各自的工作中努力实现这些目标。数字化战略目标的明确性也包括确立相关指标和时间框架，以便进行跟踪和评估，从而成功推进数字化转型，实现生产效率的提升、业务的增长以及市场竞争力的增强。

（三）一致性

数字化战略目标应与企业整体战略保持一致，同时与企业的使命、愿景和核心价值观相符。这意味着数字化战略目标应该对应于企业在数字化转型中所追求的长远目标，以支持企业战略的实现。以一家科技创新企业为例，其企业战略以技术领先和创新驱动为要点。为了确保数字化转型能够有力地支持企业战略的实现，该企业制定了与之一致的数字化战略目标。首先，该企业确保数字化战略目标与企业的使命相契合，即通过数字化转型提升科技创新能力，加快产品开发和市场推出速度，以满足客户日益增长的需求。其次，该企业的数字化战略目标与企业的愿景相一致，即建立一个高度数字化的工作环境，促进信息共享、协同合作和跨部门的创新合作。这样的目标有助于提高企业的市场竞争力和商业价值。

（四）可测量性

数字化战略目标应该是可以衡量和评估的，具备可测量性。这意味着目标应该包含明确的指标和度量标准，以便企业能够跟踪和评估数字化转型的进展和成效。例如，某企业制定了数字化战略目标，其中一个目标是提升客户体验。为了确保这一目标的可测量性，该企业设定了指标，如客户满意度调查的结果、客户反馈的数量和质量、客户投诉率的变化等。通过定期收集和分析这些指标，该企业能够衡量数字化转型对客户体验的影响，并及时调整策略和行动，以提升客户满意度和忠诚度。可测量的目标能够为企业提供反馈和指导，帮助企业了解数字化转型的进展情况，并根据评估结果做出相应的决策和调整。这样的目标设定可以帮助企业确定当前的状态和所需改进的方向，为数字化转型的成功提供指引和依据。这种追踪和评估的过程能够持续提供反馈和指导，促使企业不断优化数字化转型的策略和行动，确保取得预期的成果和效益。

（五）激励性

数字化战略目标应具备激发和鼓舞企业员工的效果，从而推动数字化转型取得成功。这意味着目标应该能够激发员工的参与和创新意识，激发企业内部的潜力和动力，促使员工积极参与数字化转型，并为实现目标而努力。激励和激发员工参与数字化转型的关键在于使他们意识到数字化转型对企业和个人的重要性。数字化战略目标应该能够清晰地传达数字化转型对企业的战略意义，激发员工对数字化转型的认同和热情。这可以通过分享成功案例、展示数字化转型带来的益处和机会，以及提供培训和支持来实现。此外，数字化战略目标还应该鼓励员工积极提供创新思路和解决方案，为数字化转型提供新的思维和动力。企业可以建立创新奖励机制，以激励员工提供改善和创新建议，从而提高他们的创造力和参与程度。通过营造积极的工作环境和文化，企业能够激发员工的潜力，使他们在数字化转型中发挥更大的作用。

（六）长期性

数字化战略目标的实现是一个长期的过程，需要在既有的业务体系之上逐步实现数字化转型，需要持续调整和优化数字化战略目标，使之能够支撑企业的长期发展。以某汽车制造企业为例，该企业制定了长期的数字化战略目标，以支持其持续的发展和转型。首先，在产品研发和制造方面，该企业设定了长期的数字化战略目标，旨在提升产品创新能力和制造效率。通过数字化技术的应用，他们实施了虚拟设计和模拟仿真，在产品开发阶段就能够快速验证设计方案，减少开发周期和成本。同时，他们引进智能制造系统，成功实现生产线的自动化和数据化管理，进而提升生产效率和质量的稳定性。其次，在销售和客户服务方面，该企业的数字化战略目标着眼于长期的客户关系和市场拓展。他们建立了全面的数字化销售平台，通过数据分析和智能推荐算法，实现了个性化产品定制和精准营销。此外，该企业还注重建立客户服务的数字化体系，提供在线售后支持和定期维护，以提升客户满意度和忠诚度。这些数字化战略目标的长期执行，使得该企业能够与客户建立稳固的关系，并逐步扩大市场份额。

三、数字化战略目标与企业战略目标的关系

企业战略目标的制定及修订要基于国家政策、行业环境、业务方向以及企业内部需求等多方面因素。数字化战略目标基于企业战略目标制定，是指利用数字技术、数据和创新来改进业务流程、提升组织效能、增强客户体验或开发新的商业模式，实现对业务经营活动全生命周期的影响，这包括辅助和支撑业务、驱动和引领业务的发展等。通过数字化战略规划的制定及实施，要实现数字化对业务正向作用的最大化，进而实现企业盈利模型的持续、健康发展。数字化战略目标与企业战略目标的逻辑关系大致为：数字化战略处于企业整体战略框架之下，其制定略晚于业务战略，是因为要基于业务战略来制定数字化战略，同时要超前于业务战略。数字化战略目标的实现能够加速企业战略目标的实现。利用数字技术的创新性和灵活性，企业可以更迅速地响应市场变化、满足客户需求、开辟新市场等，从而推动战略目标的快速实现。

第二节 数字化战略目标的制定过程

一、目标制定的量化和可衡量性要求

在制定企业数字化战略目标时，量化和可衡量性是十分重要的要求。这些要求确保了目标具有明确的指标和标准，可以通过数据和度量来评估和追踪进展。以下是一些常见的量化和可衡量的目标。

（1）业绩增长：企业经营就是为了获取收益，所以一个常见的目标是提升企业的业绩，这可以通过设定具体的业务收入指标来量化和衡量，例如年度主营业务收入增长10%。

（2）成本降低：企业数字化战略旨在提高效率和降低成本。降低成本的目标可以通过设定明确的成本减少指标来量化和衡量，比如运营成本降低10%。

（3）客户满意度提升：数字化战略专注于优化客户体验和提升客户满意度。这可以通过设定特定的客户满意度指标来量化和评估，比如将客户满意度评分提高至80%。

（4）企业市场份额增加：企业数字化战略可能致力于扩大市场份额。扩大市场份额的目标可以通过设定具体的市场份额增长指标来量化和衡量，例如增加市场份额，进入行业前三名。

（5）数字化转型水平提升：评估数字化转型的进度具有重要意义。可以通过设定具体的转型指标来量化和衡量，例如将核心业务过程中数字化的比例提高到80%。

（6）创新能力提高：数字化战略有助于激发企业的创新潜力。这可以通过设定具体的创新指标来量化和衡量，例如每年推出新产品或服务的数量。

（7）数据分析和洞察强化：数字化战略可能涉及加强数据分析和利用数据洞察力来支持决策。这可以通过设定具体的数据分析指标来量化和衡量，例如提高数据质量、增加数据驱动决策的比例等。

这些量化和可衡量的目标将帮助企业评估数字化战略的成功与否，并提供指导和反馈，以便根据需要进行调整和改进。

二、数字化战略目标制定的步骤

一般情况下，确立数字化战略目标通常经过四个具体步骤：调查研究、拟定目标、评价论证和目标决策。

数字化战略目标的制定是一个系统性的过程，需要综合考虑企业的使命、愿景、内外部环境以及数字化转型的需求和机会。以下是数字化战略目标制定的常规过程。

(一）调查研究

首先，需明确数字化战略目标制定中调查研究的范围和目标，界定所需收集信息的类型、调查对象（如客户、竞争对手、市场等），并选择适宜的调查方法（如问卷调查、深入访谈、市场分析等）。然后，进行行业和市场调查，收集相关的数字化趋势、市场规模、增长率、竞争态势等数据。这有助于了解行业的发展趋势和市场的需求情况，为数字化战略目标的制定提供依据。开展竞争对手调查研究，以了解其数字化战略、产品与服务、市场份额等情况。同时，对市场环境进行调查，包括目标客户群体、消费者行为、市场需求和趋势等。这有助于评估竞争对手的优势与不足，以及市场的机遇与挑战。进行客户调查研究，了解客户对数字化产品和服务的需求、偏好、体验和反馈。通过收集客户的意见和建议，可以确定数字化战略目标中改善客户体验和满足客户需求的重点领域。

调查研究要具有全面性，但又要凸显重点。为了确定战略所进行的调查研究与其他类型的调查研究不同，其侧重在于企业与外部环境的关系、未来研究和预测。虽然关于企业历史与现状的叙述有其用途，但在战略目标决策中，最关键的仍是对企业未来有决定意义的外部环境信息。

(二）拟定目标

在已确定的战略经营领域内，结合外部环境、需求和资源等综合因素，明确数字化战略的目标方向。通过全面评估现有能力和资源等各项条件，初步确定在战略方向下开展活动的水平，形成可供选择的目标方案。然后，在目标方向的基础上，考虑现有资源、能力和市场需求等因素，确定数字化战略目标的具体要求和要达到的水平。在确定过程中，要确保数字化战略目标的结构合理，并对各个目标进行合理的次序排列。同时，在满足实际需求的前提下，尽可能减少目标的数量。一般的方法包括合并类似目标、将从属目标融入主目标，以及通过度量求和、求平均或综合函数等方式形成一个综合目标。最后，企业领导应充分利用智囊团队的智慧，根据实际情况和可行性提出多种目标方案，以便进行比较并选取最佳方案。

(三）评价论证

在确定战略目标后，需要组织多方面的专家和相关人员对所提出的目标方案进行评价和论证。

评价和论证主要是基于目标的要求，分析企业的实际能力，辨别目标与现状之间的差距，以及分析可采取什么措施来消除这些差距。此外，还需要进行适当的计算，尽可能使用数据进行说明。如果所确定的方法、能力和措施能够消除差距，那么此目标被视为可行。同时，还需考虑外部环境和未来变化对企业发展的积极影响，以及企业自身发展途径、能力和措施的增强，从而评估是否可以提升数字化战略目标的水平。

评价过程中要特别关注目标的明确性和协调性。目标的明确性要求它具备唯一解释，不应具有多重含义。对于多目标，还需要确定其主次轻重，并确保责任的落实和约束条件的明确性。目标的内容需保持协调一致，以确保在实现其中一个指标时不牺牲其他指标，确保目标内容的全面实现。同时，还需思考目标是否存在改进的潜力。若在评价和论证过程中存在多个目标方案，就需进行适当的比较。通过比较和权衡利弊，找出各个目标方案的优劣之处。

评价和论证的过程同时也是目标方案完善的过程。通过评价和论证，可以发现目标方案的不足之处，并寻求解决方案以进一步完善。在评价和论证的过程中，如果发现拟定的目标方案完全错误或无法实现，就需要返回到目标拟定阶段，重新制定目标，并再次进行评价和论证。

（四）目标决策

在进行目标决策时，需要综合考虑以下三个方面：①目标方向的正确性；②实现目标的可行性；③期望效益的大小。在综合考虑的基础上，应尽可能追求这三个方面的最大化。在目标决策过程中，还需掌握好决策时机。与战术决策不同，战略目标决策相对不会受到较大的时间压力。因此，在决策时间上，一方面，需避免在机会和挑战未充分了解之前做出轻率决策；另一方面，也不能耽搁决策，以免失去时机。

从调查研究、拟定目标、评价论证到目标决策，这四个步骤紧密相连。后续步骤的进行依赖于前面步骤的完成。在进行后续步骤时，若发现之前的工作存在不足或遇到新情况，就需要重新回到前面的步骤进行修正或重新开展。通过综合评价和权衡后进行目标决策，可以确保选择合适的数字化战略目标。这个过程是一个不断调整和完善的过程，以确保战略目标的正确性和可行性，并适应不断变化的环境和需求。

第三节　数字化战略目标制定的原则

在制定数字化战略目标的过程中，有几个原则需要遵循。首先，优先考虑战略而非技术。数字化战略目标应该与企业整体战略保持一致，将数字化视为战略驱动力而非仅仅是技术工具。其次，发挥数据的启发力量是至关重要的。制定数字化战略目标时应该充分利用可用的数据资源，通过数据分析和洞察指导决策和行动。再次，主导的企业文化也扮演着关键的角色。数字化转型需要与数字化战略目标相契合的企业文化，以激发员工的参与和创新意识。最后，定期总结改进是保持发展的关键。企业应随时总结数字化转型的经验和教训，并实施必要的改进。通过不断反思和优化，企业可以适应不断变化的市场和技术环境，从而保持竞争优势。

一、优先考虑战略而非技术

在数字化战略目标的制定过程中，优先考虑战略而非技术是至关重要的。尽管技术引进是推动数字化转型的关键步骤，但单纯地追求技术的引入而忽视战略目标可能会导致困扰和抵触情况的发生。很多企业常常优先考虑各种技术解决方案，而忽略了将数字化转型整合到整个业务计划中的重要性。根据《麻省理工学院斯隆管理评论》和德勤的数字商业研究可知，数字技术的真正力量不在于技术本身，而在于企业如何巧妙地利用它来改善业务和工作方式。因此，制定数字化战略目标时，应注重独特的业务战略规划，确保数字化转型与整体业务目标相契合。这需要企业建立一个支持转型的文化和领导团队，能够引领企业成员理解和接受变革，并为其提供必要的培训和支持。在实施数字化战略时，企业应该将技术作为实现战略目标的工具，而非盲目追求技术本身。通过将数字化转型整合到整个业务计划中，企业可以确保技术的引入和应用与战略目标相一致，并为企业带来持续的业务增长和竞争优势。

二、发挥数据的启发力量

企业应该努力成为数据启发/引导型企业，而非仅仅追求成为数据驱动型企业。换句话说，数据不应该取代现有的经验和知识，而是应该作为一种有价值的资源来启发和引导决策。在制定数字化战略时，企业应该在依赖于选择的技术之前，将重心放在团队从不同的数据集中获取的洞察和价值上。过度关注技术的实现可能使企业忽视了数据分析的重要性，企业不能仅仅依赖过去的经验和分析结果，而是应该能够利用当前的、更新的数据来获取新的见解，从而对现状进行质疑。通过数据分析，企业可以更好地了解团队需要克服的各种缺陷，以及客户可能经常遇到的问题和风险。因此，在数字化转型过程中，企业需要将数据分析作为决策的重要依据，而不是完全依赖于技术的实现。通过充分利用数据洞察力，能够更好地识别问题、挖掘机会，并在数据的引导下做出决策和行动。这种数据启发的方法能够帮助企业更加敏锐地应对市场变化，提高决策的准确性和效果，从而推动数字化转型的成功。

三、重视企业文化的影响

要有效地培育数字化转型文化，需要超越软件、人工智能或其他前沿技术的因素。虽然正确的技术可以引发企业的变革，但前提是它得到一个完全致力于接受它的团队的支持。麦肯锡提供的数据显示，数字化转型失败的重要原因是员工们不理解导致抵制行为发生，这引起的失败比率高达70%。在构建数字化转型文化时，有效的沟通显得尤为关键。要与团队讨论数字化转型计划，演示如何将文化与未来计划相匹配，提前让员工做好准备。通过高级和有效率的沟通，能够减少员工对变革不确定性的担忧，促进他们的支持和参与。培训是一个不断循环的过程，在每个部署阶段，都需要制订变更管理和人员培训计划。要为团队制订每周的培训计划，让他们了解最新的趋势和技术，确保整个团队的知识和技能保持同步。重视员工的反馈同样至关重要。要建立开放的员工反馈平台，定期评估、表彰和提拔员工。通过听取员工的意见和建议，可以不断改进数字化转型策略和实施方法，同时激励员工积极参与和贡献。通过关注沟通、培训和反馈，企业可以建立积极的数字化转型文化，促使员工更好地适应变化，并共同推动数字化转型的成功实施。这种文化的确立将为企业奠定坚实的基础，帮助其应对数字化挑战，并在竞争激烈的市场中实现持续的创新和增长。

四、及时做好总结改进

定期总结改进是成功实施数字化转型的关键。为了衡量数字化转型是否成功并推动持续改进，需要考虑以下关键因素：首先，建立关键绩效指标，明确定义数字化转型计划的目标和指标，并建立一个系统来跟踪和评估这些目标的进展情况；其次，定期监控数字化转型过程中的KPI进展，利用数据和分析来识别需要改进的领域；最后，根据需要灵活地调整和改进与技术、数据管理和客户服务相关的流程，以提高效率和有效性。通过这些措施，企业可以不断优化数字化转型策略，实现持续改进，并确保数字化战略的成功实施。

第四节　数字化战略目标制定面临的问题和挑战

一、观念难转变、不统一

（一）企业管理层对数字化的认知存在局限

现实中，企业管理层对数字化不理解、不认同，难以从工业时代下的硬件思维转变成数字化时代下的软件思维，这是数字化转型面临的一大挑战。在当前复杂多变的经济环境下，一些行业在一定程度上存在着保守思想，更愿意沿着之前走过的成功路径继续走，殊不知新形势下，企业也面临着新要求。同时，部门负责人也存在着利益诉求上的差异，例如，有的部门追求获取其他部门的数据，以维护本部门的核心利益，缺乏一定的大局观。

（二）企业执行层对数字化的认知不够

执行层对数字化的认知不够也是数字化转型中常见的难题之一。即使企业管理层认识到数字化转型的重要性并怀有强烈的推动意愿，员工对数字化转型的路径规划的认知也不够清晰，缺乏对全局的了解，缺乏系统性的思考。有的员工甚至认为，数字化仅仅是IT部门的事，是简单的IT系统重建和升级，跟自己没有太大关系。例如，某企业引入信息化管理系统之后，员工对该系统存在一定的排斥，不主动将信息上传，也不用该信息进行数据分析和内部管理，依然采用传统的业务处理方式。

（三）关联企业并未完全参与到数字化转型中

企业数字化转型并不是单一企业能够独立完成的，要达到好的效果，需要整个产业链条上的不同企业齐头并进，只有这样才能体现数据的作用，实现数据共享，协调销售、生产、物流服务等进程。比如，传统家电巨头美的集团的数字化转型之所以比较成功，就是除了其自身转型彻底外，还要求其产业链条上的企业必须进行数字化转型，打通数据通道、共享数据，通过数据管理减少中间流程、降低中间费用，从而实现预期效果。但并不是所有的企业都具备美的这类企业的供应链协调能力，如果不能很好地协同上下游供应商，那将会使数字化管理的效果大打折扣。

二、数字化所需的资源不够

（一）前期资金投入大

数字化转型的核心在于数据的收集、存储和分析，以便提取有价值的信息，这需要资金来进行数据处理和分析，引进专业的数据管理系统、数据分析工具和专业人员，以确保数据的质量和可靠性。市场营销也越来越依赖数字化传播，各类自媒体平台在一定程度上也需要资金去运维。因此，数字化转型从软硬件购买到系统维护，从基础设备更新到员工培训，覆盖了企业生产、运营、市场营销、人力资源等各个领域，而且很多投资并不是立竿见影，需要企业承受一定风险。例如，美的集团数字化转型八年总投入超过100亿元，董事长方洪波曾说，每年考虑数字化转型的投入时，是他最艰难、焦虑的时刻，因为数额大至每年投几十亿元。"这项投资没错，但无法预知。"现实中，面对生存压力，许多企业的数字化转型不得不让位于企业的日常经营，导致数字化转型投入远远不足。

（二）数字技术水平低，缺乏有效的技术方案

传统企业数字化转型中一个最大的短板是缺乏数字技能。数字化战略的实施通常涉及新的技术和系统的引入，包括人工智能、大数据分析、云计算等。企业可能面临技术架构的升级和整合、数据隐私和安全保障等技术挑战。一方面，传统企业尽管具备丰富的行业经验，但在大数据技术方面较为欠缺。大多数企业的信息化仍局限于文字处理、财务管理等办公自动化和人力资源管理领域，相对较少采用大数据和企业云等先进技术。特别是中小企业面临核心数字技术供给不足和数据采集难题，所以从业务转型的角度开展预测性和决策性分析有一定难度，未能深度挖掘数据资产的潜在价值。另一方面，一些大数据技术公司虽然有技术，但对行业垂直应用缺乏深入理解，通用架构、算法等难以满足不同企业的实际需求，造成技术和业务的"两张皮"。

（三）数字化相关人才缺乏

新产业、新业态、新模式催生大量的数字化人才需求，涉及领域广泛，包括人工智能、大数据分析、物联网等。然而，当前我国数字化人才的供给无法满足市场的需

求。教育体系的数字化人才培养尚未完全跟上需求发展的步伐。虽然近年来高校和培训机构有开设相关专业和课程，但数字化技术的快速发展导致知识更新的速度较快，教育体系还需要不断调整和改进以培养适应市场需求的高素质数字化人才。企业在数字化转型过程中对不同领域、不同技能和经验层次的数字化人才有着不同的需求，而数字化人才供给难以做出及时调整，需求与供给产生错位，导致数字化人才数量的结构性短缺。同时，清华大学全球产业研究院发布的《中国企业数字化转型研究报告》指出，对数字化成熟度较低的企业来说，人才问题更加不容乐观。如果员工得不到继续发展的机会，不仅离职的可能性更大，而且他们将更有可能投入数字化成熟企业的怀抱。

本章小结

在数字经济时代，企业数字化战略目标对于引领企业朝着数字化方向前进起到至关重要的作用。

数字化战略目标基于企业战略目标制定，是指利用数字技术、数据和创新来改进业务流程、提升组织效能、增强客户体验或开发新的商业模式，实现对业务经营活动全生命周期的影响。在考虑目标制定的量化和可衡量性要求的前提下，数字化战略目标的制定要结合企业的使命、愿景、内外部环境以及数字化转型的需求和机会，通过调查研究、拟定目标、评价论证和目标决策四个步骤来实现。在制定的过程中，要注意优先考虑战略而非技术，充分发挥数据的启发力量，重视企业文化的影响，并及时做好总结和改进。

在目标制定的过程中，企业可能面临资源配置、组织变革、技术应用等方面的挑战，需要结合自身的实际情况，确保制定的目标有效可行。

◆ 本章思考题

1. 企业在数字化转型的过程中，为什么需要制定明确的数字化战略目标？数字化战略目标在企业转型中扮演什么角色？

2. 在制定数字化战略目标时，企业应该考虑哪些因素？请列举并解释至少三个影响数字化战略目标制定的重要因素。

3. 描述企业制定数字化战略目标的一般流程和步骤。在实践中，你认为哪个步骤最具挑战性，为什么？

第十章 企业数字化发展战略

加快数字化发展是构筑数字化时代国家竞争新优势的战略选择。对企业来说，如何制定数字化发展战略是其适应数字时代趋势所必须关心的一个问题。本章将着重介绍数字化发展战略与传统 IT 战略的区别以及企业数字化发展战略的选择。

第一节 数字化发展战略的内涵及转型动因

一、数字化发展战略的内涵及与传统 IT 战略的区别

（一）数字化发展战略的内涵

数字化发展战略（简称数字化战略）是企业为了实现战略目标，利用数字技术和手段来重新塑造业务模式、流程、产品、服务、文化以及价值创造方式的计划和方法。这一战略的核心在于将数字技术与业务深度融合，以提升效率、拓展收入、优化客户体验、开创新市场，并在竞争激烈的市场中取得优势。

制定数字化发展战略时需要从企业的整体战略出发，将数字化技术和应用融入企业的战略规划和决策中，以确保数字化技术与业务需求的一致性和紧密衔接。制定数字化发展战略时还需要考虑企业的内部和外部环境，包括组织结构、文化、资源、竞争环境、市场需求和技术趋势等，以确定最佳的数字化方案和实施计划。

数字化发展战略的实施需要采用系统化的方法，包括评估数字化成熟度、制定数字化路线图、构建数字化平台、推动数字化转型、开发数字化能力和建立数字化文化等。企业需要全面的组织变革和文化变革，以支持企业数字化发展战略的成功实施。

企业的数字化发展战略，简单地理解，可以认为是在未来 3~5 年这个中长时期内，企业在数字化领域的重点目标与核心实现策略，这一切都是以企业总体发展目标为基础，为实现企业总体战略目标而设计的。企业的战略目标包括经营目标、财务目标、核心业务（事业部）目标、人才战略目标、体制战略目标等多个方面，数字化发展战略是为实现这些目标在数字化领域的应用规划。

（二）数字化发展战略与传统 IT 战略的区别与联系

传统的 IT 战略与现在的数字化发展战略在本质上没有变化，变化的是战略规划的范围，数字化发展战略相对更加聚焦于应对企业未来的产品与服务的构建以及更有效地参与或组织整个行业生态等问题，而传统 IT 战略则更注重于企业内部流程改造与效率提升。因此，数字化发展战略并非孤立存在，其本身就是企业战略的一个组成部分，是为了实现企业战略目标而精心策划的一系列计划和行动的组合。这种战略的转变意味着企业需要在追求内部效率的同时，紧密关注外部环境的变化，不断创新和适应，以保持竞争力并实现长远的成功。

数字化发展战略与企业战略的关系如图 10-1 所示。

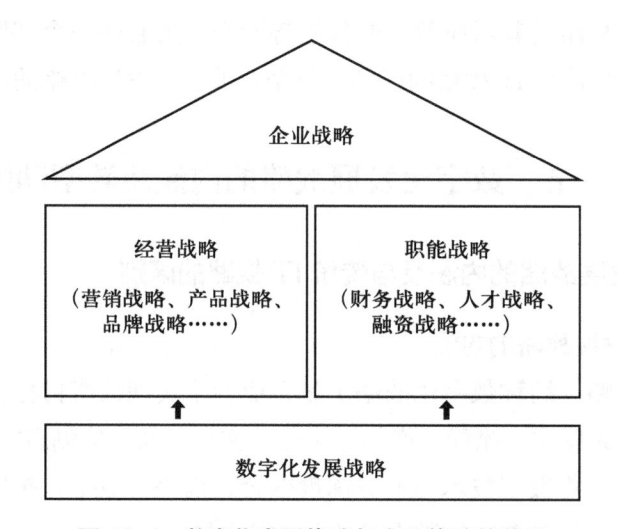

图 10-1 数字化发展战略与企业战略的关系

数字化发展战略即以"战略性"的方式应用 IT 和数据。这一论述涵盖了两个关键层面。首先在于"转"字，数字化发展战略意味着在之前没有以"战略性"的方式运用 IT 和数据，出现了一种"转变"。其次在于"使用"二字，数字化发展战略着重将 IT 作为基础生产设施，将数据视为不可或缺的生产要素去使用。

1. 数字化发展战略就是"战略性"使用 IT

许多传统企业的 IT 部门通常属于支援职能部门，而非核心业务部门。其影响力较为有限，甚至有时 IT 团队成员自称为"电脑修理工"。将 IT 转化为"战略性"资源的做法，意味着需要改变 IT 部门的现状，重新定义其角色，使其由被低估的"支援职能部门"蜕变为能够实际提升企业生产效率、竞争力并直接为企业创造价值的"核心生产基础设施"。

当然，实现这一目标并非一蹴而就，这包括对 IT 职能进行重新界定，对组织和岗位进行调整，以及进行绩效评估模式等一系列改革。数字化带来前所未有的机遇和挑战，而数字化发展战略成功与否在很大程度上取决于企业是否能够以"战略性"的方式来应用 IT。这是一个逐步演进的过程，需要企业领导层改变对 IT 的看法，将其视为战略引擎，而不仅仅是后勤支持。与此同时，IT 部门自身也需要积极进行变革，不断提升专业技能，深入了解业务领域，将技术与业务紧密结合，为企业提供更有价值的解决方案。唯有如此，才能充分发挥 IT 在推动企业创新和发展中的作用，不辜负时代对"IT 人"的期望。通过以"战略性"的方式使用 IT，企业可以将传统 IT 部门转变为战略性价值创造者，从而在竞争激烈的商业环境中保持竞争优势，使企业实现可持续发展且增长的目标。

2. 数字化发展战略就是"战略性"使用数据

传统企业在数据运用中存在诸多问题：许多企业在数据运用方面并不熟悉，甚至有些企业不清楚自身拥有哪些数据。由于采用独立的系统架构和各自为政的系统建设，企业内外出现了许多"数据孤岛"。在"小数据"层面，数据不一致、不准确、不完整等质量问题普遍存在。不同系统间的数据难以互通、难以融合，导致大数据应用变得表面化，商业智能项目成了"面子工程"。

在许多传统企业中，业务部门常把数据管理和应用视为 IT 部门的责任。实际上，IT 部门往往对数据的理解存在不足。将数据真正视为企业的"生产要素"，进行有效管理和应用，是"战略性"使用数据的目标。解决这个问题不是单一部门或个别人员可以完成的，需要整个企业建立对"数据"和"数字化"的认知，培养"用数据决策、用数据沟通"的思维模式，并逐步构建企业的数据文化。

二、数字化发展提高企业核心竞争力的机理

企业在达到一定发展阶段后，增长速度会逐渐减缓甚至停滞。在陷入"内卷"状态的情况下，企业需要探寻全新的增长机会，以突破当前困境，保持发展势头。随着数字化时代的到来，企业开始认识到或许正是通过"数字化"手段才能突破发展瓶颈，实现持续增长，并可能借此重塑商业模式，实现爆发式的增长。本节将从战略层、组织管理层、业务层三个方面来说明数字化发展提高企业核心竞争力的机理。

（一）战略层数字化发展提高企业核心竞争力的机理

1. 商业模式

在数字经济时代下，不仅同行业中不同企业的壁垒逐渐被打破，而且行业与行业之间的边界也逐渐模糊，不同行业的思想文化、经营理念不断交织融合，倒逼制造业企业形成跨界思维，吸收其他行业的元素并为自己所用。此外，跨界整合也将丰富产品的形式，由原先的实体商品扩展至虚拟的网络应用、个性化服务或是文化创意等领域。同时，因为开发新产品往往需要投入巨大的资金，成本回收周期较长，并且具有较高的不确定性，所以许多制造业企业将服务化转型作为有效提高绩效和价值的"捷径"。这就意味着，制造业的发展需要瞄准消费者个性化的需求，将高附加值的服务加

入产品中,通过互联网、大数据等新兴信息技术实现生产技术和产品质量的提升,实现价值增值。同时,企业需要将与其他企业的竞争关系转变为合作共生关系,并从粗放型增长模式转向低耗能、低污染的集约型增长模式。综上所述,在种种变化下,具有互联网思维的商业模式才能有效地满足市场需求,构建核心竞争力。

2. 品牌声誉

有学者研究发现,品牌作为企业的一项关键性战略资源,有助于企业创造价值和建立竞争优势。发展品牌经济成为企业提高竞争优势的重要手段,能正向影响企业财务业绩。以家电产品为例,由于其更新速度较快且重复购买率低,品牌影响力在顾客购买中发挥主导作用,因此顾客易形成对品牌的导向性消费。尽管网络技术正在消除消费者与制造企业之间的壁垒,但是两者之间的信息不对称性在某种程度上依然存在。根据信号传递理论,一家企业若能建立较高的品牌声誉,则会向外界传递一种积极的信号。且品牌声誉一旦建立,便会引发巨大的品牌效应。在数字化时代,企业利用平台不断开发品牌资产,通过卓越的客户体验建立品牌价值,并与顾客以及利益相关者合作,共同推动创新和价值创造的过程。消费者角色的演变使企业不仅需提供创新的产品,还必须打造出引人入胜的顾客体验,从而将市场理念从简单的商品和服务交换转变为共同创造体验的过程。在工业物联网平台型企业中,树立品牌声誉至关重要,这有助于迅速吸引互补企业并获得用户信任,从而避免陷入"沉没成本陷阱"。因此,建立品牌声誉不仅是一种手段,更是一种推动力,应纳入影响核心竞争力的业务流程中,融入战略考虑。

(二)组织管理层数字化发展提高企业核心竞争力的机理

1. 研发创新

在数字经济时代下,数据、知识等资源的增长速度是指数级的,并可以通过网络途径飞速传播,使得企业自身的组织边界不断拓展与开放。企业不再是一座座"信息孤岛",企业之间开始有意识、有目的地交流已掌握的知识。在数据、知识的赋能下,制造业企业通过Python、IBM SPSS Modeler、SAS Data Mining等数据挖掘软件以及EXCEL、SQL等数据分析软件习得并掌握更多知识,降低知识获取成本。随着创新平台的陆续建立,越来越多的企业登录"云平台",加快知识流动速度,进一步促进知识共享,加速企业内部创新,同时带动外部创新市场的发展壮大,企业也有机会利用整体的进步反哺自身。总的来说,数字经济赋能企业研发创新,能够降低知识获取和技术开发的成本。知识在平台上的共享又能增加企业学习到新技术的可能,最终使企业研发创新的成功率以及效率得到提高,增强研发创新能力。

2. 生产制造

首先,核心技术信息物理系统是企业数字化转型的支柱,已经取代了传统的"试错法"下的实体制造方式。CPS在制造业中构建虚拟制造空间和实物制造空间的闭环数字化体系,将物质生产运行规律转化为模型、代码和软件,从而在虚拟空间中实现了制造流程的快速迭代和持续优化。这推动了制造方式的根本性变革，即从实体制造向更为高效的虚拟制造转变，从而彻底改变了制造资源的分配方式和效率。

其次，在新一代信息技术的创新和应用下，传统的机器人、机床以及专业设备正在逐步演变，转变为3D打印机、智能机器人、智能机床，还有智能机械设备（比如自动吊装设备、动态分拣设备等）。通常常见的能量转换工具正逐渐蜕变为集成智能模块的智能工具，这些工具拥有传感、通信、控制和计算处理等多种功能。智能硬件工具，如RFID、AGV、PLC，极大地提升了体力劳动的效率；与此同时，智能软件工具，如CAE、CAM、MES，显著提升了脑力劳动的工作效率。这些智能工具协同工作，推动着制造业技术和效率的迅猛进步。在智能制造时代，工厂的自动化程度不断提高，生产设备均实现互联互通、自动运行，通过智能物流、智能生产等手段实现精准高效地控制原材料供应和生产制造。企业信息系统和物理设备之间的连接得以实现，内部IT和OT领域逐步整合，形成贯穿整个制造企业的技术架构，实现不同层级系统的协同。通过构建协同的价值网络，制造系统的界限突破地域、组织和机制的限制，由单一制造企业转变为网络化制造联盟，生产模式也从集中式控制逐渐转向分散式增强型控制。在实践中，通过互联网，企业之间建立了协同制造和供应链协作平台，整合多样的业务体系，促进创新资源、生产能力和市场需求的共享。这使得生产计划、原材料选择、采购、工艺、制造和集成等环节得以平行协同优化。

总之，在当前时代下，经销商和客户在柔性化、响应程度、大规模定制等方面对于制造企业的要求越来越高。企业在工业化时代中惯用的单一化、批量化的生产模式已经无法很好地应对。而新一代信息技术能够赋能企业基于供给端、需求端所产生的数据进行科学决策，保证流程运行的高效性，进而提高生产环节、产品以及服务的智能化程度，增强智能制造能力。

3. 组织结构

数字经济的迅猛发展促使企业战略发生转变，同时迫使企业对其组织架构进行创新，重新评估、规划和调整人员、资金和物资的配置。

在数字经济的驱动下，企业逐步尝试用构建生态圈的措施取代原先以规模化生产为首的传统手段，从而建立竞争优势。生态圈意味着开放共享、互利共赢，这一理念必将使制造业企业内部形态呈现网络化的特点。各个模块按照不同功能分化整合，形成一个个去中心化的运行节点，类似计算机领域的虚拟空间，用数据打通企业决策、研发、生产、销售等不同体系之间的渠道。在组织内部形成一个开放式的循环回路，提高了各类信息的流通速度，提高了价值供给的效率。同时，扁平化的组织结构能够克服传统科层制、垂直式组织结构烦琐低效、反应迟钝的弊病，而且优化了企业内部分工，更能适应数字经济时代多变的市场环境。在扁平化的组织结构下，若干个小型职能团队是重要组成部分。这些职能团队聚焦用户，贴近市场，能够有效促进资源的交互和整合；拥有一定决策权的团队领导者能够及时了解市场一线的动向，做到及时响应，为客户创造更多附加价值，提升生态能力。

（三）业务层数字化发展提高企业核心竞争力的机理

企业的营销活动被数字技术赋能之后，最明显的表现就是企业可以通过深入分析刻画用户消费意图、行为的海量数据信息，来不断优化自己的销售策略，最终实现精细化营销，达到减少销售成本、增加销售收入的效果。

在数字技术的支持下，企业可以利用桌面电脑和移动设备投放营销信息，从而增加品牌曝光。通过对人群、算法、时间段、地域等多个方面进行优化，精选高质量目标受众，吸引其参与各类品牌互动活动。这不仅令企业不断聚焦优质群体，还增强了服务的个性化和效果。此外，数字技术为企业建立全球用户数据平台提供了技术支撑，拓展了企业数据来源，增强了对用户需求变化的观察能力以及判断能力，为企业提供个性化、一对一服务奠定了基础。最后，因为数据对客户的消费偏好、产品的使用情况、满意程度等做到精准表达，企业不仅可以认识到不同客户对于同一产品所需求的不同价值，实施差异化定价策略，还可以帮助产品吸引更多潜在客户，实现市场的开拓。因此，企业数字化转型赋能业务层面，从而提升企业的市场开发能力。

三、数字化发展的全球趋势与动因

（一）数字化发展的全球趋势

随着全球数字化时代的到来，数字经济不仅在推动经济发展方面起着关键作用，而且也成为引领各国新一轮科技革命的战略基石。各国对数字经济的发展极为重视，迅速制定数字经济战略，并促进区域间的数字经济合作，从而塑造了新时代下全球数字经济发展的轮廓。未来，全球数字化发展将呈现以下趋势。

1. 数字化的知识和信息成为重要的生产要素

人类生产、生活和治理所依赖的数据基础和信息环境正处于明显增强和重点改善的阶段。移动互联网和物联网不断普及，智能终端和传感器广泛运用，促进了人、机、物之间的互动和融合。涉及经济增长和社会发展的各类活动已全面启动数字化进程，数据已成为与资本和土地同等重要的生产要素，对其持续进行分析、挖掘、加工和应用，其价值会不断攀升，为全要素生产率的提升提供有力支持，为国民经济和社会发展注入新的活力。

2. 实体经济与数字经济深度融合发展是首要战略任务

在未来阶段，各主要国家和地区将逐渐加大数字经济相关战略的深度，广泛应用互联网、大数据、人工智能等新一代信息技术，特别是在先进制造业领域。这将积极推动从生产要素到创新体系、从经营模式到组织形态、从发展理念到商业模式的全面转型和突破。这种努力将持续引发个性化定制、智能化生产、网络化协同、服务型制造等新模式和新业态的涌现，推动数字和实体的相互融合、物质和信息的紧密连接，从而孕育出新型发展模式，显著提升全要素生产率。

3. 平台化、共享化引领经济发展新趋势

当前，企业竞争的重点正逐渐演变，不再局限于技术、产品和供应链竞争，而是向着生态系统平台化竞争的方向发展。一些领先的企业已经迈出了第一步，这些企业拥有庞大的用户群、丰富的技术积累以及强大的资金支持。它们通过开源系统构建、开放环境创设、跨界融合推动、组织结构变革、商业模式重构以及创新团队培育等多种途径，持续构筑和优化资源的聚合，实现共生共赢的生态格局。

4. 以开放协同为导向加快重塑全球创新体系

尽管创新依然是推动经济数字化发展的主要力量，但创新的实施主体、机制、流程和模式正在经历着重要的变革，这些变革使得创新的范围不再受限于传统的组织边界。同时，资源运作方式和成果转化方式也在发生变革，跨地域、多元化、高效的众筹、众包、众创和众智平台正在崛起，凸显了全球开放和高度协同的创新特点。

5. 基础设施迈向数字化、网络化、智能化

展望未来，物联网的普及与人、机、物的融合将成为网络架构的基本模式。全球范围内的信息基础设施正迫切需要扩大覆盖范围与规模，以实现共享协作并进行智能升级。同时，传统基础设施如电力、水利、交通、运输等，也正在逐步与新一代信息技术（如互联网、大数据、人工智能等）深度融合。这种融合使传统基础设施转变为智能电网、智能水务、智能交通和智能港口，从而显著提升资源利用效率和资源调度能力，为数字经济的健康和可持续发展提供强有力的支撑。

6. 国家和地区之间的竞争转向信息空间的竞争

国家和地区之间的竞争和对抗正在逐步从传统的土地、人力和机械数量质量转向数字化发展水平。这种转变正在从物理空间扩展至信息空间，迅速呈现出以信息空间竞争和对抗为主导的势头。那些能够掌握信息空间核心竞争优势的国家和地区，将在新一轮国际分工中抢占先机，主导价值链的制高点。

7. 数字技能和素养推动能力升级

消费者对数字资源获取、理解、处理和利用的能力，将直接影响数字消费的增长速度和水平，进而深刻影响数字经济的整体发展质量和效益。发达国家在全球范围内更加注重挖掘潜力并培养公民的数字素养，将其提升至构建国家新兴战略竞争力的高度，作为推动数字消费、扩大内需市场以及增强内生动力的关键措施。

8. 数字化手段有效改善社会福利水平

在数字经济引领下，公共资源供给效率大幅提升，公共服务效用显著增强。数字经济不仅致力于革新生产方式和推进实体经济提升质量和效益，还专注于推动教育、医疗、慈善等公共事业朝着更加便捷、普惠、平等的方向发展。未来，将建立多种类

型、多领域的网络化、智能化教育资源公共服务平台，进一步拓展面向公众的高质量教育资源的覆盖范围。

9. 数字城市启动规划、建设和管理

随着信息基础设施规模的拓展、功能的提升以及网络的构建，一些现代化城市具备了出色的创新能力和数字化条件，将先行同步规划数字城市与实体城市，逐渐演进为同步建设和同步管理的前沿模式。为满足庞大数据采集、传输、储存和处理的需求，将持续培育系统级平台，专注于数字城市运营与决策管理，以逐步打造具备推广与复制价值的标准体系。

10. 社会治理体系的数字化程度持续提升

在政府事务领域，网络化的结构和理念已经得到深度融合应用，而未来将进一步优化事务流程，重点提升政务服务的便利性和政府的整体服务能力。构建统一、共享的开放数据平台已成为全球趋势，跨层级、跨区域、跨行业的协同管理与服务因此实现，还可为精准化、高效化的社会治理提供决策支持。多样的网络化、智能化信息平台正在迅速建设，同时社会大众也被鼓励并引导来积极参与治理进程，从而逐步打造共同制定、共同商讨、共同治理的健康生态环境。

（二）数字化发展的动因

随着互联网技术及信息技术的快速发展，制造业企业在数字化经济时代下面临着日新月异的市场和技术环境。为了适应市场需求，提升用户体验，增强竞争优势，制造业企业需要向数字化发展。

2011年之前，我国家电行业发展迅猛。一方面，归因于我国城镇化率不断提升，以及成品房销量连年增长；另一方面，也得益于国家出台的多项相关补贴政策，极大地刺激了市场需求。各品类家电销量逐年攀升，尤其是白色家电，其连续三年增长率都保持在30%左右。但从2011年下半年开始，由于之前的家电补贴政策的逐步退出，房地产行业增长态势的逐渐回落，由人口增长和政策刺激带来的产品增长红利逐渐消退。因为之前房地产行业火热以及国家政策补贴的影响，家电行业其实是提前透支了大量的需求，各品类家用电器的销量从2011年下半年开始逐渐下滑，消费者开始追求产品的质量。许多企业当时很快意识到一味地通过价格差异化战略来实现市场规模的扩展已经不再符合市场实际情况，必须尽快转型升级。

本部分以海尔智家为例探讨企业进行数字化发展的动因。在进行数字化发展前，海尔智家无法做到对整个产品生产流程进行精细化管理，难以有效降低残次品率以及将产品库存率维持在较低水平。因此，海尔智家迫切需要利用信息技术的成果，以提升企业的经营效率和效果，建立企业核心竞争力，并将价值曲线延伸至各环节，从而脱离低等级竞争如价格战，并寻找到新的利润增长点。以下是海尔智家选择进行数字化发展的具体动因。

1. 国家政策支持

随着数字经济的蓬勃发展，我国数字经济的总量快速增长，这深刻地改变了我国的产业模式、商品流通体系以及消费者的消费模式。"数字经济"一词因此成为《政府工作报告》中的热门词汇，"数字中国"也上升到国家战略的高度，成为"十四五"规划中的重点建设环节。同时，国家也出台了一系列支持性文件和政策，目的在于为企业指明发展方向，推进企业开展转型升级实践。海尔智家正是抓住了数字经济带来的机遇，把握国家相关政策的红利，积极主动地调整企业的宗旨与经营哲学。

2. 竞争激烈，市场细分

首先，家电行业与房地产行业息息相关。通常情况下，消费者在购置新房时才会产生购买白色家电的需求。随着政府对房地产市场的宏观调控的持续推进，"炒房热"的现象得到抑制，家电市场规模扩大的速度也受到限制，再加上政府对家电行业的补贴政策陆续退出，全品类家电的销量因此出现下降趋势。这意味着增量需求红利已经结束，行业已经完全进入一个平稳发展的存量周期。之前以规模经济和价格优势为核心的粗放式扩张战略早已不再能产生预期效果。库存积压、产品滞销等问题日益增加，这进一步加剧了行业内的竞争压力。因此，企业亟须变革升级，寻求全新的盈利增长途径。其次，国内"宅文化"兴起，厨房小家电以及便携按摩仪、投影仪、清洁电器等新兴家电受到越来越多人的青睐，家电市场细分程度加大。并且在小家电的细分市场中，消费者对产品是否能够满足自己的需要更为关心。这就意味着，企业原先通过规模生产所带来的低成本不再是主要优势，行业准入门槛的降低会吸引更多企业进入市场，提高竞争程度。因此，在市场的重压下，海尔智家必须不断提高品牌影响力，提升企业市场竞争力，从而获得市场份额。

3. 消费升级，需求多样

由社会经济发展带动的消费升级深刻地影响着包括家电等在内的制造行业。一方面，质量和价格不再是消费者关注的"唯二因素"，产品的智能化程度、可互动性、保健性、节能程度、联名属性等因素也成为消费者重点关注的对象。消费者对产品的要求超越了其本身的使用价值，期望获得更加丰富的使用体验。另一方面，大多数年轻人倾向选择的家电产品往往具备个性化、差异化，在家电产品之间、电子设备与家电产品之间能够连接互动，具有"掌上操作"的特点。面对市场中出现的消费升级现象，海尔智家更是要及时做出战略调整，以适应消费需求细分、消费升级等现象，不断满足消费者需求，以此创造企业价值。

4. 时代发展，技术冲击

信息技术的进步为制造业企业带来了新的机遇和挑战。一方面，将科技应用于企业经营的各个环节，有助于提升业绩表现；另一方面，企业如果不能适应环境的变化，无法及时掌握新技术，就很可能被其他企业超越，面临被淘汰的风险。海尔智家数字化转型以来，一直不断地完善自己的商业模式和组织结构，拓宽自己的销售渠道，并对产品进行智能化的研发。这些举措不仅帮助海尔智家收获了稳定的客源，大大激发了员工的创造力，也提升了企业营业收入和产品的市场份额。

第二节　数字化发展战略的视角及外延

一、数字化发展战略的视角

从数字化发展战略的角度来看，战略的塑造涵盖了竞争合作优势、业务场景和价值模式这三个要素。企业迫切需要制定坚实的数字化战略，将其作为企业发展战略的核心，以确保数据驱动的理念、方法和机制贯穿于整个企业的发展策略。

在竞争合作优势的视角下，企业逐步从单一竞争模式转向建立多层次的竞合关系，以应对快速变化和不确定的市场竞争合作环境，增强竞争合作优势的持续性和战略灵活性。竞争与合作正发展到更高层次，不再局限于过去的技术产品的竞争与合作，而是升级为智能技术产品（服务）群的竞争与合作。基于资源要素的竞争合作也已经演变为基于新型能力体系的竞争合作。企业间的竞争合作不仅提升至供应链和产业链层面，更拓展至生态圈层面，形成更广泛的竞争合作网络。这种发展趋势增加了竞争与合作的强度，塑造了更为复杂而富有活力的竞争合作格局。在构筑数字时代的竞争合作优势时，需要集中关注以下几个关键领域：首先是强调技术的应用，要广泛深入采用新一代信息技术、产业技术和管理技术，同时推动创新的融合应用，为新技术和产品（服务）的发展创造更多机会；推进模式创新次之，即积极推动跨产业、跨组织（企业）、跨部门的商业模式、业务模式以及组织管理模式的创新，从而支持创新驱动、高质量发展的新模式的塑造；最后，需要强调数据的驱动作用，将数据视为关键资源和新的生产要素，借此改造传统业务，培育数字新业务，从而实现创新驱动和业态的成功转变。这一系列措施将为在数字时代实现竞争优势和合作协同提供有力支持。

在业务场景的微观视角下，为了塑造支撑柔性战略的敏捷业务，企业必须彻底颠覆传统的基于技术专业化职能分工所建构的垂直业务架构，以动态个性化需求为驱动，构筑基于能力赋能的全新业务体系。在这样的结构中，业务设计必须全景考虑业务场景，从端到端进行全面思考。在业务场景的策划过程中，企业应当综合斟酌目标、内容、资源等多重因素，以确保设计能够全面满足各方需求。这包括但不仅限于以下几点：首先，要透彻分析各利益相关者的业务场景需求，并设定可量化达成的业务目标；其次，要明晰业务的构成、流程，以及面向利益相关者的成果交付；最后，要精确定义实现业务场景所需的人员、财务、物资、数据、技术等资源。这种综合性的思考方式有助于确保业务场景的设计和实施，更加精准地满足多方位的需求。

在价值模式的微观视角下，为了追求最大化的价值效益，企业必须积极应对新一代信息技术所催生的变革浪潮。这股变革浪潮要求企业转变传统工业时代的价值构建方式，那种基于技术创新、依赖长周期获得稳定市场回报的模式已经不再适用。企业应当建立立足于资源共享和能力赋能的开放式价值生态，以实现业务的高速演进和协同推进。在价值模式分析中，涉及以下两个关键层面：首先是价值创造模式，它包括主要的价值创造主体、关键的价值活动、管理机制以及合作模式，同时还包括价值创造和传递的过程和路径；其次是价值共享模式，它涵盖了价值的度量方式、分配机制以及交换模式等方面。所有这些因素在企业内部以及与外部合作伙伴之间的价值共享与合作中都扮演着重要的角色。这种全面的变革将为企业带来更为深远的价值引领与创新合作。

以成长型企业为例，其发展是一个不断演化的过程。对于具有长期持续性需求的 IT 服务，进行数字化发展时应采取渐进式策略。首先，应专注于解决企业迫切需要解决的核心问题。通过着眼于关键应用，实现"小而美"的切入，从而迈出数字化转型的第一步。随后，可以采用小步快跑的方式，逐步优化，稳健地推进转型进程。这种渐进式策略有助于在转型过程中保持灵活性和可持续性。按照企业发展战略、新型能力、系统方案、治理体系和业务创新转型的不同程度，可将成长型企业数字化发展分为五个阶段，即初始级、单元级、流程级、网络级、生态级，具体如图 10-2 所示。其中，采用智能驱动型管理模式，培育数字业务，支持价值开放共创的生态组织，将是成长型企业数字化发展的最高阶段（L5 生态级）。

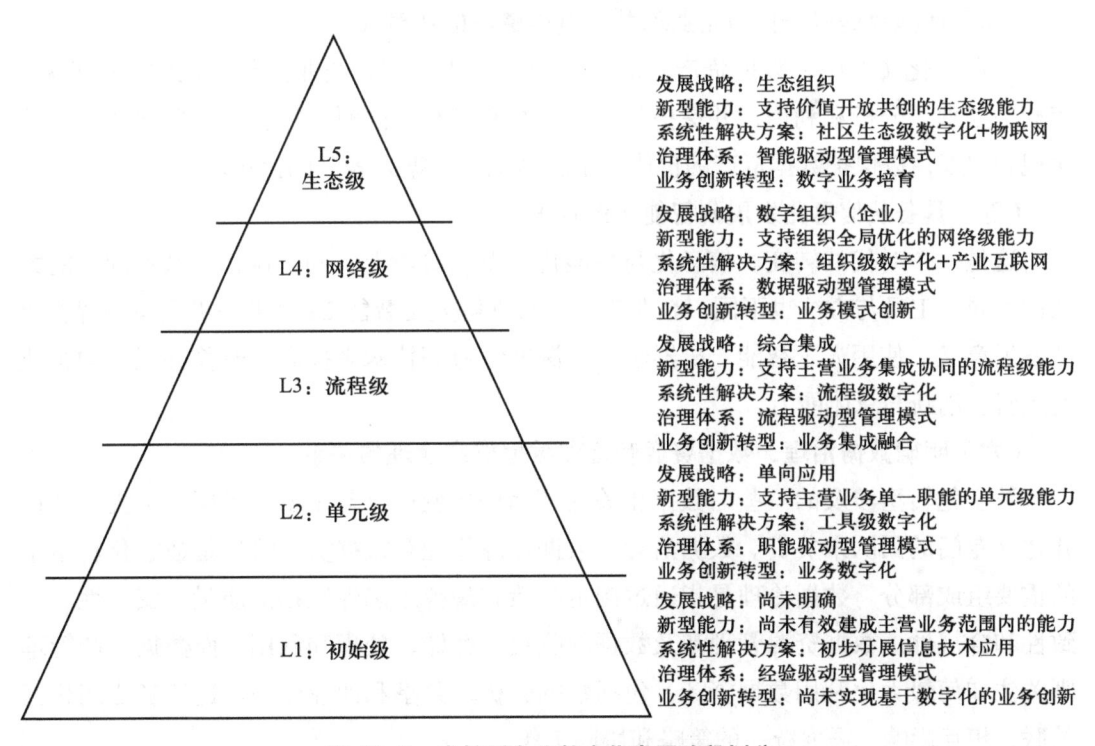

L5：生态级
发展战略：生态组织
新型能力：支持价值开放共创的生态级能力
系统性解决方案：社区生态级数字化+物联网
治理体系：智能驱动型管理模式
业务创新转型：数字业务培育

L4：网络级
发展战略：数字组织（企业）
新型能力：支持组织全局优化的网络级能力
系统性解决方案：组织级数字化+产业互联网
治理体系：数据驱动型管理模式
业务创新转型：业务模式创新

L3：流程级
发展战略：综合集成
新型能力：支持主营业务集成协同的流程级能力
系统性解决方案：流程级数字化
治理体系：流程驱动型管理模式
业务创新转型：业务集成融合

L2：单元级
发展战略：单向应用
新型能力：支持主营业务单一职能的单元级能力
系统性解决方案：工具级数字化
治理体系：职能驱动型管理模式
业务创新转型：业务数字化

L1：初始级
发展战略：尚未明确
新型能力：尚未有效建成主营业务范围内的能力
系统性解决方案：初步开展信息技术应用
治理体系：经验驱动型管理模式
业务创新转型：尚未实现基于数字化的业务创新

图 10-2　成长型企业数字化发展阶段划分
资料来源：浪潮智慧企业研究院、海比研究院。

二、数字化发展战略的外延

（一）重新认识企业的定义与存在意义

在数字化转型的背景下，企业不再仅仅是为了实现盈利的经济实体，而是可以通过内外部数据流动和能力流动实现敏捷运营，以多种形式存在的组合存续。现代数字化企业将越来越远离传统的管理模式和劳动力组织形式。企业的价值不再仅仅依赖于其物质和物理资产，而更多地依赖于数据资产和知识资产。企业创造客户和创新客户体验有了全新的方式与方法，与其主要客户的关系也不再是单纯的买卖关系。

（二）重新理解知识型员工的价值与管理方式

知识型员工在数字化转型中将起到越来越大的作用。他们不仅有专业知识，还具备适应和驾驭数字化工具的能力。对知识型员工的管理方式也需要转变，应通过激励机制、培训和发展机制的改制转型来保持他们的创新性和参与性。

（三）进一步认识企业生态的未来时

随着数字化转型的推进，企业生态在不断更新，企业的边界越发模糊，企业的角色和行为模式也在变化。未来的企业生态将更强调互联互通、价值互补、生态共赢，以实现更大的商业价值和社会价值。

（四）拥抱数据资产作为企业和社会重要资产的新时代

在数字化转型中，数据资产已成为企业的重要资产。企业必须重视数据的收集、存储、处理、分析和利用，并保护数据的安全和隐私。同时，社会也需要建立适当的法规和制度，以保护数据资产的价值，不断增加"数据入表"的比重。

（五）具备从信息化发展到智能化的意识

这是一个时代的转变。信息化与智能化在发展阶段上不同，认知体系不同，能力图谱不同，工具与方法也不同。企业需要从头理解人工智能2.0，进一步意识到智能化的发展意义，使用人工智能、机器学习、深度学习等技术来提高、改善甚至重构企业的运营、创新与总体能力。

（六）明确数据治理、数据资源管理和数据资产管理的关系

数字化转型涉及的一些与数据相关的管理任务变得日益重要，需要全员提高意识并建立专门的团队来负责。数据治理、数据资源管理和数据资产管理是数字化转型中的重要组成部分。数据治理是指通过制定政策和规范来确保数据的质量、安全性、一致性和合规性。数据资源管理涉及数据的收集、存储、处理和利用。而数据资产管理则关注如何最大化利用数据资产，包括数据分析、共享和商业化等。这三者之间相互关联、相互影响，需要统一的策略和协同工作。

第三节 企业数字化发展战略的选择

一、数字化发展战略的不同层次和范围的划分

战略金字塔的五个层次是层层递进、脱胎换骨的关系，具体如图 10-3 所示。

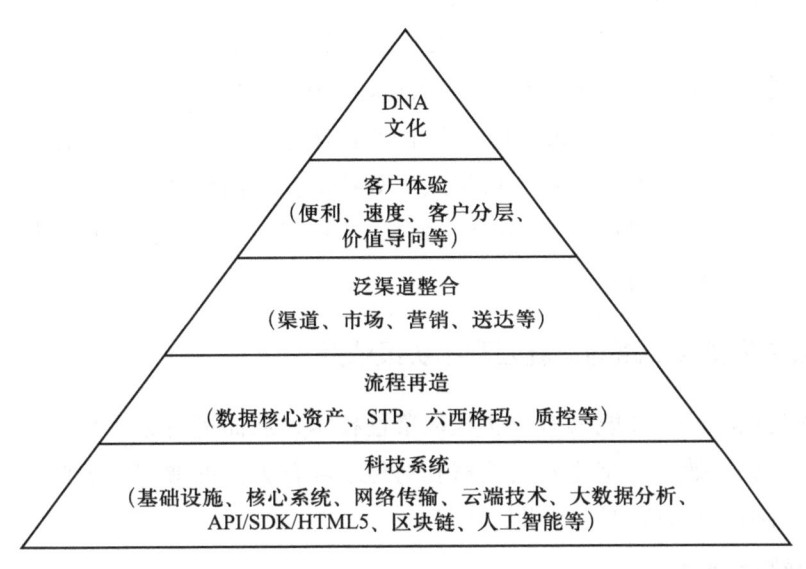

```
                    DNA
                    文化
                  客户体验
              （便利、速度、客户分层、
                  价值导向等）
                泛渠道整合
           （渠道、市场、营销、送达等）
                 流程再造
       （数据核心资产、STP、六西格玛、质控等）
                 科技系统
   （基础设施、核心系统、网络传输、云端技术、大数据分析、
        API/SDK/HTML5、区块链、人工智能等）
```

图 10-3　战略金字塔

首先，从金字塔的顶端来看，要实现成功的数字化转型，企业需要调整其文化，将数字化融入企业的 DNA。这种文化调整涵盖了从领导层到组织架构设计、从考核指标到人员配备等各个层面。数字化企业的文化与传统企业有所不同，重点在于领导支持、鼓励试错、客户导向、高效决策以及迅速响应市场等方面。为此，相关的机制和架构应该被优先规划和实施。

其次，在数字化转型中，设定目标并衡量其成效至关重要，这体现了反思与适应的精神。就如同缺乏明确目标的计划注定会失败一般，若设定目标却不紧密追踪进展，可能导致进展迟缓。在长远视野中，最初设定的目标可能并不是最准确的，而随着时间的推移和持续调整，确立多重目标将确保企业最终达成愿景。这一过程强调了目标的精准性和应变能力，这是实现成功的数字化转型的关键，确保客户体验始终处于优先地位。

然后，泛渠道整合是数字化转型的重要内容。数字化并不意味着线下渠道的淘汰，相反，它将使得线下渠道成为客户体验的中心，与线上渠道相互补充。线上线下的融合将为客户提供更加无缝的购物和互动体验。

接着，数字化转型还需要对业务流程进行重新塑造。数据已经成为数字化企业的

核心资产，应用于业务流程的各个环节，取代了传统的纸质和人工操作，从而提升了效率和体验。数字化流程以客户体验为中心，借助于科技手段如大数据、人工智能和区块链等技术来实现。

最后，科技的支持是数字化转型不可或缺的重要组成部分，它涵盖了系统架构的设计。在以上设计和规划的基础上，通过科技引入相应的系统架构，由此为数字化企业提供必要的技术支持。在科技基础层面，核心系统需具备分布式、多线程、海量数据处理等能力，以实现对企业商业基础设施的数字化和智能化改造、业务流程的重塑，并在对外渠道的数字化和智能化衔接中扮演关键角色，最终提升客户体验，进一步演化至塑造企业的数字化DNA和文化。而中间层应追求模块化、参数化、实时性等特性。在应用层，则需具有开放性、可接入性等特征，以便将企业的产品与服务嵌入不同的线上和线下生态场景中，实现广泛融合。这种层次分明的架构构建将在数字化转型的道路上发挥关键作用。

二、数字化发展战略的关键因素和决策依据

以创新为核心的企业能够有效实施颠覆性技术，从而进行数字化发展，而数字化发展则需要形成有效的数字化发展战略和对传统经营方式的颠覆。因此，在制定数字化发展战略时必须考虑以下七个关键因素。

（一）战略与领导

将战略与正确的领导者相结合是数字化发展战略最关键的组成部分。具有正确思维的有远见的领导才可以制订更好、更平滑、更具成本效益和时间效益的计划，以数字化方式转变业务，同时牢记业务战略。在起草数字化发展战略时，必须确保业务战略清晰明了，以便在数字化过程的后期阶段可以毫无障碍地实现企业目标。因此，必须确保与具有创新性且勇敢的领导者一起组建团队，以制定企业的数字化发展战略。变革型领导者具备的一些素质如下。

1. 敏捷变化的领导者

随着数字环境的迅速变化，数字化领导者必须愿意尝试新技术，并在方法上变得更具适应性和灵活性。领导者必须培育一种拥抱变化的文化。

2. 目的明确的改变者

数字化领导者必须准备好所有理由，重新思考企业的业务方式，明确回答"为什么要朝着数字化方向发展"的问题，理解数字化转型是利用技术来保持竞争力并推动企业走向创新。

3. 有前瞻性愿景的领导者

数字化领导者不仅应对企业的未来有清晰的愿景，还应积极主动地投入资源并实施实现愿景所需的更改。这可以通过清晰、连贯的战略来实现，该战略概述了企业的

需求和前瞻性愿景。

4. 冒险者和实验者

冒险精神对于数字化领导者至关重要。最大的风险是根本不冒险。在这个瞬息万变的世界中，如果领导者无法冒险，任何形式的创新都是不可能的。敏捷的领导者、冒险者或实验者是为实验和创新创造机会的人。

5. 努力建立伙伴关系

海伦·凯勒说过："我们一个人只能做很少的事；在一起我们可以做很多事。"敏捷的领导者主动拥抱伙伴关系，因此可以拥有人员和最创新的技术并使其为企业工作，但是如果没有与合作伙伴协作，其将受到巨大的损害。

（二）文化变革与宣传

企业要为大规模的文化转变做好准备。通常，企业的客户和员工不愿进行重大更改，因此很难执行任何改变。文化是成功的数字化发展战略的关键基石，如果员工提前做好准备，将会对企业进行数字化发展起到非常大的作用。例如，对员工进行数字化培训，与员工讨论数字化发展战略及其如何使每个利益相关者受益，显示文化与新计划保持一致的必要性等。

（三）工艺优化

企业中的每项业务都涉及众多流程和操作，每个人都希望能找到一种更简单的方法来完成任务。因此，在制定数字化发展战略时，需要牢记业务流程的优化。

（四）数据应用

除了优化业务流程外，还必须充分利用多年来收集的数据。数字化的主要作用之一是消除团队和客户的业务难题，数据分析和集成可以帮助识别业务难题。很多时候，人们在创建转型策略时先选择自己喜欢的技术，然后再分析数据。但其实如果不先分析数据，则可能只知道内部团队需要解决的问题，仍然可能会错过必须定期处理的客户问题，而不专注于为客户简化事情的企业可能最终会失去该客户。

（五）实施技术

清楚了解数字化发展战略中的实施技术将确保在约束范围内进行投资，克服有缺陷的流程并建立面向未来的业务。在草拟数字化发展战略时，为业务确定合适的技术是最关键的步骤之一。实施技术将需要大量的财务投资，因此，为了避免超预算，企业必须正确地进行技术选择。无论是要处理历史系统的更新、应用程序的优化还是要实施全新的数字系统，都必须找到最合适的技术。

1. 分布式云服务

分布式云服务将在未来几年成为流行的技术，据预测，多数云服务平台在 2025 年至少提供一些在需要时执行的分布式云服务。此外，企业正在拥抱基于 API 的技术解决方案以做出战略选择。通过在文化上和战略上做好准备，创建和使用 API 对于实现任务敏捷性、加速将新想法推向市场并释放现有资产的新价值至关重要。

2. 数据分析与人工智能

借助深度学习，确保全面审视企业的决策与运营。这些工具和技术能够将迅速积累的数据转变为新时代的基石。在新时代中，机器不仅可以增强人类的决策能力，还能够实时地做出决策。特别是在需要迅速做出大规模决策的情况下，机器能够发挥人类无法企及的敏捷性。通过强大的人工智能工程策略，可以极大地增强人工智能模型的可伸缩性、可解释性和可靠性等，从而全面释放人工智能投资的巨大价值潜力。

3. 数字体验与数字现实

可组合的智能企业将设计数字化的商务事务、自动化的运营活动、新的商业模式以及新产品、服务和渠道。通过释放下一代新兴技术的能力和使用物联网等智能算法和技术，企业可以优化个人和团队绩效，并通过个性化推荐来提升客户的体验。

（六）团队架构

团队的结构应由项目的大小来决定。企业的数字化转型团队应保持均衡，并应包括以下成员。

1. 领导者

考虑到数字业务模型和经过深思熟虑的实施计划，团队必须有一个敏捷的领导者作为火炬手，由其担任首席数字转型官、首席数字官、首席数字创新官、首席技术官或首席信息官。

2. 业务主管

核心的数字体验团队是不同技术和垂直行业的动手实践者。核心数字化团队中至少有产品经理、项目经理、客户体验主管、客户成功工程师、解决方案架构师以及业务和技术团队的高级经理。

3. 编码和设计人员

编码和设计人员拥有开发、设计、编码和数据科学领域的技术和能力，并为DT计划提供优势。团队必须得到所有利益相关者的贡献，无论是开发人员、设计人员、可视化人员、数据科学家还是AI和ML工程师等。

（七）衡量结果

数字化发展战略将极大地影响企业数字化发展的结果，而结果将始终因企业选择的实践和实施的技术而有所不同。因此，必须考虑初步结果并计划长期战略扩展业务以达到新的目标。数字化团队测量结果时必须足够灵活并根据需要进行更改。其中，敏捷是关键。企业可以跟踪KPI指标，使用实时仪表板功能对数据进行汇总和规范化。

三、基于市场需求和竞争环境的数字化发展战略选择

首先，利用数据新价值的机会既可能来自生产生态系统，也可能来自消费生态系

统。其次，企业对这些新机会的反应各不相同，一家企业眼中的冒险选择，在另一家企业眼里则可能很有吸引力。不同的企业对数字计划的重点也可能会做出不同的选择。再次，企业的数字化发展战略选择将影响不同数字生态系统的竞争性质和竞争动态。通常来说，有三种通用的数字化发展战略可以选择。

第一种战略聚焦于生产生态系统。采用这一战略选择时，企业将重心从经营效率推进到数据驱动的交互式产品性能或数据驱动型服务，一步步从数据中释放更多价值。

第二种战略聚焦于消费生态系统。采用这一战略选择时，企业从其他平台的供应商做起，发展到拥有自有平台（可以是合作平台、赋能平台或完整的系留平台），逐步提升从数据中释放的价值。

第三种战略意味着完整的数字生态系统运营，它对企业优势进行平衡，通过生产生态系统和消费生态系统的数字能力来释放数据的价值。

大多数传统企业可能会从聚焦生产生态系统开始进行竞争，并由此向完整的数字运营的方向发展。毕竟，无论是制造业还是服务业，大多数传统的经营业务都以价值链为基础。生产生态系统可能是企业数字竞争战略的首选着力点。由于纯粹聚焦消费生态系统的定位代表着经营业务的主要价值来自数字平台，所以在已经立足于价值链的传统企业中间，这种聚焦不太可能普遍存在。即使企业将价值链延伸到系留数字平台，它们也可能接近于完整的数字角色，而不是纯粹的消费生态系统战略。

本章小结

本章主要探讨企业数字化发展战略的制定和选择。发展数字经济已成为国家战略，因此制定数字化发展战略对企业应对新时代竞争至关重要。第一节介绍数字化发展战略的内涵及转型动因。在本节中，我们明确了数字化发展战略的内涵，以及其与传统IT战略的区别和联系。重点讨论了数字化发展提高企业核心竞争力的机理，包括战略层面、组织管理层面和业务层面提高核心竞争力的机制。同时，分析了数字化发展的全球趋势和动因，帮助企业更好地应对数字化时代的挑战。第二节介绍数字化发展战略的视角及外延。本节从竞争合作优势、业务场景和价值模式三个视角讨论了数字化发展战略。我们强调要重新认识企业的定义与存在意义，理解知识型员工的价值与管理方式，并展望企业生态的未来。同时，强调拥抱数据资产作为企业和社会重要资产的新时代，并提倡具备从信息化发展到智能化的意识。最后，明确了数据治理、数据资源管理和数据资产管理的关系。第三节介绍企业数字化发展战略的选择。在数字化转型中，企业需要认清自身情况和外部环境，选择合适的数字化发展战略，以推动企业持续创新和发展。

本章内容将使企业更清晰地认识数字化发展战略的内涵和重要性,并为制定和实施数字化发展战略提供有益的参考和指导。

◆ 本章思考题

1. 在数字经济时代,为什么企业需要制定数字化发展战略?数字化发展战略与传统IT战略有何区别和联系?

2. 数字化发展提高企业核心竞争力的机理有哪些?在战略层面、组织管理层面和业务层面分别如何提高企业的核心竞争力?

3. 探讨数字化发展的全球趋势和动因,以及数字化时代给企业带来了哪些挑战和机遇。

4. 企业在数字化发展战略的视角下,如何重新定义企业的存在意义和员工的价值?为什么数据资产在现代社会中变得如此重要?

5. 企业数字化发展战略应当与企业的使命、愿景和价值观紧密关联,请解释为何这种关联对于数字化转型的成功至关重要,并举例说明如何确立具体可衡量的数字化发展目标。

第十一章 企业数字化竞争战略

以大数据与人工智能全新技术为代表的数字化革命是人类历史上的第四次工业革命，新技术激发了人类前所未有的创造力，形成强大的创新浪潮。数字化不仅渗透到个人生活，更从根本上改变了商业环境。本章将着重介绍数字化竞争战略的意义和挑战、创新驱动和数据驱动的数字化竞争战略、个性化与客户体验创新、数字化竞争力的评估指标等。

第一节 数字化竞争战略的意义和挑战

一、数字化竞争战略的定义和意义

竞争战略是企业在市场竞争中构建优势的关键手段，而五力分析模型是常用的分析工具，帮助企业了解市场环境和竞争格局。通过分析新进入者威胁、客户议价能力、替代品威胁、供应商议价能力以及行业内竞争者五个方面，企业可以优化产业结构，达到建立系统竞争优势的目标。然而，随着数字化时代的到来，传统的竞争战略也面临新的挑战。过去，竞争往往产生于相似的竞争性业务之间或边界清晰而稳定的行业内部，同时企业借助与供应商、销售渠道的合作关系创造价值。然而，数字化革命使得行业边界变得模糊不清，竞合关系也日益复杂多变。数字化竞争战略是在竞争战略的基础上运用数字化手段帮助企业业务单元在市场竞争中获得更长期的优势。

基本竞争战略类型包括成本领先战略、差异化战略、集中战略，每个业务单元根据企业的资源与发展阶段，采用其中的一项战略类型。成本领先战略通过降低成本，使企业在同行业中获得竞争优势。差异化战略则强调通过产品或服务的独特性，与竞争对手区分开来，吸引特定的客户群体。集中战略则将企业的经营活动集中在特定的购买群体、产品线或地域市场上。

增长是数字化价值凸显的重要衡量指标，企业应以数字化为契机，设立首席增长官制度，制定企业级的增长战略，明确总体增长目标和各部门、各业务条线的增长目标，把增长与数字化竞争战略融合在一起，作为推动企业数字化变革、促进全面系统化转型的主要驱动力。

(一)数字化重新定义竞争

当传统企业利用其生产生态系统和消费生态系统释放数据的价值时,数字化竞争战略就会出现。数字化从多个层面重新定义了企业之间的竞争与关系,也是促进平台企业快速成长的主要动因。从广义上看,数字化改变了竞争的本质,竞争越来越少地发生在行业内部或试图取代对方的相似企业之间,却更多地发生在不同行业之间,甚至发生在彼此相互依赖的合作伙伴之间。数字化也强化了结合的重要性,在某些领域直接竞争的对手,在其他领域很可能是有价值的合作伙伴。从原子时代到数字化时代,竞争关系发生了显著的变化,如表11-1所示。

表11-1 从原子时代到数字化时代竞争关系的变化

原子时代	数字化时代
竞争发生在行业内部	竞争发生在不同行业之间
合作伙伴与竞争对手有明显的区分	合作伙伴与竞争对手的区分变得模糊
竞争是零和博弈	在关键领域竞争者之间也会有合作
关键资产存在于企业内部	关键资产存在于外部网络
企业提供具有特定功能和效益的产品	企业提供的是平台,合作伙伴在平台上价值互换
在各个领域存在少数主导的竞争者	网络效应使得赢家通吃

下面以电视节目业务为案例进行分析。在传统观点中,HBO 有线电视媒体公司的合作伙伴是为其传输信号的有线电视公司,竞争对手是与其有相同的商业模式、为用户提供类似服务的 AMC 院线之类的公司。然而,随着数字科技给媒体行业带来变革,HBO 发现在线影片提供商 NetFlix 成为它的竞争对手。并且,NetFlix 可不是传统的竞争对手,HBO 与它的目标用户群是一样的,却有着完全不同的定价模式和传播渠道。由于"电视节目"的边界被重新界定,HBO 必须与原来的合作伙伴如 ComCast、时代华纳去竞争可利用的资源。HBO 自己的明星也成为竞争者,因为这些明星可以选择与 NetFlix、亚马逊这样的公司合作,将他们的原创节目在这些平台直播给观众。同时,美国三大广播公司——美国广播公司、美国全国广播公司和福克斯广播公司已经放下竞争,转而合作创立了数字渠道 Hulu,将三家公司的节目内容整合在一起放在 Hulu 平台播放,同时获取广告收入和用户订阅收入。显然,在电视行业,企业间的竞争和合作关系已经变得非常复杂。

(二)数字化带给商业生态的四大变化

数字化正深刻影响着商业环境和生态,这一影响可从以下四个关键方面进行概括。

第一,商品正在经历着数字化的转变,从有形转向无形。这种转变体现为音乐、书籍等产品的数字化,以及微信、电子邮件等数字通信方式取代传统通信方式。这种转变极大地改变了商品的经济性，因为数字产品生产的边际成本、分销成本、仓储成本都大大降低。更重要的是，不论何时何地，客户都可在各类设备上使用这些产品。

第二，空间正在经历着从实体空间到数字与虚拟空间的转变。市场、商店、银行、办公室等实体空间正在逐步数字化，使得企业能够通过多种渠道在全球范围内接触客户，这种趋势推动了商业的全球化和多样化。

第三，数字化促使权力分散化的趋势显现，表现为从集权转向分权。个人成为内容创作者，消费者成为意见领袖，众筹、众包等消费者参与模式日益流行，这赋予了消费者更大的话语权，公众的观点和偏好影响着企业的文化和发展方向。

第四，数字化催生了从产品向服务的转变。信息透明度的提升、中间商的淘汰，方便对服务进行测量和计费，加速企业将焦点从出售产品转向出售服务。生产商不仅扩展产品种类，还强化与顾客的互动。如云计算、共享单车都是产品服务化的案例。

（三）数字化时代企业竞争战略的六大方面

在数字化时代，企业制定竞争战略时需要从需求、产品、商业模式、竞争优势、组织、企业决策六个关键方面进行全面分析，以应对日益复杂和迅速变化的商业环境。

1. 需求

消费者在数字化时代具备更大的话语权和影响力，不再只是被动接受产品和服务，而是积极参与产品设计、分享体验，甚至影响其他消费者的购买决策。在此背景下，企业需更关注消费者的偏好和需求以及如何为消费者提供新的价值。

首先，个性化体验成为关键。尽管企业服务的消费者众多，但数字化时代使企业能够为每位消费者提供个性化的体验。例如，一些电子阅读器允许每个消费者建立自己的数字图书馆，根据自己的喜好调整字体大小、背景颜色，甚至记住上次阅读的进度，从而方便在不同设备上继续阅读，满足个人化的阅读需求。

其次，消费者不再只是购买者，更是产品和服务的共同创造者、生产者。购买产品后，消费者可能会为产品撰写评论、提供反馈。这些评论和反馈变成了其他潜在购买者的重要参考，并对产品的质量、功能和性能产生直接影响。因此，消费者的意见不仅影响自己的购买决策，也影响着其他消费者的选择，即一个消费者影响多个消费者。

最后，对整体解决方案的需求日益凸显。消费者不再只关注单一产品，更追求满足多方面需求的整体解决方案。例如，电动汽车不再只是一种交通工具，而是需要满足从出发地到目的地的出行需求。这就需要电动汽车企业不仅制造汽车，还需要解决充电网络问题，提供综合性的解决方案，以满足消费者对于便捷出行的综合需求。

2. 产品

在数字化时代，数字化产品呈现出与传统产品截然不同的价值。

首先，数字化产品的成本价值有了根本性的变化。边际成本接近于零的特点使得数字化产品常常采用免费增值策略，并以基于消费量的定价模式为主。消费者可以通过反向拍卖、团购等方式获得折扣，而较高的价格透明度也赋予消费者更充分的比较和选择权。

其次，数字化产品显著提升了消费者的体验价值。这些产品赋予消费者更多自主选择的权利，同时还能够提供定制化、自动化和即时化的服务。这些特点深刻满足了消费者日益增长的个性化需求，从而提升了他们的满意度和忠诚度。

最后，数字化产品带来了巨大的平台价值。它们能够整合大众的智慧和力量，构建起具有生态系统特点的平台。这意味着不仅有消费者，还有其他利益相关者可以共同参与，共同创造价值和分享资源。这种基于平台的模式有助于吸引更多的用户参与，从而推动创新、增加互动性，进而增强产品的竞争力。

3. 商业模式

数字化时代所带来的变革要求企业重新审视其商业模式。商业模式涵盖价值创造、价值交付和价值获取三个关键方面，在数字化时代，这些方面都经历了深刻变化。

首先，价值创造方面发生了重要的变革。数字化产品独特的价值体现在成本、体验和平台三个层面。创造数字化产品的价值，需要企业深入了解消费者需求，关注个性化体验的提供，同时建立起完整的平台生态系统，以满足不断变化的市场需求。

其次，价值交付面临新的挑战。数字化产品的复杂性使得企业难以单独提供完整的解决方案。因此，合作成为必然趋势。与互补者合作可以实现协同效应，提供更全面、综合的解决方案，满足消费者更高层次的需求。

最后，价值获取方式在数字商业模式中呈现多样性和广泛性。免费、增值、交叉补贴等多种方式构成了数字化时代的价值获取方式。企业通过多样的价值获取方式，更灵活地适应消费者的需求，实现持续的盈利。以智能手机为例，其价值不仅仅在于硬件，更在于各种应用程序的运行。当一个企业的价值链从纵向的供应商、顾客，增加到横向的互补者等其他方面时，其实已经在构成一个生态系统。

4. 竞争优势

在数字化时代，竞争优势的持续时间变得越发短暂。《大英百科全书》印刷版用了 244 年的时间被电子版替代；胶片相机用了 164 年的时间被数码相机取代；手机用户数用了 125 年的时间超越固定电话用户数；Windows 操作系统仅用了 25 年的时间就失去了行业领先地位；拼多多用了短短 3 年的时间就得到了京东在 10 年内才达到的位置。在数字化时代，企业不能仅守住现有优势，而是必须不断突破，不断寻找和形成新的竞争优势。即使是为了保持现状，企业也需要不断前进。这个时代的特点在于变化是常态，唯有不断进化才能在竞争激烈的环境中保持竞争力。

5. 组织

在数字化时代，组织必须具备高度的机敏性，从以往的缓慢行进者转变为能够随时应对洋流变化、快速调整航向的迅猛行动者。就如亚马逊创始人杰夫·贝佐斯所言："唯一能够持久的优势就是机敏性，别无他法。因为没有任何其他因素是可以永恒的，你所铸造的一切皆有可能被他人模仿。"这种情势要求企业不断革新、敏捷变革，以应对日新月异的数字化时代的挑战。通常情况下，敏捷组织具备五个核心特征，即将用户置于核心、强调实际行动的重要性高于追求完美、科学试错、目标可移以及快速迭代。

6. 企业决策

企业决策方式在不同时代呈现出不同的特色。在 1.0 时代，企业决策仰赖于内部的结构化数据、描述性分析以及管理者的直觉和经验。在 2.0 时代，企业决策时已经开始积极利用内外部的非结构化数据。目前，中国的大多数企业仍处于 1.0 和 2.0 阶段。然而，未来的 3.0 时代将以数据和分析为核心，将数据本身视为企业的战略性资产。3.0 时代的企业将以数据为引擎，能够快速地将洞察力转化为切实行动，这将成为企业的核心能力。

二、数字化时代的竞争挑战和机遇

（一）挑战

（1）技术的复杂性和不确定性：数字化转型需要企业具备一定的技术能力，但数字化技术的复杂性和不确定性给数字化转型带来了很大的挑战。

（2）组织的惯性和阻力：数字化转型需要企业进行组织变革和流程优化，但组织的惯性和阻力给数字化转型带来了很大的困难。

（3）数字化人才的缺乏：数字化转型需要企业具备一定的数字化人才，但数字化人才的缺乏给数字化转型带来了很大的困难。

（4）安全和隐私的问题：数字化转型需要企业处理大量的数据和信息，但数据安全和隐私问题是数字化转型面临的一个重要挑战。

（5）数字经济市场竞争激烈：数字经济市场竞争激烈，需要企业拥有很强的创新能力、管理能力、品牌意识等，以在市场中占据优势。

（6）政策与监管不够完善：数字经济领域的政策与监管仍然不够完善，需要不断完善和加强。

（二）机遇

（1）数字经济市场扩大：随着全球数字化的推进，数字经济市场已经快速扩大，这意味着数字经济企业可以更广泛地开展业务。比如数字经济可以创造大量的新就业岗位，同时也可以促进产业升级和转型。

（2）创新驱动：数字经济对创新有很高的要求，因此数字经济企业需要不断地推出新的产品和服务，以应对不断变化的市场需求，提高企业的竞争力和市场占有率。

（3）全球化：数字经济是全球性的，数字经济企业可以通过互联网快速进入全球市场。

（4）数据价值：数字化时代意味着大量数据的生成和积累，数字经济企业可以通过挖掘和利用这些数据的价值获得竞争优势。

（5）优化效率：数字化技术可以帮助企业实现业务流程的自动化和优化，提高工作效率和生产效率，降低成本，提高企业盈利能力。

（6）提升客户体验：数字化技术可以帮助企业提高客户服务水平，提升客户满意度和忠诚度，从而提高企业的市场占有率和品牌价值。

第二节 不同因素驱动的数字化竞争战略

一、创新驱动的数字化竞争战略

（一）数字化技术创新的作用和影响

1. 数字化技术创新的作用

数字化技术创新是指引入数字技术对传统产业进行升级和重塑，实现产业升级和创新的过程。数字化技术创新的作用体现在以下几个方面。

（1）提高效率和降低成本。数字化技术创新能够借助自动化、智能化等手段有效提高企业的生产效率和管理效能，从而实现成本的降低、企业盈利能力的提升。据调查，德国汽车制造商宝马公司通过数字化转型和创新，实现了订单处理时间的缩短、库存成本的降低以及缺陷率的降低，使得企业效率和利润都得到了大幅提升。

（2）拓展市场和提高竞争力。数字化技术创新可以通过创新业务模式、丰富产品线等方式拓展市场，实现企业的全面发展，提升企业的竞争力，使其能够在激烈的市场竞争中保持优势地位。阿里巴巴借助数字化技术创新，其电商平台已经成为全球最大的电商平台之一，同时还涉足了金融服务、物流服务等多个领域，成为一家全球性的综合性企业。

（3）提升用户体验和满意度。数字化技术创新可以通过个性化、定制化等方式提升用户体验和满意度，从而提高用户黏性和忠诚度。例如，苹果公司通过数字化技术创新推出了一系列高端产品，如iPhone、iPad等，这些产品不仅在外观设计、性能等方面表现出色，更重要的是它们提供了出色的用户体验，苹果因此成为全球最受欢迎的科技品牌之一。因此，企业应当积极拥抱数字化时代，加速数字化技术创新，以应对日益激烈的市场竞争。

2. 数字化带来的颠覆性影响

如今以云计算、大数据、人工智能与物联网为代表的数字技术，正对全球数字化竞争形势产生极大影响。不断涌现的数字技术正在对传统行业价值链造成冲击，催生新的商业模式，行业边界也变得模糊不清。在这种情况下，越来越多的传统企业正积极重塑自身的业务模式，以应对行业变革产生的挑战。随着人工智能技术的不断成熟，将出现全新的数字化业态和商业模式，这将引发数字化竞争从数量积累到质量飞跃的重大变革。由于行业的不同，人工智能技术的展示形式、应用场景和影响也呈现出多样化。一些比较典型的行业，如金融服务业、零售服务业、大健康产业将有明显的变革。

（1）金融服务业。面对经济和社会的急剧变化，金融服务业必将迎来里程碑式的变革。许多银行正面临利润下滑的问题，同时还承受其他种种压力，这促使它们必须重新审视自身运营模式是否依然适应于复杂的监管要求。另外，银行业的顾客需求也在增加，银行在关注顾客体验的同时，还将应对日益复杂的安全威胁，银行与互联网企业的竞争也愈演愈烈。人工智能可以应用机器学习算法和自然语言处理技术将分析水平提升到更高的程度，从而了解大数据背后的实际价值，并提高数据驱动的发现和决策能力。金融服务可以使用人工智能为客户提供更多个性化的财务建议，改善交易程序，防范财务欺诈风险，并帮助客户选择更高价值的投资。同时，人工智能还为金融业的商业模式创新和升级注入了新的活力，为客户提供全渠道、高水平的服务。例如，旷视的人脸识别技术已被中信银行引入，以在客户远程办理银行业务时协助进行在线身份核查。在客户无法前往柜台或忘记带身份证的情况下，该银行可通过移动设备如智能手机进行身份验证。这一先进的人脸识别技术能够在数秒内迅速完成身份验证，相较手动识别更加精准和高效，从而极大地减轻了柜台的压力，也显著提升了客户体验。

（2）零售服务业。数字技术的迅猛发展正在彻底改变零售业模式，同时催生了一群全新的"数字消费者"，这促使传统零售商不得不做出相应的调整。如今，零售行业的客户已经变得多样且细分，而全渠道的集成增加了传统厂商对顾客需求的理解程度。为了迎合市场迅速变化的需求，零售商纷纷采用预测分析技术，从而更好地满足当前的消费需求。在这方面，人工智能技术发挥了重要作用，帮助揭示需求趋势，实现个性化的购物体验。例如，美国的 Prism Skylabs 与商家现有的摄像机监控网络合作，通过云端分析监控数据，获取顾客的运动轨迹、热图和流量等关键信息。这些分析结果不仅可以帮助商家重新布置商品陈列，调整营销策略，还能为顾客提供更加便捷的服务。

（3）大健康产业。当前全球医疗领域正处于一场巨大的变革之中，多样性的医疗数据来源为信息管理和整合带来了挑战。同时，法规的变化和治疗成本的上升，加之患者对个性化、透明、高质量且便捷的医疗服务的期望，使医疗领域面临诸多挑战。因此，大健康企业必须善于灵活应用数据处理技术，通过对结构化数据的处理来缩小信息洞察力和数据量之间的差距。电子病历、化验结果、医学影像、视频等综合分析将变得至关重要。例如，药物治疗设备厂商 Medtronic 与 IBM 合作开发了名为 Watson

的糖尿病管理应用系统。这一系统基于患者的历史数据，为他们提供健康建议。通过Watson系统的干预，医生可以提前三小时检测糖尿病的发作，从而显著降低发病的风险。

人类已经开始全面进入数字化时代，人工智能将渗透到商业运营、环境保护、公共服务等多个场景，从而加快了决策速度，降低了成本，提高了效率，并推动了产品与服务的创新。

（二）创新驱动的数字化产品和服务战略

1. 数字化技术促进产品创新

数字化技术的进步为产品的功能范围提供了更广阔的拓展空间，并为跨界资源整合创造了可能。有学者指出，云计算技术的应用使得在产品传感器和执行器中产生的海量数据能够被有效地存储、访问和处理。这些数据能够被反馈至产品开发设计环节，从而对产品的性能进行优化。另外，部分研究者认为，物联网技术的应用让制造企业能够将产品与整个企业信息系统相连接，将实时收集的客户信息和数据融入战略规划中。这种方法不仅实现了远程监测、优化和自动化服务，也将信息整合为企业的核心资源。一个典型的例子是 Rolls-Royce 公司，他们运用实时诊断系统和自动测试设备等数字化技术来提高对发动机状态的监控能力和故障的诊断能力。通过数字化技术，Rolls-Royce 公司实现了对整个发动机生命周期的全面管理，这包括对发动机状态的实时监控，通过数据分析和反馈实现对性能的优化。

数字化技术驱动产品的适应性创新，使企业能够迅速识别并响应用户痛点，依靠数据分析洞察客户需求的动态变化，提前实施精准的产品开发。例如，沈阳机床股份有限公司运用移动 App 实时把握客户需求，根据不同的生产能力为客户提供量身定制的机床规格，从而极大地扩展了产品的制造和服务范围。

2. 数字化技术促进服务创新

数字化技术的发展极大地增强了服务的价值创造能力，并且扩展了创造价值的空间。依托云计算、大数据、物联网等数字化技术，企业能够创造全新的服务内容和交付方式，并能够记录服务提供的证据，例如基于云计算的信息存储服务、基于大数据技术的预防性维护和咨询等新型服务。举例来说，西安陕鼓动力股份有限公司利用远程监控技术为客户提供专业系统服务，有效优化了风机系统和流程，从而降低了企业设备维护检修的成本。

数字化技术充当了服务提供平台的角色，加速了供需之间的互动。制造企业能够根据平台中的实时信息灵活调整服务方案，提高应对复杂多变需求的能力。数字化平台方法有助于前后端单元之间的流畅沟通，为定制化和高效的高级服务提供了支持；大数据分析帮助企业深入了解客户习惯和环境，通过分析客户浏览、消费、使用和需求偏好等规律，企业能够为客户推荐个性化服务方案。

综上所述，数字化技术在产品和服务创新中发挥了重要作用。对于产品，数字化技术助力产品创新，帮助企业适应技术变革和市场需求的动态性；对于服务，数字化技术驱动服务创新，提高服务效率，方便与客户互动，同时也为发掘隐性知识创造机会，实现精准化服务。

二、数据驱动的数字化竞争战略

（一）数据驱动的决策和运营优化

数据驱动运营优化，即企业管理者和运营人员能够密切关注企业市场运营、用户运营、内容运营、社区运营以及商务运营等环节的运行实况，通过日常对一些数据的观察，可以客观评价、改进运行流程。

数据基于互联网产生，而互联网发展主要分为三个阶段，每个阶段都对企业和社会产生了深远的影响。第一阶段是网络化，它连接了人与物，引发了网络效应的形成。这一阶段极大地扩展了信息传递的范围，使得信息能够更迅速地在全球范围内传播，改变了信息不对称。第二阶段是数字化，随着数字技术的发展，大量数据被生成和收集，将实时信息转化为有价值的数据。这种数据的积累和分析能够实现精准的预测，帮助企业更好地了解市场趋势和用户需求。第三阶段是智能化，一旦深刻理解了这些数据中的规律，便能将这些规律与各类智能设备相结合，这便是赋予数据处理能力，也就是智能化。其中，最高级的智能化体现为人脑与机器的互联，从而提升知识的生产和传递效率。

在企业经营中，互联网发展的三个阶段虽然具有重要意义，但真正至关重要的是决策的过程，决策的质量能够直接影响管理水平以及整个行业的升级。在利用数据支持决策之前，必须深入探究决策的本质。决策可以根据两个关键指标进行明确分类：一是可控性，即决策后是否对结果产生影响；二是成功衡量标准，即决策的成功是否与竞争对手存在关联。依据这两个重要指标，决策可以分为四种主要类型：首先是判断型决策，其结果在绝对范畴内，且并不受其他人的影响；其次是生产型决策，这类决策的结果与个体有关，与他人无关，需要持续努力以确保过程的可控性；再次是竞争型决策，其结果在相对范围内，但过程无法完全掌控；最后是开拓型决策，其结果同样在相对范围内，然而它却能够在这个过程中施加影响。

在当今大数据时代，数据驱动成为优化运营决策的关键。企业可以借助大数据技术，深入挖掘内外部海量数据的信息，从中预测客户需求、进行智能分析，以制定更加高效的战略。这使得战略的制定由过去的业务驱动逐渐转向了数据驱动，数字化决策成为未来的发展方向。在过去，分析往往仅仅是对数据的汇总，缺乏对客户、业务和竞争等方面的深入分析。然而，在如今的环境下，通过数据支持，企业能够更好地调整竞争战略，将信息化转变为数据化。信息化提升了企业的运营效率，而数据化要求将数据作为产品和供应链的核心，从而实现增值和创新。

从数据到管理决策，分为数据、分析和决策三个层次。在数据层，利用IT、信息管理系统完成数据采集与管理；在分析层，利用统计、机器学习、深度学习、计量经济、行为经济等工具进行规律性分析；在决策层，通过运筹优化、博弈进行决策建模与求解。在企业数字化建设中，数据驱动的决策优化是对基于流程的业务运营的有机补充和进一步发展。这需要企业具备数据思维，能够将业务难题转化为数据科学问题，从数据科学方法中寻找解决方案来应对业务挑战。

在"互联网+"时代，传统企业进行转型时，特别是在建立了大数据基础后，将面临以下一系列机遇。首先，企业可以通过整合资源、降低成本、圈定目标用户、直销和社交等手段，从满足刚性需求出发，削减不必要的房租和中间环节，以更有竞争力的价格向消费者提供个性化的价值。其次，通过创造高性价比，企业能够构建起一个具有潜力的客户圈子，将用户视为渠道，将产品和服务作为信息传播的媒介，而积累的数据则为未来的增长提供空间。最后，企业可以基于不同的"场景"进行开发，关注用户的瞬时心态，通过细致的观察和分析，辨认出不同类型的客户，包括普通用户与技术极客等，进而精准地满足他们的需求。技术领域也呈现出新的需求，这使得传统企业需要掌握一些全新的DT技术。在企业的IT时代，主要依靠应用诸如ERP、PLM等IT系统，建立以流程为基础的规范化业务运营。然而，随着企业进入DT时代，重点转向大数据、工业互联网等模式，以实现数据驱动的智能绩效评估、经营计划和决策优化。在这个过程中，除了目前广泛应用的云计算技术、移动技术、物联网技术等，还需要将不完整的数据变得有用以及实现数据连接的技术。此外，还需要掌握数据特征提取技术、情绪分析技术以及结果有效性判断技术等。

（二）数据分析和预测在数字化竞争中的应用

1. 数据应用的作用

首先，数据应用为企业提供了深入了解客户的能力。在数字化转型过程中，企业可以通过收集、分析和应用大量的客户数据来了解客户的需求、偏好和行为，以更好地了解客户的购买习惯，提供个性化的产品和服务，从而提高客户满意度和忠诚度。企业还可以预测客户的未来需求，以便提前进行市场调整和战略规划。

其次，数据应用可以优化企业内部运营和决策。企业可以通过数据应用来监控和分析内部运营数据，例如生产效率、供应链管理、人力资源等。通过数据分析，企业可以发现潜在的问题和瓶颈，并采取相应的措施进行改进和优化。企业还可以基于事实和趋势做出更明智的决策，减少主观判断和风险。

最后，数据应用为企业创新和业务模式转型提供了契机。数字化转型不仅仅是将传统业务模式数字化，更重要的是借助数据的力量重新定义业务模式和创新产品和服务。通过数据应用，企业可以发现新的市场机会，挖掘潜在的客户需求，并基于数据分析来设计和推出新的产品和服务。数据应用还可以促进企业与合作伙伴和生态系统紧密合作，共同开发创新解决方案。

2. 数据分析与预测的重要性和应用

随着物联网、云计算、人工智能以及大数据等新一代信息技术的深度交叉融合，全球正在以加速度进入数字经济时代。在这个新的时代背景下，数据已成为企业发展的核心驱动力和基石，企业开始追求稳定的发展并谨慎地进行试错。在这种环境下，企业寻求更高效、成本更低、决策更准确的目标，而数据则成为实现这些目标的基础。关注数据成为企业成功的关键，数据不仅是掌握数字经济、进行数据分析、重塑竞争优势的关键要素，还是掌握市场机会的关键手段。

尽管数据作为资产仍处于"早期采用"阶段，但这正使得专注于数字化转型的领先企业获得了竞争优势。因此，数据和分析成为其战略重点。数据和分析在企业数字化转型过程中扮演着关键的加速器角色。各行业的领先企业都将数据和分析作为取得竞争优势的武器。然而，当前只有不到 50% 的企业在其战略中明确提及将数据和分析作为交付企业价值的基本组成部分。

在当今竞争激烈的商业环境中，企业的成功关键在于精准的市场定位、产品的不断优化、满足用户的需求以及深刻地理解竞争格局，从而保持自身的领先地位。企业实现有效的行业和市场数据分析，需要可靠的数据来源和高效的数据模型。移动应用（App）数据分析就充分体现了数据分析和预测在数字化竞争中的重要性，具体如下。

（1）基础数据分析，即分析用户规模、活跃度、渗透率等基本指标，了解不同渠道获取的用户数量，识别特定行业领域用户的数量和渗透率。

（2）用户行为分析，即挖掘用户习惯、操作方式等，从中提取核心用户指标，例如使用时间、启动次数等，帮助了解用户的使用模式。

（3）活跃度与留存分析，即通过分析活跃用户和留存用户数量，衡量产品的健康状况，展现产品的吸引力和长期效果。

（4）用户忠诚度分析，即考虑用户的依赖性和忠诚度，关注人均使用时间、启动次数等数据，从而深入了解用户的喜好和对产品的信赖程度。

（5）用户画像分析，即解析用户属性，包括性别、年龄、设备、地域、品牌、运营商等，以确定目标用户群的构成和特征。

（6）消费行为分析，即分析用户的消费属性、水平以及渠道分布，以准确地定位用户的偏好和需求。

（7）竞品分析，即通过对比竞争对手的相关数据，划定细分用户群，从而更好地了解自身在市场中的定位和优势。

虽然数据资源是 App 数据分析的基础和必要条件，尤其对于企业来说，但获取这些数据资源存在技术障碍和资源成本。为了解决数据来源的问题，企业需要选择适合的数据平台，并建立合适的数据分析模型和资源库。这些工具能够帮助企业获得准确、及时、全面的数字化市场信息，从而更好地洞察数字经济的发展动态，并抓住市场机会。在数字经济时代，数据分析已经成为企业成功的关键要素之一，它不仅有助于提升企业的市场敏感度，还能帮助企业更精准地满足客户需求，把握数字经济的脉搏。

三、合作与生态系统战略

（一）数字化时代的合作与生态系统模式

随着科技的迅猛发展和数字化浪潮的兴起，产业互联网正成为推动各行业发展和创新的重要力量，合作和生态系统建设也成为产业互联网蓬勃发展的关键因素。在数字经济时代，价值的创造通常指的是价值的共同创造。传统产业的边界逐渐模糊，企业之间的竞争和竞争性质也在发生改变，从一对一的竞争逐渐转变为企业群体之间的博弈与合作，这种现象最典型地体现在企业生态系统中。生态系统作为一种思维模式和实际现象，构建在核心企业的愿景和构想之上，处于市场和组织的交汇点，兼具双重性质。

在商业领域的语境中，生态系统（Ecosystem）是按照一定的思维模式所构建出来的概念。所谓构建（Enactment），意味着生态系统是按照一定理念和构想创造并呈现的实体。它既包含了想象和演绎的成分，同时也是一种实际存在的现象。例如，家族可以被看作是生态系统的范例，从近到远、从大到小都有，而其具体的定义和范围则取决于特定的理念和构想。有时，近亲也可能被排除在外，有时则会将远亲纳入核心圈。这表明生态系统是按照某种意图和理念构建而成的存在，这种意图和理念通常反映在价值创造的远见和愿景或者特定的价值主张上。

作为一种构建而成的实体，生态系统既是一种思维模式，也是一种实际现象。由于它是基于某种思维模式而构建的，因此在某些方面与自然存在是不同的。例如，自然生态系统通常涉及生产者、消费者和分解者，其关系主要构成了食物链。而企业生态系统中的参与者之间主要是交换关系。此外，企业生态系统的主要参与者往往与核心企业存在合作或互补关系，即大家通常认为的属于某某系。显然，这种理解中的生态系统并不包括天敌。这是一种选择性的感知和构建，即生态系统是基于有选择性的感知和构想所创造出来的实体。

生态系统建设是产业互联网发展的关键环节。通过构建开放、互利的合作平台，不同企业可以共享资源、优势互补，形成协同创新的局面。例如，中国的共享经济平台——滴滴出行，通过与出行、物流、金融等相关行业的合作，构建了一个庞大的生态系统。在滴滴出行平台上，用户可以一站式解决出行需求，享受便捷的服务。截至2023年3月，滴滴出行的活跃用户数量已达5.87亿，生态系统建设在其中发挥了重要作用。

跨界合作和生态系统建设已经成为当下产业互联网发展的重要动力。通过跨界合作，不同行业之间的合作与创新得以实现，推动了产业的跨越发展。同时，生态系统建设为企业和合作伙伴提供了一个共同发展的平台，实现资源共享和互利共赢。成功的案例证明了跨界合作和生态系统建设在引爆创新和开启新时代方面的重要作用。一个典型的例子是谷歌的 Android 生态系统。通过与手机厂商、应用开发者、云服务提供商等众多合作伙伴的合作，谷歌打造了一个庞大的生态系统。这个生态系统涵盖了移动操作系统、应用商店、云服务等多个领域，为用户提供了全方位的智能体验。Android 手机在全球市场的占有率之所以能超过 70%，正是得益于跨界合作和生态系统建设。未来，随着产业互联网的不断发展，跨界合作和生态系统建设将继续引领各行业的创新和变革。

（二）数字化价值链的整合

作为一种新型的生产要素，数据与传统的土地、劳动力、资本等要素一起，成为引领全球产业链和价值链分工的重要因素。新要素创造着新的分工模式，而新分工则推动着新增长，生产要素的变化往往引发经济形态的重大变革。

在数字化变革的影响下，要素参与价值创造的方式发生了改变，推动我国产业向全球价值链更高的环节攀升。一方面，以数据要素为核心的数字化生产和服务方式可以显著改变传统价值链分工的治理模式，实现更为公平的利益分配格局。而传统的价值链分工通常依赖于掌握核心要素的上游企业，这些企业往往占据价值链"微笑曲线"两端的高附加值环节，从而获取高额收益。另一方面，我国长期以来主要依赖人口、土地、资源等传统要素参与全球价值链分工，多数集中在低附加值环节，缺乏自主品牌和核心技术支持，而西方发达国家在技术密集型、知识密集型产业发展方面占有绝对优势。然而，在数字经济时代，数据已成为全球价值链上的重要资源，其与实体经济的融合将有助于降低市场交易成本，提高资源配置效率。因此，数据资源丰富的中国可以积极推进国内价值链与全球价值链的深度整合，实现现有价值链体系的重构。

四、个性化与客户体验战略

（一）数字化时代的个性化营销和客户体验创新

1. 数字化时代的个性化营销

营销是研究人性的学科，与心理学本质上是相通的。营销形式的数字化不能以短期的营销效果作为主要衡量标准，而应该关注品牌的长期发展前景，以及是否具备满足用户精神需求和情感体验的能力。无论人的需求发生什么样的变化，他们在精神层面的终极需求是不会变的。人类精神世界丰富多彩，年轻人热衷于表达自我，释放个性，无拘无束，向往自由，时代给予他们充分享受自由和表达自我的可能。因此，个性化营销是"数字营销"绕不开的话题。数字世界滋生不了"大而全"——能够满足用户普遍需求的品牌脱颖而出的土壤。相反，数字世界给予"小而美"——满足部分群体，找准某一赛道的品牌，不仅在自有圈层站稳脚跟，还可以实现快速破圈的可能性。数字世界并不等同于虚拟世界，数字世界是现实与虚拟融为一体的生态部落，它是时代发展的产物，是不可逆的。尊重这个现象，然后再采取正确的营销思路和策略是每个营销人未来要去努力的方向。尊重人的个性化需求，激发更高层次的需求，然后用品牌和产品去满足用户需求，同时实现精神层面的跃升，也是社会发展的进步力量。

2. 数字化时代的客户体验创新

从工业时代到数字化时代，无论技术如何变迁，用户对方便、快捷、省心、省力的基本需求没有改变。贾森·艾博年提出，数字化的范围很广，但始终离不开一个关键本质——满足人们一直以来的"更快、更好、更便宜的需求"。

全球著名的市场研究公司弗雷斯特认为："在这个时代里，客户权利被放大，重视客户要远比提出任何战略规划来得重要得多。因为他们可以通过公开的数字化渠道反馈企业的品牌、产品与服务，用户的口碑效应比企业的营销广告更有说服力。如果你不理解用户的痛点，不知道如何为他们创造真正想要的、期望的产品和体验，他们便会转向你的竞争对手。"

在数字化时代，质量、经久耐用不再是影响客户购买的唯一要素。速度、便利、效率等"容易性"指标，以及产品背后的文化、价值、情感、人格成为他们关注的对象。客户需求的变化为行业竞争制造了新焦点。如果企业不去变化，将会被善于变化的竞争者取代。客户体验创新的设计关键有以下几点。

（1）价值导向。优化和创新客户体验，同样离不开目标，即企业做一系列的创新动作后想为客户创造什么价值。这个价值能够在企业整体战略、品牌诉求中找到答案，体验优化一定要与它们保持一致。企业的资源条件有限，不可能无限制地去满足客户的所有需求，不可能解决客户的所有痛点，而必须专注于某一价值主张。比如，为了区别于天猫购物主张的"多和省"，京东购物则主张"快"，客户在京东上倾向于选择"自营"商品，避免了"选择性困难"，省去大量决策时间，购物更快。再加上京东自建物流，送货更快。京东对"快"的打造，迎合了客户对速度和便利的需求。

（2）客户专注。企业优化客户体验，需要考虑客户群体的画像，不同群体的任务、需求、痛点会有所不同。比如，男性与女性在购物上有很多不同的习惯：男性购物时目标明确，有很强的计划性，所以在购物动线上就需要给出清晰的指引，设计更短的路径；女性购物时偏感性，且在乎"逛"的过程，所以在动线设计上要营造颜值感、场景感、故事感。因此，企业在设计客户体验时一定要想清楚客户是谁。

（3）认知测量。企业设定了价值导向以及确定了目标人群后，就需要在客户全旅程上去测量客户认知、收集客户反馈，找到客户感知与价值目标之间的差距。比如，可以通过电话、社群收集客户的认知反馈，也可以通过问卷、小组访谈、深度访谈征求客户的体验意见，还可以在自然环境下开展观察性研究，如神秘客户暗访、第三方旁观记录等。

（4）全旅程设计。通过前面的认知测量，找到了客户感知与价值目标的差距，接下来就要进行体验设计。体验设计要围绕客户全旅程进行，将客户体验旅程分解为不同阶段，对应不同的客户任务，在每个交互点进行设计。比如在线购物，可以分为搜索、比较、购买、收货、使用、评价、分享、售后共八个旅程阶段。在搜索阶段，客户需要快速找到所需要的商品；在比较阶段，客户希望商品能够物美价廉、好评如潮；在购买阶段，客户希望能有多种支付方式，操作简单；在收货阶段，客户希望能够更快到货、指定位置收货；在使用阶段，客户希望能够随时获得服务支持；等等。

（二）数字化工具和平台在客户关系管理中的应用

企业客户关系管理是当今商业环境中的重要课题。随着市场竞争的加剧和数字化技术的快速发展，企业面临着越来越多的客户关系管理难题。一方面，客户数据分散在各个系统和平台中，导致信息孤岛和数据冗余。另一方面，客户期望个性化的服务和体验，但企业往往缺乏准确、实时的客户数据和分析能力，无法满足客户的需求。此外，客户关系管理过程中还存在着协作和沟通的问题，不同部门之间缺乏信息共享和协同处理能力。目前，数字化应用逐渐深入，消费者个性化需求趋势日益明显，为了应对这些挑战，企业可以利用数字化工具结合客户发展来重新研究客户关系管理的框架体系。以下几点可作为企业运用数字化工具和平台进行客户关系管理的努力方向。

1. 建立统一的客户数据平台

通过整合和清洗分散的客户数据，建立统一的客户数据平台。这样，企业可以获得全面而准确的客户信息，为个性化营销和服务提供支持。

2. 应用人工智能和大数据分析

利用人工智能和大数据分析技术，对客户数据进行深度挖掘和分析。通过数据模型和算法，企业可以了解客户的行为和偏好，预测客户需求，并有针对性地提供个性化的产品和服务。

3. 建立协同沟通平台

通过建立协同沟通平台，不同部门可以实时共享客户信息和进行交流沟通。这种协同沟通平台可以促进团队合作，提高客户响应速度，避免信息滞后和冲突。

4. 建立客户参与和反馈机制

通过数字化工具和平台，建立客户参与和反馈机制。企业可以通过在线调查、社交媒体互动、客户反馈系统等方式，主动收集客户意见和建议，以改进产品和服务。

5. 开展客户教育和培训

利用数字化技术，开展客户教育和培训活动。企业可以通过在线培训课程、视频教学、知识库等方式，提供客户所需的知识和技能，增强客户对产品和服务的理解。

当下企业客户关系管理面临着一系列挑战，但同时也有许多数字化解决方案可供选择。通过建立统一的客户数据平台、应用人工智能和大数据分析、建立协同沟通平台、建立客户参与和反馈机制以及开展客户教育和培训，企业可以更好地管理客户关系，提供个性化的服务，并实现与客户的深度互动。不过，企业在应用这些数字化解决方案时也需要注意一些关键点。首先，数据安全和隐私保护是重要的考虑因素。企业需要确保客户数据的安全存储和合规使用，以避免数据泄露和违规行为。其次，数字化解决方案的实施需要与企业的整体战略和目标相匹配，确保与现有系统的集成和协调。此外，员工培训和变革管理也是成功实施数字化客户关系管理的关键因素，员工需要适应新的工作流程和技术工具。总之，随着数字化发展的不断推进，企业客户关系管理将继续面临新的挑战和机遇。新兴技术如物联网、区块链和增强现实等将进一步改变客户关系管理的方式。企业需要紧跟科技发展的步伐，不断创新和优化客户关系管理策略，以提供更好的客户体验和价值。

第三节　数字化竞争力评估与角色定位

一、数字化竞争力评估的指标和方法

企业数字化是一个连续的过程，从起步到成熟会经历多个阶段，如从1到100逐步推进。为了帮助企业更好地了解自身的数字化进程，数字化竞争力评估显得尤为重要。这种评估能够协助企业明确其当前的数字化位置，并为未来数字化转型提供清晰的方向指引。通过对数字化位置的评估，企业能够更准确地制定数字化转型战略以及实施行动计划。

企业在推进数字化转型的过程中，需要关注业务应用、IT架构、组织机制等多个方面的工作。在这些方面，需要明确因果关系，即哪些是影响因素，哪些是产生的结果。建立一个多维度的数字化成熟度评估体系是至关重要的，这有助于判断企业目前所处的数字化阶段，找出可能影响进展的因素，并相应地制定解决方案。

普华永道企业数字化成熟度评估框架从战略引领、业务应用结果、技术能力支撑、数据能力支撑、组织能力支撑以及数字化变革六个维度对企业的数字化成熟度进行评估（见图11-1）。普华永道认为，引领性指标是第一点"数字化战略"，业务应用结果性指标是第二点"数字化业务应用"，其余四个维度（3—6）是支撑性要素，每个维度又可以细分为若干子维度。具体内容如下。

（1）数字化战略：从企业的战略规划和投资等角度，评估企业推行数字化的决心和力度。

（2）数字化业务应用：从各个业务条线最终使用数字化的深浅程度来衡量企业数字化转型的成果。业务条线包括价值链环节的研发、采购、生产、营销、客服等，也包括内部管理条线，如战略、人力、财务、IT等。

（3）数字技术能力：检验企业是否具备支撑未来数字化应用的先进IT架构，并具备相关技术组织能力，例如新技术人员、数字技能、组织结构和运作方式等。

（4）数据能力：考察企业运用数据分析进行业务决策的能力，包括数据可获性和数据分析技能两个方面。强化数据能力涵盖数据战略、数据架构、数据治理、数据安全、员工技能等多个方面。

（5）数字组织能力：评估企业采取何种组织机制、流程、文化和员工技能来支持数字化转型和运营工作。

（6）变革管理：检视企业数字化转型机制的成熟度，包括数字化治理模式、变革管理团队技能等。

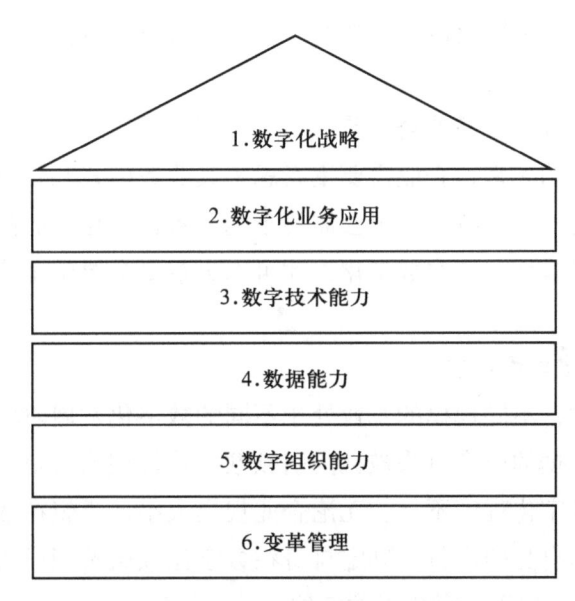

图 11-1 普华永道企业数字化成熟度评估框架

资料来源：普华永道思略特分析。

二、构建企业数字化竞争优势和企业数字化角色定位

（一）构建企业数字化竞争优势

当前及未来的大多数企业都将数字化视为主要的业务创新来源，这也要求企业重新审视其业务的发展模式和服务方式。为了建立数字化竞争优势，企业必须考虑调整其数字化组织结构。在数字化时代，企业可以通过充分利用信息化基础设施获取大量数据，并通过数据的交汇、沟通、分析和应用，推进企业的发展规划。以下是企业董事会调整数字化组织可以采取的三个措施。

1. 全盘梳理企业数字化方案

作为企业组织架构的最高级别,董事会的主要职责是制定政策,而不是直接执行。然而,在企业数字化过程中,董事会不仅需要了解政策制定的意义和内容,还需要了解数字化的执行过程和结果,以便及时采取措施调整方向。因此,董事会可以要求执行团队对数字化方案进行全面梳理,包括战略制定、财务预算、人才布局、技术配备、进度控制等方面,并根据行业发展趋势和企业业务特点明确数字化战略目标和阶段目标。

2. 设立监督企业数字化进展的组织

企业一旦开始数字化,就需要投入大量精力来跟踪和分析数字化进展和效果。因此,董事会可以考虑设立监督企业数字化进展的组织,用来监测和了解企业数字化进程和效果,以便为未来的数字化决策提供更多的参考。此外,监督机构还可以密切关注一线团队的执行情况,确保数字化方案能够顺利实施。尽管董事会作为数字化政策的制定者并不直接参与数字化改革的执行工作,但可以通过监督机构了解一线执行团队的绩效。

3. 聘用数字化人才担任董事会成员

随着数字化浪潮的到来,企业需要重新思考其业务模式和管理方式,这也将对企业董事会的组织架构产生影响。董事会需要吸纳具备数字化经验的新一代人才,以使决策更具前瞻性和科学性。这些数字化人才可以为董事会提供宝贵的建议,确保数字化决策更加科学有效。

(二)企业数字化角色定位

在数字化进程中,不同规模的企业处于不同的数字化发展阶段。那些拥有扎实数字技术和丰富用户数据的电商巨头被视为引领数字化转型的典范。然而,在数字化道路上,大量企业的数字化程度不一。无论企业规模大小,要想在数字化转型中获得成功,都需要深刻理解自身的定位,确定自身在数字化领域希望成为的角色。在数字化进程中,企业可以选择以下三种常见的定位。

(1)行业领导者。那些引领数字化转型趋势的大型互联网企业将在行业中创造价值,它们在消费、服务、资产和产品等领域发挥主要作用。领先企业将思考人、商、物三者之间的联结,将价值创造作为数字化转型成功的评估标准。无论是快速发展的互联网行业还是传统行业,都会出现颠覆传统发展模式的新兴企业。在数字化转型的浪潮中,那些依靠数字技术与业务深度融合的企业新秀将与那些不愿创新的企业竞争,从而重新定义传统行业,不断更新行业认知。

(2)快速追随者。在行业领导者之后,还有许多数字化转型的跟随者。这些企业可以快速识别领先企业的数字化优势和政策制定的重点,通过借鉴相关措施并结合自身特点,快速创造新的业务市场,最终建立起能够抵御竞争对手的体系。

（3）服务提供商。除了行业领导者和快速追随者，还有一类企业定位为服务提供商。这些企业可能没有领先企业扎实的数字技术，也没有庞大的规模，甚至与跟随者相比也有差距。在企业数字化转型的大环境下，服务提供商只能凭借较小的市场份额完成数字化转型。在数字化转型的过程中，随着越来越多新技术的涌现，服务提供商不仅需要满足市场需求，还需要匹配相应的服务，以避免数字技术对其产品和业务模式的颠覆。那些仅满足于研发单一产品而不提供相应服务的企业，在数字化浪潮中将难以立足。

无论是行业领导者、快速追随者还是服务提供商，企业进行数字化转型都需要根据自身业务特点和定位做出判断。企业数字化竞争战略定位应与企业的使命、愿景和价值观相一致，从而确定数字化竞争目标和策略。只有深刻了解企业的存在理由以及其所追求的愿景和价值观，企业才能做出明智的决策，实现长远发展。

第四节　企业数字化竞争战略行动计划的制订

为了打造有效的数字化竞争战略，传统企业必须制订行动计划。传统业务的战略行动计划步骤包括评估行业、评估自身的资源和能力、构思相对于竞争者的产品范围，以及寻找最佳方式定位自身产品，由此获得竞争优势。数字化竞争战略的行动计划步骤与之相似，但在具体内容上存在差异。数字化竞争战略的重点是数据和数字生态系统，而非产品和行业。下面介绍数字化竞争战略行动计划的制订步骤，一共分为五步。

第一步：绘制数字生态系统蓝图。

正如制定传统竞争战略需要了解行业，制定数字化竞争战略也需要了解数字生态系统。企业首先要全面了解其在数字世界创造价值的范围。这项工作可以分解为以下一组任务。

（1）创建价值链网络蓝图，列出组成企业传统商业模式的所有活动、资产、单位和实体。

（2）确定该网络可以实现数字连接的方方面面。价值链网络的各个组件越是细化，将它们连接起来的机会就越多。

（3）绘制各组件的连接方案，将生产生态系统图像化。把商业模式中所有的物理依赖关系可视化，思考如何使它们生成交互式数据并进行交换。

（4）制订计划，为产品配备传感器。责成研发部门推出具有创新性的传感器，并建立流程来跟踪那些初创公司和科技公司正在开发的传感器。理解传感器"无远弗届"的可能，探索可以跟踪产品与用户交互的软件传感器和基于App的传感器。

（5）创建互补网络蓝图。考虑与自身产品的传感器数据互补的所有资产、单位和实体，从已知的互补者入手。互补者通常与产品的主要功能相关，以iRobot的真空吸尘器为例，其已知的互补者包括可更换的垃圾过滤器或垃圾袋，它们可以借助真空吸尘器的传感器数据及时补货。接着，通过"头脑风暴"列出可能的对象，以此发现新的互补者。例如，如果传感器检测到老鼠粪便或白蚁，那么就可以将害虫防治服务作为新的互补者。

（6）绘制互补者的连接方案，将消费生态系统图像化。将互补者与产品彼此依赖的关系可视化，找到使之生成数据并实现共享的方法。例如，iRobot 如何将顾客家中的产品传感器数据连接到公司仓库，从而既自动又及时地补充垃圾袋？

针对图像化的生产生态系统和消费生态系统，设想在其中生成数据并实现共享所需的所有数字技术。

第二步：评估数字基础。

第一步让企业明晰了自身数字生态系统的边界，第二步将帮助企业了解自身相对于这些边界的位置。这个步骤的工作旨在对照企业充分利用数字生态系统所需的数字能力，评估企业的现状。具体任务分解如下。

（1）评估生产生态系统的基础设施。在第一步绘制出的价值链网络中，有多少资产、单位和实体已经连接？

（2）评估价值链网络生成的交互式数据的范围。在企业的资产、单位和实体中，能提供交互式数据的占多大比例？

（3）预估客户中数字客户的数量，评估其所提供的交互式数据的价值。企业可以在多大程度上跟踪产品与用户的交互活动？这些数据有多少被投入使用？使用数据的目的是什么？

（4）评估消费生态系统的基础设施。在第一步绘制的互补者网络中，有多少资产、单位和实体是彼此连接的？评估它们所提供的交互式数据的价值，以及有多少互补者提供数据。这些数据有多少被投入使用？使用数据的目的是什么？

（5）创建 API 网络蓝图，评估其范围和复杂性。在 API 网络中，内部和外部各占多少？有哪些治理机制能将它们用作数据管道？

第三步：构思数字生态系统的前沿。

第三步需要将企业数字生态系统可以释放的全部数据潜力可视化，它描绘了企业必须努力实现的数字化目标。此步骤主要考虑以下任务。

（1）确定所有可以提高价值链效率的领域，列出所有的经营效率目标。只要目标能够识别并被具体化，通过现代化技术就能够找到提高经营效率的方法。

（2）构思企业产品可能为数字客户提供的所有数据驱动型性能和服务。

（3）评估数字竞争者提供的竞争性服务。与自己的企业相比，它们的强项是什么？在企业自己的数据驱动型服务中，网络效应有多强？与数字竞争者相比，企业能在多大程度上发挥这些效应？

（4）评估企业产品传感器数据的全部潜力，以期创建一个系留数字平台。例如，思考如何评估传感器数据的价值、独特性和可控性，进而评估企业传感器数据的潜力。

（5）构思系留数字平台可能提供的所有数据驱动型服务。回到第一步的 iRobot 案例，这些服务可能包括垃圾袋补货、害虫防治及通过"头脑风暴"发现的其他服务。

（6）评估数字竞争者提供的竞争性平台服务。与自己的企业相比，它们的强项是什么？

（7）评估生态系统进入壁垒的强度。竞争对手复制企业在生产生态系统中所做工作的难度有多大？如果是消费生态系统，情况又会怎样？是什么推动了企业的网络效应？该怎样强化它们？

第四步：在数字生态系统前沿选择一个希望开展竞争的弧点。

这一步旨在达成一个现实的数字化竞争战略目标。它以企业对数字基础的评估（第二步）和企业在数字生态系统前沿发现的机会（第三步）为依据。以下任务需要重点考虑。

（1）考虑数字竞争者的实力，评估企业可以从数字生态系统的所有机会中真正实现的目标。为了提高经营效率，企业可以做些什么？可以从生产生态系统开发出哪些数据驱动型性能和服务？企业的产品可以扩展成为平台吗？企业设想怎样的平台服务？它们能实现企业寄予厚望的数字客户价值吗？企业有执行这些计划的财力吗？

（2）思考战略偏好。是成为数字适应者还是数字先驱者？企业对风险的承受能力有多大？在结果仍未确定时，企业是否希望率先进入新的数字领域？企业是否更愿意观察竞争对手的行动并跟上它们的步伐？企业希望多长时间能看到投资回报？

（3）考虑在企业经营业务中出现的数字化力量。所有竞争对手是否都进入了企业经营业务的消费生态系统？企业能设计怎样的生态系统进入壁垒？对企业来说，数字防御者或数字进化者何者更有意义？

（4）根据企业的风险回报偏好，选择数字生态系统前沿的最优点。

第五步：为企业所希望的数字化竞争战略打造必要的数字能力。

这一步旨在实现企业的战略目标。企业需要建立一种方法，使自己从数字基础的位置起步前进，并抵达预期的数字生态系统前沿弧点。

（1）将企业的数字基础推向数字生态系统前沿的选定弧点，确定这样做所需要的数字能力。

（2）建设必要的生产生态系统和消费生态系统基础设施。企业是否对第一步所确定的价值链网络和互补者网络的方方面面进行了充分连接？

（3）生成必要的数据资产。企业是否已将前述步骤中确定的生产生态系统和消费生态系统的数据生成潜力最大化？

（4）扩展 API 网络，以期运用数据资产并在选定的战略位置上脱颖而出。

（5）抵达企业预期的数字生态系统前沿弧点。持续评估企业的位置，并根据需要进行细化和修正，努力保持高度熟练状态。

本章小结

从广义上看，数字化改变了竞争的本质，竞争越来越少地发生在行业内部或试图取代对方的相似企业之间，却更多地发生在不同行业之间，甚至发生在彼此相互依赖的合作伙伴之间。数字化也强化了结合的重要性，在某些领域直接竞争的对手，在其他领域很可能是有价值的合作伙伴。数字化竞争力评估将有助于企业厘清当前所处的数字化位置，并对数字化转型的路径有一个清晰的认知，为后续制定适合企业的数字化转型战略和可行的行动计划提供参考和决策依据。普华永道企业数字化成熟度评估框架从战略引领、业务应用结果、技术能力支撑、数据能力支撑、组织能力支撑以及数字化变革六个维度对企业的数字化成熟度进行评估。

企业要构建数字化竞争优势，首先董事会要进行数字化组织调整。董事会可以从三个方面着手调整数字化组织：全盘梳理数字化转型方案、设立数字化转型监督组织、聘用数字化人才作为董事会成员。

产业互联网的核心在于不同行业之间的跨界合作。通过不同领域企业的紧密合作，可以创造出全新的商业模式和产品，实现资源共享和互利共赢。产业的概念逐渐模糊，企业间一对一的竞争和较量逐渐让位于企业群组间的对垒和交锋，最为典型的现象便是企业间的生态系统。跨界合作和生态系统建设已经成为当下产业互联网发展的重要动力。

◆ 本章思考题

1. 基本竞争战略有哪几种？数字化竞争战略与其有何不同？数字化竞争战略的意义是什么？
2. 数字化时代的竞争面临哪些挑战和机遇？数字化竞争可由哪些因素驱动？数字化可以带来哪些颠覆性影响？
3. 数据分析和预测在数字化竞争中如何应用？以 App 数据分析为例进行说明。
4. 评估企业数字化竞争力的指标有哪些？可以用哪个模型？
5. 阐述数字化竞争战略行动计划的制订步骤。

第十二章 企业数字化转型战略

当前,数字化转型已成为企业特别重视的一项变革行动。数字化的成功与否在于是否能够根据战略培养所需的数字化能力,并实现有意义的规模扩展。一旦适当的能力得以建立,即使消费者的心理和行为不断变化,企业也能灵活地进行调整,以适时适度的方式应对变化情况。本章将介绍数字化转型的背景及定义、数字化转型的驱动因素、数字化转型的战略规划、数字化转型的保障措施等内容。

第一节 数字化转型的背景及定义

一、数字化转型的背景

要理解数字化转型,就不得不提到当下的时代背景——数字经济。现在人类社会已经迈入数字经济时代,伴随着数字经济而来的是数字化或数字化革命,而在人类的历史长河中,能称为工业或科技革命的有四次,第四次工业革命就是数字化革命。世界经济论坛的主席克劳斯·施瓦布教授认为,数字化革命是纳米技术、大脑研究和医学、材料科学、3D打印、无线通信网络、人工智能和机器学习、大数据、机器人技术以及日益增长的计算能力等多个领域的产物。吴军在《智能时代》一书中将这次革命称为智能革命。在这场变革下,各行各业的商业模式都在发生着巨大的转变,这就是数字化转型出现的背景。四次工业革命对比如表12-1所示。

表12-1 四次工业革命对比

变革	核心技术	主要特征
第一次工业革命	蒸汽机	机械化
第二次工业革命	电	电气化
信息革命	计算机和半导体	信息化、互联网
智能革命	大数据应用	智能化

二、数字化转型的定义

很多企业在数字化转型的实践过程中会非常迷茫，不知道是不是走在了正确的道路上，特别是企业数字化转型的推动者。出现这些认知问题，固然是因为对于数字化转型缺乏一个广泛的共识，但是更多还是因为企业在启动数字化转型时并没有花时间深入思考数字化转型是什么、目标在哪里、要做什么、怎么做、需要遵从哪些原则、有哪些特定的"游戏规则"等问题。事情没琢磨透，任何小的质疑、困难和失败，都会很容易地动摇企业数字化转型的初心。

数字化转型，转型是重点，数字化是手段，数字化是转型的驱动力。数字化转型是众多组织（企业）转型中的一种，几乎每天都有很多人正在亲身经历转型。一方面可能是政策的原因，比如k12行业就曾因为政策的影响而不得不另谋出路。另一方面也可能是因为外部市场环境改变，例如早年街上到处是卖盗版碟的，但是现在大家都通过手机App看视频，这个行业自然也就消失了。不管是主动转型还是被动转型，其最终目的都是实现一个更好的商业模式，更好地服务客户，更好地赚取利润或实现价值。因此，从字面上来看，数字化转型是借助数字化技术及其支持能力，实现商业模式创新的过程。

数字化转型的核心理念在于持续尝试和迭代，以确保在正确的大方向下前进。因此，许多组织将"小步快跑"视为数字化转型的重要原则之一。然而，有时候人们过于强调"小步快跑"，可能认为时间紧迫，需要迅速行动，甚至可能忽略方向的正确性，错误地认为可以随时重新来过。以上这一问题是大部分企业在数字化转型中可能会犯的错误，即在战略层面表现懒惰，在战术层面表现勤奋，没有明确方向的"小步快跑"可能最终导致原地打转，毫无进展。因此，数字化转型的推动者或负责人在启动转型时，应花时间深入理解数字化转型的概念。同时，在实践过程中需要不断修正和优化对数字化转型概念的理解。只有这样，才能将数字化转型这一理念内化为适合自身行业或企业的语言，以确保数字化团队中的其他成员尤其是业务领导也能够充分理解，从而形成整个团队的共识。

第二节 数字化转型的驱动因素

一、技术创新和数字化趋势

随着数字化发展的深入，数字化转型已成为企业在未来竞争中取胜的关键。高质量发展是依靠技术创新驱动的发展，在推动高质量发展的创新过程中，企业已经从过去的信息化迈向了新时代的数智化转型。近年来，互联网、大数据、云计算、人工智能、区块链等技术飞速发展,数字化已经深入渗透到经济和社会的各个领域,成为塑造企业、行业甚至国际竞争格局的重要力量。从农业经济到工业经济,再从工业经济到数字经济,全球经济正经历着数字化转型的浪潮。为适应时代的发展趋势,企业需要抓住互联网、大数据、人工智能等新一代信息技术发展的历史机遇,一以贯之地推进数字经济的高质量发展。

二、市场需求和竞争压力

在当前充满变革的时代,数字技术正以迅猛的发展势头引领着前进。数字化转型已然成为全球共识,甚至可以说是当下的唯一共识。目前超过 170 个国家已发布数字战略,数字化转型的迫切性越发凸显。首先,数字化进程正日益加速。根据麦肯锡的研究,全球数字化提前了 7 年,亚太地区更是提前了 10 年。研究还显示,数字化不再是艰巨的挑战,企业的工作速度比预期快了 20~25 倍。人们普遍认为,混合办公模式将逐渐成为新的常态。其次,全球对于降低碳排放和应对气候变暖的关注逐渐加强。欧盟已设定了在 2050 年实现碳中和的目标,而中国也规划在 2030 年达到碳排放峰值,并在 2060 年实现碳中和。数字技术成为各行业减排的关键工具。世界经济论坛的数据显示,2030 年各领域因 ICT 技术减少的碳排放量将达到 121 亿吨,相当于 ICT 行业自身排放量的 10 倍。最后,全球商业环境正逐渐变得更加复杂,企业开始将韧性作为战略的核心要素。在这个背景下,数字技术被普遍认为是实现企业韧性的不可或缺的关键工具。随着新冠疫情后时代的来临,经济复苏和低碳发展成为双重迫切要求,这进一步推动全球企业和各类组织加速数字化转型,以更好地应对未来的挑战。总之,从宏观的经济环境到同行业的竞争态势,再到企业自身的运营情况,这三个层面的因素都在推动着企业进行数字化转型。

三、内部变革和组织发展

随着新一代信息技术与先进制造技术的融合发展,众多制造业企业顺势而为,纷纷在数字化转型的浪潮中扬帆远航。但在突破传统发展模式、乘浪前行之余,企业特别是制造业企业仍然需要警惕其向数字化航进的过程中,容易触碰到的暗礁和极易误入的旋涡,提前做好布局和准备。制造业企业在数字化转型过程中往往会陷入"重短期投入,轻长期规划""重技术升级,轻精益基础""重项目实施,轻人才成长""重效益提升,轻理念进阶"四大误区,容易将数字化转型的视角局限在简单的技术升级和项目实施层面,缺乏从员工转型、组织重塑等维度进行的深层次、系统性思考和实践。

不过,西门子数字化工业集团成都工厂作为组织变革的典型成功案例很好地避开了上述问题。西门子成都工厂拥有一套经过实践验证、行之有效的解决方案,即全方位、渐进式的组织变革。图 12-1 是西门子成都工厂组织变革的具体过程。

```
┌─────────────────────────────────────────────────────────────────┐
│  2013—2016年    2017年      2018年      2019年    2020—2021年  →│
│                                                                  │
│  ┌─────────────────────┐ ┌─────────────────────┐ ┌─────────────────────┐
│  │ 业务痛点驱动数字化   │ │ 业务透明驱动数字化   │ │ 业务智能驱动数字化   │
│  │ √ 车间自动化机器人   │ │ √ 质量管理平台       │ │ √ 智能生产计划       │
│  │ √ 商业智能运营工具箱 │ │ √ 智能OEE系统        │ │ √ 先进排产           │
│  │ √ 办公自动化机器人   │ │ √ 供应链管理工具     │ │ √ 人工智能，数据分析 │
│  │ √ 其他               │ │ √ 其他               │ │ √ 其他               │
│  └─────────────────────┘ └─────────────────────┘ └─────────────────────┘
│              以运营绩效为核心          以创新为核心                │
└─────────────────────────────────────────────────────────────────┘
```

图 12-1 西门子成都工厂组织变革过程

德国西门子公司是工业 4.0 概念的发起者之一，亦是全球领先的数字化制造业企业。西门子成都工厂是世界经济论坛第一批"灯塔工厂"之一，该项目在智能制造领域享有盛誉。

从西门子成都工厂的数字化转型经验来看，组织变革是制造业企业在技术升级基础上的重要转型任务，也是制造业企业数字化转型的必经之路。简单来说，西门子成都工厂在组织层面经历了从外到内的两个变革过程（见表 12-2），具体如下。

（一）组织外部较为显性的运营模式和决策模式的转变

即工厂从以专职数字化团队来推进数字化项目的"独立运营模式"，转变为以业务负责人来推进数字化项目的"融合运营模式"；从基于经验、中心化的"集中决策模式"，转变为基于数据和模型、去中心化的"下沉决策模式"。

（二）组织内部相对隐性的管理模式和企业文化的转变

即工厂领导者从关注痛点、短期绩效和执行的"传统管理模式"，转变为关注机会、长期发展、创新以及人员成长的"新型管理模式"；从奉行高度执行力、最优绩效的"刚性企业文化"，转变为倡导以人为主、创造力和执行力相结合的"柔性企业文化"。

表 12-2 西门子成都工厂内外组织变革前后对比

组织变革		转变前	转变后
过程1：组织外部显性变革	运营模式	【独立运营模式】 1. 专职数字化团队负责数字化项目 2. 项目人员和一线运营人员相互独立 3. 一线运营人员是旁观者 4. 数字化项目关注准时完成	【融合运营模式】 1. 业务负责人也是数字化项目负责人 2. 工厂专家团队提供技术支持和指导 3. 一线运营人员是驱动者 4. 数字化项目关注业务价值实现

续表

组织变革		转变前	转变后
过程1：组织外部显性变革	决策模式	【集中决策模式】 1. 部门主管或领导者（一把手）决策 2. 基于经验的试错 3. 中心化、慢、僵化	【下沉决策模式】 1. 一线员工决策 2. 基于模型的优选 3. 去中心化、快、灵活
过程2：组织内部隐性变革	管理模式	【传统管理模式】 1. 领导者关注问题、运营状态、绩效指标 2. 领导者是引导者，带领员工： （1）成为优秀执行者 （2）成为高绩效员工	【新型管理模式】 1. 领导者关注机会、战略方向、企业文化 2. 领导者是赋能者，培养员工： （1）成为数字化人才 （2）实现自我和提升成就感
	企业文化	【刚性企业文化】 1. 执行力文化 2. 奉献精神 3. 苦干精神	【柔性企业文化】 创新意识、创造力文化 主人翁精神、自驱力 成长型思维、学习型文化

没有这两个层面的组织变革，企业的数字化转型就是无本之木。通过组织变革，西门子成都工厂不仅成长为创新型组织和学习型组织，而且2017—2021年，在工厂蓝领人数增长100%、白领人数增长10%的情况下，工厂产值增长超过300%，工厂员工也从低价值的重复劳动中解放出来，成为兼具数字化思维和能力的数字化人才。

目前，西门子成都工厂的数字化转型已经从信息集成、知识积累阶段，逐渐迈向智慧运营阶段。相应地，工厂数字化发挥的价值也从机器代人价值、协同价值，逐渐升级为精准决策价值。

数字化转型的本质是一项系统性创新工程，这项工程不仅涉及多学科、多领域技术的融合，而且涉及数字化创新人才的培养，需要运营模式、决策模式、管理模式以及企业文化等组织层面从外到内的系统性变革，亦需要顶层规划、精益理念、创新机制等的支撑，难以一蹴而就。因此，领导者必须改变观念和认知，更多关注战略和机会，从带领者转变为赋能者，以身作则，让每个员工都成为转型的主角。

第三节　数字化转型的战略规划

一、企业使命、愿景和价值观的含义

企业使命是企业承担的责任，指明了实现企业愿景的道路。一个领导者需要有坚定的使命，作为其奋斗的驱动力。只有拥有清晰的使命，领导者才能去激励拥有相同使命的人。使命往往超越个人利益，它回答了为何存在的问题。使命与个人的信仰和

信念息息相关，通常能够持续很长时间。例如，阿里巴巴的使命是"让天下没有难做的生意"，从1999年阿里巴巴创立至今，这个使命已经保持了二十多年不变。

企业愿景是企业的远大理想与雄心壮志，是引领企业发展方向的不可或缺的明灯。一个领导者要有对未来的愿景，作为其坚持奋斗的目标。只有拥有清晰的愿景，领导者才能去凝聚他人，让大家看到未来的方向。愿景是企业对中长期未来图景的描绘，因此应当充满希望和抱负，能够让人热血沸腾，激励人们为之奋斗。正如吉姆·柯林斯在《基业长青》中所说，那些基业长青的公司拥有宏伟、艰难和大胆的目标。这些目标让人觉得不可思议，却又能刺激人的内心，使人们充满希望，愿意全身心投入其中。企业的愿景会随着时间的推移而变化。为了成功实现数字化转型，领导者应首先确立一个明晰的展望：在未来5~10年内，企业将呈现怎样的面貌？这个展望的塑造在很大程度上取决于领导者的远见和战略洞察。具体而言，这涉及领导者对数字化的认知，是将其视为单一的技术与应用，还是将其视为能够全方位颠覆企业经营的多维力量。领导者对数字化愿景的看法的差异，直接影响着企业数字化愿景的轮廓与构筑。这样的洞见差异，将在实现数字化转型的道路上引发不同的航向。

企业价值观是基于共同愿景、使命和宗旨，对所预期的未来状况所持的思维方式和标准观念。一个优秀的领导者要有清晰的价值观，知道应该做什么，不应该做什么。在拥有清晰价值观的同时，要以身作则地践行，这样才能持续吸引追随者。价值观折射了企业和员工的价值导向，它承载着企业员工集体或绝大多数员工对企业本质的至高评判，更直白地说，即为企业所支持或排斥的行为准则。价值观代表了企业决策者在企业性质、目标和经营方式上的明智抉择，同时也成为员工接纳的共识。

二、确立数字化转型的使命、愿景和价值观

企业数字化转型的成败，关键在于其对数字化战略是否进行了深入剖析，其中包括是否明确企业愿景、使命、宗旨以及核心价值观。通过建立科学的理论体系和富有创新思维的方法，企业能够更为明晰地勾勒出未来的发展蓝图，承担责任使命，确立行事准则，并施行实施路径，这些都将全面引领企业数字化战略的多个工作领域。

（一）确立数字化转型的使命

在当今竞争激烈的商业环境中，企业使命是引领组织前进的长期目标，而数字化转型使命既是企业目标也是企业最终达到的一种状态。确定这一使命有助于激发企业内部的紧迫感，引发对数字化转型的深入思考，并在实施过程中明确每个部门的责任和任务。这种使命感能够驱动员工积极参与，推动企业迈向数字化转型的新阶段。此外，数字经济被视为生态型经济，企业是社会生态的一部分。因此，在企业踏上数字化转型之旅时，确立数字化转型的使命需要以综合考虑众多要素为基础。这些要素涵盖企业的特质、所处行业的前景趋势，乃至整个产业的生态结构。在企业、社会和客

户等多重生态系统中，这一使命的制定必须全面且有针对性。企业使命涉及对某一社会问题采取的特定方法，而企业数字化转型的使命，则涉及借助某种方式解决企业、客户、供应商、合作伙伴等众多生态关系中的系统问题和业务难题。其旨在推动业务互联，促进数据分享，提升组织效率，以实现运营智能化的目标。企业可以从内外两个角度确立数字化转型的使命。

（1）从企业内部角度来看，数字化转型的使命在于推动业务紧密连接、数据融合共享、组织高效运作以及运营智能化、精细化。在这个视角下，企业应该从内部问题出发，提炼并总结出具有自身特色的数字化转型使命，例如，通过数据驱动实现业务目标、以数据为基础进行决策、实现数据和业务的双向推动，以及推动软件和硬件的协同运行等。这些使命旨在深刻识别并解决企业内部所面临的挑战，为数字化转型注入特定的目标和动力。

（2）从企业外部角度来看，数字化转型必须关注客户、供应商、产业链、第三方服务提供商等多个角色所面临的各种痛点和难题。在此基础上，了解不同业务场景对数字化转型的需求，从而构建基于外部视角的数字化转型使命。这种使命的塑造将着眼于构建企业生态，实现网络协同、数据互通、开放共享、灵活互动等特质。这样的使命不仅将推动企业自身的进化，更将鼓励整个产业实现协同创新，从而达到更广泛的共赢效果。

（二）明晰数字化转型的愿景

愿景是高层管理者对未来的设想，是企业未来的目标、存在的意义，是指引企业前进方向的灯塔。缺乏清晰而有力的数字化转型愿景，很可能导致数字化转型的方向模糊不清，阻碍企业的全面改革。因此，确立一个明确的数字化转型愿景对于企业的成功至关重要。企业可以从以下两个关键角度入手。

（1）站在未来，审视现在。当下，全球正处于第四次工业革命的浪潮中，新一代数字技术成为强大的驱动力。数字技术迅猛发展，促使数据与产业深度融合，企业的生产和管理模式正在经历根本性的颠覆。社会经济形态也正在从工业经济急速转向数字经济。展望前景，第四次工业革命将以指数级速度彻底改变企业的生存环境和运营体系。在这个关键时刻，企业必须以长远的眼光，展望未来的发展趋势，构建适应数字经济时代的企业竞争态势，描绘数字化转型的愿景。这个愿景将为企业提供未来发展的方向，使其在不断变化的环境中保持领先地位。

（2）立足现在，展望未来。数字化转型并非一蹴而就的短期行动，而是一个漫长的过程。在确立数字化转型愿景时，企业需要充分分析和评估自身的现状，立足企业的资源禀赋，同时结合产业的数字化进程以及未来发展趋势进行综合考量。通过将企业现有情况与未来趋势融合，企业可以确定一个具有指导作用的数字化转型愿景，该愿景应当具备适应未来十年、二十年发展的能力，从而为企业描绘一个相对准确且可行的未来蓝图。

数字化转型愿景明确了转型将给业务带来哪些变化。愿景是相对稳定的，不会年年改变。愿景是对未来"提纲挈领"的表达，它不会描述一个个具体的解决方案或项目，应避免在描述愿景时过多地讨论细节。描绘数字化转型愿景，需对准业务战略，明确客户的体验诉求，关注行业趋势，审视企业自身的能力和与业界标杆的差距，识别数字技术在企业内的应用前景。

（三）树立数字化转型的核心价值观

在企业数字化转型中，核心价值观不仅是思维方式，更是行动的指南。它承载了企业对于转型的标准观念与坚定信仰。正是这一核心价值观，引导着企业在数字化转型中的每一个决策、每一项行动，同时也烙印在企业的文化之中。这不仅是思想的引导，更是行动的牵引力。拥有正确的核心价值观能够引导积极的思维和行动，从而取得更加积极的成果。它们连接了企业的各个部门和员工，成为数字化转型的内在动力，也构成了制度和规范的基础。在数字化转型过程中，涉及技术对企业的商业模式、组织、业务、运营、生产等多个方面的彻底重塑和再造，特别是技术在对客户、合作伙伴的生态变革中，呈现出技术伦理、技术作恶等特点。在数字化转型过程中，企业应该从多个角度审视和制定核心价值观，以确保这些价值观能够全面地引导企业向正确的方向前进。在数字化转型过程中，企业可以从以下几个方面来考虑。

（1）技术的善用是至关重要的。虽然技术本身并不具有立场，但在数字化转型中，借助先进技术对业务进行改造时，我们必须认识到这些改变可能会对人造成的潜在危害。互联网、大数据、人工智能、区块链等各类技术的广泛应用，都深刻地影响着技术业务和客户。因此，企业必须极度重视技术的伦理层面，将引导技术朝着善的方向发展作为企业核心价值观的首要原则，以积极的方式运用技术创造价值。这是一个不容忽视的责任。

（2）以客户为中心。客户是企业生存的基石，也是企业数字化转型的出发点和落脚点。将客户置于核心价值观的中心，意味着企业要以客户为导向，关注客户的需求和体验。构建以客户为核心的价值框架，可以指导数字化转型的方向。

（3）肩负社会使命。企业不仅是社会的重要组成部分，更是其中承载重要使命的力量。在数字经济时代下，企业与社会、客户以及公共服务之间的界线日益模糊，联系日益紧密，企业已成为社会活动的中流砥柱。在这一新背景下，企业有责任正视自身的社会使命，应将履行社会责任与义务视作企业核心价值观的重要支柱，并积极付诸实践。

三、制定数字化转型的战略目标

企业通过数字化转型来实现其战略目标，但由于不同的企业有不同的行业特性、业务痛点、数字化成熟度等，数字化转型的具体目标会有明显差异。企业在忙于数字化转型时应该仔细思考数字化转型的最终目标是什么。以下是有关企业数字化转型战略目标的部分代表性观点。

麦肯锡咨询公司提出，数字化转型的长期目标是获得增长，提升价值，所有数字化技术的应用和落实也应围绕这个目标展开。

华为公司认为，企业开展数字化转型，应以使主营业务成功为目标。

广联达公司提出数字化转型的核心目的就是推动企业实现规模化发展、高质量发展，增强核心竞争力。

神州数码董事长郭为认为，一个企业的数字化转型，最重要的、最根本的目的就在于不断地生产、生成自身的数据资产，同时利用数据资产不断创造新的业务，两者之间又会形成一个良性循环。

天虹技术副总裁徐升平认为，数字化并不是目的，转型才是。归根结底，数字化转型的目的是实现企业的转型、创新和增长，而转型的基石是数字化技术。

中国农业银行副行长徐瀚指出，数字化转型的核心目标在于创造价值。此举应在客户服务和银行运营方面实现"多快好省准"的提升。若未能为客户和商业银行带来实际利益和效益提升，即便是标"区块链""大数据"等技术的创新，也属于虚假创新。

可见，对于数字化转型的战略目标这一问题并没有形成统一的认知，甚至一些企业可能都没有认真思考过这个问题就追风而动。实际上，数字化转型是一个系统性的变革工程，不少企业已经把数字化战略作为企业的核心战略。然而，思考数字化转型的最终目标需要回归企业的本质、战略管理的本质，即企业经营的目标是追求最大化的利润，创造持续增长的股东价值。数字化转型的目标应与企业经营目标一致。因此，数字化转型的最终目标也应当是创造持续增长的股东价值，这是一种长期的承诺。

总的来说，数字化转型的目标可以归为两大类战略目标——降本增效和收入增长，并可进一步分解为四个具体目标——提高效率、降低成本、提高客户价值、增加收入机会。

1. 提高效率

效率是企业的一项关键竞争指标。因此，提高效率是数字化转型的重要目标之一。效率主要包括运营效率和决策效率两个方面。运营效率涉及研发效率、生产效率、供应链效率、渠道效率、服务效率等多个方面，通过全价值链的数字化转型提升产、研、供、销、服各个业务环节的运营效率，是很多企业比较容易达成的，也是效果显现最快的，因此很多企业将提高运营效率作为数字化转型的首要目标。

2. 降低成本

成本领先可以给企业带来竞争优势。但随着各种生产要素成本的上升，很多企业存在的一大问题是增收不增利，企业面临降低成本的巨大压力。因此，数字化转型的另一大重要目标就是降低企业的成本。通过数字化转型，削减不必要的开支，减少浪费。

降本增效是数字化转型的重要目标，甚至是很多企业的首要目标，但数字化转型如果仅仅停留在降本增效这一目标上，并不能走得长远，也不能算是真正的数字化转型。数字化转型除了要实现降本增效外，还有更为长期的目标，即提高客户价值、增加收入机会。也就是说，通过数字化转型，要真正为客户创造价值、为企业创造收入，从而为企业发展提供持续动力。

3. 提高客户价值

随着数字化时代的到来，企业正在从以产品为中心转向以客户为中心。在数字化转型中，优化客户体验、提高客户满意度，从而提升客户价值成为至关重要的目标之一。提升客户价值的含义是通过加强与现有客户的互动，实现盈利性收入的增长。这种增长可以通过销售更多的现有产品和服务，或者提供额外的产品和服务来实现，从而进一步加深客户关系。"与现有客户的关系"用客户指标表示就是"客户保持率"，而提高客户保持率的重要方式就是提高客户满意度。这也是为什么不少企业将提高客户满意度、提升客户体验作为数字化转型的目标，这背后的逻辑其实就是通过提高客户满意度来提高客户保持率，进而提高客户价值。

4. 增加收入机会

利用数字化技术和积累的数据资产实现创新、增加收入机会是数字化转型的另一个重要目标。增加收入机会指的是增加新的收入来源，创造新的盈利模式甚至是商业模式。具体可以通过销售新的产品和服务、向新的细分客户销售产品和服务以及向新的市场销售产品和服务等方式来实现。

不难发现，不少企业尤其是数字化领军企业都将产品和服务创新作为数字化转型的目标之一，尝试开发数字化、智能化的产品和服务，或对现有产品和服务进行数字化改造，使其具有数字化特性，或提供基于用户个性化需求的定制化产品和服务，进而改变原有的收入和利润模式，为企业带来新的机会。红杉中国《2021企业数字化年度指南》调研报告显示，数字化实践领先者以产品和服务创新为首要目标，期望通过数字化创造新的业务价值，发现新的业务模式甚至商业模式，实现企业运营的良性循环。埃森哲《2022中国企业数字化转型指数》也发现，数字化转型领军者优势最大的指标都与创新相关。其中，在产品和服务的数字化升级能力上的表现是其他企业的8倍。

总之，数字化转型的战略目标，一方面是对现有业务进行优化，利用数字化手段降本增效，提高运营能力，另一方面是利用数字化提高客户价值，发展新的业务模式，开辟新的收入来源。

四、定义提升数字化能力的关键要素和优先事项

（一）提升数字化能力的关键要素

随着信息技术的不断发展和应用，数字化已经成为当今社会的一种趋势和基本状态。在数字化的浪潮中，数字化能力已经成为企业生存和发展的关键竞争力。

数字化能力是指企业利用信息技术对各种业务、流程和管理进行数字化改造，以提高业务效率、优化业务模式等的能力。构建数字化能力，不仅仅是硬件和软件的更新换代，更是对企业各方面的数字化运营能力的提升，包括数据收集、数据分析、数据应用、数字化决策等方面。

要提升企业的数字化能力，需要具备几个关键要素。一是数字化文化。企业需要具备数字化思维和文化，以数字化为核心思维方式，推进数字化转型。二是数字化人才。企业需要具备一支专业的数字化团队，具有丰富的数字化实践经验和创新意识，以推进数字化转型。三是数字化基础设施。企业需要建立和完善数字化基础设施，包括硬件设备、网络基础设施、数据中心等，以保证数字化运营的稳定性和可靠性。四是数字化技术。企业需要具备一定的数字化技术，包括大数据分析、人工智能、物联网等，以实现数字化运营和业务创新。

随着技术的不断发展和应用，数字化能力将成为企业未来发展的核心竞争力。未来，数字化能力将不仅仅是企业的基础能力，更是企业走向数字化、智能化、生态化的必要条件。数字化将带来更多的商业模式和商业机会，企业需要积极拥抱数字化，加强数字化能力的培养和提升，以实现快速发展和可持续发展。

（二）加速数字化转型的七个优先事项

1. 审核"六个阶段"的数字化现状

在数字化转型的背景下，许多企业的部署情况可以根据数字化成熟度分为六个不同的阶段，即照常营业阶段、积极提出方案阶段、规范化阶段、战略制定阶段、融合阶段以及创新和适应性阶段。这些阶段构成了数字化发展的蓝图，有助于有目标、有益地引导数字化转型。在以数字化客户体验为核心的数字化转型研究中，这六个阶段反映了多条变革路径。数字化客户体验不仅受技术和市场因素影响，也在推动业务发展方面发挥着重要作用。然而，许多企业常常过高估计自身在数字化转型过程中的进展。为了提供一个可以与同行进行比较的基准工具，企业可以评估自身的情况。这种评估不应是一次性的，而是定期进行的战略性审查。这种定期审查方式可以帮助企业跟踪数字化转型的阶段性进展，确保转型路线图与数字化转型的最佳实践保持一致。

2. 研究数字化客户之旅，围绕洞察和机遇开展工作

在制订数字化客户体验计划时，很多企业可能会忽视对数字化客户体验进行深入研究的重要性。深入了解客户意图、行为以及偏好的演变，可以为数字化客户体验战

略提供明确的目标和方向。这些洞察还能够为直接接触和影响客户的跨职能数字化转型计划提供关键信息。为了在整个企业范围内实现数字化客户体验的协同效应，跨职能部门应将对客户洞察的收集置于首要位置。将关于这些洞察的报告呈现给数字化转型指导委员会，有助于确保整体一致性。同时，还应与企业各业务主管分享这些洞察，以确保从高层管理者获得全面支持。

3. 研究员工之旅以改善员工体验

"员工快乐，客户满意"的格言同样适用于数字化转型。研究表明，员工在工作中感觉越快乐，对工作的投入程度就越大。通过帮助员工培养关键的数字素养，并围绕数字化转型愿景提供培训、再培训和参与机会，能够使他们成为转型和创新中有能力的合作伙伴。要了解员工的能力、动机及整体参与状态，企业必须持续关注员工的体验和职业发展路径。就像数字化客户体验一样，员工体验也可以通过获得洞察并制订相应的计划来不断提升。

4. 使数据成为决策中心

当前，数据呈现出分散、不完整和孤立的特点。领先的企业正在积极构建集中的数据基础架构，旨在更好地为跨职能工作提供信息和支持。这一策略有助于促进协作与整合，进而围绕数据支持的有意义的工作进行统一的数字化转型。那些先进而敏捷的企业正在加大对数据科学、人工智能和机器学习等领域的投资，以支持实时甚至预测性的数据分析。这些投资不仅提供了先进的数字化客户体验、员工体验以及运营洞察，而且从战略层面为数字化转型和创新工作提供了指引，从而创造了难以置信的竞争优势。

5. 使数字化转型投资与业务目标保持一致

在当前，监督数字化转型的首席执行官角色的崛起成为一个令人振奋的趋势。然而，与此同时，许多数字化转型和创新项目仍然被视为成本中心。因此，确保投资的必要性比以往更为重要。将数字化转型的理念从成本角度转变为投资策略，需要企业建立明确的投资回报率（ROI）指标。那些成功推动数字化变革的倡导者和指导委员会需要为他们的举措提供充分的论据，这不仅仅意味着企业要跟随技术趋势，更关键的是将转型努力与期望的业务成果密切联系起来。为实现这一目标，企业应优先考虑将数字化转型和创新与业务目标、投资回报率以及增长相关的指标相结合，从而为企业争取更广泛和更大胆的投资支持。

6. 仔细考虑技术趋势对数字化转型路线图的影响

关于谁在主导企业数字化转型的争论即将结束。目前，各企业首席信息官（CIO）及其领导的专业IT团队正与企业内的关键战略团队建立紧密的业务合作伙伴关系，共同探索技术如何协助实现业务目标。数字化转型团队正在密切关注新兴技术的发展趋势，并评估这些技术在产生最大影响和投资回报方面的潜力。通过在指导委员会中扮演重要角色，IT 部门有助于将新兴技术趋势与整体企业发展和创新目标相融合。这种趋势正在重新塑造企业数字化转型的领导架构。

7. 优先考虑转型与创新文化

起初，最为进步的企业强调人本主义，注重变革而非单纯追求技术，他们在数字化转型的六个阶段中取得了重大进展。文化一直被认为是数字化转型和创新的主要挑战之一。然而，如今的趋势表明，前进型企业更加注重投资组织文化，以实现更具迭代、适应性和创新性的目标。在这些企业的引领下，着重于培育组织创新文化的举措得以凸显，同时引入员工体验计划，授予员工更多权力，实现员工敬业度的现代化，以此建设更具数字化能力的员工队伍。

五、制定数字化转型的路线图和计划

企业数字化转型是一个复杂的过程，需要改变传统业务模式，制定全新的数字化战略，改进销售流程，升级 IT 基础设施以及调整运营方式。

为了成功实现数字化转型，企业必须将数字化战略与现有战略进行匹配，并采用适当的数字化转型技术。因此，最好制订一份详尽的项目计划，更重要的是制定一个明确的数字化转型路线图。

一个成功的数字化转型规划可以确保有效地利用技术和人力资源来改善客户体验，从而带来企业业务绩效的实实在在的提升。然而，要保证数字化转型工作的正确执行却是一项极具挑战性的任务。

数字化转型路线图为企业提供了推荐的活动和相应的时间框架、主要的基线措施以及在每个主要里程碑内执行的关键活动，以确保数字化转型工作的顺利推进。制定数字化转型路线图的六个步骤如下。

第一步：开展研究和尽职调查。

制定数字化转型路线图的第一步是建立一个数字化转型项目团队，该团队需要收集数据来了解业务的运作方式，以及人员、技术和设施等资源。团队还需要审查现有的企业战略计划、IT 战略计划、政策和程序文件、组织图表以及其他描述业务运作方式的文件。此外，团队还需要采访对业务及其运作方式非常熟悉的关键人员，如高级管理人员、部门负责人和专家，以获取数据，启动第二步的活动。

第二步：制定数字化转型战略，并向高级管理层和员工做简要介绍。

数字化转型战略应清晰描述最终阶段的目标，以及如何实现这些目标。这包括使用的技术、迁移的方式、需要的并行活动（如员工培训和技术基础设施的改造）以及其他相关活动。一旦确定了这一点，下一步就是向高级管理层和员工简要介绍数字化转型战略的关键点。根据高级管理层和工作人员的反馈，可以根据需要修改战略和支持活动，以实现最终的目标。

第三步：确定技术选项，并获得高级管理层的批准和资金授权。

在制定战略时，项目团队必须获得数字化转型项目高级管理层的批准和资金授权。为了确保成功实施，项目团队必须研究并确定所需的系统和技术、网络资源以及迁移活动。团队必须确定与数字化转型相关的所有成本，包括新技术的应用、对现有系统的升级、新应用程序和专用系统的内部和外部专业知识的获取，以及为了适应新组件而对物理设施进行的改造等。一旦相关管理人员收集、审查和批准了这些信息，团队就可以将其调查结果和建议提交给高级管理层审批。

第四步：批准项目计划，启动项目。

启动项目时，所有资源都将发挥作用，供应商准备开始工作，IT团队准备开始其活动，员工准备开始从现有流程过渡到可能的新流程，以实现数字化转型计划。这一步是路线图中最重要的一步，因为它将所有参与者聚集在一起，并促使程序向前推进。

第五步：执行迁移和过渡活动。

在数字化转型过程中，将开展多项活动，具体如下。①安装和测试新的硬件和软件，根据经验进行调整和改进。②开展新技术的试点，使员工熟悉系统和应用程序以及如何正确使用它们。试点将有助于制定使用新技术的政策、程序和绩效指标。它还可用于根据需要更新人力资源政策。③实施针对所有人员的新系统培训计划，特别是将使用新系统的员工。④定期审查系统支出与预算，并根据需要进行调整。⑤定期向高级管理层汇报总体项目进度。⑥对先进技术（如人工智能和机器学习）进行试点测试，以了解如何更好地利用其能力分析新系统创建的数据。⑦测试新系统的输出，以确保结果符合企业要求，并根据需要进行调整。⑧在试点项目期间和与客户互动的一线员工进行对话，以确保他们熟悉新技术。⑨确保新系统和技术应用的措施（如灾难恢复计划）已到位、记录在案并经过测试。⑩记录备份数据和获取新系统备件的程序。⑪确保使用新技术的员工拥有适当的设备并为其适当配备工作空间，无论他们是在现场还是远程工作。⑫制订上线计划，包括上线日期、备用日期以及如何执行上线流程。⑬进行网站营销和其他促销活动，以鼓励现有和潜在客户使用新系统。

第六步：开始进行业务运营和绩效管理。

一旦新的基于数字化转型的系统和应用程序上线，程序管理活动就开始了。其中包括人员管理，根据新指标进行绩效评估，管理审查，变更管理，技术审查和更新，财务审查，分析新系统如何影响销售和收入、客户体验满意度、客户保留以及对竞争地位和声誉的影响等。

总之，对于任何重大的企业项目，尤其是那些可能会对整个企业产生影响的项目，都需要进行充分的前期研究和分析工作，以确保项目的成功实施。在项目研究完成后，管理人员需要全面参与并批准该计划，从财务、文化和运营等多个角度进行考虑，确保项目实施的可行性和合理性。在数字化转型中，企业需要制定总体愿景和战略,以及详细的项目计划,从而明确数字化转型的目标和实施路径。

第四节 数字化转型的保障措施

缺乏战略规划、一把手认识和支持不够、人才短缺、方案选择错误、变革困难等确实是企业数字化转型中的主要阻碍,但抛开以上原因,未在企业数字化转型过程中提供有力保障措施,如建立数字化文化、推动组织变革等,才是转型失败的重要原因。本节将主要介绍数字化转型的保障措施,包括建设数字化文化和创新氛围、推动组织变革和领导力发展、培养数字化人才和技能。

一、建设数字化文化和创新氛围

企业的每一次重大变革、转型升级都会面临着文化的调整,数字化转型也不例外。在数字化转型中,技术并不是最具挑战性的因素,更具挑战性的是文化的转变。波士顿咨询集团的一项调查表明,那些重视文化变革的企业,其转型成功率高达90%,而那些忽视文化变革的企业,成功率仅为17%。许多企业在数字化转型中失败的根本原因是在企业文化,包括认知方式和思维模式等方面没有进行转变。

从概念上讲,企业文化是一个企业由其价值观、信念、仪式、符号、处事方式等组成的特有的文化形象。很多企业负责人错误地认为,企业上了很多项目,升级了技术,便能顺利完成数字化转型。实际上,数字化转型与软件或技术无直接关系,而在于企业文化的适应性。在根本层面,数字化即变革。因此,企业必须展现出敏捷性和适应性。在任何数字化举措中,企业文化扮演着至关重要的角色。数字化转型就是变革创新,包括技术创新、业务创新、模式创新。创新就会有失败的风险,但绝大部分传统企业在文化上是厌恶风险的,"眼见为实,看见才相信"是普遍的认知,"不求有功,但求无过"。而新型互联网企业的文化崇尚"相信才能看见",对失败的容忍度也较高。数字企业成熟度评价模型显示,趋于成熟的数字企业在风险方面表现得更加坦然。对于处于低成熟度的数字企业,超过一半的受访者认为,主要存在对企业风险的担忧。数字化转型成功的关键是营造积极的冒险、创新文化,管理者需要改变传统的思维模式,鼓励员工在企业数字化转型中更大胆地创新,在适当的冒险和发展速度之间取得平衡。

(一)数字化文化的内涵

就像没有通用的数字化战略规划一样,数字化文化也不是完全标准、统一的,无法一概而论。但对大量数字化转型案例(见表12-3)的研究表明,企业数字化转型中塑造的数字化文化通常会包含六个关键点:数据思维、用户共创、协同共赢、持续学习、创新容错、敏捷迭代(见图12-2)。

表 12-3　数字化转型企业的文化变革

数字化转型企业	数字化转型中的企业文化变革
美的	互联网文化（去中心化、平等）、用户思维
GE	敏捷、试错、迭代
德邦	数据文化
施耐德	包容赋能、创新试错
宝洁	鼓励数字化创新
天虹	开放、与外部对接、与客户交互
伊利	创新、包容、开放、学习
长虹	以用户为中心的数字化思维和文化；体验与迭代、适应变化、迅速响应
碧桂园	阳光无畏、跨界升维、灵动迭代、换位共赢
微软	同理心、协同、以客户为导向、多元和包容、灵活动态
Adobe	数据民主化、开放和创新、敏捷
星展银行（DBS）	创业精神、敏捷、学习、理解客户痛点、全面使用数据、鼓励实验和冒险
招商银行	开放、融合、平视、包容、敏捷；鼓励创新、容忍试错

图 12-2　数字化文化六大关键点

1. 数据思维

在数字化时代，数据连接一切、驱动一切、重塑一切，它成为企业数字化转型的核心要素。数据思维是数字化文化的核心，是每一个数字化转型企业必须努力培养起来的新型文化。数据思维的内涵很丰富，包括数据决策思维、数据共享思维、数据价值思维等，本节主要介绍前两种思维。

（1）数据决策思维。数据决策思维是指通过数据来改变传统的经验导向的思维方式，以数据为基础进行思考、表达、管理和决策，利用数据挖掘和分析等方法提升业务能力，从而培育科学决策的企业文化。这种思维方式融合了现代管理科学和数字化实践，是适应当今时代的产物。然而，目前大部分企业的决策还是依赖直觉和经验，很少会做严谨的数据分析和论证。没有强化基于数据决策的思维，导致很多企业开发的管理驾驶舱、经营分析系统得不到重视，形同虚设。因此，领导者要身体力行，相信数据的价值和力量,把数据分析、数据决策视为一种基本的工作能力。要创建以数据为基础的问题解决文化,建立数据治理、数据资产管理和数据使用的流程框架,使更多员工能够自主、灵活地进行数据分析,培养他们运用数据解决业务问题的意识,提高数据敏感度,从而实现企业真正的数据驱动和数据决策。

(2)数据共享思维。实现数字化转型要求将企业内所有信息系统进行数字化整合,消除部门之间的障碍,实现系统的跨部门和跨层级互通,以及数据的无缝融合,确保全方位数据的连接。因此,是否构建开放共享的数据文化成为决定数字化转型成败的重要因素。然而,传统企业组织架构下的企业文化氛围大多是各自为政,每个部门都只关注自己领域的事。企业内部由于利益分配机制、激励机制不明确,对贡献数据缺乏积极性和责任心。对于数据共享,并没有在思想层面形成广泛的认知。如果数据没有充分地共享,业务上就会出现断点,就不能发挥数据的价值,从而大大阻碍数字化转型的进程。因此,要建立数据共享思维,通过搭建数据平台,建立数据共享机制,促进企业内数据的融通,打破数据孤岛,为数字化转型奠定基础。鼓励内部各部门之间拆除壁垒、横向合作,同时加大与外部的跨界合作,提高与外部网络(如第三方供应商)共享数据的程度。

2. 用户共创

在研究了一些企业数字化转型的案例后,我们发现数字化转型较为成功的企业无一不在强调以用户为中心、用户至上、用户思维和用户共创。以用户为中心、用户至上在几十年前就被提出,也被诸多企业列为核心文化之一,但数字化时代赋予了这一理念更深层次的意义。在过去,传统企业倡导的用户至上是要一切听从用户、用户就是"上帝"、用户说什么就是什么,企业是"卑微"的。但数字化转型中的用户至上更强调深层次的挖掘用户的个性化需求,创新生产和服务方式,优化业务流程,提升用户体验,与用户共创价值、共同成长,与用户的关系是平等的、共生的。因此,企业要实现数字化转型,也应打造用户共创的文化。

3. 协同共赢

传统行业数字化转型更容易失败的一个重要原因就是跨部门协同困难。数字化转型不是某个部门、某项业务的局部转型,而是涉及各个环节、各个业务部门的系统性变革,要求企业各部门之间拥有更强的协同能力。数字化转型的成功源自跨部门、跨单位、跨职能的集体努力和知识共享。因此,企业应在内部营造协同与合作的文化氛围,打通"部门墙",打破信息孤岛。一方面,可以通过自上而下的结构性调整,增加信息的横向流动和层层协调。另一方面,还可以通过一些调整增强利益的一致性和交往的密切性,加强协同合作。例如,将虚拟云作为跨职能部门的协作平台,让各职能团队在云上开展实验与协同创新,最终形成协同的文化。

微软在数字化转型中以文化变革为起点。在个人计算机互联网时代,微软自我定位为一家软件公司，为企业提供软件服务，各部门独立运作，强调个人表现和竞争，考核机制强调员工排名，仅少数员工能够晋升和获得薪资提升。这使得微软出现了部门孤立、内部斗争的问题。在做出数字化转型决策后，微软采取了一系列措施，鼓励工程师们实现跨部门合作，以增强团队协作和组织创新能力。微软推出了多项促进跨部门合作的举措，其中包括"黑客马拉松"等活动。这些举措使员工能够通过创新项目跨足不同部门和领域，联合他人开展产品创新。微软强调合作文化，减弱了过去存在的各自为政问题和内部竞争态势，逐步培养出合作、共赢、包容的工作氛围，为业务转型奠定了基础。

除了内部倡导协同文化外，企业还需打造开放共赢的文化，要从原先封闭的边界思维转向开放的破界融合思维，与外部消费者、供应商等实现价值共创。要鼓励员工积极开展外部合作，与合作伙伴共同制定数字化解决方案，让企业能够参与到更广泛的生态系统中。在数字化系统建设方面，企业要想独立完成所有系统的建设是极具挑战性的。因此，以生态系统的方式构建数字化系统，能够吸引多种类型的厂商开展协同联动，充分发挥各自的优势，从而实现优势互补。

4. 持续学习

学习型组织最早是由彼得·圣吉在《第五项修炼》中提出的，不少企业也逐渐意识到了学习的重要性，致力于打造学习型组织、建设学习型文化。但持续学习在数字化转型中显得更为重要。在数字技术快速更迭、外部环境不断变化的今天，从一把手到基层员工，都要不断学习数字化知识，培养数字化技能，这样才能在数字化转型中有能力去落实数字化战略、体验数字化的价值。在数字化转型方面较为成功的企业几乎都有一个热衷于学习的领导者。这些领导者特别愿意向行业的佼佼者、数字化原生企业学习，并致力于为全体员工提供有关数字化转型理论和方法的培训，以构建学习型组织。这种做法形成了一个循环，其核心在于通过学习改变认知，然后将认知转化为行动，并在实践中反馈学习的成果。如三一重工原董事长梁稳根特别注重对数字化转型的学习，他每天下班后都会花一个半小时学习，阅读优质文章、书籍，并鼓励高管团队一同学习。在学习完毕后，高管团队需要分享所学，每人撰写300~500字的学习心得，形成数字化日记。为了防止高管团队委托秘书代写学习心得，梁稳根要求高管们必须脱稿发言，并按照表现排名。每周，高管团队会在午餐会上回顾当前数字化转型项目的问题，而在周六，这一讨论会扩大至80多名高管，以探讨数字化转型的问题。此外，每月例会也会吸引更多员工的参与，从而促进学习和知识分享。

同时，在数字化转型过程中企业要为全体员工（包括基层员工）营造一个学习氛围浓厚的环境，提供学习平台和工具，提升员工的数字化知识水平和能力，并且必须让员工意识到，学习并不是企业给他们增加的负担。在数字化时代，企业寻求转型，而作为个人也要从利用原有知识解决问题转变为持续学习和研究数字化用户和新趋势，不断进行自我提升，建立起数字化认知和掌握数字化技能，这样才能不被时代淘汰。微软在数字化转型时期要求全体员工做技术认证，包括非技术人员，如销售团队、各个子公司总经理的秘书，以创造学习型的文化。微软有自己的学习平台，鼓励所有员工学习，投资自己。在推动数字化转型的过程中，GE要求所有新入职员工都学习编程。尽管这并非要求每个人都成为能编写软件的程序员，但编程作为数字化未来的"可能性的艺术"，是每位员工都应该理解的要素。此外，GE还强调集团财务人员也必须掌握并熟练应用为产品和客户部门设计的精益工作方法。这一方法可以在整个企业中促进高效作业。

5. 创新容错

根据北大光华管理学院数字产业创新研究中心发布的《2020中国数字企业白皮书》，企业数字化转型过程中的重要障碍之一就是创新文化不足。数字化转型是一个极具个性化的变革项目，没有一个统一的、共性的方法论来指导所有企业的数字化转型，不同行业、不同企业的差异较大，每个企业都需要探索适合自己的数字化转型路径。同时，数字化转型的目的不仅仅是降本增效、改进流程，更重要的是帮助企业突破既有的边界，带来全新的价值点。那么，就需要崇尚创新、支持冒险和颠覆性思维的文化氛围。然而，创新必然伴随着风险。在创新之路上，最大的障碍不是资源不足，而是缺乏支持与包容。因此，鼓励创新必然意味着要容忍试错和失败。但事实上，绝大部分的传统企业在文化上是厌恶风险、害怕失败的。对试错的容忍，是数字化转型成功的企业所具备的一个非常明显的特质。科锐国际的调查数据显示，在领先的数字化转型企业中，有63%的企业表现出较高的试错容忍度。超过50%的企业愿意在超过1年的时间范围内评估数字化转型的效果，而且没有一家企业要求在短于1年的时间内看到可量化的财务成果。相比之下，在对照组中，近1/3的企业希望在短短的1年内看到财务绩效，要求尽量减少试错成本。

6. 敏捷迭代

《数字化转型路线图》的作者托尼·萨尔德哈通过对一些转型失败案例的研究发现，敏捷型文化有助于推动持续的数字化转型。数字化时代的最大特点就是外界环境快速变化。因此，敏捷文化体现为员工乐于拥抱变化、勇于探索、适应变革、敏捷灵活，能够快速决策、执行和迭代，以适应不断变化的用户需求和技术迭代。敏捷型文化的典型应用是边测试边迭代的产品开发方式。与以往不听取市场反馈、被动等待爆款产品的诞生不同的是，数字化转型企业的产品开发应该是不断测试、不断追踪，迅速地在市场中投放新产品。之后，对消费者数据进行分析，根据消费者反馈，不断改进产品。例如，小米一直专注于数字技术的研究，通过云平台、大数据和AI等技术，不仅实现了小米新零售商业模式，也支撑起小米数字化企业运营的服务体系。通过多年的数字化建设，小米总结出数字化文化的三个方向：敏捷、数字驱动和开放。在敏捷方面，小米整合全球资源，以能力和资源的云化实现企业服务敏捷化部署，让新零售体验和科技服务能最快地触达"米粉"，让"米粉"享受到数字科技带来的智慧家居服务。

（二）建设数字化转型的文化氛围

推进文化变革、营造数字化文化氛围需要"软硬兼施"。软性方面包括开发清晰的数字化愿景和使命，通过企业家推动、文化宣贯、反复沟通、讲好故事，建立全员对数字化的认知；硬性方面则需要配套的机制、能力的提升、工具的应用等来保障文化的落地。

1. 企业家是数字化文化创建的第一推手

企业文化理论的开创者埃德加·沙因曾说："领导者是文化创建者、管理者，领导者所做的唯一真正重要的事情是创建和管理文化。""领导者如果不知道如何管理文化，就会沦为文化的牺牲品。""文化和领导者是同一硬币的两面。"

在数字化转型中，打造数字化文化成为企业家们的首要任务，他们是推动数字化文化发展的主要力量。特别是对于传统企业而言，若要改变企业文化，高层领导就必须亲自投入并大力促进。欧洲咨询公司的一份涵盖了全球8个国家、340家组织、1700名高管和员工数据的数字化转型调查报告显示，有62%的员工认为企业文化是数字化转型的最大障碍。然而，很多企业领导者常常未能意识到这一点，若领导者自身无法理解数字化文化，将无法引领数字化转型。

2. 开发数字化愿景，加强宣贯，持续沟通

打造数字化文化需要开发清晰的数字化愿景，明确想要通过数字化转型成为一个什么样的企业。以宝洁为例，该公司曾表态，"我们的目标是使宝洁成为全球数字化程度最高的企业"，并且致力于"将企业的所有工作数字化，从分子级别的构成，到工厂的运营，再到零售商的销售数据"。这一数字化愿景鼓舞着宝洁的全体成员，让他们对数字化价值有了共识，并且积极学习数字化技能。

同时，重视文化宣贯的作用，大力宣传数字化愿景，通过简短有力的口号标语进行推广，让数字化文化真正融入企业中，不断强化新理念，提高企业整体对数字化的认知。三一重工的数字化愿景是要在五年内实现"3000亿销售收入，3000名工人，30000名工程技术人员"，要彻底从劳动密集型企业转型为知识密集型企业。为了营造一种数字化文化氛围，让广大员工了解数字化，理解数字化转型的意义，三一重工将数字化带到了办公场所。在三一重工总部，到处都张贴着数字化转型的金句、标语，并细化到了卫生间的每一面墙上，真正做到无处不在，将数字化文化潜移默化地融入三一人的日常工作和生活中。

为了宣贯数字化文化，与员工持续、反复地沟通至关重要。文化的宣贯不能只停留在表面的宣传上，还要走近基层员工，与他们对话。一方面，向他们传递数字化愿

景、使命，灌输转型的理念，告诉他们数字化转型的原因、数字化转型的重要性和意义，适当营造紧迫的氛围，保持适度压力，让员工意识到数字化转型关乎他们每个人的切身利益。另一方面，企业尤其需要重视与利益受到影响的员工进行沟通，了解他们抵触变革的原因、对数字化转型的困惑，并解决他们的疑虑。华为非常重视变革中的宣传和沟通。华为管理变革和数字化转型期间，在流程IT部成立了一个数字化文化宣传工作组，负责倾听业务部门对数字化工作的建议，收集数字化给业务带来的成果，从业务和客户视角看待数字化成果，以增强企业对变革效果的认同，强化数字化与员工之间的纽带关系。

3. 构建配套机制，让数字化文化"固化于制"

在企业文化建设中，很多企业都能够关注到精神层、行为层、物质层，但是经常忽视制度层。制度文化包括企业组织结构、管理制度、行为规范等，是企业文化重要的组成部分。因此，数字化文化的塑造不能仅是纸上谈兵，必须以切实的制度来保障、以切实的机制来固化。随着数字化文化建设的不断深化，构建协作机制、激励机制、创新机制等是将数字化文化"固化于制"的重要抓手。

例如，形成开放共享的文化需要建立激励机制，要对积极进行开放共享的员工和部门进行奖励，增强各部门开放共享的意愿，进而推进各部门的协作。华为提出数字化转型中要转文化，打破部门墙，强调平台和共享。华为建立了共享奖励制度，只要团队将有效的数字化方案上传到全球方案共享平台上，获得全球员工的点赞、评论，就可以根据相应的分数获得奖励。在此之前，员工不愿意使用别人的共享方案，而奖励制度不仅促进了员工之间的共享，形成了开放共享的文化氛围，还将员工的能力沉淀在平台上，减少了系统重复建设的负担。

再如，打造创新文化也要建立配套的创新机制。如建设数字化创新中心，并配置专门的财务资金，建立"数字化专项奖金池"，对创新实践加以鼓励，形成数字化创新的各种评优体系。为了培育创新的文化氛围，美的采取了一系列的创新举措。他们投入了30亿元资金来建立全球创新中心，这个中心致力于推动产品创新和升级。此外，他们设立了专门的创新基金，建立了孵化器运营机制，以鼓励员工参与创新。还设立了与产业链投资相关的产业并购平台，同时设立了新业务和新产业投资基金，以促进创新。

4. 加强学习和培训，提升员工的数字化思维和技能

打造数字化文化，还需要对全体员工进行思维和技能上的培训。如果员工理解并认可了数字化文化，但工作时发现自己并不具备数字化相关的技能，那么数字化文化还是无法落地。因此，培育数字化文化还必须对员工进行技能培养、能力建设。数字化转型涉及企业生产、营销、研发等各个环节，必须对全体员工进行大规模的能力培训，以此让员工更好地融入数字化的工作环境。在宝洁公司，每个部门的员工都需要

掌握特定的技能，其中数字技能已经成为各个部门技能要求的一部分，并开始得到系统化的培训。宝洁设立了三个层次的"宝洁大学培训"计划，其中数字技能培训已被纳入每个层次的培训课程中。在中国，宝洁领导层每年都会接受为期三天的总裁培训，其中有一整天专门用于数字化内容的培训。这一系列培训措施旨在确保不同层级和部门的员工都具备数字技能，以适应企业的数字化转型。

5. 以可视化＋数字化工具，让员工体会数字化价值

推动文化变革、培养数字化文化，最重要的是让员工看到、感受到数字化，引起他们的认同，这样才会相信数字化转型的价值。让员工真切体会到数字化的价值有两种方式：数据可视化与应用数字化工具。可视化是文化塑造的常见做法，但对数字化文化的塑造更具有现实意义。可视化的目的是培养员工看数据的习惯，向员工展示数据的价值。企业可以定期召开数据实践分享会、数据分析总结会、数据实践案例竞赛等活动，让全员看到数据分析的成果。例如，美的十分重视数据文化的建设，其中一个举措就是将数据多屏展示，包括手机、电脑、CEO 大屏等，让全体员工看到数据的价值。此外，可以通过数字化工具来赋能员工，改变员工的工作方式。通过数字化工具可以让员工真切感受到数字化，体会到数字化能实实在在地提高工作效率，改善自己的业绩。平安集团在数字化转型中非常重视对一线员工的数字化赋能。例如，平安人寿采用一系列数字化工具，为代理人团队在日常经营、业务增长、培训和活动管理等方面提供支持，从而促进他们的销售和客户管理。

二、推动组织变革和领导力发展

企业若注重数字化转型，必定会策划相应的数字化转型战略。然而，若未建立推动战略实施的机构，形成数字生产运营所需的组织框架，则难以确保数字化转型的成效和持续性，亦难避免最终失败。在未来的数字化企业中，是领导层进行决策，还是那些具备专业经验的一线员工来决策？对企业来说，数字化转型的根本目的是提高适应市场、服务客户的敏捷性，提升核心竞争力。在数字化时代，企业传统意义上的金字塔组织架构无法适应未来的竞争，需要建立无边界、扁平化的组织架构，同时扩大一线员工的决策权。要评判一种组织架构是否适用于数字化时代，就是要看决策的速度是否足够迅速。

（一）组织变革推动数字化转型

众所周知，大型企业的组织相较于技术而言更为复杂，这使得它们的管理和变革变得更加困难。这些组织包含更多的流动组成部分，而这些流动组成部分——人类，更加难以掌控。技术系统主要是根据指令运行，技术组件也主要是按照预设的程序运行，但人类系统则迥然不同。编辑软件组件或替换特定元件相对简单，而改变整个组织并非易事。

一般来说，企业陷入数字化转型误区的绝大部分原因在于自身，即企业仍然遵循传统发展逻辑，仅仅将自动化和信息化作为转型升级的关键，忽略了组织层面对于数字化的适配性变革，以及数字化人才培养的价值。企业要想走出转型误区并在数字化时代脱颖而出，关键在于组织变革。组织变革是制造型企业在技术升级基础上的重要转型任务，不仅能在"数字化"层面确保企业项目成功实施，更重要的是能在"转型"层面推动企业员工从高绩效员工成长为数字化员工。

领导者在推动组织变革时需要完成一系列关键任务。首先，需要打造一个令人信服的数字化转型愿景，能够激发员工的共鸣和认同。其次，促进有效的沟通，确保员工能够深刻理解这一愿景，并明了它对每个人的意义和影响。同时，需要着手解决那些会削弱或阻碍变革的遗留问题，例如信息系统、工作规则、激励政策、管理措施甚至失效的业务流程。在变革的初期，试点项目的启动非常关键，这有助于建立变革的势头和动力。此外，营造开放的对话氛围能够让不同部门之间共享创新成果，从而促进跨部门协作。这些任务的完成将为企业获得变革能力打下基础，超越了简单的转型项目。一旦拥有了稳固的变革能力，数字化转型将成为持续不断的过程。在这种持续的转型过程中，员工和领导将不断明确新的转变方式，进一步推动企业实现更好的发展。通过这些努力，企业将在不断变革中不断壮大，不断适应变化的环境。

（二）重塑新一代数字化领导力

在当今数字经济兴起的时代，数字技术和创新成为社会经济增长和价值创造的重要驱动力。数字化正在深刻地改变社会组织方式，这就要求领导者从传统的领导方式转向适应数字化时代的领导方式，即拥有数字化领导力。

数字化领导力是领导者将信息化与传统通信技术巧妙结合，以在个人和组织层面有针对性地运用新兴信息通信技术的能力。从这一定义中可以看出，数字化领导力的核心在于数字资源的运用，这能够引导组织朝着数字化转型的方向前进，同时也能够更好地应对数字化时代的挑战。数字化领导力基于数字资源的运用，赋予领导者引导组织朝着目标前进的能力。

数字化领导力是数字经济和数字化转型中的重要支柱，旨在在组织层面推动创新。在组织层面，数字化领导力对于实现产品、流程以及盈利模式的颠覆性创新至关重要。它引导着企业从过去的信息化阶段，即简单地利用技术开展业务，向更高层次的数字化阶段转变，即通过探索式的学习来实现创新。在个人层面，数字化领导力强调增强员工的数字技能和数据管理能力，鼓励培养那些兼具技术知识和业务洞察力的综合型人才，以推动企业在研发、生产、经营和销售等方面的数字化转型。

在实践中，数字创新推动了组织变革，这也就需要一种新的领导方式，以建立和激励高绩效团队。然而，从理论角度来看，对于数字化领导力，并不能简单地套用以往的领导理论，因为它需要与数字资源的应用密切结合。

数字化领导力的关键特征和能力并不仅仅局限在技术方面，而是在于变革的愿景和前瞻性思维。这两者是数字化领导力的核心要素。变革愿景能够帮助领导者更好地理解技术和商业的趋势，而前瞻性思维则使领导者能够更好地应对不断变化的环境。另外，数字化领导者还应该具备创新和解决问题的能力，保持开放的思维，以便从更广阔的视角来推动变革。此外，他们还需要具备一定的数字素养，这是支撑变革愿景和前瞻性思维的重要因素，也能帮助他们更好地理解技术的发展及其对商业的影响。

在数字化时代，领导力扮演着推动组织能力发展的关键角色。而领导者认知和行动模式的升级则是领导力升级的重中之重。为了在数字化时代塑造新一代的领导力，企业应该遵循以下几个原则。

首先，在重塑领导力的过程中，选人才变得尤为关键。企业应该更加强调选择合适的人才，而不是过度依赖培养。面对现有人才短缺的问题，企业需要将领导力发展的重心放在效率和效能上，更注重培养特定的人才。这意味着个性化的培训和发展动作将成为主要趋势。企业可以根据不同人才的特点和需求，提供定制化的培训计划，从而更有效地提升他们的领导力水平。

其次，为了加速领导力的发展，企业需要创造实践环境。这意味着企业应该通过实际的工作"战场"来推动领导力的实践和价值显现。很多企业已经采取了这种方法，他们通过将培训与实战结合，以能力而非职位来评估和晋升员工，创造多样的晋升途径，打破传统的岗位限制，提供横向历练的机会。这样的做法不仅能够让领导者在真实的工作环境中锻炼和发展，还能够更好地培养他们的实际领导能力。

最后，在重塑领导力的过程中，企业需要遵循领导力发展的规律，逐级攀升，跨越关键阶段。不同层次的领导者在面对各种任务和挑战时，需要应对多种障碍，如知识技能、工作习惯、行为模式和思维方式等方面的障碍。因此，领导力培养旨在协助领导者克服这些障碍，促进其个人发展。企业可以制订针对不同层级领导者的培养计划，帮助他们在不同阶段克服困难，提升领导力素质。

在积极推动企业可持续发展的过程中，培养优秀的领导者变得越发重要，而在这个过程中，人力资源部门的角色日益凸显。研究表明，高达85%的企业认为人力资源部门在领导力发展中具有重要作用。其主要职责之一是作为"平台搭建者"，为相关参与者提供培训和发展的平台，以促进项目各方的协同合作。另外，人力资源部门在领导力发展中充当"统筹规划者"和"主力推动者"，确保整个领导力发展项目的协调与成功，同时也深入参与项目各项事务的实施。在企业领导力发展项目中，人力资源部门作为"平台搭建者"，需要构建能够连接所有参与者的协作平台。这个任务需要从多个角度考虑，包括机制和文化建设、组织架构和流程等，同时也要充分利用数字技术的优势。通过建设数字化领导力平台，不仅能更高效地推动领导力发展项目的实施，还能更科学地评估项目的成果和价值，从而形成领导力发展的良性循环。

三、培养数字化人才和技能

随着数字化技术的飞速发展，传统制造业正经历着前所未有的变革。产业结构的迅速转型和业务模式的彻底刷新，使得企业对具备跨学科和综合知识体系的数字化人才的需求越发强烈。

（一）数字化人才的能力要求

在数字化转型的浪潮中，传统企业的管理和技术人才需要超越传统的标准化操作，以应对数字化时代的工作模式和发展需求。数字技术与传统业务的深度融合催生了新的商业模式、业务形态和应用场景，这要求企业的管理者和技术工程师具备更专业的数字化技能素养。在业务领域，管理者需要技术人员拥有综合且交叉的知识背景，将数字化技能与专业领域知识结合，以实现数字化设计和制造的无缝连接。同时，技术人员需要适应不断变化的数字化环境，融入智能制造体系，协同设备开展工作，深入理解智能环境，并具备快速学习和思考的能力。对技术人员的数字化能力需求进行深入分析，发现其涵盖新技术环境、系统设备、数据处理、工艺制造等方面。综合而言，数字化技术人才需要具备四大关键能力，具体如下。

第一，数字环境适应能力在企业数字化转型中显得尤为重要。数字化转型不仅仅是技术层面的变革，更是企业文化和组织结构的重构。随着企业数字化转型的不断深入，技术人员需要能够深入理解数字化环境，推动数字技术与业务的深度融合，拥有快速学习和思考的能力。过去，技术人员可能会仅仅围绕着单一项目进行实施，但在当前企业数字化发展的阶段，要求已经不再单一，而是多重且持续的需求。因此，我们需要前瞻性地探索新技术环境下人才培养的系统方法，以更好地应对新技术所带来的持续性挑战。

第二，智能设备操控能力对于技术人员来说也至关重要。技术人员需要熟练掌握各类智能设备和软硬件系统的操作，以确保生产过程的顺利进行。然而，传统的"师徒制"培训模式已难以满足快速变化的新技术环境。因此，企业需要采用更为高效和灵活的培训方式，如建立数字化培训平台或使用虚拟现实技术，帮助技术人员快速掌握智能设备操作技能。

第三，数字抽象分析能力在数字化转型中具有重要作用。随着数据在企业不断涌现，需要技术人员有效地采集、分析和预测数据。然而，目前许多企业仍然面临"数据孤岛"的问题，即数据无法在不同部门之间流通和共享。技术人员需要具备数字抽象分析能力，能够将数据从不同源头整合起来，进行深入分析并得出有价值的结论。这需要他们具备较高的数据分析和统计能力，同时也需要了解业务背景和需求，以确保分析结果能够为企业决策提供有力支持。

第四，仿真模拟能力也是数字化转型中不可或缺的一项能力。企业数字化转型过程中，工程师们必须充分利用专业理论知识和仿真模拟软件，以对工艺流程进行优化和改进。这意味着工程师需要拥有扎实的机械、控制等专业理论知识，并能够熟练运用多种工具，包括二维软件或三维软件、工业设计软件以及编程软件。

针对这一需求，有学者提出了一些建议，如通过典型项目教学、引入企业合作课程等方式来提升学员的能力。然而研究表明，随着数字技术与业务的深度融合以及智能工厂系统的逐渐形成，企业面临大量急需解决的工艺制造难题。这使得传统的项目教学模式难以满足人才培养的要求。因此，企业需要将业务技术前沿与数字技术深度融合，创设一系列复合集成的课程，以更好地满足实际的业务需求。

（二）数字化人才能力提升模式

围绕前文数字化人才能力的四点要求，企业可从四种模式出发推进数字化人才培养，具体如表12-4所示。

表12-4 数字化人才能力提升模式

典型模式	能力建构	主要内容	特点分析
产教深度融合模式	数字环境适应能力	企业和高校联合：形成产学合作生态体	产教优势互补：企业硬件、软件、数据以及平台资源与高校人才培养系统环节相结合
新型师徒制模式	智能设备操控能力	企业自主探索：创新了人才培养师徒制模式，在数字化转型中快速培养和考核	技术优势：春风动力探索出以技能大师工作室、技能大比武、师徒传帮带为核心的新型师徒制模式，通过拓展"师傅带徒弟""手把手"的传统教学模式，提升技能人才的智能设备操控能力
数字化平台认证模式	数字抽象分析能力	第三方企业探索：形成了基于数字平台的多样化学习模式，赋能亟待转型的中小企业	数据和平台优势：具有云计算、大数据等特定领域的数据积累以及平台优势
前沿课程开发模式	仿真模拟能力	企业自主探索：设计了立足于实践和前沿的课程体系，关注工程师的理论知识和行业应用结合	技术优势和需求分析：海康威视具有行业最前沿的监控摄像头，对行业技术未来发展方向以及人才需求把握精准

针对数字环境适应能力的提升。由于设备、系统、工厂架构的全面变革，技术人员的工作环境和要求发生显著变化。为应对新的数字能力需求，有必要突破传统的产学合作模式，进一步加强企业与高校的合作，构建立体化的合作模式，以培养工程人

员的数字环境适应能力。在这个情境下，科技巨头如华为、阿里巴巴、科大讯飞等，通过深度参与高校人才培养和深化产学合作，利用自身的技术和资源优势，协助探索教育改革举措，全面提升工程人员适应数字环境的能力。

针对智能设备操控能力的提升。在由简单设备向智能设备和数字化培训平台系统转变的过程中，对技术人员的智能设备操控能力提出了更高要求。随着企业数字化转型中设备、系统和平台的不断更新，技术的覆盖面也在不断扩展，企业可以举办技能实践竞赛和内部交流活动，专注于提升技术人员在智能设备操控方面的能力，以适应企业设备升级和系统改造的需求。此外，通过拓展传统的"师徒制"和"一对一"教学模式，提高技术人员的智能设备操控能力。

针对数字抽象分析能力的提升。在业务数据增多和数据集成方式变化的背景下，技术人员面临更大的数据量和不同类型的数据分析要求。现代工厂信息架构的形成，使得内外部和上下游不同类型的数据不断涌现，传统的数据采集、分析、预测方法已经无法满足业务的需要。为了应对大数据、云计算以及多种数据集成的发展，教育部门可以与国内领先的技术厂商合作，构建数字化平台认证模式，为技术人员的数字能力提升提供支持。

针对仿真模拟能力的提升。在数字技术与研发、工艺、制造等领域的融合加深的背景下，企业所面临的制造和研发问题越发复杂，难以通过传统的案例教学模式来解决。因此，需要将业务技术前沿与数字技术深度融合，以实现人才能力的提升。一些先行者如海康威视，在数字技术与业务深度融合方面具有典型经验，他们通过前沿课程开发模式应对新技术环境的挑战，为传统企业的数字化转型提供了借鉴。

在数字化转型中，人才起着至关重要的作用。随着数字化转型的迅速推进和深入发展，数字化人才短缺将在相当长的一段时间内持续影响企业的转型和发展进程。

本章小结

数字化转型，转型是重点，数字化是手段，数字化是转型的驱动力。数字化转型的字面定义是借助数字化技术及其支持能力，实现商业模式创新的过程。

数字化转型给企业带来了管理和运营的机遇。通过数字化技术的应用，企业能够实现信息共享和流程优化，提高生产效率，降低成本，加快决策速度，提升客户体验和快速响应市场变化。数字化转型还可以促进企业跨越式发展和创新，开拓新市场和业务模式，提高企业竞争力和创造力。数字化技术的快速发展正在改变传统制造业的发展基础和经营方式。面对产业结构的急剧转变和业务革新诉求，企业对具备复合和交叉知识体系的数字化人才产生了强烈的渴求。巨大的数字化人才缺口，已成为当前企业推进数字化转型的拦路虎。

◆ **本章思考题**

1. 数字化转型的内涵是什么？数字化转型给企业带来了哪些机遇？

2. 西门子成都工厂是如何进行组织变革的？

3. 作为数字化转型的领军企业，华为是如何描述愿景的？数字化转型有四个具体目标，分别是哪四个？

4. 阐述加速企业数字化转型的七个优先事项。企业制定数字化转型路线图的具体步骤是什么？

5. 阐述数字化文化的内涵及其关键点。为了将数字化转型从项目转变为一种能力，企业需要做到哪几点？数字化人才需要具备哪些能力？数字化人才能力提升的模式有哪些？

第十三章 企业数字化战略实施

一流的数字化战略，二流的实施执行，不能使企业取得较好的降本增效的成果。在确定数字化战略后，只有进行合理的资源配置和投资决策，打造企业数字化文化和相匹配的组织架构，选择合适的数字化工具和平台并进行及时跟踪，才能为企业实施数字化战略保驾护航，提高企业数字化转型的成功率。本章将对以上内容进行详细介绍。

第一节 数字化战略实施的重要性和挑战

一、数字化战略实施对企业成功的关键意义

多年前的实体经济未曾意识到互联网的重要性。但如今，那些当初向电商平台转型的实体店大多数都活了下来，而那些墨守成规的店铺却大部分走向了倒闭。现在的传统企业与当初的实体店一样，如果不进行改变，不开始思考数字化转型，在不久的将来也将不得不面对生存考验。在传统企业中，普遍存在能耗高、产业附加值低的情况。随着能源、原材料、劳动力和土地等成本的不断上升，企业的利润空间受到持续挤压。这种情况导致盈利减少、运营速度减缓以及发展停滞，最终可能使企业陷入"夹缝式"生存境地。

而数字化转型是企业改变这一现状的捷径。通过引入工业机器人来取代人工岗位，以及借助C2P工业云来打破信息孤岛，企业能够实现不同环节的无缝连接。这一举措将激发和优化企业在营销、研发、生产、仓储等多个领域的智能化能力。经过改造，对内可以降低企业运营成本，提升产能与质量，实现降本增效；对外可以打造企业核心竞争力、市场反应能力，应对不断变化的市场竞争挑战。

在市场迅速变化和新兴数字技术崛起的背景下，数字化的颠覆性可能会以惊人的速度冲击现有企业，迅速改变市场格局。以下是一些企业以创新的数字技术方式改变和颠覆传统经营模式的示例，这些实践也充分展示了数字化战略在引领企业未来成功上的关键作用。在制造业，企业正在积极运用3D打印、人工智能和共享经济的力量，以推动制造业迈向定制化时代。轮胎公司将轮胎与物联网传感器相融合，为客户提供

基于行驶里程的"轮胎即服务"个性化体验，实现更智能化的车辆维护。零售业也在不断创新，为顾客提供传感器设备，自动补充家庭用品，提高购物便利性。媒体公司则借助机器学习和自然语言处理技术，采用机器人记者来编写新闻，为新闻报道带来更高效和准确的内容创作方式。在汽车领域，企业正将3D打印技术应用于汽车制造，甚至推动无人驾驶汽车的自动运行。房地产行业则依靠区块链技术，安全记录、追踪和转移地产权益，提高了交易透明度和可信度。能源公司通过数字双胞胎技术，实现设备的数字化复制，并通过实时监控和数据分析提供主动和预防性的设备服务。酒店业也加速数字化变革，利用机器人为来宾提供礼宾服务、当地餐饮建议以及旅游景点导览，为客户提供更加便捷和智能的服务体验。这些实例充分说明了数字化战略在不同领域的积极影响。

新兴参与者和传统企业正在采用创新的数字技术方式，以提升运营效率、优化价值主张、改善产品品质、提升客户体验以及创新参与模式，迈入市场竞争的新阶段。展望未来，企业需要巧妙地应用适当的数字技术和能力，以创造并捕捉新的商业价值，在不断变化的外部环境中保持敏锐的洞察力，并保持在市场竞争中的竞争力。

二、实施数字化战略所面临的挑战和障碍

数字化转型已经从过去的可选路径演变为不可避免的趋势。先进技术正深刻地改变着人与企业之间的互动方式，从沟通变为协作，对商业环境产生着重要影响。对于大多数首席执行官而言，这已成为在快速变化的商业环境中紧迫的生存问题。领导团队普遍认识到，多数企业的成功密切依赖于有效的数字化解决方案。然而，已经在转型战略上投入资金的企业的比例依然惊人地偏低。当前，实施数字化战略的主要挑战如下。

（一）缺乏定义和领导支持

根据CIO报告，数字化转型的失败大多源自战略规划的不足，同时受到首席执行官在领域范围和执行方式上的不确定性的影响。最新的研究指出，一些顶尖企业，如宝洁、通用电气、麦当劳和福特等，因为需要应对数字化时代和客户需求的挑战，他们的首席执行官不得不考虑辞职。

对于每个企业来说，数字化转型的定义都可能有所不同。很多高层管理者放弃数字化转型的主要原因之一是缺乏获得可量化成果所需的具体行动。对于很多企业领导者而言，将这一变革引入员工中是一个巨大的挑战。通常情况下，有90%的员工对于业务的突然变革持怀疑态度，这进一步影响了业务效率和绩效。

数据安全问题是许多远见卓识者关切的问题，因为网络安全隐患日渐增长。另一个影响数字化转型的重要障碍是人们对于数字化转型的蓝图和路径缺乏清晰的了解。只有深入了解数字化转型的企业负责人才会对这个理念完全支持，而其他人则可能因为不够了解且无法从中获得最大的收益而保持观望。

（二）缺乏对数字文化及其意义的理解

许多企业很难认识到在组织内培养数字文化的必要性，这是因为企业内的大多数利益相关者可能没有为适应变化做好充分准备。虽然大多数企业都认同了转型的重要性，但忽视了转型过程中涉及各方利益相关者的因素，严重影响了企业的运营效率。

因此，有必要树立全员意识，并向企业的员工、客户以及利益相关者传达转型的重要性，充分发挥众志成城的团队精神，确保在转型的过程中所有利益相关者都能够同心协力，积极应对挑战。只有与利益相关者紧密合作，积极响应变化，企业才能在数字化转型中取得更好的成果，并实现持续的增长。

（三）转型预算不够明确或预算有限

从业务负责人的角度来看，将数字化预算用于开发数字解决方案和转型可能会带来一些困扰。随着这一领域的不断演进，在有限的预算下进行整体解决方案的开发和实施可能会面临挑战。这需要将资金投入在技术、基础架构和资源上，以创造智能数字解决方案，例如聊天机器人或虚拟助手，从而在竞争中取得优势。然而，随着客户需求的不断演变，为了适应市场的要求，可能需要更多的投资，有时可能会超出之前设定的预算范围。如果预算分配不够明确，可能会影响决策的迅速性，并且可能会使领导层在筹措数字化转型资金时显得犹豫不决。

（四）数字专业知识有限或对最终用户体验缺乏了解

为了提供卓越的客户服务，企业需要应用最新的数字技术和解决方案，确保产品或服务的可靠性。打造成功的产品或解决方案需要丰富的经验和专业知识，以精心设计数字策略，利用适当的工具和技术，并有效地进行业务转型。然而，许多企业在开发高级解决方案时，常常缺乏必要的专业技术知识，这可能导致他们只能开发出部分满足客户需求的解决方案，而无法完全达到期望水平。

（五）缺乏可用资源和资源管理计划

资源短缺和不当的资源管理计划可能成为企业数字化转型的障碍。因此，在制定转型路线图之前，务必仔细分析可用资源，以确保项目的顺利启动。不恰当的资源规划可能导致结果不如预期，从而影响业务绩效。即使在开始转型之前，制订合理的资源管理计划也至关重要，因为这有助于业务负责人了解如何有效地规划和分配资源。

第二节 资源配置和投资决策

一、确定数字化转型的资源需求和投资领域的优先级

（一）确定数字化转型所需资源

为了实现数字化转型，根据制定好的数字化转型战略的目标和计划，企业需要确

定数字化转型所需的资源,包括数据库及信息库、数据工具、技术和管理人才、内部控制资源等,具体如下。

1. 数据库及信息库

任何要进行数字化转型的企业都应当认识到数据及信息资源是决定当下企业核心竞争力的关键要素,所以在进行转型投入时要重点加强对生产制造及市场数据库和信息库的建设,一个庞大且精细化的数据库及信息库是企业当下乃至未来实现转型升级的关键依据。

2. 可靠的数据工具

数字化转型不是单纯地引进一些新技术或购买一些软件工具就能完成的,需要一个全面的数字化转型策略,以及坚实可靠的数据产品作为支撑。

(1)数据采集。数据采集是数据产品的第一步,也是最基本的一步。企业要想实现有效的数字化转型,就必须建立起一个完善的数据采集体系,这样才能在以后的数字化转型中提供充足的数据支撑。数据采集的方式有许多,例如人工采集和自动采集,企业需要根据实际情况选择合适的数据采集方式。

(2)大数据存储。在数字化转型的过程中,不同领域的企业都会产生海量数据存储和处理需求。因此,大数据存储是非常必要的一个数据产品,需要按照企业需求构建存储系统。大数据存储主要包括云存储和分布式存储。

云存储是一种常见的大数据存储方式,允许企业在云端存储大量数据,并通过互联网进行访问。企业可以使用云存储进行数据备份、数据共享、数据保护等操作。优点是节省存储的成本,并且有强大的可扩展性。分布式存储是一种底层存储体系,通过分散存储多份副本来确保数据的可靠性与完整性。该技术可以应对大量数据存储的需求,并且能够保障数据的高可用性和性能。

(3)数据挖掘与分析。企业在完成了数据的采集和存储之后,需要通过数据挖掘与分析产品将这些数据转化为实际价值。数据挖掘可以帮助企业从海量数据中发现有价值的信息,而数据分析可以帮助企业进行更深入的洞察与发现。

数据挖掘是一种基于大数据的分析技术,旨在通过挖掘大量数据中的规律和趋势来发现隐含的价值。数据挖掘可以帮助企业发现消费者行为、产品优化方向等,为企业洞察市场提供新思路。数据分析是一种对大量数据进行分析的技术,旨在从数据中发现模式或关联规则。数据分析有助于企业找到销售瓶颈、提升产品用户体验等,为企业提供数据驱动的解决方案。

(4)数据可视化。数据可视化是指将数据转化为表格、图形等可视化的形式。它能够以直观的方式呈现数据,帮助企业更加清晰地了解数据分析结果。数据可视化产品的优点是直接予以说明,易于理解,有助于企业及时做出决策,其主要包括仪表板、报告和展示。

仪表板是一种常见的数据可视化方式。它通过将数据以表格、折线图、饼图等形式呈现在一个页面中，让数据更加直观和易于理解。仪表板也是企业内部的公共数据平台，有利于不同团队进行数据交流和共享。报告和展示是一种经典的数据输出方式，可以将数据以幻灯片、表格、图形等形式进行呈现。这种输出方式可以使企业在内部分享和沟通数据结果，并且可以用于对外输出数据分析结果，强化企业的数据驱动文化。

（5）数据安全。对于企业来说，数据是一种无价之宝，而数字化转型过程中涉及的数据往往规模巨大，数据安全问题也越来越引人注目。因此，数据安全是一个必须解决的问题，需要通过一系列的产品和措施来保障。通常，对数据进行备份和加密能增强数据的安全性。

数据备份是保障数据安全的第一道防线，因为当数据遭到破坏或意外删除时，备份数据可以用来恢复数据。企业可以使用各种备份工具进行数据定期备份，以保证数据安全。数据加密是保障数据安全的另一种重要手段。企业可以使用各种加密技术和产品，如数据加密算法、加密工具和安全存储设备等来确保数据的机密性和完整性。

总之，数字化转型需要众多的数据产品来支撑，如数据采集、大数据存储、数据挖掘与分析、数据可视化和数据安全等产品。企业应根据自身需求和实际情况选择合适数量和质量的数据产品，以充分发掘数据的价值，促进数字化转型顺利推进。

3. 技术和管理人才

显然，在企业转型发展中，技术和管理方面的人才是不可或缺的。技术方面需要掌握现代数字化技术以及具备良好创新应用能力的人才队伍坐镇，而管理方面需要能够根据企业转型发展实际需求完成管理机制过渡和完善优化的人员。

4. 内部控制资源

内部控制是现代企业在面对内部转型及外部竞争双重压力时做好管理的关键所在，所以企业在转型发展的过程中要持续在内部控制资源以及制度建设方面投入更多的精力，完善且符合企业发展趋势的精细化内部控制与企业转型发展效率及效益是息息相关的。

（二）确定数字化转型投资领域的优先级

在数字化转型过程中，首先要确定投资领域的优先级，以构建企业数字优先格局。

1. 从员工体验层面开始数字化转型

新时代带来了实现持久业务转型和灌输数字优先文化的机会，然而企业面临着在数字优先环境中为员工配备完成工作所需的工具和技能的挑战。数据显示，大约30%的员工体验分数源于技术以及该技术如何支持他们和赋予他们权力。例如，员工不能简单地走到某人的办公桌前并要求他们签署批准，因此重新思考程序和流程以改善协作和工作流程非常重要，尤其是对于分散的员工队伍。实施任务挖掘等数字智能工具可以使企业识别实践，然后在整个组织中传播它们以使运营自动化和简化。这可以减少浪费，更有效地分配人力资源，并能够更快地响应变化或问题。了解员工想要什么以及他们能通过技术做什么也很重要。可以使用数字助理、聊天机器人和对话式人工智能来增加员工的知识，这将加快对客户数据的访问。例如，得到机器人与对话式 AI 和其他智能自动化平台相结合的支持，远程工作人员就能得到处理数据和信息所需的技术能力，这将使他们的生活更轻松，并帮助他们获得更好的体验。

2. 关注客户旅程

谈到数字化转型，许多人首先会想谈论技术，但实际上数字化转型除了要关注技术，还要关注客户。如今的数字客户希望在与医疗保健提供商、保险公司、金融机构和其他服务提供商互动时获得满意的体验，超过一半的客户互动是多渠道、多事件旅程的一部分，反映出客户旅程不像以前那么简单，他们可能首先通过智能手机与企业互动，由聊天机器人回答初始查询，然后通过电子邮件完成交易，企业可以通过流程挖掘和创建流程的数字孪生来了解客户如何参与和完成交易。企业将能够确定对工作流程使用"创可贴"的位置以及存在多瓶颈的位置，确定如何修复和改进它们，并提供持续监控和预测功能。了解流程的运作方式能够更好地绘制客户旅程地图并提供更好的体验。

3. 向边缘投资

边缘计算使计算更接近数据生成的地方，这对于满足客户的期望至关重要。5G 网络和物联网设备将有能力以闪电般的速度处理 AI 功能，并执行机器视觉功能来捕获和处理文档，使客户能够完成更多的自助交易。这将使企业从表单驱动（工件驱动）体验转变为具有移动偏见或基于交互式聊天机器人的对话驱动体验。毕竟，千禧一代和 Z 时代希望进行实时对话。对于许多企业来说，困难的部分是找到合适的合作伙伴。在内部没有可用的必要工具和技能的情况下，合作伙伴关系是数字化成功的必要组成部分，能将数字优先的想法变为现实，因此"团队配合"是首要考虑因素。同时，企业经过深思熟虑的目标与潜在合作伙伴或利益相关者的要保持一致，这一点至关重要。

二、数字化转型中的重要原则

在数字经济时代，所有企业都需要转型成为数字化企业，数字化转型已经成为企业一切转型的出发点和落脚点，而且要尽早行动，宜早不宜晚，越晚转企业就会越被动。在数字化转型的实施过程中，企业应高度重视以下原则。

一是整体规划原则。企业数字化转型是一个长期的、系统性的工程，涵盖了企业整体架构、商业模式和运营体系的全面变革。确保成功转型的基础在于精心策划总体设计和全面规划。因此，在数字化转型中，关键在于制定合理的总体设计，制定科学的转型规划以及明确终极愿景,这将为具体实施提供关键性指导,有助于企业避免在转型过程中走入歧途。

二是精准定位原则。基于企业现有的能力框架与评估量表,对企业当前的数字化水平、能力进行全面、准确评估,依据评估结果,形成与企业现有能力框架相适应的数字化转型定位,将数字化转型控制在企业可实现的范围之内,避免不切实际、难以实现的定位。

三是明确方向原则。在正确理解企业数字化能力的基本面后,结合企业数字化愿景,设立企业数字化转型的中长期目标,明确数字化转型的方向,制定具体的实施路线图和落地执行计划,并在企业上下进行坚决的宣传贯彻执行。

四是全力追赶原则。瞄准企业的核心业务场景,遵循以点带线、以线带面的思路,集中企业优势资源,全力推进数字化转型。无须担忧企业当前的落后状况,即便是数字化能力较为落后的企业,在目标明确建立的情况下,转型也将大大加速。

五是争取速赢原则。以业务为核心,着眼于消除业务痛点,格外关注价值点,通过多样、灵活的项目组合来实现早期成功,加速实现多个数字化转型项目的价值闭环,打造数字化转型的样板工程,帮助企业管理层和更广泛的员工队伍建立信心,凝聚动力,促进更多的数字化转型项目的成功。

六是鼓励试错原则。调整企业管理层、部门、小组和员工的考核模式,将数字化转型纳入企业各层级的考核中,建立小组制数字化转型试错机制,鼓励跨部门、跨业务的数字化转型合作,并强化宣贯,塑造敢转型、愿转型、爱转型的企业文化,助力转型。

第三节 数字化技术方案和数字化平台

一、选择适合的数字化技术方案

随着数字经济的发展和互联网技术的普及,数字化转型成为企业发展的必然趋势。数字化转型是将企业的业务、流程和管理方式数字化,通过数字技术来提高企业的生产效率、管理效率和客户满意度,以获得更大的竞争优势和创新能力。在选择数字化技术方案时,企业应该根据自身需求和实际情况,综合考虑以下几个因素。

(一)目标和需求

企业应该明确数字化转型的目标和需求,选择最适合的数字化技术方案。例如,如果企业需要提高生产效率和质量,可以选择工业物联网、人工智能和机器学习等数字化技术方案。如果企业需要提高客户满意度和营销效果,可以选择数字化营销和客户关系管理等技术方案。

（二）可用性和可靠性

企业应该选择可用性和可靠性高的数字化技术方案，确保数字化技术能够长期稳定运行。企业可以通过参考数字化技术方案的案例和用户评价等方式，评估数字化技术方案的可用性和可靠性。

（三）兼容性和集成性

企业应该选择具有良好兼容性和集成性的数字化技术方案，确保数字化技术能够与现有IT系统和业务流程相互协调和协同工作。企业可以通过参考数字化技术方案的集成能力和API文档等方式，评估数字化技术方案的兼容性和集成性。

（四）可扩展性和定制化

企业应该选择具有可扩展性和定制化能力的数字化技术方案，以适应未来业务的增长和变化。数字化技术方案应该具有可扩展性，能够适应企业业务的扩展和变化，例如能够支持增加用户数、扩展业务场景和增加数据处理能力等。同时，数字化技术方案还应该具有定制化能力，能够根据企业实际需求和业务流程进行定制，提高数字化技术方案的适应性和用户体验。

（五）安全和隐私保护

数字化技术方案涉及企业的重要数据和业务流程，因此企业应该选择安全和隐私保护能力高的数字化技术方案，确保数字化技术能够保护企业的重要信息和业务流程，避免数据泄露的风险。

（六）价格和服务

数字化技术方案的价格和服务也是企业选择数字化技术方案时需要考虑的因素。企业应该选择价格合理、服务优质的数字化技术方案，确保数字化转型的投入产出比达到最优化。

在选择数字化技术方案时，企业还可以考虑选择可靠的数字化技术供应商，例如知名的数字化技术公司、云服务提供商和系统集成商等，这些供应商拥有丰富的数字化技术经验和资源，能够为企业提供全方位的数字化技术支持和服务，帮助企业实现数字化转型的目标。

二、建立数字化平台以支持战略实施

随着互联网和移动支付的飞速发展，科技创新已成为企业战略的核心要素。在这一趋势中，亚马逊、海尔、华为等企业走在前沿，他们的成功不仅源于敏捷的反应和持续的复杂创新，更是因为他们建立了一套完整的支撑平台。这些支撑平台包括：顾客触点平台，全面了解顾客需求；资源服务化平台，快速提供数字化服务；数据自服务平台，支持基于数据的决策；创新实验平台，迅速赋能新业务。这些数字平台协同构建了强大的生态圈，推动企业快速发展，有力支持数字化战略的顺利实施。这些平台突破了传统企业管理的限制，通过互联网工具和数字化手段，结合生态协同系统，显著加速了企业的发展进程。

（一）企业数字化平台建设的三个重要基础

1. 业务云化

经过十多年的演进，云计算已从概念演变为切实可行的解决方案，并进入了爆发期。全面云化时代已经初露端倪，云计算作为企业数字化转型的关键支柱发挥着重要作用，它能降低 IT 的复杂性，缩短交付时间，提升业务的灵活性，同时促进资源的有效利用，改善 IT 成本结构。云计算不仅本身具有价值，还促进了大数据、人工智能、物联网等数字化创新应用的兴起。

基于云计算，企业能快速实现业务云化，支持多业务的个性化开发，并确保业务之间的隔离。举例来说，交易平台化可以在同一系统内支持多种交易模式和业务实施。业务平台化则能提供丰富的组件和功能，支持多业务构建，为业务提供强有力的技术支持。实际上，平台化是领域平台化的一种展现，与 SaaS 化有着相似的目标。阿里巴巴的中台化战略就在业务系统平台化的基础上实现了协同作用。随着数字化的普及，平台化有助于实现业务的快速创新和协同发展。

2. 数据连接

在传统企业的基础 IT 架构中，新旧系统间的数据通信存在问题。在多云环境下，内外部数据的连接也变得困难。分散的、难以整合的数据成为企业决策和前端业务应对快速变化的障碍。为突破这些瓶颈，适应新时代的企业 IT 架构，国内领先企业如阿里巴巴、华为等开始提倡"数据中台"的理念。

数据中台是企业数字化转型的自然产物。在快速变化的外部环境和激烈的竞争中，企业迫切需要一种机制，将传统 IT 架构与各类数据整合，融合新旧模式，汇集分散数据，构建数据服务能力，为决策和精细化运营提供支持，数据中台便应运而生。

作为各业务所需数据服务的提供者，数据中台通过自身平台能力和对数据的持续充实，逐渐建立高效可靠的数据资源体系和数据服务能力。这种平台级数据能力有助于企业更好地运用数据，加速数字化转型进程。在信息时代，数据中台发挥着重要作用，助力企业实现更高效、智能化的运营。

3. 融合应用

近年来，云计算、大数据、人工智能等数字产业正迅速融合发展，形成了一个多元的技术体系，与商业模式紧密结合，构成了泛云＋智能的计算场景化服务。这种融合趋势引发了对海量数据存储和分析的需求，以及日益增长的计算能力需求。例如，物联网的兴起带来了大量设备的连接和数据存储需求，人们对智能生活的需求也推动了人工智能在各行各业的广泛应用，如自动驾驶、智能安防和智能家居等。这些海量连接、数据存储、计算和智能需求催生了新的数字化平台。根据行业趋势和应用需求，不同数据类型和场景的交互促使应用架构不断优化。因此，将不同的应用和技术融合在一起，将数据汇聚起来为应用提供支持，以及开放互联，才能最大限度释放数字化平台的价值。基于这一观点，我们深信未来数字化平台将成为企业数字服务的核心，全面支持企业的数字化发展。这些数字化技术和平台将为企业提供强大的创新和竞争优势，助力企业在数字化时代取得更大的成功。

（二）数字化平台建设步骤

企业数字化转型在不断演变中，借助广泛的合作，企业与生态伙伴共同推进数字化平台的建设已成为必然之选。在构建企业数字化平台的过程中，可遵循以下步骤。

（1）理顺生态系统关系，即确立企业数字化平台的商业生态系统，包括用户、供应商、合作伙伴等关系，这是数字化平台发展战略的基础。

（2）确定愿景和目标，即确定数字化平台的发展方向、战略重点和可行策略，将平台战略转化为具体的行动步骤。绘制发展路线图，明确不同阶段的应用场景，为近期、中期和远期的发展确定清晰的方向。

（3）调整组织架构和KPI，即适应新时代需求，重新构建组织架构，打破部门壁垒，建立新的KPI体系，以更好地应对市场竞争和变化。其中，快速学习和灵活调整能力是关键。

（4）打造数字化原生平台，即建立以云和智能为核心的数字化原生平台，涵盖多层能力，为企业提供应用开发和承载能力。选择可信赖的服务商，将云和数字化原生平台结合，以数据为主线，服务全产业链和生态圈。

（5）建立模块化资源市场，即在数字化平台上构建模块化资源自由市场，实现资源自由匹配，并根据市场反馈调整资源配置，不断优化资源投入的回报。监测、反馈和提升平台服务，持续优化数字化平台的商业生态系统。

综合而言，企业数字化转型需要与伙伴共同合作，构建强大的数字化平台，以适应快速变化的市场。这个过程涉及生态系统关系的理顺、愿景和目标的制定、组织架构和KPI的调整、数字化原生平台的建设和模块化资源市场的搭建，最终实现数字化平台的持续优化与发展。

（三）数字化平台成为企业数字服务的中枢

企业数字化平台是推动企业数字化转型的核心，在其构建过程中，可形成智慧运营、生态塑造、智慧决策、能力创新和持续交付等中心，从而构建数字服务的中枢。

1. 智慧运营中心

数字化平台是企业数字能力的核心，用于生产和输出数字化服务，重塑用户体验，武装员工与合作伙伴，构筑智慧运营的中枢。

2. 生态塑造中心

数字化平台是企业数字能力的开放平台，内部整合各后台系统能力，外部连接电商、O2O 平台及社交媒体等，塑造企业的生态系统。

3. 智慧决策中心

数字化平台是企业数字运营的信息中心，整合庞大的内外部数据，支持基于大数据的洞察分析、业务应用与创新，充当智慧决策中心。

4. 能力创新中心

数字化平台是企业数字能力创新的引擎，提供面向各类型用户的数字化创新应用支持，实现平台快速响应和敏捷反应，促进能力的创新与增强。

5. 持续交付中心

数字化平台是企业数字服务的持续交付平台，确保全方位应用和平台能力持续迭代与交付，助力数字化平台的持续创新。

数字化平台不仅为传统行业和企业重构了商业模式，更通过价值重塑和创新，赋能个人、组织和合作伙伴。通过细致的数据分析和管理，优化资产与运营，重新定义内外部互动和协作方式，数字化平台彻底改变了管理方式，从而创造更大的社会价值。

第四节　监测和评估战略实施效果

一、设定关键绩效指标并进行跟踪

在企业绩效评估中，制定有效的数字化 KPI 是确保数字化转型成功的基础，也是数字化企业的关键任务之一。通过建立适宜的绩效管理体系，可以准确评估数字化转型的投资回报率（ROI）和成效，从而在数字化转型中确保有效的方向和决策。通过建立一套利于发展、合情合理、符合实际、依规合法、改革创新的绩效管理、绩效考核管理机制，不仅可以融合企业利益与个人利益，而且能够形成组织内部的凝聚力，激发员工的工作积极性与学习动力，发挥所有人才的特长，最终在达成企业数字化转型战略目标的基础上实现企业和个人的共同成长。

（一）传统 KPI 和数字化 KPI 的区别

KPI 是评价组织、部门或个人工作表现的关键指标，也是构建绩效指标库的基础。在实际绩效评估中，常会明确被考核者的重要绩效指标，以集中精力评估这些要点绩效的完成情况。

KPI 主要围绕销售、利润、产品、供应链、客户服务等目标展开，用于评估当前业务模式下的绩效表现，支持企业战略目标的实现。这些 KPI 代表着初始、直接、表面层面的指标，关注着战略执行的实时数据，如销售额达成率等。

数字化 KPI 则是评估数字化业务计划绩效的指标。数字化 KPI 有助于企业衡量数字化战略的进展，评估数字化业务成果的改善程度。随着绩效考核的精细化，绩效指标的设定趋向数字化,与战略目标的关联性也逐渐增强。

在企业数字化转型中,新型的绩效管理即数字化绩效管理变得至关重要。数字化绩效管理需要满足当前的核心绩效评估与管理需求,同时还要引导和加速转型进程。这正是数字化绩效管理所面临的挑战。

数字化 KPI 不同于传统 KPI,其范围不仅仅局限于实物资产的增长、收入、市场份额和利润贡献等传统指标。数字化 KPI 应特别聚焦于基于数字化的新收入来源,将其与非增长型收入分开评估,以更准确地衡量它们对战略目标的影响。在制定数字化 KPI 时,企业应关注以下五个要点。

1. 数字化 KPI 不是"企业"KPI

数字化业务目标与企业日常运营 KPI 有着独特的区别,它们并不能互相替代。尽管都围绕着收入增长、成本降低和利润增加等目标,但实现方式不同。数字化业务强调借助新型数字技术与业务相融合,实现降本增效和利润提升。然而,在推进数字化业务目标的同时,仍需保持对企业日常运营 KPI 的关注,以评估数字化进展和机会。这些 KPI 包括营收、利润等指标,有助于明确反映数字化营收与非数字化营收之间的差异。

2. 数字化 KPI 是"临时的"

KPI 是具有时间限制的,因此在设定数字化 KPI 时,需确定起始和终止时间。终止时间可根据数字化转型进度调整,激励团队有序推进数字化任务。完成数字化转型后,原有 KPI 可发生变化。一些可持续应用的数字化指标可纳入企业 KPI,成为长期业务指标,引导数字化工作持续发展。

3. 数字化转型应设立平衡点指标

数字化转型并不要求所有业务模式都必须数字化,过多的数字化可能会产生不良影响。因此,在设定数字化 KPI 时,应该平衡员工和客户的需求,确保每个 KPI 都能达到平衡点,避免过度数字化所带来的问题。随着转型的推进,平衡点或发生变化,KPI 设定需与企业业务特性相匹配。

4. 关键指标跨部门共享

虽然数字化转型涉及多个指标,但只有少数关键指标适合在部门之间共享。生产过程涵盖了多个维度的指标,如生产、数据分析、优化产量、减少消耗品和最大化库存等。这些生产指标作为关键指标是可以共享的。其他单一指标可能不能充分代表数字化进程,因此无须进行共享。此外,除了共享关键业务指标外,还应在数字化转型的关键节点设定明确可衡量的目标。

5. 考虑市场份额和未来规模

数字化 KPI 的设定不仅应考虑企业现有的 KPI 模式,还需要关注创造新增长机会。数字化业务具备颠覆性,能够开创全新的商业机会,因此 KPI 的设定不仅要关注执行进展,还应着眼于创新增长机会。这些 KPI 有助于 CEO 了解营收和市场份额情况,同时也为未来市场发展提供了参考，从而使企业能够适应新的业务模式和未来商机。

（二）数字化 KPI 的应用

虽然许多企业正在进行数字化转型，但仅有不到半数的企业具备用于衡量数字化成果的关键绩效指标。数字化转型的目标是通过优化组织、人员和流程，创造清晰、透明、实时的数据，为管理者提供决策基础。这有助于培养他们辨识企业运营问题和管理能力的能力，同时将关键数据、技术工艺、客户信息和商业机密等重要资源保留在企业内部，减少对个别关键管理人员的依赖。要将个别管理者头脑中的这些关键技术工艺标准化，需要加强企业的数字化人力资源管理。在这一过程中，数据成为人才管理的核心难题，数字化的关键绩效指标在人才管理中显得尤为重要。

数字化 KPI 在数字化企业中起到指导作用，使运营更高效，同时也为评估 IT 部门和业务部门的绩效设立了新的准则。因此，数字化 KPI 应该超前于业务发展，避免使用滞后的指标。这些 KPI 能够促进以成果为导向的目标设定和绩效管理，适用于各个行业。构建数字化的人力资源管理系统，建立数字化的绩效指标体系，已成为企业数字化发展的首要任务。数字化 KPI 在应用中可以分为内控和外控指标。

1. 内控指标

内部流程中的内控指标分为两类。一类是永久指标，如计划完成率、品质合格率、客户满意度等。这些指标在数字化转型中通常保持稳定，尽管有些人可能会质疑是否能达到 100% 的目标。有些企业会根据实际数据设定目标，而较好的情况是目标略高于实际情况。另一类是发展指标，如销售额、利润额、回款额等，也可以考虑销售增长率、利润增长率、回款增长率等。这些指标表达了企业战略目标的增长意图，承接这些指标的内部组织没有与企业讨价还价的机会，能做的只是尽快进行战略分解，以达到企业战略目标。

2. 外控指标

外控指标主要应用于外部流程，包括渠道销售增长率、老客户销售贡献率、新客户销售贡献率等。这些指标需要与客户互动后才能得出，而数字化过程可能会引发客户的不安全感，从而对数字化进程产生影响。这种情况尤其体现在核心指标如客户利润毛利率上，需要找到绩效考核的"平衡点"，以平衡数字化带来的风险。

在重新定义数字化关键绩效指标时，制定企业数字化建设纲要尤为重要。将这些指标纳入绩效管理制度，不仅有助于了解在哪些领域可以盈利或改进业务模式，还能促进企业数字化水平的提升。同时，加强数字化管理人才的培养对于企业数字化水平的提升也至关重要。

二、进行战略实施的定期评估和调整

数字化转型是一个持续的过程，企业需要保持创新和改进的动力。由于内部和外部因素不断变化，对于数字化战略管理的细节应不断优化调整。因此，管理者需要及时对数字化战略的执行做科学的评估，了解哪个战略管理阶段出了问题，并快速修正。企业数字化战略实施效果评估是检测战略实施进展、评价数字化战略执行业绩并不断修正战略的重要前提。

本章小结

实施数字化战略，对内可以使企业降低运营成本，提升产能与质量，实现降本增效；对外可以打造企业核心竞争力、市场反应能力，应对不断变化的市场竞争挑战。在实施数字化战略的过程中，企业主要面临着缺乏定义和领导支持、缺乏对数字文化及其意义的理解、转型预算不够明确或预算有限、数字专业知识有限或对最终用户体验缺乏了解、缺乏可用资源和资源管理计划等挑战。

数字化 KPI 是伴随着数字化战略而产生的，是评估数字化业务计划绩效的指标。数字化 KPI 有助于企业衡量数字化战略的进展，评估数字化业务成果的改善程度。随着绩效考核在企业的应用越来越精细，绩效指标的设定越来越趋向数字化，与战略目标的关联程度也越来越高。

◆ 本章思考题

1. 阐述企业实施数字化战略所面临的挑战和障碍。企业若要进行数字化转型，需要确定投资领域的优先级，具体体现在哪些方面？
2. 企业在数字化转型过程中应高度重视哪几项原则？
3. 在选择数字化技术方案时，企业应该根据自身需求和实际情况，综合考虑哪些因素？
4. 阐述企业数字化平台建设需要遵循的步骤。
5. 阐述传统 KPI 和数字化 KPI 的区别。

第十四章 企业数字化战略评价与控制

在企业数字化战略实施的过程中,要对数字化战略有计划地进行检查、评价和控制,确保企业运营与既定目标之间的一致性,一旦出现偏差,便采取相应的措施进行纠正。数字化战略评价与控制源于两个实际情况:一是企业内外部环境不断变化;二是在战略执行过程中常常出现偏差。因此,战略评价与控制的目的在于监测战略执行情况,反馈信息,及时对战略目标与实施方式进行调整,确保既定战略目标的实现。

第一节 企业数字化战略评价

一、数字化战略评价的含义

数字化战略评价是指监测战略执行进展、评估业绩,并不断调整决策,以达成预期目标。它包括三个主要环节:审视战略的内在基础;对比预期获得的结果与实际成果;采取纠正措施,保持行动与计划一致。

数字化战略评价对企业数字化发展至关重要,及时有效地评价能预防潜在问题。数字化战略评价的内容如下。

(1)战略是否与企业内外环境相契合。

(2)从资源利用角度分析战略的适宜性。

(3)考量战略所涉及风险的程度。

(4)审视战略实施的时间与进程。

(5)评估战略的可行性。

二、战略评价标准

(一)伊丹敬之的优秀战略评价标准

日本战略学家伊丹敬之认为,卓越的战略是一种适应性战略,要求战略与外部环境因素紧密契合,包括技术、竞争和客户等各方面。同时,企业战略还必须与内部资源如资产、人才等相互协调。此外,企业的战略也应与组织结构相适应。制定出色战略的企业家应当权衡以下因素。

（1）实行差异化。战略应独具特色，与竞争对手的战略有所不同。

（2）战略需集中。资源分配要集中，确保实现战略目标。

（3）把握时机。企业应在适当时机推出战略，时机可由企业积极创造。

（4）利用涟漪效应。企业应利用现有成就，进一步发挥优势，扩大影响，以增强员工信心。实际上，这强调了发挥和运用核心能力的重要性。

（5）企业战略要能够激发员工的士气。

（6）战略需不断变化。企业战略应具有一定的不稳定性，以产生紧迫感。

（7）战略需巧妙融合。企业战略应巧妙整合各要素，以实现协同效应。

（二）斯坦纳·麦纳的战略评价标准

美国战略学家斯坦纳·麦纳认为，战略评价需考虑以下六要素。

（1）战略适应环境。战略应与外部环境趋势相协调。

（2）战略目标一致。战略选择需保障目标实现。

（3）战略竞争优势。战略方案应发挥企业优势，获取竞争优势。

（4）战略预期收益。战略选取应追求长期利润，以投资利润率为衡量。

（5）战略资源配套。战略实现需匹配一系列资源，包括已有和可努力获得的资源。

（6）规避战略风险。战略决策要勇敢承担风险，同时科学预测和应对风险，避免孤注一掷。

（三）理查德·努梅特的战略评价标准

英国战略学家理查德·努梅特提出了四项战略评价标准，包括一致性、协调性、可行性和优越性。其中，协调性和优越性主要用于外部评估，而一致性和可行性则主要用于内部评估。

1. 一致性

战略方案应保持目标和政策的一致性。努梅特的三条判断准则可用于识别战略内部一致性问题。

（1）即使人员变动，仍有持续的管理问题，则可能存在战略不一致。

（2）若一个部门的成功意味着其他部门的失败，则可能存在战略不一致。

（3）如果政策问题持续被上级解决，则可能存在战略不一致。

2. 协调性

评价需综合考虑单一和组合趋势。多数变化趋势相互交织，战略要求企业内外因素协调匹配，评价时需综合考虑。

3. 可行性

战略应避免资源过度耗费和派生问题。最终检验标准是是否具有可行性，即战略是否能够依靠自身资源实施。财力资源可定量考察，人员和组织能力在实践中更重要，并且更要考察企业之前展示的团队、技术和能力。

4. 优越性

战略的关键在于创造和维持竞争优势，而竞争优势源自资源、技能和地位。地位优势使企业能够从特定经营策略中受益，因此在评估时需要考察地位优势的相关特征。

（四）数字化时代的战略评价标准

以下标准可以在制定战略阶段或实施战略评估阶段被企业采用，如图 14-1 所示。

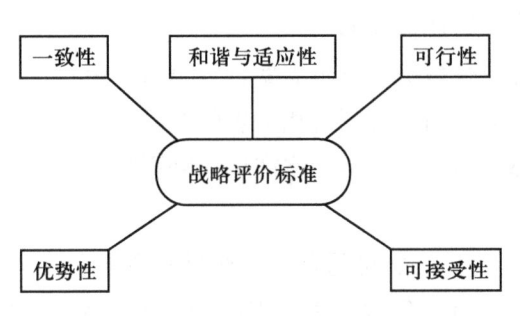

图 14-1　战略评价标准

1. 一致性

战略要与企业活动保持一致，然而，实际工作中常见不一致现象。以下是具体问题。

协调和计划问题是否源于管理或人为因素？非人为则可能是战略不一致。

部门成功是否导致他处失败？如是，或许战略存在不一致。

尽管权力下放，但问题是否上交高层解决？如是，则战略可能不一致。

战略是否与企业的价值观相一致？

2. 和谐与适应性

企业与环境的关系涉及两个问题：一是企业必须适应环境的变化，二是企业与其他竞争对手相争。以下是相关问题。

战略方案是否充分应对了战略分析中的问题？

战略是否充分发挥了企业的优势和机会？

战略是否与目标保持一致？

战略是否足够灵活，以应对快速变化的环境？

3. 可行性

在有限的设备、人力和财务资源下，是否能够有效实施制定的战略是一个关键问题。以下是一系列相关问题。

企业是否具备解决问题或实施战略所需的特殊能力？

企业是否拥有必要的协调和综合能力以执行战略？

企业是否具备足够的资金来支持战略实施？

企业是否有能力达到预期水平？

企业是否能够有效应对竞争对手的行动？

企业是否能够获取所需的材料和服务？

4. 可接受性

可接受性是指战略是否与主要利益相关者的期望相一致，以下是具体问题。

财务风险变化如何？

战略会对资本结构产生什么影响？

所选战略是否适合现有系统？是否需要进行重大变革？

战略在多大程度上会影响主要利益相关者的关系？

战略对企业内各部门的职能和活动将产生何种影响？

5. 优势性

通常，竞争优势与以下三个问题有关：充足的资源、强大的技能或有利的地位。前两个因素代表了企业相对竞争对手更为卓越的能力。而核心问题在于：哪些技能和资源共同构成了竞争优势？

地位优势可能源于先见之明、强大技能、丰富资源或机遇把握。以下为具体问题。

战略是否可以提供可信赖且可靠的产品与服务，以建立企业的声誉？

在满足市场需求的同时，战略是否协助企业积累特有经验？

战略是否有助于企业在地理位置上更接近主要客户？

三、数字化战略评价的方法

层次分析法（Analytic Hierarchy Process，AHP）是一种定量的决策分析方法，可以应用于企业数字化战略评价指标体系的构建和权重确定。它帮助企业在复杂的决策环境中，对不同的评价指标进行相对权重的确定，从而实现更科学、更客观的决策过程。层次分析法通过对准则和指标之间的比较和权重计算，帮助企业确定数字化战略评价指标的相对重要性，从而在决策过程中提供科学依据和参考。它能够降低主观性，促进多维度的决策分析，支持企业在数字化转型中制定更合理和有效的战略。

（1）确定评价层次结构：将评价体系分解为不同的层次，从总体目标开始逐级细化，形成层次结构。例如，总体目标为企业数字化转型能力评价，下一级为数字化基础设施、数字化研发、数字化投入等方面。

（2）构建判断矩阵：对于每一层次中的指标，构建一个判断矩阵，用于比较不同指标之间的相对重要性。判断矩阵是一个方阵，其中每个元素表示对应指标之间的相对重要性。通过专家意见、问卷调查或数据分析等方法，将指标两两进行比较，根据相对重要性进行打分。

（3）计算权重：根据判断矩阵的数据，使用层次分析法的数学计算方法，计算每个指标的权重。计算过程包括对判断矩阵进行一致性检验、求特征向量和归一化处理等步骤。

（4）综合评估与排序：根据计算得到的权重，进行指标的综合评估和排序。将各个指标的权重与其在实际情况中的表现数据相结合，综合评价各个方面的数字化转型能力，并按重要性排序。

（5）敏感性分析：进行敏感性分析，检查结果对初始判断矩阵的稳定性和可靠性。如果结果对初始数据较敏感，可以调整判断矩阵或重新进行比较和评价。

第二节　企业数字化战略控制

一、数字化战略控制的含义

数字化战略控制主要是指企业在实施数字化战略时，监控各项活动的进展情况，评估战略实施后的绩效，将其与设定的目标和标准进行比较，察觉任何差距都分析偏差原因，并纠正错误，确保战略与内外环境以及目标相协调，以促进企业数字化战略的有效实施。

数字化战略的控制与评价有着密切的联系，同时也存在差异。数字化战略控制需要借助数字化战略评价，因为评价是实现控制的手段，其本身并非最终目标，而是为了发现问题并实现有效控制。数字化战略控制聚焦于实施过程，而数字化战略评价则聚焦于结果，强调对实施过程和结果的综合评估。

二、数字化战略控制的内容与作用

（一）数字化战略控制的内容

对企业数字化战略的实施进行控制主要涉及以下内容。

（1）设定绩效标准。结合企业内部资源，明确绩效标准，为战略控制提供基准。

（2）监控绩效与分析偏差。采用测量方法，对实际绩效进行监测，与标准绩效进行比较，进行偏差分析，设计并实施纠偏措施，以适应变化条件，确保战略顺利执行。

（3）关注外部环境因素。外部环境的变化影响战略前提，需密切监测。

（4）激励执行主体。提升自控和自评能力，确保战略有效实施。

（二）数字化战略控制的作用

数字化战略控制的作用主要表现在以下几个方面。

（1）战略的控制能够确保计划和决策在实施过程中取得预期的效果。通过监督和管理这个落地过程，能够发现偏差，并及时纠正，实现既定目标。

（2）战略的控制影响着战略决策。如果企业能够有效地控制战略实施，保持高效率,那么高层管理者就会更有信心做出较为大胆、风险较大的战略决策。若相反,则只能做出较为稳妥的战略决策。

(3)战略的控制为战略决策提供宝贵的反馈。在实际操作中,我们可以通过实施控制的过程,了解哪些方面的决策是正确的、符合实际的,哪些方面存在问题或不适用于当前情况。这种反馈可以帮助我们调整战略决策,提升适应性,使企业在不断变化的环境中保持灵活性和竞争力。

(4)战略的控制可以有效地推动企业中的相关基础建设,特别是企业文化等方面,为战略决策的成功实施提供更加稳固的支撑。

三、数字化战略控制的方式

(一)时间法

根据战略控制的时间分布,我们可以将数字化战略控制划分为以下三个不同的阶段。

1. 事前控制阶段

在数字化战略实施前,需要根据战略的顶层设计制订计划,这些计划需要管理层审批,这便可以进行事前控制。事前控制主要应用于重大问题的管理,如关键人员的任命、重要合同的签署、大规模设备的采购等。事前控制之所以重要,是因为它能在战略行动实施之前,通过预测和分析来发现可能出现的偏差。事前控制需要考虑各种预测因素,其中包括以下三个主要类型。

(1)投入要素。即战略实施所需资源,涉及类型、数量和品质,这些要素将直接影响最终产出的成果。

(2)早期成果因素。通过观察和分析早期实施的成果,可以预见未来可能的结果。

(3)外部环境和内部条件的变化。这些因素都会影响战略实施的效果,需要在事前进行充分的考虑和控制。

2. 事后控制阶段

在数字化战略实施后,对战略活动的成果与控制标准进行对比。这种控制方式的核心在于明确战略控制的流程和准则,将日常的控制职责交给职能部门人员。一旦战略计划开始实施,就将实际成果与最初的计划标准进行对照。企业的职能部门和各事业部门会定期向高层领导汇报战略实施结果,随后领导层会决定是否需要采取纠正措施。事后控制的方法可以通过关联行为和目标导向等方式具体实施。

(1)关联行为:这种方法将员工的战略行为评估与控制直接与他们的工作行为相连接。这种方式更容易被员工接受,能够明确指导战略行动的努力方向,使个人行动与企业经营战略保持一致。通过行动评估的反馈信息,可以调整战略实施行动,以更好地符合战略要求。通过行动评估，还可以实现资源的合理分配，从而增强员工对战略的意识。

（2）目标导向：通过该方法，员工可以参与战略行动工作目标的制定和绩效评价。员工可以看到个人行为对实现企业战略目标的作用和意义，同时从个人工作绩效评价中了解自己的成绩和不足之处。该评价能够为战略推进增添动力，让员工在得到一定肯定和鼓励的同时，也看到继续改进的方向。

3. 随时控制

即过程控制，企业高层领导者要控制企业战略实施中的关键性过程或全过程，随时采取控制措施，纠正实施中产生的偏差，引导企业沿着战略的方向进行经营。这种控制方式强调对关键性的战略措施进行随时控制。

应当指出的是，以上三种控制方式所起的作用不同，因此在企业经营中，它们是被随时采用的。

（二）主体法

从控制主体的状态来看，战略控制可以分为以下两类。

1. 避免型控制

即采取适当手段，防止不适当行为的发生，以达到无须控制的效果。例如，通过自动化确保工作的稳定性，使工作按照企业目标进行；与外部组织共担风险，以减少控制需求；或者转移、放弃某些活动，从而消除相关的控制需求。这种方式旨在避免问题的出现，从根本上减少后续的控制工作。

2. 开关型控制

开关型控制又称为事中控制或行与不行的控制。其原理是：在战略实施的过程中，按照既定的标准检查战略行动，确定行与不行，类似于开关的开与止。开关型控制的具体操作方式有以下几种。

（1）直接领导。管理者直接领导与指导战略实施活动，发现问题即时纠正，确保行为符合标准。

（2）自我调节。执行者通过非正式、平等的沟通，根据标准自主调整行为，以协调合作。

（3）共同愿景。组织成员对企业的目标和战略宗旨达成共识，在行动中体现一定的方向性和使命感，实现目标的和谐一致。

开关型控制方法通常适用于对过程标准化的战略，或某些过程标准化的战略项目实施控制。

（三）切入点法

从控制的切入点来看，企业的战略控制可以分为以下五种方式。

（1）财务管理：这种管理方式涵盖了广泛的领域，具有重要性和多功能性。它包括了诸如预算管理、财务比率分析等关键方面。

（2）生产管理：涉及企业产品的类型、数量、质量、成本、交货期和服务等方面的管理，可分为产前、过程和产后管理。

（3）销售规模控制：适度控制销售规模对经济效益至关重要，过小影响效益，过大占用资金，需要进行调整。

（4）质量控制：包括对工作和产品质量的控制，范围包括生产和非生产领域。质量控制是动态的，注重事前和未来的质量控制。全员质量意识的培养是关键。

（5）成本控制：通过成本控制将各项费用降至最低，以提高经济效益。成本涵盖有形和无形费用，需设定开支范围、标准并严格执行。成本控制的难点是很难协调企业中非独立核算的部门和单位。

四、数字化战略控制的基本特征

控制的基本特征和战略控制的基本特征有所不同，这体现在对战略控制的若干基本要求上。

（一）追求适宜性

评估企业战略的适宜性首要考虑的是该战略是否具备实现企业中主要的财务和其他目标的良好前景。因此，好的战略需紧密关联企业所希望经营的领域，且须与企业的核心文化相一致。最好是基于现有的企业优势构建，或者通过一种能够纠正企业现有缺陷的方式来确保。这些要求对战略的适宜性进行了明确界定，有助于确保战略控制的有效实施。

（二）追求可行性

可行性强调企业在确定战略后需认真有效地评估其是否能够实施。这包括企业是否具备一定的资金、团队、知识、技术、组织优势等核心能力来成功实行所选战略。如对可行性存在疑虑，应扩大战略研究范围，考虑与其他企业或金融机构合并等，以获得所需资源或能力，从而确保战略的可行性。尤其是管理层必须明确实施战略所需的初始步骤。

（三）追求可接受性

可接受性强调战略需获得与企业相关的人员的满意和支持。企业规模越大，相关参与人员越多。虽然不可能获得所有利益相关者的全面支持，但所推荐的战略必须得到主要利益相关者的认可，且在采纳之前应充分考虑其他利益相关者的反对意见。

（四）追求整体利益和局部利益、长期利益和短期利益的一致性

企业的整体由各个局部组成，就像一个拼图，每个部分都对共同的目标有所贡献。尽管在理论上整体利益与局部利益应该保持一致，但在实际中有时会出现不一致的情况。这时，企业战略控制就要发挥作用，旨在协调这些不一致，以确保整体运作的和谐。然而，战略控制不应仅仅被视为一种技术性的管理工作，而应当被理解为一项涉及组织文化、人员合作和目标协调的战略性活动。只有将战略控制视为战略调适的关键手段，才能达到预期的控制效果。

（五）具有多样性和不确定性

战略存在不确定性。企业的战略是指向特定目标的导引，但其实践过程或许缺乏固定模式、效率和合理性，使得战略呈现多样性。尽管经营战略明确、稳定且有权威，但在实施过程中，由于环境变化，战略必须得到有效的调整和修正。因此，需要根据具体情况采取特定的控制措施，这体现了战略控制的多样性和不确定性。

（六）具有弹性和伸缩性

战略控制需要避免过度干预和过于频繁的介入，以免引发不良后果。在应对各种矛盾和问题时，战略控制需要灵活处理，根据具体情况采取适当的控制措施。只要保持与战略目标的一致性，就有一定的灵活性和调整的空间。因此，在战略控制过程中，关键在于坚守正确的战略方向，尽量减少对实施过程的干预，授予下属解决问题的权限，在处理小范围、低层次的问题时，无须升级到大范围、高层次，从而实现有效的战略控制。

第三节　数字化战略控制的方法

战略控制方法有很多，但是概括起来主要有两大类，即预算控制方法和各种非预算控制方法。常用的战略控制方法包括预算控制、比率分析、审计控制、现场控制、平衡计分卡。

一、预算控制

（一）预算控制的含义

预算控制是指依据预设的收支标准，监督各部门活动，确保达成企业经营目标，有效控制费用支出。它通过制定预算、执行企业活动并与实际情况比较，识别差异并采取措施加以处理。作为管理控制的主要手段之一，预算控制是应用广泛的方法。

（二）预算控制的优缺点

预算的实质是在统一的货币单位下，为企业的各个部门制订有效的活动计划，使不同时间段和不同部门的经营绩效可以比较。这有助于管理者了解经营趋势和部门表现，为管理者调整活动提供指导。然而，如果管理者过于专注于预算目标而忽视整体目标，预算管理可能偏离控制方向，成为低效部门的庇护。

1. 预算控制的优点

（1）利用货币尺度作为共同标准，对企业的复杂业务进行有效综合控制，以及综合比较和评价各种不同业务。

（2）采用广泛熟悉的会计报表和制度，操作性强。

（3）目标聚焦于衡量企业业务的实际效果。

（4）明确企业和各部门的责任，激发所有部门和个人的积极性。

2. 预算控制的缺点

当考虑预算控制时，我们需要充分了解其优点和限制，以便在实际的管理和决策中做出明智的选择。虽然预算控制在许多情况下是一种强大的工具，但也存在一些局限性，我们应该谨慎使用，并在必要时辅之以其他控制手段。

首先，预算控制可能在管控范围方面有所局限。它主要适用于那些可以量化、以货币形式衡量的业务活动，但却难以覆盖那些涉及企业文化、形象和活力等的非常重要但难以量化的领域。在这种情况下，我们需要寻找其他方式来有效地管理和引导这些方面的发展，例如采用文化建设和创新激励等方法。

其次，刚性预算可能会限制企业的灵活性和适应性。由于企业的外部环境和内部运营条件都在不断变化，刚性的预算规划可能无法及时适应这些变化，从而限制了决策者在应对变化时的操作空间。为了解决这个问题，我们可以考虑引入更具弹性的预算方案，允许在一定范围内根据变化情况进行调整。

再次，在部门预算制定过程中，存在将预算目标替代企业整体目标的风险。有时，部门可能过于关注预算限制，而忽视了其本身的核心目标和使命。因此，我们需要明确预算的作用是为了支持和实现整体战略目标，而不是取代它们。

最后，预算编制中可能存在虚报和保护不足的问题。有时，在预算申请时，部门可能倾向于虚报费用，以确保预算得到批准。此外，预算的递增习惯可能导致费用不必要地增加。为了避免这些问题，我们需要建立严格的预算审核和审批机制，确保费用的合理性和透明度。

（三）预算控制的种类

1. 经营预算

经营预算是企业日常经营活动中的核心预算，涵盖多个关键领域。其中包括销售预算、生产预算、直接材料采购预算、直接人工预算、制造费用预算、单位生产成本预算以及推销和管理费用预算等，这些要素构成了经营预算的要点。在这些预算中，销售预算具有至关重要的地位，它详细描述了销售预测的情况。对于采用标准成本控制的企业而言，单位生产成本预算也显得至关重要。需要强调的是，销售预算是其他预算制定的基础，其他各项预算都建立在销售预算的基础上。

2. 投资预算

投资预算是通过可行性研究编制的企业固定资产购置、扩建、改造、更新等方面的预算。它详细规划何时进行投资、投入资金规模、资金来源、预计收益时间、年度现金流量、投资回收周期等要点。考虑到投资资金来源受限，同时厂房、设备等固定资产投资回收周期较长，投资预算需要紧密结合企业战略和长期计划，确保有效衔接。

3. 财务预算

财务预算是企业计划期内现金流、经营绩效和财务状况的反映，包括现金预算、预算损益表和预计资产负债表。它蕴含了经营预算和投资预算的数据，将各项业务和投资纳入整体规划，被称作"总预算"。

综上所述，企业的预算分为经营预算、投资预算和财务预算三大类，由多个独立预算组成一个完整的预算体系。

（四）预算控制的方法

按系统论观点，所有控制系统主要包括控制环境、控制目标和控制技术三个关键方面，预算控制系统也是如此。控制技术作为实现控制目标的手段，包括政策、计划、标准、机构、人员、程序和方法等方面。其中，合理的控制程序和科学的控制方法是重要组成部分，对控制系统的健全程度具有重要影响。企业预算控制系统采用多种控制方法，下面将对几种常用的预算控制方法进行简要介绍。

1. 环境控制

企业的经营活动受到特定环境的影响，包括外部环境（如经济、政治法律、技术、社会文化、竞争等）和内部环境（如架构、资源分配、企业文化等）。这些因素显著影响管理者的决策。环境控制主要是要求管理者重视这些因素，有必要时调整企业控制系统。

2. 程序控制

程序控制是指为主要业务设立标准化流程或政策，其目的在于确保目标的达成。作为一种程序控制手段，预算控制通过划分管理决策权限、实施职责分离，进行审核、监控以及内部审计等方法，全面促进控制的实施。

首先，预算管理决策权限的划分依靠于公司治理，着眼于决策、执行和监督的三分离治理原则。预算管理委员会在这一背景下发挥作用，超越了企业经营层，以确保决策与执行的分离。

其次，预算管理强调授权的重要性。涉及单位和岗位在业务处理中必须获得授权方可进行。预算控制在此基础上，强调预算范围内的自主权，避免了分级控制。对于超出预算范围或未列入预算的活动，需通过预算调整或追加来进行，以确保程序的规范。

最后，预算监控和考核的实行彰显了独立性的重要性，以反映监督在控制中的作用。独立性成为预算监督职能的关键，确保控制系统的权威性。在进行预算监控和内部审计时，要坚持独立的原则，确保制度公平、公正、公开，从而实现透明的状态。

这将有助于确保预算管理在企业内部控制中发挥有效的作用。

3. 目标控制

一般而言，目标指的是在一定时间内努力追求的目的。对于企业来说，在不同的历史时期，其目标可能会有所变化；而在不同的业务活动和职能部门中，目标也可能存在差异。即使在同一历史时期，不同企业的目标也可能存在相当大的差异。因此，确立目标需要综合考虑各种相关因素的影响。科学合理地确定目标具有两方面的作用：第一，它提供一个中心参考点，用于资源分配和制订操作计划；第二，它提供一个标准，用于评价进展和绩效。

预算管理通过战略规划和经营分析来确定每年可实现的经营计划和目标，通过目标分解来强化内部各责任预算单位的目标责任，并以此为基础来加强内部预算监控和考核，以全面实现控制目标。

4. 制度控制

预算与预测不同，如果预算确定了，将在企业内部拥有法律效力。预算作为一种控制制度，其目的在于强化控制。不论是程序控制还是目标控制，预算均以规范严谨的制度方式实施。

预算控制制度包括预算系统设计控制、预算执行控制和预算结果考评控制，以实现预算的全方位系统控制。

首先，预算控制通过制度设计明确了预算管理系统内各责任主体的职责，揭示了责任目标、表现形式、审校程序和方法等，以细化预算目标并为目标控制奠定基础。

其次，预算控制强调执行过程中的一系列制度。重点制度包括：授权制度，即明确各责任单位的权力，平衡权力与控制，以及降低成本；重点预算执行控制制度，即根据企业战略、管理模式等特征，强调重点预算，以实现事半功倍的控制效果；信息反馈与报告制度，即提供及时、相关的信息，以支持执行过程的控制，从而确保控制的有效性。

最后，预算控制通过科学的考评制度实现结果控制，加强激励和约束机制。

预算控制通过一系列制度规范企业行为，提升企业的法治能力，推动企业逐步实现自我控制的最高境界。

（五）预算控制的模式

预算控制可分为两种模式：诊断式预算控制和交互式预算控制。这两种模式相互补充，但在应用时需要根据预算管理的需求进行具体选择。

1. 诊断式预算控制

这一模式利用内部控制机制监测预算执行单位的工作进展，定期将工作成果与预算指标进行对比，通过反馈机制进行预算执行的调整和改进，以便最终结果更加符合预算目标。

2. 交互式预算控制

在这种模式下，高层管理人员定期参与基层决策过程，利用计划与控制系统的反馈信息指导预算执行，重点关注尚未实现的重要目标，并根据环境和战略变化适时对正在执行的目标进行修改。

（六）预算控制的作用

预算控制是一种有效的管理工具，它紧密结合了计划和控制，为企业经营活动提供了关键支持。具体而言，预算控制在以下几个方面发挥着重要作用。

1. 标准设定与衡量

预算编制和执行过程将企业目标转化为数量化的财务预算标准，这些标准为各项活动提供了明确的衡量依据。通过将实际业绩与预算进行比较，管理者可以快速了解绩效表现，从而及时做出调整和优化。

2. 提供绩效评估依据

预算明确界定了管理的目标和范围，使得资源分配和开支控制更加有序。在实际工作中，根据预算完成情况，可以准确评估绩效，发现偏差并分析原因。这为实现有效的绩效评价提供了基础，有助于识别出优势和要改进的领域。

3. 部门协调与整合

预算控制不仅限于单一部门，而是将各部门的日常工作纳入其中，从而促进了部门间的协调和整合。通过统一的预算框架，不同部门能够更好地协同合作，形成一个有机的整体，共同努力实现企业的总体目标。

4. 资源优化与效率提升

预算控制强调资源的有效配置和合理利用，确保各项活动在预算范围内得到充分支持。通过严格控制开支，优化资源利用，企业可以实现资源的最大化利用，提高运营效率。

5. 决策指导与调整

预算控制不仅是静态的规划，还是动态的管理工具。在预算执行过程中，可以根据实际情况进行灵活调整，根据环境和战略变化做出相应决策，以确保预算的实际效果符合预期目标。

（七）预算控制的必要性

每个组织都有其收支活动，即使是非企业性组织，虽然可能不追求盈利，但仍需要进行投入和支出。对于一次性由政府或其他组织投入的资金，也可视为其收入。因此，各类组织都必须实施预算管理，并认识预算控制的重要性。

第一，预算控制是确保节约支出、高效办事、取得良好成果的关键要素之一。在经济活动中，经济效益至关重要；而在非经济活动中，同样需要注重效率和投入产出比。普遍提及的"少花钱、多办事、办好事"就是强调这一原则。预算控制作为实现此目标的重要工具，能够促使管理者精打细算，做到心中有数。

第二，预算控制是保障组织正常运作和目标实现的前提。为了生存、发展并达成目标，每个组织都必须确保一定的财务支持。这同样需要预算控制，以确保"手中有粮，心中不慌"。这里的"粮"指的是组织活动所需的财务资源。

第三，预算控制是整体控制工作的关键。组织的控制涵盖人员、物资、资金和信息的控制，这四个方面紧密相连。在市场经济环境下，一切因素都要通过特定的价值尺度来衡量，从而评估投入产出效率。因此，对财务要素的控制，即预算控制，具有代表性和整体性。通过有效的预算管理，实现了财务控制，也就在很大程度上实现了控制目标。这一结论不仅适用于企业，同样适用于各类非企业性组织。

（八）预算控制的步骤

预算控制涵盖预算编制与预算执行两大要素。预算控制的实施过程包括以下步骤：预算编制、预算执行、预算差异分析、总结分析，以及评价与考核预算控制成效。在这些步骤中，预算编制占据主要地位。预算编制过程应综合运用自上而下与自下而上的方法，预算编制的一般程序如下。

（1）确定预算的基础至关重要。通常情况下，销售部门会根据预测的销售计划来确定销售预算，以实现既定的利润目标；生产部门会结合销售预算以及期初和期末的存货量来确定生产预算和制造费用预算；采购部门会基于生产预算来制定直接材料采购预算；人力资源部门则会根据计划期内的生产任务和员工配置来确定直接人工预算；与此同时，财务部门会综合考虑各部门的预算和经济活动情况，以合理分配资金，并制定费用预算、财务预算以及特定决策的预算。

（2）基于预测与决策分析，预算领导小组制定组织的方针、政策以及总目标与分目标（如利润、销售、成本等），并创建整体预算，将其传达给相关部门。

（3）逐级分解、审议并呈报预算。各生产业务部门按照具体要求制定预算草案，并提交预算领导小组审批。预算领导小组对各部门预算草案进行协调平衡，汇总分析预算情况。

（4）确定预算方案，将经过相应的审查批准的综合预算与各部门预算下发给各级部门，以确保预算得到贯彻执行。

（九）预算控制的风险

1. 过度细化预算带来的风险

过于详细地规定每项支出，可能导致主管人员失去管理部门的必要的灵活性。因此，在制定预算时，需要审慎考虑预算的详细程度，避免过于烦琐，以免形同虚设。

2. 预算目标取代企业目标的风险

主管人员可能过于拘泥于遵守预算规定，而忽视了实现企业总目标的重要性。例如，某企业销售部门为避免超出印刷费预算，限制了产品样本的分发范围，但却失去了获得潜在客户的机会。目标置换常因两方面原因发生：①预算制定得过于琐碎，出台了严格的制裁规则或激励节约的奖励措施，导致主管人员过度关注预算合规；②部门预算标准与企业总目标关联不充分，主管人员仅考虑遵循预算和程序，忽视本职工作与企业总目标的对接。为防止目标置换，需确保预算体现计划需求，同时在预算控制中保持一定的灵活性。预算的详细程度和控制严格程度需在一定的合理范围内，超出限度可能适得其反。

3. 预算潜在效率低下的风险

预算常倾向于保持惯例。过去的支出可能成为今后预算的依据，导致费用无法得到合理的优化。另外，主管人员知晓预算审批中金额可能被削减，因此常倾向于提出高额申请，以应对可能的减少，这会导致预算不够精准。为避免这种趋势，需要采取更有效的管理方法，防止预算成为低效管理的遮掩。解决方法主要有两种：一是采用灵活的可变预算，二是应用"零基预算法"来重新评估预算需求。

（十）有效预算控制的实现

一般观点认为，预算控制是实现有效管理的重要工具之一。然而，在实际管理中，常常会遇到影响预算控制效果的障碍。那么，如何确保预算控制的有效实施呢？

1. 获得高层管理者的支持

预算经过企业的审核和批准后，高层管理者应积极维护预算的权威性，并制订执行计划，要求各部门执行预算并进行审查等。这有助于全面提升企业管理水平。

2. 全员参与管理

预算编制需要动员企业的所有管理层，包括基层、中层管理者，其参与是预算成功的关键。同时，高层管理者应允许下属部门适度修改、调整预算，以确保授权的实际有效性。

3. 确立适用准则

为确保预算的有效执行，管理者应建立可行的准则，并进行度量和分析。将计划和任务转化为具体的人员、费用、资金支出以及其他资源需求，是预算工作的重要环节。很多预算的失效正是由于缺乏这类准则。

4. 信息反馈至关重要

在预算执行过程中，管理者需要及时搜集和分析相关信息，明确工作进展，并根据信息采取相应的行动。为了避免信息滞后和失真，建立敏捷高效的管理信息系统是至关重要的。

二、比率分析

（一）比率分析法的含义

比率分析法（Ratio Analysis Method，RAM）是财务分析中的基础工具，是指通过对同一期财务报表上的关键数据进行相互比较,得出比率,以评估企业经营活动及历史状况。不同的分析目的会导致不同的侧重点,债权人、管理层、政府机构等往往采用不同的角度。对于股票投资者来说,其主要关注四大类比率:获利能力比率、偿债能力比率、成长能力比率和周转能力比率。

(二)各种比率的含义及在财务分析中的作用

1. 获利能力比率

常用的分析获利能力的比率包括以下几个。

(1)资产报酬率。资产报酬率又称为投资盈利率,是衡量企业资产运用效益的指标。它反映了企业每百元资产所创造的净利润,揭示了投资资源的经营效益。高资产报酬率意味着资产运用较佳,反之则表示效果不佳。

计算公式为:资产报酬率=税后利润/平均资产总额×100%。其中,平均资产总额=(期初资产总额+期末资产总额)÷2。

假设某企业期初资产总额为2850万元,期末资产总额为3300万元,则平均资产总额为3075万元。若税后利润为96万元,则资产报酬率为:96/3075×100%=3.12%。这表明每投入100元资金可获得3.12元回报。需注意,资产报酬率评估全面资产经营效果,资金来源除股东外,还有债权人,如银行、企业债券投资者。因此,为精准分析,应调整计算公式的分子,纳入支付债权人利息费用。

调整后的资产报酬率计算公式为:资产报酬率=(税后利润+利息支出)÷平均资产总额×100%。

(2)资本报酬率。资本报酬率又称为净收入比率,衡量税后盈利与资本总额的关系,即每百元资本平均创造的净利润。它衡量企业运用资本获得的经营效果,高资本报酬率反映资本有效利用,低资本报酬率则表示未充分利用。在股票市场,上市要求之一是近年资本报酬率达到一定比例。

计算公式为:资本报酬率=税后利润/资本总额×100%=净收益/股东权益×100%。

(3)股本报酬率。股本报酬率是税后盈利与股本的比率,是指企业股本总额中平均每百元所获得的净利润。该指标反映了企业分配股利的潜力,高股本报酬率通常伴随着较大的股利派发,相反,低股本报酬率可能导致较少的股利分配,特别是在没有保留盈余的情况下。

计算公式为:股本报酬率=税后利润/股本×100%。

(4)股东权益报酬率。股东权益报酬率也叫净值报酬率,评估普通股投资的回报率。它衡量普通股权益的获利程度,因此在股票投资中备受关注。该比率还可揭示企业的产品盈利和销售水平,高股东权益报酬率意味着丰厚的产品利润和销售收入,反之则意味着较低的产品利润和销售收入。

计算公式为:股东权益报酬率=(税后利润-优先股利)/股东权益×100%。

（5）股利报酬率。股利报酬率即股利与股价的比率，它主要是以市价计算企业的股东实际可获得的盈利率。

计算公式为：股利报酬率＝普通股本每股股利/普通股本每股市价×100%。

（6）每股账面价值。每股账面价值即股东权益总额除以发行股票的总股数。与每股票面价值相比，每股账面价值可以反映企业的经营状况。

计算公式为：每股账面价值＝股东权益总数/（优先股数＋普通股数）。

（7）每股盈利。每股盈利即税后利润扣除优先股利之后，再除以已发行的普通股数的比率。通过分析每股盈利，投资者不仅能够知道企业的盈利能力，还可以预估每股股息的增长率，并据此决定每股普通股的内在价值。

计算公式为：每股盈利＝（税后盈利－优先股利）/普通股发行数。

（8）价格盈利比率。价格盈利比率即股票市价与每股股利之间的比率，简称盈利比。投资者可以依靠该比率预测企业未来的盈利增长状况。

计算公式为：价格盈利比率＝股票价格/每股盈利。

（9）普通股利润率。普通股利润率是相关普通股每股账面价值与普通股每股市价之间的比率，是比较不同投资机会时的关键参数。每股利润率越高，反映企业品质和获利能力越佳，从而增加了投资吸引力。

计算公式为：普通股利润率＝普通股每股账面价值/普通股每股市价×100%。

（10）价格收益率。价格收益率为普通股利润率的倒数。该比率越小，表明企业的获利能力越大，股票质量越好。

计算公式为：价格收益率＝普通股每股市价/普通股每股账面价值。

（11）股息支付率。股息支付率又称为股利分配率，主要反映已宣布发派的普通股股利与普通股账面价值之间的比例关系。股息支付率越高，说明该企业的获利情况越好，股东利益越有保障。

计算公式为：股息支付率＝（现金股利－优先股利息）/（税后利润－优先股利息）＝普通股股利/普通股账面价值。

（12）销售利润率。销售利润率即税后利润与销售收入之间的比率，是指企业销售收入平均每百元所能获得的销售利润。其高低反映着企业获利能力的强弱。

计算公式为：销售利润率＝税后利润/销售收入×100%。

（13）营业比率。营业比率即营业成本与销售收入之间的比率。投资者可以通过这一比率分析企业营业成本与销售收入之间的变动关系，进而测知该企业的营业效能。

计算公式为：营业比率＝营业成本/销售收入×100%＝（销售成本＋营业费用）/销售收入×100%。

2. 偿债能力比率

企业的偿债能力分为短期和长期两种，主要通过流动比率、速动比率和流动资产构成比率等反映短期偿债能力,通过股东权益对负债比率、负债比率、举债经营比率等反映长期偿债能力。

(1)流动比率,也叫营运资金比率,是评估企业短期偿债能力的常用指标。它的计算公式是:流动比率=流动资产/流动负债。较高的流动比率意味着更强的短期偿债能力和充足的营运资金。但是,过高的流动比率可能源于应收账款和存货积压,这可能并不利于财务健康。一般认为,流动比率超过5:1可能表明资产未充分利用。

因此,通过结合对营运资金和流动比率的分析,可以更全面地洞察企业未来的债务偿付能力。

(2)速动比率是用来评估企业迅速偿还短期债务能力的指标,计算公式为速动资产除以流动负债。通过分析速动比率,投资者可以了解企业在短时间内偿还短期债务的能力。通常情况下,速动比率应该至少为0.5:1,保持在1:1意味着流动负债的安全性较高。一旦达到1:1,即使企业资金周转困难,也不会影响其即时偿债的能力。

(3)流动资产构成比率,计算公式为每项流动资产除以流动资产总额。分析该比率有助于了解各项流动资产在投资中所占的比例,从而补充流动比率的信息,并审视流动资产构成的要素。

上述三种比率主要聚焦于企业的短期债务偿付能力。以下比率则更关注企业的长期债务偿付能力,这不仅影响投资者的安全感,还关系到企业扩展经营的能力。

(4)股东权益对负债比率,计算公式为股东权益除以负债总额后乘以100%。该比率反映了自有资本在负债中所占的比例,即自有资本对负债的覆盖程度。较高的比率表示自有资本充足,负债较少,债权人的权益能得到较好的保障。反之,较低的比率则意味着负债较高,企业财务可能会面临风险,难以按时偿还债务。

(5)负债比率为上述比率的倒数,显示了每1元资本所负担的负债金额。负债比率的计算公式为负债总额除以股东权益。分析该比率有助于评估企业的长期偿债能力,因为负债是一项固定责任,无论企业盈利与否,都必须按期支付利息并在到期时偿还负债。通常,负债比率不应超过3:1。然而,值得注意的是,负债比率低并不总是理想状态,因为企业也需要保持一定水平的自有资本以维持其信誉和财务健康。过低的负债比率可能意味着需要增强借款经营能力。

(6)举债经营比率反映了债权人在企业资产中的投资比例,其计算公式为:举债经营比率=负债总额/总资产净额×100%。其中,负债总额代表债权人的权益,总资产净额指的是总资产扣除累计折旧后的净值。以一个例子来说明,如果企业负债总额为1500万元,总资产净额为2200万元,那么举债经营比率为68.18%,这意味着每100元资产中有68.18元来自借贷。

举债经营比率用于评估企业扩展潜力和股东权益利用情况。高比率表示扩展潜力大,股东权益得到利用。举债经营也有风险,尽管高比率企业可能在稳定经营时获得更高的利润，从而带给股东更多收益，但不良经营可能导致高比率企业支付利息，影响股东权益。过多的负债可能导致清算或重组，对股东不利。企业在举债经营决策中需平衡预期利润与风险，考虑市场和经营情况。

（7）产权比率，即自有资本率，计算公式为：产权比率＝股东权益/总资产净额×100%。该比率反映股东权益在总资产中的比重，与举债经营比率相辅相成。高比率表示自有资本占比较大，资产结构稳定，长期偿债能力强。通常认为产权比率应达到25%，以保持企业财务稳健。

（8）固定比率，即固定资产与股东权益的比率，计算公式为：固定比率＝固定资产/股东权益×100%。该比率显示企业投资规模和偿债能力。通常，固定资产应以自有资金购置，因其回收期较长。若借入资金，尤其是以流动负债购置固定资产，则到期时可能未能回收固定资产资金，削弱了偿还债务的能力。一般认为，固定比率应维持在低于100%。

（9）固定资产对长期负债比率，计算公式为：固定资产对长期负债比率＝固定资产/长期负债×100%。该比率既反映了固定资产对长期借款的抵押担保程度，也展示了长期债权人权益的保障水平。一般情况下，企业的固定资产，特别是抵押资产，应与长期负债保持适度的比例，以确保负债的安全性。通常要求该比率超过100%，更高的比率可更好地保护长期债权人的权益。较低的比率可能暗示财务状况不稳定，抵押已接近极限，需要考虑其他融资途径。举个例子，A企业的固定资产为660万元，长期负债为650万元，比率为101.5%。

（10）利息保障倍数，计算公式为：利息保障倍数＝（利息费用＋税前盈利）/利息费用。该比率用于评估企业支付利息的能力。高倍数表示债权人的利息更有保障。例如，A企业的利息费用为9.2万元，税前盈利为100万元，计算得到利息保障倍数为11.87倍。

3. 成长能力比率

成长能力比率衡量企业扩展经营的潜力。前述的偿债能力比率在某种程度上也反映了企业扩展业务的能力。由于安全性是收益和成长的基石，适当的偿债能力比率有助于维护财务健康，促进业务的扩张。相反，若偿债能力不足，扩展业务将面临挑战。举债经营比率和固定资产对长期负债比率可作为外部成长性的衡量指标。较高的举债经营比率表明信誉良好，债权人愿意投资，支持企业获得资金进行扩张。高固定资产对长期负债比率表示能够借入更多长期债务，助力业务拓展。

反映企业内部成长能力的指标如下。

（1）利润留存率，计算公式为：利润留存率＝（税后利润－应发股利）/税后利润×100%。高比率显示企业注重后续发展，不过分分红影响发展，低比率则可能是因为经营困难或过度分红。

（2）再投资率，又称为内部成长性比率，是一项重要的财务指标，它在企业财务分析中扮演着关键的角色。该比率的计算公式为：再投资率 = 税后利润 / 股东权益 × （股东盈利 – 股息支付）/ 股东盈利，也可以表示为资本报酬率 × 股东盈利保留率。这一比率的主要功能是揭示企业内部资金再投资的能力，即利用盈余来支持企业持续扩张和发展的能力。再投资率的高低对于企业的增长潜力和战略方向具有深远的影响。当再投资率较高时，意味着企业能够在业务运营中留存更多的盈余，用于投资新的项目、开发新产品、扩展市场份额等。这显示了企业具备强大的自我融资能力，不仅有能力支持当前的经营活动，还能够持续地开展新的业务，实现可持续增长。

以 A 企业为例，其资本报酬率为 9.14%，股东盈利保留率高达 98.66%，最终使得再投资率达到 9.01%。这个数字反映了 A 企业将大部分盈余保留在企业内部，用于资本再投资和新项目的开发。这种高再投资率表明 A 企业有着显著的内部增长潜力，能够在不依赖外部融资的情况下实现业务的扩张，从而进一步巩固其市场地位和盈利能力。

4. 周转能力比率

周转能力比率，也称为活动能力比率，是一项关键的财务指标，用以评估企业在运营方面的效益表现。该指标的计算通常以销售收入或销售成本作为分子，并以特定的资产科目作为分母，从而揭示了企业在运营过程中将资产转化为销售收入的速度和效率。

（1）应收账款周转率，计算公式为：应收账款周转率 = 销售收入 /（期初应收账款 + 期末应收账款）× 2 = 销售收入 / 平均应收账款。其主要目的在于测量企业应收账款的变现速度以及收款效率，从而反映企业与客户之间的商业往来和资金流动情况。

较高的应收账款周转率意味着企业能够更快速地实现应收账款，有效地收回销售款项。这不仅有助于提高企业的流动性，还表明企业管理和控制风险的能力较强，不良账款比例较小。相反，较低的应收账款周转率可能暗示着资金回笼速度较慢，也可能反映了企业在收款方面的管理效率有待提升。

（2）存货周转率，计算公式为：存货周转率 = 销售成本 /（期初存货 + 期末存货）× 2 = 销售成本 / 平均商品存货，衡量存货销售速度和管理效率。高存货周转率意味着有效利用存货，利润率可能较大；低存货周转率则暗示存货积压，流动性下降。

（3）固定资产周转率，计算公式为：固定资产周转率 = 销售收入 / 平均固定资产金额，评估固定资产利用效率。高固定资产周转率表示固定资产充分使用，但过高或不适当投资可能导致资源浪费。

（4）资本周转率，又称为净值周转率，计算公式为：资本周转率 = 销售收入 / 股东权益平均金额，分析股东资金利用情况。高资本周转率意味着资金充分利用，但过高可能暗示依赖债务，过低则显示资本使用不足。

（5）资产周转率，计算公式为：资产周转率＝销售收入/资产总额，衡量总资产利用效率，资产周转率越高表示资产使用越充分。

（三）比率分析的注意点

（1）在进行项目分析时，确保所选取的项目具备可比性和相关性是至关重要的。对那些与分析目标无关的项目进行对比将毫无意义，因此，在选择对比对象时务必谨慎，确保所选项目在本质上是相似可比的。

（2）在维持对比的准确性和有效性方面，保持一致的对比口径是不可或缺的。这涉及比率分析中的分子和分母，在时间和范围上需要保持一致。只有在这种情况下，才能确保比率的结果真实反映了所要分析的现象或趋势，从而为决策提供可靠的依据。因此，在进行比较前，务必审慎核对和校准相关数据，以确保对比的可信度和有效性。

（3）选择科学的比较标准，考虑行业因素和经营情况的差异性。

（4）将不同的比率有机结合，进行全面分析，不要单独看待某种比率，同时结合其他分析方法，以实现对企业历史、现状和未来的详尽分析，实现财务分析的目标。

（四）比率分析法的局限性

在财务分析领域，比率分析法被广泛运用，然而，它也存在一些局限性，具体体现在以下方面：首先，比率分析法通常被归类为一种静态分析方法，它在预测未来表现方面并不绝对合理和可靠；其次，比率分析法所依赖的数据主要是基于企业财务报表上的账面价值，这在反映物价水平对数据的影响方面存在困难。在运用比率分析法时，需要认识到以下几个重要因素。

第一，应当以整体的视角来运用各种比率，将它们有机地联系起来进行全面分析，避免仅仅关注某个单一比率或特定的几个比率，因为这样可能会导致对企业整体状况的判断不准确。

第二，在进行比率分析时，不应局限于财务报表的数字，还需要审查企业的性质、实际经营情况以及所处的市场环境。这种审查有助于更好地理解企业的背景和特点，从而为比率分析提供更准确的"上下文"。

第三，结合差额分析是非常重要的一环，它能够帮助我们深入探究企业的历史、现状和未来走向。通过比较不同时间段或者与同行业对标数据的差异，我们能够更全面地了解企业的经营情况，从而更好地达成财务分析的目标。

三、审计控制

（一）审计控制的含义

审计控制是一种系统性的管理方法，旨在在规定的审计目标和特定环境条件的基础上，根据特定依据对被审计单位的经济运作进行深入审查和有效监督。其关键在于纠正和调整可能存在的偏差，消除各种可能的干扰因素，从而确保被审计单位的经济活动始终保持在事先设定的范围内，并朝着预期的方向稳健前进。

（二）审计控制的内容

审计控制主要包括财务审计和管理审计。财务审计侧重于核实财务活动，对账目、凭证、财产等进行检查，以确认财务报表的准确性和可信度。管理审计则关注组织的管理绩效，旨在通过改进管理工作来提升效率和效益。

（三）审计控制的要点

审计控制是对运用组织资源的业务活动进行控制，旨在确保其符合组织目标。其要点如下。

（1）目标：审计控制旨在提升业务活动的合规性和效益性，使纳入范围的活动达到更高水平。

（2）内容：审计控制涵盖业务活动，不限于财务，关注资源的利用，而非仅限于资金或资产。

（3）方式：审计控制包括事前、事中和事后的控制，是过程式的控制，而非仅仅是结果性、事后性的控制。

（4）范围：审计控制关注结果背后的机制，而不仅仅是业务活动的结果本身。

（5）性质：审计控制侧重于关键控制，而不是全面性控制，重点在于组织的重大项目、大额资金、重要资产和资源，遵循重要性原则。

（四）审计控制的特点

第一，审计控制的关注范围涵盖了组织内的各项业务活动，而这些业务活动的不断改进正是产生经济效益的主要源泉。审计控制的应用范围不仅仅局限于财务活动，还包括了涉及组织资金、资产以及其他资源的各种关键业务活动。

第二，审计控制以过程为导向，以预防控制为主要目标，真正实现效益提升。与仅仅强调检查和评价的"结果审计"不同，"过程式审计"突出了审计的预防控制功能，通过对管理过程的审查，直接促进效益提升。

"过程式审计"能够辨识潜在风险、实施规范管理、防患未然，通过管理过程掌控以提高效益。与强调事后检查的"结果审计"相比，"过程式审计"能够更有效地解决问题，更有助于实现效益审计目标。

"过程式审计"将"事前审计"和"事中审计"元素融入，实现了从"事后检查"到"事前控制"的转变，带来了实际效益。然而，对于事前和事中审计的理解仍存在争议，主要焦点在于是否存在越权问题。本书主张一个明确的原则，即在过程式效益审计中，业务管理方（被审计方）应首先提出意见或方案，随后由审计方进行审计，避免过早地合作或提前提出建议，以保持审计的独立性。例如，在工程全过程审计中，对施工方提出的工程洽商，应坚持由工程管理方先进行初步审核，然后由审计方进行审计，避免在寻求审计方意见前就进行初步审核。这种方法能够确保审计的独立性，避免过度类似于咨询,从而更有效地实现过程式审计的目标。

第三,审计控制更注重机制解决,而建立机制才是提升效益的关键方法。审计控制旨在推动组织业务活动的合规性和效益水平的提升,而这种提升通常通过机制的建立而非个别案例的解决来实现。这些机制通常超越了组织内部部门控制的范畴。一般情况下,若能通过内部部门控制机制达到组织合规性和效益目标,则无须借助审计控制。审计控制的实施从根本上通过机制解决了提升效益的问题,更有助于实现效益审计目标。

四、现场控制

(一)现场控制的含义

现场控制是基层主管人员采用的一种方法,即通过在活动或工作过程中实时指导和监督,确保活动和行为按照规定程序进行。

现场控制的标准来自活动目标、政策、规范和制度;重点在于正在进行的计划实施过程;有效性取决于主管人员的素质,言传身教对此至关重要。

在进行现场控制时,主管人员需遵循计划或标准,进行仔细观察和监督,服从组织原则,遵从统一指挥系统,逐级实施控制,避免主观意志干预。

(二)现场控制的条件

(1)高素质管理人员:现场控制要求管理者在有限时间内依赖自身知识、能力、经验和直觉快速解决问题,因此需要高素质的管理者。

(2)积极引导下属参与:问题常涉及细枝末节,管理者需倾听一线人员的意见和建议,促进问题解决。

(3)适当授权:管理者需拥有足够的职权,能快速识别和解决问题,不必一切都请示上级,以免工作中断。

(4)分层控制:最熟悉情况的管理者实施现场控制,防止多头控制和越级管理,确保全面了解问题并提出切实可行的方案。

(三)现场控制的内容

(1)向下级员工提供明确的工作方法和操作流程的准确指导,确保工作任务按照规范和最佳实践推进。

(2)对下属的工作进行持续监督,以确保任务按照计划目标有序推进并取得预期成果。

(3)在发现任何不符合既定标准的偏差时,立即采取积极的纠正措施,以确保工作质量和效率不受影响。

(四)现场控制方式的着重点

(1)在人和物的控制结合中,注重强化人的控制。特别是在运输安全管理中,人的管理至关重要。除了持续加强物的管理(包括实体"物"如机械设备,以及虚拟

"物"如规章制度、标准）外，还需特别重视人的因素的控制。目前，由于"人"往往缺乏与"物"主动结合的动力，作业者按标准操作的积极性不高。人和物的结合往往受到行政和经济手段的强制，稍有疏忽便可能失控，引发安全问题。因此，实现现场安全控制，要从有效的"人员管理和优化管理人员素质"入手，采取各种手段（包括传统和科学方法）规范安全生产过程中的人员行为，提高安全管理力度，减少事故发生。

（2）在整合自控、互控和联控的管理模式中，特别强调自控管理的重要性。在实际的现场作业中，互控和联控通常在运输过程的特定阶段或特定时间内展现为共同作业或关联作业。然而，自控作为一种贯穿整个运输生产过程的核心要素，不可忽视。因此，在现场作业控制中，必须高度重视自我管理的能力，同时也需要适度地实施互控和联控机制，以确保作业的协调顺利进行。

（3）在自控、互控和他控相互融合的综合管理模式中，着重强调自控和互控的关键作用。在现场控制环境下，必须充分发挥班组之间互相监督和协作的作用，以提升职工的自我管理和自我约束能力。同时，对于干部监控检查任务而言，其侧重于审视车间、班组和职能部门的管理是否有序，深入调查上级命令和规章制度的执行情况，关注生产和生活中出现的问题，以及职工的思想态势和标准化作业的执行情况，尤其关注"两违"（违章、违纪）情况。制度的强化控制也是现场控制的一种形式，是现场控制制度的规范手段。

（4）在将超前控制和事后控制有机融合的管理模式中，着重强调超前控制的重要性。超前控制的含义是提前预测系统安全管理问题，通过先见性的策略和举措，为未来可能出现的风险和问题做好充分准备，从而在事前采取措施防范潜在威胁。相对于事后控制，超前控制更具前瞻性，能够在问题出现之前即采取积极主动的措施，以防患未然。然而，在安全事故已经发生后，通过事后控制，仔细分析事故原因和经验教训，可以为将来的安全控制提供有益的指导，避免类似问题的再次发生。

（5）在静态控制和动态控制相结合中，突出动态控制。在铁路运输生产中，各部门、单位、工种在动态中通过接力式作业完成任务。这种特点要求现场控制必须紧跟节奏，实现全程动态控制。因此，在常规静态控制的基础上，需从动态信息入手，建立信息系统，对信息进行收集、反馈、分析和处理，及时捕捉不安全因素，寻找规律性因素，及时发现并纠正现场作业环节的偏差，填补安全漏洞，实现科学化的安全管理。

五、平衡计分卡

（一）平衡计分卡的含义

平衡计分卡（Balanced Score Card，BSC）是根据企业组织的战略要求而精心设计的指标体系。按照卡普兰和诺顿的观点,"平衡计分卡是一种绩效管理的工具。它将企业战略目标逐层分解转化为各种具体的相互平衡的绩效考核指标,并对这些指标的实现状况进行不同时段的考核,从而为企业战略目标的完成建立起可靠的执行基础"。

(二)平衡计分卡的本质特征

(1)平衡计分卡是一个系统性的战略管理体系,是根据系统理论建立起来的管理系统。平衡计分卡是一个核心的战略管理与执行的工具,是在对企业总体发展战略达成共识的基础上,通过设计实施,将其四个角度的目标、指针,以及初始行动方案有效地结合在一起的一个战略管理与实施体系。它的主要目的是将企业的战略转化为具体的行动,以创造企业的竞争优势。

(2)平衡计分卡是一种先进的绩效衡量工具。平衡计分卡将战略分成四个不同角度的运作目标,并依此四个角度分别设计适量的绩效衡量指标。因此,它不但为企业提供了有效运作所必需的各种信息,克服了信息的庞杂性和不对称性的干扰,更重要的是,它为企业提供的这些指标具有可量化性、可测度性、可评估性,从而更有利于企业进行全面系统的监控,促进企业战略与远景目标的达成。

(3)平衡计分卡是一种沟通工具。一个精心设计的清晰而有效的绩效指标体系,可以清楚地描述指定的战略并使抽象的远景与战略变得栩栩如生。据调查,实施平衡计分卡之前,不到50%的人说他们知道并理解企业组织的战略,而在实施平衡计分卡一年之后,该比例上升到87%。

(4)平衡计分卡注重绩效指标之间的因果关系。平衡计分卡与其他绩效管理系统的差别在于注重因果关系。

(三)平衡计分卡的基本内容

平衡计分卡中的目标和评估指标来源于企业战略,它把企业的使命和战略转化为有形的目标和衡量指标。在平衡计分卡中的客户方面,管理者确认企业将要参与竞争的客户和市场部分,并将目标转换成一组指标,如市场份额、客户留住率、客户获得率、顾客满意度、顾客获利水平等。在平衡计分卡中的内部经营过程方面,为吸引和留住目标市场上的客户,满足股东对财务回报的要求,管理者需关注对客户满意度和实现企业财务目标影响最大的那些内部过程,并为此设立衡量指标。在这一方面,平衡计分卡重视的不是单纯的现有经营过程的改善,而是形成以确认客户和股东的要求为起点、以满足客户和股东的要求为终点的全新的内部经营过程。平衡计分卡中的学习与成长方面确认了企业为实现长期的业绩而必须进行的对未来的投资,包括对雇员的能力、企业的信息系统等方面的衡量。企业在上述各方面的成功必须转化为财务上的最终成功。产品质量、完成订单时间、生产率、新产品开发和客户满意度方面的改进只有转化为销售额的增加、经营费用的减少和资产周转率的提高,才能为企业带来利益。因此,平衡计分卡中的财务方面列示了企业的财务目标,并衡量战略的实施和执行是否在为最终的经营成果的改善做出贡献。平衡计分卡中的目标和衡量指标是相互联系的，这种联系不仅包括因果关系，而且包括对结果的评估和对引起结果的过程的评估，最终反映了企业的战略。

（四）平衡计分卡的基本理论

事实上，平衡计分卡方法彻底改变了传统单一依赖财务指标的业绩管理方式。传统财务会计模式仅仅用于评估已发生的事务（回溯性的结果要素），无法评估企业前瞻性的投资（引领性的推动要素）。在工业时代，着眼于财务指标的管理方法是有效的。然而，在信息社会，传统业绩管理方法已不够全面，企业必须通过在客户、供应商、员工、组织流程、技术和创新等各个领域的投资，获取持续发展的动力。基于这种理解，平衡计分卡方法认为，企业应该从财务、顾客、内部流程、学习与成长四个角度来审视其绩效。

平衡计分卡体现了财务与非财务衡量方法的平衡，长期目标与短期目标的平衡，外部与内部的平衡，结果与过程的平衡，以及管理业绩与经营业绩的平衡等多个方面。因此，它能够全面展示企业的综合经营状况，使业绩评价趋向均衡和完善，从而有助于企业的长期发展。

（五）平衡计分卡的优点

平衡计分卡不仅仅是一项管理工具，更体现了一种管理理念，即：只有通过量化指标才能有效进行评估，因此需要对要考核的指标进行明确的量化；实现企业愿景需要综合考虑多个方面的指标，不仅限于财务因素，还需包括客户满意度、业务流程效率以及学习与成长等方面。因平衡计分卡方法全面评估企业并关注长远发展的特性，其在学术界和商界都受到了广泛关注。

许多企业尝试将平衡计分卡作为企业管理的有益工具。实施平衡计分卡管理方法具有以下优势。

（1）克服了财务评估方法的短期行为导向。

（2）促使整个企业一致行动，服务于共同的战略目标。

（3）有效地将企业的战略转化为各层级的绩效指标和具体行动。

（4）有助于各级员工对企业目标和战略进行更好的沟通和理解。

（5）促进企业和员工的学习成长，培养核心能力。

（6）实现企业的长期可持续发展。

（7）提升企业整体的管理水平。

（六）平衡计分卡的缺点

应用平衡计分卡所面临的挑战在于追求其"自动化"。在平衡计分卡中，某些条目难以清晰解释或准确衡量。当然，财务指标相对不成问题，但非财务指标常常难以明确确立。

确立绩效衡量指标往往比预期更具挑战性。企业管理者应当关注战略目标之间的因果关系，以有机地将战略与衡量指标融合。尽管管理者通常认识到了客户满意度、员工满意度与财务表现之间的关联，但平衡计分卡本身并不直接提供具体的方法来提升绩效，以实现预期的战略目标。

当企业战略或结构发生变更时，平衡计分卡也需要相应的重新调整，而这可能伴随着负面影响。因为保持平衡计分卡的实时更新和有效性需要投入大量的时间和资源。

平衡计分卡的另一个不足之处是实施的复杂性。一份典型的平衡计分卡需要耗费 5~6 个月的时间来执行，然后还需要数月时间来调整结构，使其制度化。因此，整个开发过程常常需要一年甚至更长时间。同时，由于某些衡量指标难以量化，采用的衡量方法可能会导致绩效衡量指标的过度增加。

（七）平衡计分卡的原理和流程分析

平衡计分卡是一套综合评估企业战略管理绩效的体系，以财务和非财务两个维度对企业绩效进行全面考核，以弥补传统财务评估方法的缺陷，如存在滞后性、过度偏重短期利益、存在内部关注倾向、忽视无形资产等。它是一个科学的管理体系，融合了企业战略管理控制和绩效评估，以下是对其基本原理和流程的简要描述：以共同愿景和战略为核心，运用综合平衡的哲学思想，根据组织结构，将企业愿景和战略转化为各责任部门（如各事业部）在财务、顾客、内部流程、学习与成长四个方面的具体目标，即成功因素。同时，设立相应的四张计分卡，框架如图 14-2 所示。

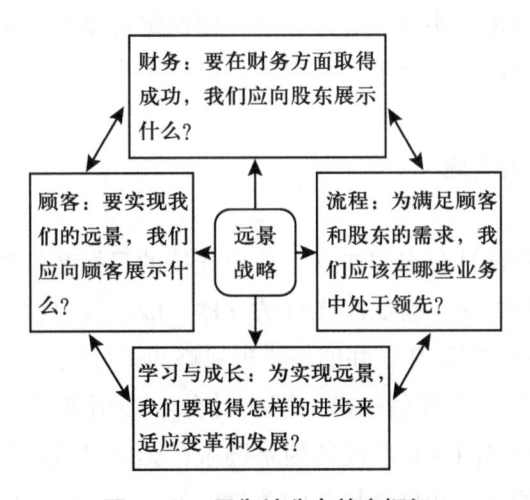

图 14-2 平衡计分卡基本框架

以各责任部门在财务、顾客、内部流程、学习与成长四个领域内可量化操作的目标为基础，构建相应的绩效评估指标框架。平衡计分卡将这些指标与企业战略目标紧密衔接，采用综合的先导性和滞后性结合的方式，平衡了长期和短期目标、内部和外部利益，全面反映了战略管理绩效的财务和非财务信息。

各主管部门与责任部门共同商定具体的评分规则，通常是通过比较实际值与预算值来衡量各项指标，根据不同的差异率范围设定相应的评分标准。通过定期进行综合评分（通常每季度一次），评估各责任部门在财务、顾客、内部流程、学习与成长四个领域内目标的实施情况，及时反馈评估结果，灵活调整战略偏差，甚至进行原定目标和评估指标的修订，以确保企业战略能够顺利、准确地实施。

（八）实施平衡计分卡的影响因素

平衡计分卡不仅强调短期目标与长期目标间的平衡、内部因素与外部因素间的平衡，也强调结果的驱动因素，因此平衡计分卡是一个十分复杂的系统，其实施的过程中一定会遇到困难。国外平衡计分卡的实践也证实了这一点。

（1）指标的创建与量化方面。财务指标的创建与量化是比较容易的，其他三个方面的指标就需要企业的管理层根据企业的战略及运营的主要业务、外部环境加以仔细斟酌。列出的指标有些是不易收集的，这就需要企业在不断探索中总结；有些指标重要但很难量化，如员工受激励程度方面的指标，需要收集大量信息，并且要经过充分的加工后才有实用价值，这就对企业信息传递和反馈系统提出了很高的要求。

（2）平衡计分卡要确定结果与驱动因素间的关系，而大多数情况下结果与驱动因素间的关系并不明显或并不容易量化。这也是企业实施平衡计分卡所遇到的又一个困难。企业要花很大的力量去寻找、明确业绩结果与驱动因素间的关系。

（3）实施的成本方面。平衡计分卡要求企业从财务、顾客、内部流程、学习与成长四个方面考虑战略目标的实施，并为每个方面制定详细而明确的目标和指标。这需要全体成员参加，每个部门、每个人都要有自己的平衡计分卡，因而企业要付出较大的代价。

（九）平衡计分卡的实施

1. 实施原则

一个结构严谨的平衡计分卡应包含一连串连接的目标和量度，这些目标和量度不仅前后连贯，而且互相强化。就如同飞行仿真器一般，其包含一套复杂的变量和因果关系，如领先、落后和回馈循环，并能描绘出战略的运行轨道和飞行计划。

建立一个将战略转化为评估标准的平衡计分卡必须遵循三个原则：①因果关系原则——确保所有指标之间存在明确的因果链条；②成果量度与绩效驱动因素平衡原则——平衡最终成果的量度和推动绩效的关键因素；③与财务联结原则——确保所有指标与财务结果紧密相连。

此三原则将平衡计分卡与企业战略相联结，其因果关系链代表目前的流程和决策会对未来的核心成果造成哪些影响。这些量度的目的是向企业展示新的工作流程规范，并确立战略优先任务、战略成果及绩效驱动因素的逻辑过程，以进行企业流程的改造。

2. 设计与实施步骤

设计平衡计分卡时，须先从澄清及转化企业愿景及战略展开，列出推行平衡计分卡方案的理由，引导管理程序，最终目的是动员企业迈往新的战略方向。其程序为澄清战略并建立共识、凝聚焦点、发展领导能力、战略沟通及协调、教育组织、设定战略性目标、校准计划和投资、建立回馈制度等。

在实际应用过程中，企业需要综合考虑所处的行业环境、自身的优势与劣势、所处的发展阶段、自身的规模与实力等。总结成功实施平衡计分卡的企业的经验，可知一般包括以下步骤。

（1）企业愿景与战略的建立与倡导。企业首先要建立愿景与战略，使每个部门可以采用一些绩效衡量指标去完成企业的愿景与战略；另外，也可以考虑建立部门级战略。同时，成立平衡计分卡小组或委员会去解释企业的愿景与战略，并建立财务、顾客、内部流程、学习与成长四个方面的具体目标。

（2）绩效指标体系的设计与建立。本阶段的主要任务是依据企业的战略目标，结合企业长短期发展的需要，为四类具体的目标找出最具有意义的绩效衡量指标。同时，对所设计的指标要自上而下、从内部到外部进行交流，征询各方面的意见，吸收各方面、各层次的建议。通过这种沟通与协调，使所设计的指标体系达到平衡，从而能全面反映和代表企业的战略目标。

（3）加强企业内部沟通与教育。利用各种不同的沟通渠道，如定期或不定期的刊物、信件、公告栏、标语、会议等，让各层管理人员知道企业的愿景、战略、目标与绩效衡量指标。

（4）确定每年、每季、每月的绩效衡量指标的具体数字，并与企业的计划和预算相结合。注意各类指标间的因果关系、驱动关系与连接关系。

（5）绩效指标体系的改进与完善。首先应重点考察指标体系设计得是否科学，是否能真正反映本企业的实际。其次要关注的是采用平衡计分卡后在绩效评价中的不全面之处，以便补充新的测评指标，使平衡计分卡不断完善。最后要关注的是已设计的指标中的不合理之处，要坚决取消或改进不合理指标。只有经过这种反复认真的改进，才能使平衡计分卡更好地为企业战略目标服务。

（十）平衡计分卡与战略管理

平衡计分卡贯穿于战略管理的三个阶段。由于制定平衡计分卡时要把企业经营战略转化为一系列的目标和衡量指标，此时管理层往往需要对战略进行重新审视和修改，这样平衡计分卡为管理层提供了就经营战略的具体含义和执行方法进行交流的机会。同时，因为战略制定和战略实施是一个交互式的过程，在运用平衡计分卡评价企业经营业绩之后，管理者们了解了战略执行情况，可对战略进行检验和调整。在战略实施阶段，平衡计分卡主要是一个战略实施机制，它把企业的战略和一整套的衡量指标相联系，弥补了制定战略和实施战略间的差距。传统的企业管理体制在实施战略时有很多弊端：或是虽有战略却无法操作；或是长期的战略和短期的年度预算相脱节；或是战略未同各部门及个人的目标相联系。这样，使战略处于一种空中楼阁的状态。

（1）在制定平衡计分卡时与战略挂钩，用平衡计分卡解释战略。如前所述，一份好的平衡计分卡通过一系列因果关系来展示企业战略。例如，某一企业的战略之一是提高收入，则有下列因果关系：增加对雇员销售技能的培训→了解产品性能，促进销售工作→收入提高。平衡计分卡中的每一衡量指标都是因果关系中的一环。一份好的平衡计分卡中的评估手段包括业绩评估和推动业绩的评估，前者反映某项战略的最终目标及近期的工作是否产生了成果，后者反映实现业绩所做的工作，两者缺一不可。

（2）利用平衡计分卡宣传战略。实施战略的重点是所有的雇员、企业高级经理、董事会成员都了解这项战略。通过宣传平衡计分卡可以使雇员加深对战略的了解，提高其实现战略目标的自觉性。同时，通过定期、不间断地将平衡计分卡中的评估结果告诉雇员，可以使其了解平衡计分卡给企业带来的变化。为了使董事会能够监督企业的高级经理人员及整个企业的业绩表现，董事会成员也应了解平衡计分卡。这样，他们监督的重点将不再是短期的财务指标，而是企业战略的实施。

（3）将平衡计分卡与团队、个人的目标挂钩。这一工作可以通过分解平衡计分卡的目标和衡量指标来完成。平衡计分卡是由具有因果关系的目标、衡量指标组成的体系，它在分解非财务指标上有着独特的优势（传统上，非财务指标很难分解）。分解可以采取以下两种方式。

第一种是由高层管理人员制定平衡计分卡中财务、顾客方面的目标和衡量指标，然后由中层管理人员参与制定内部流程和学习与成长方面的目标和衡量指标。

第二种是下一级部门以企业的平衡计分卡作为参考，从中找到自己可以施加影响的目标和衡量指标，然后制定该部门的平衡计分卡。

（4）把平衡计分卡用于执行战略和计划的过程，将战略转化为行动。

第一步，要为战略性的衡量指标制定3~5年的目标。

第二步，制定能够实现这一目标的战略计划。以资本预算为例，传统的资本预算未能把投资和战略相连，而选用了回报率等单纯的财务指标进行投资决策。现在我们可以用平衡计分卡来做决策，通过利用平衡计分卡来为投资项目打分，名列前茅的并在资本预算范围内的投资项目将被采用。这种投资决策方法使资本预算与企业战略紧密相连。

第三步，为战略计划确定短期计划。管理人员根据顾客情况、战略计划、经营过程、雇员情况按月或季制定短期目标，即把第一步"3~5年的目标"中的第1年目标转化为平衡计分卡中四个方面的目标和衡量指标。

这种制定战略性衡量指标、长远目标、战略计划、短期计划的过程，为企业目标转化为切实的行动提供了途径。在战略评价和反馈阶段，已经知道平衡计分卡中的衡量指标之间存在着因果关系，因此，当我们发现某项指标未达到预期目标时，便可以根据因果关系层层分析引起这项指标变动的其他指标是否合格。如果不合格，则表明是执行不力。如果均已合格，那么管理人员就应对企业内外部环境重新分析，检查据以确定战略的环境因素是否已发生变化，是否需要调整战略。这一反馈分析的过程，对于战略管理有着重要的意义，充分体现了战略管理的动态特征。

本章小结

在战略的制定或实施过程中，必须对战略加以控制，且要不断地对战略进行评价，防患未然。

战略评价是指检测战略实施进展，评价战略执行业绩，不断修正战略决策，以期达到预期目标。数字化时代的战略评价标准包括一致性、和谐与适应性、可行性、可接受性、优势性。

战略控制主要是指在企业经营战略的实施过程中，检查企业为达到目标所进行的各项活动的进展情况，评价实施企业战略后的企业绩效，把它与既定的战略目标与绩效标准相比较，发现战略差距，分析产生偏差的原因，纠正偏差，使企业战略的实施更好地与企业当前所处的内外环境、企业目标协调一致，使企业战略得以实现。

战略控制方法有很多，概括起来主要有两大类，即预算控制方法和各种非预算控制方法。常用的战略控制方法包括预算控制、比率分析、审计控制、现场控制、平衡计分卡。

◆ 本章思考题

1. 在企业数字化战略评价过程中，您认为企业应该重点关注哪些方面？为什么？请列举具体的评价标准，并解释其重要性。

2. 平衡计分卡作为一种绩效评估工具，在企业数字化战略评价与控制中的作用是什么？请举例说明如何使用平衡计分卡来评估数字化转型的绩效。

3. 在企业数字化转型中，平衡计分卡的四个维度（财务、顾客、内部流程、学习与成长）是如何与数字化战略目标相对应的？这些维度的衡量指标如何确保企业在数字化转型中全面发展，而不仅仅关注财务指标？

4. 数字化转型是一个持续演进的过程，需要不断更新和优化。请探讨在企业数字化战略评价与控制中如何保持持续改进，以适应不断变化的市场和业务需求。

第十五章 企业数字化的发展与面临的挑战

数字化已成为企业提升竞争力和适应市场需求的关键。未来数字化将会进一步打破企业传统的经营格局，实现用户关系、商业模式、营销策略等的重构。要想充分利用数字化，促使数字化更好地造福人类，需要各个社会主体积极迎接数字化带来的各项挑战。

第一节 企业数字化的历史演进和发展趋势

一、企业数字化的历史演进

计算机科学家艾伦·麦席森·图灵在1936年提出了图灵机的概念，奠定了计算机科学的理论基础。1962年，美国统计学家约翰·图基在 *The Future of Data Analysis* 中提出了数据分析和可视化的方法，为数据驱动的决策奠定了基础。1970年，"现代管理学之父"彼得·德鲁克在 *Technology, Management and Society* 中深刻探讨了现代技术与科学、工程和宗教的关系，认为技术发展对社会和政治的影响越来越大，整个社会越来越依赖于技术来解决复杂的社会和政治问题。1985年，迈克尔·波特在《竞争战略》一书中提出了竞争战略分析的五力模型，该模型强调企业应利用信息技术来创造差异化竞争优势。1991年，杰弗里·摩尔在《跨越鸿沟》一书中强调了数字化战略与市场开拓之间的联系，认为企业应该抓住关键市场机遇并以快速响应市场需求为导向。1993年，迈克尔·哈默和詹姆斯·钱皮在《企业再造》一书中强调利用信息技术重新设计和优化业务流程，以提高效率和质量。2003年，尼古拉斯·卡尔在《IT不再重要》中认为，信息技术已经成为普遍可获取的基础设施，对企业的竞争优势提供的价值有限。2007年，唐·泰普斯科特和安东尼·威廉姆斯在《维基经济学：大规模协作如何改变一切》一书中讨论了数字化时代下大规模协作的重要性，强调了企业应该借助互联网和社交媒体的力量来实现创新和增长。2014年，埃里克·布莱恩约弗森和安德鲁·麦卡菲在《第二次机器革命》中讨论了大数据和人工智能对经济和企业的影响，指出这些技术将颠覆传统产业和商业模式。同年，乔治·韦斯特曼、安德鲁·麦卡菲和迪迪埃·邦尼特在《数字为先：运用技术实现业务转型》一书中就大公司如何利用技术获得战略优势进行了很好的阐述，他们使用"数字化大师"这一术语来刻画这种转变的深度和全面性。2017年，安德鲁·麦卡菲与埃里克·布莱恩约弗森合作完成了《机器 平台 群众》，指出人工智能、社交媒体和区块链将创造新商机。同年，杰奥夫雷·G.帕克等在《平台革命》一书中论述了平台商业战略。他们将Facebook、苹果、亚马逊及微软等平台业务公司与传统的渠道业务公司进行了对比，后者主要通过建立层层链路将商品在市场上销售。他们还深入探讨了平台业务模式和渠道业务模式下的经济规律差异，以便更好地理解这两种业务模式的内在机制和影响。2017年，哥伦比亚大学大卫·罗杰斯在《智慧转型：重新思考商业模式》中讨论了领导者应该如何更新思维，他认为，数字化力量正在颠覆五个关键性的战略领域，即消费者、竞争、数据、创新和价值。他还指出，数字化对思维方式提出了新要求，最终会促使公司调整其价值定位以适应数字化时代。2018年，李开复在《AI·未来》一书中探讨了人工智能在数字化战略中的角色和潜力，并思考了其对人类工作和社会的影响。2023年，随着生成式AI的爆发，ChatGPT、文心一言、Midjourney等将进一步提升企业的信息获取能力，对战略产生重大的影响。2023年，成生辉在《ChatGPT：智能对话开创新时代》中认为，生成式AI将改变互联网，改变人类的工作方式，成为新的、有力的效率工具。

二、当前企业数字化的主要趋势和影响因素

（一）企业数字化的主要趋势

1. 商业模式重构，产品价值与用户价值双轮驱动服务化转型

从供给与需求的角度来看，企业的价值经营日趋依赖于终端用户与客户的价值感知，而过往生产形态的经营方式中，企业与终端用户仅在销售环节发生交互，关系无以为继，使得价值链发生断裂。向生产型服务领域的延伸，是在与终端用户关系重构的基础上，实现商业模式的创新与升级，从卖产品向用户生命周期的价值经营迁移。

2. 用户关系重构，体验至上成就用户生命周期运营

数字化的发展充分赋予用户知情权、自主权与选择权，传统的"以供应定需求"模式正转变为"企业用户双向选择"模式。在学术领域，人们认为企业过往以产品和渠道为中心的增长策略的效果逐渐减弱。数字化时代的到来，为企业提供了实现"以用户为中心"的增长模式的机会。

3. 营销策略重构，智能服务打造企业用户经营新阵地

DTC模式已经成为企业不可忽视的增长模式，而这也带来了营销业务场景的扩

展，企业在该模式下能在各个环节与客户产生交互，获取有价值的数据，为营销提供有价值的参考依据。能够自动辨识用户的显性和隐性需求的智能服务将作为"营销服"一体化增长闭环中增加忠诚度和交叉复购的重要环节，成为未来企业用户全域经营的新阵地。

4. 研发生产方式重构，数据驱动以虚强实，促进企业形成研发生产闭环

传统"从研发到生产"的单向体系难以对市场变化进行及时响应，而整合数据资源，采用工业互联网或数字孪生等数字技术可对研发生产环节进行重构升级，助力企业完成生产端到研发端的闭环，提高研发新品的效率和降低试错成本，并且优化生产端的资源配置。

5. 组织管理方式重构，数据智能与协同共生重塑人与组织的关系

人与决策是串起组织管理流程的关键要素，以往的企业组织管理活动中，雇佣方式单一化，经验主导型决策存在主观因素浓厚、环节多、周期长的问题。在新经济模式和数据驱动作用下，未来企业将更加注重组织的开放和敏捷。一方面是充分释放数据价值，形成更为科学的内部决策链条；另一方面是在重复性劳动上提升人与组织的灵活性，通过数字化转型实现企业内部的高效协作，形成协同共生能力。

6. 数字技术支撑方式重构，深度运营与产业实践相融合，打造技术应用样板间

目前数字化已在部分通用场景中得到规模化应用，随着数字化转型的不断深入，更多专业场景的数字化应用将不断成熟，数字化将呈现"由广及深"的发展趋势。随着数字化的深度发展，行业间的联合和与数字技术供应商的紧密合作将变得越发重要。这种趋势将有助于应对日益复杂的技术挑战，提高行业的整体竞争力，并推动数字技术的进一步发展。

7. 治理方式重构，健全数字监管体系，赋能立体安全

在数字经济的时代背景下，传统的监管体系和治理手段已无法适应数字经济的发展需求。应通过建设数字经济监管体系，构建全国一体化的在线监管平台，并通过加强跨部门、跨行业的沟通与协作，建立起数字化治理的协同机制，确保数据的合法使用和安全存储。同时，还应加强对新兴技术如人工智能、区块链等的监管和规范，以防止其产生不正当竞争和风险问题。

8. 数字经济业态重构，龙头企业带动产业链生态融通

科技平台基础设施的价值凸显在产业数字化的发展过程中，企业生产经营的主体性正在发生变化，产业生态当中的组织节点以用户价值为终极目标，产生协同共生的合作关系，相应地，产业生态与平台逐步成为数字经济时代进行资源整合与分配、进行价值创造与共享的关键节点。

9. 金融赋能体系重构，多层次资本体系结构升级，加速企业创新投入

金融系统以服务实体经济为着力点，聚焦先进制造、数字经济、绿色低碳等重点

领域。未来需要更好地发挥金融杠杆的作用与价值，服务于现代化产业体系建设。一方面，出于统筹安全与发展的需要，对于研发周期长、长期回报价值高但存在较高风险的项目将通过多层次的投融资体系予以完善；另一方面，国有资本的产业引导作用将更加显著。

10. 企业价值评估体系重构，可持续发展与低碳经营比重提升

可持续发展已经成为企业面向未来发展，实现长期价值的重要命题，而企业的低碳转型则是在商业价值的基础上增加社会生态价值的要素，通过数字技术驱动，对企业生产经营范式、环境考量、排放标准与适应等均提出更高的要求，促进企业早日实现绿色经营。

（二）企业数字化的影响因素

1. 数字化战略规划

建立清晰的战略规划是数字化转型的必要步骤，其中包括确立明确的目标和分阶段计划。企业需全面考虑数字化转型的长远影响，以确保战略规划与企业目标相契合，并能够适应市场的不断变化。同时，还需要建立有效的监控机制，及时调整计划。

2. 数据驱动业务决策

实现数字化转型的关键在于数据，因此基于数据驱动的决策是实现成功转型的关键因素。企业需要建立完善的数据收集、分析和应用体系，以数据为基础进行业务决策，并不断进行数据优化和迭代调整，从而推动业务流程优化。大量数据的搜集与分析对于企业进行决策和制定战略具有重要意义。数据驱动决策可以帮助企业更好地理解客户需求和市场趋势，优化业务流程，并提高效率。亚马逊作为一家数字化巨头，一直将数据驱动决策作为重要的战略。通过收集和分析客户数据，亚马逊可以实时了解客户需求，并通过相应的调整提高客户满意度。同时，亚马逊还可以通过数据分析优化供应链管理，提高效率和降低成本。

3. 企业数字化文化

塑造企业数字化文化可以推动员工积极参与到企业数字化发展的进程中，推动企业数字化战略的实施。企业文化应该鼓励员工接受新技术和新方法，并强调实验、创新和快速响应市场变化的价值。当企业文化适应数字化转型时，员工更愿意尝试新技术，领导层更愿意批准相应的投资。迪士尼是一家创意型企业，在数字化转型过程中，其企业文化的重要内容"创造和创新"为企业大胆尝试数字化应用提供了很好的指引，降低了沟通成本。

4. 人才引进和培养

在实现数字化转型的过程中，人才是关键因素之一，对于企业而言，更应该注重数字化专业人才的招募和数字化领导人才的培养。企业需要制订人才引进和培养计划，吸引和留住高素质的数字化人才。在培训方面，企业需要建立多样化的数字化转型培

训课程和平台，学习先进案例，帮助员工提升数字化技能。微软的数字化转型之所以成功，培养和发展数字化人才是关键因素。微软公司会招聘和培养大量的数字化专业人才，并且在数字化领域拥有强大的领导团队，以确保数字化转型的成功。

5. 灵活的组织结构

数字化转型要求企业具备适应市场变化和技术进步的能力，这需要灵活的组织结构。为了达到这一目标，企业需要建立敏捷的组织结构，以便实现快速决策和持续迭代，从而提高适应性和反应能力。例如，互联网公司腾讯就是一个具有灵活组织结构的典型代表。腾讯创始人马化腾提出"蒙眼猜人"这一口号，鼓励员工在不知道对方身份的情况下自由组队，快速协作。这种灵活的组织方式可以迅速地应对市场变化和业务需求，帮助腾讯保持领先地位。

6. 技术和基础设施

实现数字化转型需要依赖一系列先进技术和基础设施的支持，包括但不限于云计算、人工智能、物联网以及大数据算法等。企业需要根据业务需求和战略规划，选择适合的技术和基础设施，并建立完善的数字化安全体系，确保数据的安全性和可靠性。沃尔玛作为全球最大的零售商之一，在数字化转型过程中积极采用物联网（Internet of Things，IoT）和人工智能（AI）等技术，以提高生产力、优化流程，并为客户提供更好的购物体验。物联网技术赋予了沃尔玛监控库存和销售数据的能力，从而可以根据需要及时地调整和优化仓储。而通过人工智能技术，沃尔玛可以为客户提供更加智能化的购物体验，例如自助结账、智能推荐等。

7. 创新和实验

在数字化转型中，创新和实验是不可或缺的。企业应该鼓励员工提出新的创意，并建立实验机制，以快速验证和不断改进这些创意，从而增强企业的创新能力和市场竞争力。谷歌的"20% 时间政策"便是一个成功的案例，其允许员工在工作时间投入个人创新项目中。这种创新和实验机制帮助谷歌开发出许多创新产品和服务，包括 Gmail、Google News 等。

8. 持续改进

在数字化转型过程中，持续改进是至关重要的。企业需要不断优化数字化技术和流程，以保持竞争优势。这种持续改进可以提高效率和效益，使企业适应不断变化的市场需求。IBM 公司在数字化转型过程中注重持续改进，不断地优化数字化技术和流程，并且寻求创新的解决方案，以保持竞争优势和适应市场需求的变化。

9. 合作伙伴的合作与共赢

为了实现数字化转型，各方需要紧密合作，追求共赢，以实现整个产业链的优化和价值的最大化。企业需要与生态圈中的合作伙伴建立互信、互利的合作关系，共同推动数字化转型，实现价值链的整合和协同。苹果公司就与其上下游的供应商们开展了长期可持续的合作，成功促进了供应链的数字化转型，极大地提高了生产效率和产品质量。同时，苹果公司还与应用开发者和数字内容提供商合作，共同打造数字生态系统，实现了客户体验和企业价值的最大化。

第二节　组织变革的挑战

数字化转型对组织的转变体现在两个方面：一方面，要建立承载数字化能力的组织，确保变革转型落地生根，持续发展；另一方面，数字化转型带来数据共享、业务流程重构，甚至商业模式的转变，会打破原有组织单元间的边界和责任分工，需要在考核牵引、评价体系、奖金激励上重新设计，形成新的管理文化。

一、数字化转型需要建设与之相匹配的组织能力

在数字化转型过程中，通过变革项目的形式可以快速地把人、技术、资源聚集起来，但是项目有固定的起止时间和明确的目标，目标达成后项目组就会解散。鉴于建设阶段形成的数字化能力尚未固化下来，所以数字化转型的变革成果要想长期持续，必须将能力在组织中落地，通过组织开展持续运营。数字化能力在组织中如何具体施展？也许以下华为的几点经验，值得借鉴。

（1）固化数字化能力的组织需跟随变革过程一起成长，组织能力不是在变革项目关闭时才启动转移，而是在转型的过程中同步获得。

（2）为了实现数字化转型的成功，组织的人员构成需要同时涵盖业务专家、数据专家以及信息技术（IT）方面的专业人才。在这样的团队中，技术专家成为"对业务最熟悉的 IT 专家和数据专家"，而业务专家则成为"最懂 IT 和数据的业务专家"。这种紧密结合技术与业务的人员组成，促使技术能力能够无缝融入业务实践中，实现全面一体化的运作。

（3）各业务领域的数字化组织要成为本领域持续推进数字化转型的责任部门，在领域内构筑数字化转型的领导力。

①数字化责任从分散到集中。
②数字化投资从分散到实现最大共享。
③数据从各部门间的割裂到拉通。
④数字化变革成果持续运营。
⑤数字化的人才、能力可长期稳定发展。

这些持续推进数字化转型的实体组织，在企业的治理体系中需要有明确的管理支撑，以确保企业上下目标一致、投资有序、节奏匹配、语言统一，做到矛盾冲突有协调、经验能力有共享。

二、调整业务组织及文化，适应数字化转型带来的转变

（一）数字化促进组织的扁平化

传统企业的组织形态一般是科层制金字塔结构，自上而下层层指挥。横向的流程型组织由于没有技术手段的支撑，其内部协同的管理复杂度高，实现难度大。随着数字化时代的到来，企业可以实现数据的实时透传，价值创造活动从线下转移到线上，在业务流程之间灵活有效对接，削弱组织中间层上传下达的作用。此时，业务组织可以向扁平化调整，授权向末端作战部门倾斜，这样才能真正发挥数字化转型的作用。

（二）数字化改变原有的职位要求

通过数字技术打造以数据、IT为基础的平台，可以使数据透明，流程可视，知识随时获取，组织中的信息断点被打通，许多流程活动变得自动化，从而改变了人们的工作方式。职位三要素，包括对工作能力的要求、应负的责任、为客户创造价值的复杂度，也将随之发生变化。组织中，原有的职位需要被重新设计和评价，需要结合数字化发展要求，增加数字化应用胜任能力的岗位要求和考核要求，增加专业的技术岗位。此外，培训和发展计划也需要根据人岗匹配的原则进行调整。为员工提供有针对性的培训和学习机会，让他们掌握在岗位上所需的技能和知识，有助于提高整体绩效和适应性。

（三）数字化重构组织分工与协同模式

在传统情况下，伴随着业务的扩展，企业末端组织不得不努力发育，为保障作战能力大规模"屯兵"。组织之间能力重复建设，资源被锁死，不能流动和共享，整个组织运作效率会越来越低下。数字化转型支持了"集中共享"的理念。企业可以在一个中心平台上集中管理和提供各种公共能力，例如数据分析、人力资源管理、供应链管理等，从而实现资源的共享和优化利用。这种模式能够提高协同工作的能力，促进信息流通和知识分享。"集中共享"模式的建立，进一步打破时间和空间的限制，使得组织分离出必须面向客户贴身服务的岗位和可以远程提供服务的岗位，本地岗位和远程岗位可以依托数字技术实现高质量协同。

以上这些变化会打破企业内部原有的价值分配与评价体系，对现有的组织团体造成冲击，促使组织形态结构、绩效评价、利益分配跟着做出相应改变，否则数字化转型变革将难以落地。比如，在"集中共享"模式下，企业需要建立资源和能力被调用的内部结算机制，而资源和能力的提供组织在企业价值创造的链条上也能显性呈现价值，不用担心被忽视。再比如，在组织绩效评价上，企业需要树立协同的文化导向，让组织之间可以互相评价，如作战组织评价职能组织、流程下游组织评价流程上游组织、作战组织之间互相评价等。结合各种有效消除变革阻力的方法，组织在变革中

可以"因地制宜、因时制宜",有效利用这些方法消除各种阻力,达成数字化转型的目标。

第三节 技术和数据管理的挑战

一、数据孤岛治理的挑战

近年来,数字技术虽已在企业管理中得到了应用与尝试,但这些数字技术的运用尚局限于各自的治理领域,缺乏大规模数据的深度整合和信息系统的有效集成。此外,治理体系中的诸多部门均倾向于独自构建信息系统。这些系统的技术标准和接口不统一,数据难以共享、共治,数据孤岛普遍存在,导致决策者仍然依靠经验和直觉进行决策,严重影响了治理效能和决策效率。因此,需要研发可扩展、可迭代、保障信息安全的数据治理技术,从根本上打破数据孤岛,真正实现精准决策和精细化治理。

二、技术风险治理的挑战

数字技术的大量应用与突破,对数字治理提出更高的要求和更大的挑战。目前数字治理能力在一定程度上未能与飞快发展的数字技术相匹配,迫切需要提升对技术风险的理解来改善这一现状。算法公平问题就比较典型。当所有的治理任务数据化,具体的治理场景依赖算法,那么人实际上变成了算法的工具。在此过程中,部分利益机构或群体的主观偏见和利益诉求或将通过各种方式融入算法之中,极有可能造成群体歧视、"信息茧房"。再如,ChatGPT等生成式人工智能技术将产生大量的机器生成信息,信息的真伪及价值观也可能影响人们的认知,甚至被别有用心的人用作搅乱社会的武器。为此,我们不仅需要研制算法公平和算法安全治理技术以保障公平与公正,还需要促进更多科技力量投入到此类没有商业价值的治理技术的研究中。

三、数字经济发展和数字安全冲突的挑战

数据要素作为数字化时代下的新型生产要素,是数字化、网络化、智能化的基础,为经济建设与社会发展带来了新的机遇。数字经济与数字社会的发展,需要鼓励数据开放与流动以打破数据孤岛,而这势必带来信息被泄露、滥用、侵犯、攻击等安全隐患。同时,人工智能、区块链、物联网等新兴技术也存在着新的安全风险和挑战,可能被用于犯罪活动,造成经济系统崩溃等。所以,面对发展和安全冲突,需要相应地提升治理效能,保障用户的隐私安全,做好新技术服务监管,完善制度设计,推动

技术与制度双向驱动，实现数字安全。

四、社会系统复杂性增加的挑战

数字化时代使社会系统面临着前所未有的复杂性，技术发展应用与社会价值追求的冲突与协调日渐凸显。随着新一代数字技术的推广与应用，"人机冲突"不断涌现，人机协同和人机信任难度不断加大。当前的数字技术在支撑国家治理体系的过程中，要求专业化的部门分工，如数据的标准化和归一化等；与此同时，对人机协同的期待也越来越高，包括人机混合决策、人机综合研讨等方面。这需要我们研制可解释、可信赖的人机协同技术，以更好地应对人机信任问题和人机协同带来的诸多挑战。

五、代际冲突的挑战

代际冲突（Generation Conflict）是指随着科技革命的繁荣发展、社会的巨大变革，因价值观念、生活态度及行为方式等不同而引起的两代人之间的矛盾与对立。代际冲突是数字化发展中不可回避的重要问题。随着数字化技术的迭代加快，代际冲突正以更激烈的形式出现，在传统思维、技术和文化中成长的一代与在新思维、新技术、智能化中成长的一代，对数字化的认知与思考必然存在不同的维度、观点。如何在不同思维的冲突中求同存异，选择最好的平衡点，实现有效决策，最好的方式是加强对话和沟通，推动代际之间的互动对话，增强不同代际之间的理解和共识，实现多元社会发展和代际和谐共存。

第四节　业务模式创新和市场竞争的挑战

一、数字化对制造业的影响

数字化对制造业产生了深远的影响，从生产到供应链再到营销，都可以通过数字化转型来提高效率和竞争力。智能制造在数字化转型中占据重要地位。通过融入物联网、大数据分析以及人工智能等技术，制造业得以实现设备的智能化和自动化，从而有效提升生产效率和产品品质。定制化生产也是数字化转型的一个趋势，通过数字化技术，制造业可以根据客户需求进行个性化生产，提供更加符合客户要求的产品。数字化供应链在制造业数字化转型中具有关键性作用，是不可或缺的组成部分。通过数字化技术，企业可以实时监控供应链的运行状况，了解库存、交货时间和需求情况，从而提高供应链的效率和透明度。这可以降低运营开支和风险，并带来更出色的客户服务。数字化在制造业的转型升级中具有关键作用。通过运用数字技术，企业能够更加深入地了解客户需求和行为，实现更准确的市场定位和个性化的宣传，助力提升客户满意度和忠诚度，推动销售额和市场份额的增长。

二、数字化对金融业的重塑

当前，数字化对银行、投资和理财产生了根本性的影响。数字银行的兴起使得客户能够随时进行银行交易，不需要亲自前往实体网点。这种便利性不仅提升了客户的体验，也帮助银行实现了更为高效的运营模式。数字银行还提供了更多的创新服务，如个性化金融建议和智能投资工具，帮助客户更好地管理财务。数字支付的出现简化了交易过程，提供了更快、更安全、更方便的支付方式。无论是进行在线购物还是传统的实体消费，数字支付已经明显地增加了企业和消费者的便利性。除此之外，数字支付还为金融机构拓展市场提供了新的途径，特别是为那些未能获得传统银行服务的人群创造了新的机遇。

三、数字化对零售业的改变

数字化正在给零售领域带来变革，影响着企业与客户之间的互动和产品的销售方式。通过电子商务平台和社交媒体，零售商能够触及更广泛的受众，同时提供更具个性化的购物体验。通过在线渠道，零售商可以展示和销售产品，与客户进行实时互动，并提供个性化的推荐和优惠。大数据和人工智能的应用带来了零售业对客户洞察的深化。通过对大数据的详尽分析，零售商能够深刻了解客户的购买记录、兴趣和需求，以此为基础量身定制市场推广策略，进而提高销售成果。人工智能技术还可以帮助零售商提供更智能化的客户服务，如虚拟助手和智能推荐系统。

四、数字化对医疗保健业的革新

数字化为医疗保健领域带来了更高效和智能的管理模式和服务方式。通过医院信息系统和大数据分析，医疗机构可以对资源分配进行优化，提高效率和效益。通过数字化的应用，还可以进一步加强医疗质量管理和风险控制，提高医疗服务的安全性和可靠性。大数据和人工智能的应用使得医学研究的速度和准确性得到了极大提升。研究人员可以通过对庞大的数据进行分析和挖掘，发现隐藏的模式和趋势，从而加速新药研发、疾病诊断和治疗的突破。数字技术的应用使医疗服务更加智能和高效，改善了患者的治疗体验和医疗结果。病人通过电子健康记录、在线预约和远程医疗等技术，可以更方便地获取医疗服务，减少就诊等待时间，提高就医效率。同时，个性化的医疗方案也更容易实施，医生可以根据患者的具体情况进行精准治疗。在公共卫生方面，数字化为疫情监测和防控提供了有力支持。通过数字技术的应用，可以实时跟踪疫情信息，提前发现和应对疾病。数字化还推动了公共卫生宣传和教育，提高了公众的健康意识和自我保护能力。

第五节　法律、监管和伦理问题的挑战

数字经济作为基于信息通信技术创新的新型经济形态,将生产力提升与生产关系变革相融合。然而,技术的迅猛发展也引发了多样的法律监管问题,增加了治理的复杂性。

一、数据安全与跨境管理的问题

数字化时代使数据成为数字经济的关键要素,信息通信技术的进步极大地提升了数据的产生、获取、传输、存储以及处理能力,从而增加了数据的商业价值。尤其是以个人信息为代表的数据,经过数据处理后可以为市场研究和商业决策提供宝贵的数据支持,因而个人信息的保护已成为各国在法律和监管方面高度重视的议题。目前,有关法律规则尚未明确,围绕数据的竞争也逐渐激烈起来。在国际上,各个国家因为政治安全、技术能力、执法需求等多种因素,针对本国数据的跨境流动制定了不同的管理规定,因此全球数据跨境流动规则存在差异。例如,美国倡导数据应全球自由流动,而欧盟则要求数据流入国提供充分保护,与此同时,中国则强调重要数据应在本国境内存储。如何协调这些不同政策之间的矛盾,将是未来全球数字经济发展所需克服的主要障碍之一。需要进一步加强国际合作和协调,以互惠共赢的思维协调数据跨境流动监管。

二、网络基建与安全监管的问题

数字经济具有共享、互通的网络性质,随着数字信息的增加,网络安全挑战加剧,网络基础设施的安全监管迫在眉睫。例如2017年的"勒索软件攻击事件",多个国家的政府机构专网、高校内网和大型企业内网中招。网络攻击、数据泄露等行为对个人、企业和国家的安全产生了严重影响。随着5G、数据中心、工业互联网等新型基础设施的建设和发展,更需要配套相应的政策和法规保障其健康发展。应通过网络资源分配,互联网域名解析服务管理,网络存储、传输和计算能力升级,来提升网络监测和事故响应能力。同时,加强投资和资源配置,建立健全网络安全法规和标准,推动安全意识教育和培训,促进数字经济的可持续发展。

三、数据使用和知识产权的问题

数据使用的普遍性和便利性是推动创新和发展的关键,数据对于企业、政府和科研机构具有重要的决策价值。但是数据的使用涉及知识产权的问题,数据的所有权、使用权和保护权的问题难以界定,特别是在涉及个人隐私和商业机密等敏感数据时,

将变得更加复杂。同时,数据的收集、处理和分析需要投入大量的人力物力,而生成的报告一旦对外传播,其他人获取便轻而易举。如果这些资产得不到充分的保护,可能会导致投资者和创新者对于投资新技术和开发新产品的热情降低,因此知识产权保护是维护创新者权益的重要手段。然而,过于严格的知识产权保护可能妨碍新兴企业的进入和竞争,限制技术进步和创新速度。在适当的情况下,共享和开放的数据可以为社会带来重大利益。2014年,特斯拉宣布免费开放其电动车相关的专利。将电动汽车相关技术开源,可以使其他汽车制造商和科技公司共享这些技术和经验,这加速了电动汽车的发展和普及,降低了生产成本。因此,共享和开放的数据和知识可以为社会带来重大利益,合理平衡数据使用和知识产权保护是数字化法律监管中必须解决的问题。

四、平台经济与反对垄断的问题

数字化发展推动了依托于互联网的平台经济的兴起,这些平台企业已经成为交流的核心,形成了一种新的社会生产结构,超越了传统跨国公司的定义,成为促进数字经济增长的重要因素。平台经济的发展导致了一些平台巨头垄断市场的现象,这些巨头拥有庞大的用户基础和数据,以及独特的市场影响力,从而能够对市场进行操控和限制竞争,致使其他小型平台或创新型企业很难进入市场,限制了消费者的选择权和技术创新的可能性。在云计算领域,IDC公布的2022年全球云计算市场追踪数据显示,排名前五的亚马逊、微软、谷歌云、阿里云、IBM Cloud占全球市场份额的75%以上。在网络平台的背景下,美国学者莉娜·坎(Lina M.Khan)认为,当下的平台经济中,投资者支持的公司选择扩张为主而不是专注于盈利。在线平台充当关键的中介,通过整合跨界业务来控制竞争对手所依赖的基础设施。这使得新进入者难以模仿或与之竞争,对现有的竞争和反垄断法规形成了显著的挑战。必须进一步制定和执行相关的反垄断法律和政策,加强监管机构对平台经济的监管,促进公平竞争。

五、人工智能和算法公正的问题

数字经济具备明显的技术特征,然而技术的发展呈现出不确定性,从而在实践中引发了一系列新兴法律问题。例如,以AIGC为代表的人工智能生成的内容,在一定程度上依托于开发者和运营者的程序设定,不能完全公正地展示内容答案,会对决策的个人和社会造成一定的信息干扰。随着算法的应用不断加强,用于决策或辅助决策的场景越来越多,在自动驾驶、公共管理、司法等领域与场景中,算法都将发挥举足轻重甚至是决定性的作用,对结果的公正性形成较大挑战。如果训练数据中存在偏差,人工智能算法在决策时可能会重复这些偏见。比如,在招聘过程中,一些算法系统显示对某些少数群体的歧视。这样的歧视可能会加剧社会不平等,并排除某些群体的机会。因此，需要更进一步设计开放和透明的算法，合理采样和清理训练数据，增强算法的解释性，加强外部审查机制等，推动人工智能朝着更加公正和包容的方向发展。

本章小结

本章介绍了企业数字化的历史演进和发展趋势。数字化将成为企业竞争和发展中极其重要的一环，将促进企业商业模式、用户关系、营销策略、研发生产方式、组织管理方式、治理方式等的多方位重构，推动企业发展成为以数字化为关键驱动因素的智能化组织。

在企业数字化进程中，面临着诸多挑战，主要是组织能力和企业文化未能与数字化要求相匹配。技术风险、数字安全以及社会系统的复杂性等也对企业自身技术水平和技术管理形成了挑战。同时，数字化也给传统行业的经营带来新的变革，比如制造业、金融业、零售业、医疗保健业等。首先，从管理层面上，数字化的应用将使企业管理更加便捷，推动领导层更好地决策。其次，在行业发展上，通过数字化的应用，有利于行业提供更加精准、高效、智能的产品和服务。在数字化蓬勃发展的同时，也带来个人隐私安全、人工智能与道德伦理的冲突等问题，需要完善法律制度，加强监管，使数字化真正地服务于企业。

◆ 本章思考题

1. 请简述企业数字化的历史演进和发展趋势。
2. 企业数字化的主要趋势和影响因素有哪些？
3. 在数字化发展的背景下，组织变革会遇到哪些挑战？
4. 在数字化发展的背景下，业务模式创新和市场竞争的挑战有哪些？会对哪些行业产生深刻影响？

附录 案例讨论：应用数字化推动广西规上工业企业研发机构大幅增加的对策建议

在数字化飞速发展的时代背景下，广西规上工业企业正面临着前所未有的机遇与挑战。数字化技术不仅在生产流程中发挥着巨大作用，还对研发机构的组建与发展产生了深远影响。随着数字化手段的应用，广西地区的规上工业企业纷纷意识到，拥有强大的研发机构不仅能够提升企业的技术创新能力，还能够在市场竞争中占据优势地位。因此，有必要就如何应用数字化手段来推动广西规上工业企业研发机构大幅增加这一问题进行讨论，提出一系列切实可行的对策建议，从而引领企业抓住数字化发展的机遇，迈向更高水平的科技创新与产业升级。

一、广西规上工业企业研发机构的现状

近年来，广西注重发挥科技对产业发展的支撑带动作用和企业的主体作用，2021年企业研发投入占全社会研发投入的比重达到75%，高新技术企业保有量突破3300家，企业已成为广西的创新主体。2021年，全区规上企业中有研发活动的企业的比重为14.16%，在全国排名第23位，全区规上工业企业中有研发活动的企业的占比为17.21%，总体来看近年来已有较大进步。我们从研发经费、企业研发机构建设、研发投入主体、企业研发人员、企业研发成果及其应用、企业研发专利申请六个方面对广西的成效进行了全面的总结，发现广西规上工业企业对研发机构建设的重视程度不够，广西规上工业企业研发机构的研发成果不足。同时，我们分析了广西规上工业企业研发机构近年来发展的特征：一是有研发活动的企业数量不断增加；二是企业的研发机构集中度较高；三是企业对研发机构的经费投入逐年稳步增长；四是政府扶持政策对企业的覆盖面扩大；五是研发机构的新增数不稳定。另外，我们认为近年来广西规上工业企业研发机构存在的主要问题如下：一是研发投入总量和强度偏小；二是民营企业研发投入较低；三是研发机构设置率偏低；四是研发活动分布不均衡。

二、广西规上工业企业研发机构建设的主要目标

规上工业企业研发机构覆盖率每年提高 3 个百分点以上，到 2025 年有研发机构的企业数超过 1500 家；覆盖率超过 20%，实现 3 亿元产值以上企业全覆盖（对比：广东 2017 年实现 10 亿元企业全覆盖，2021 年全部规上企业研发机构覆盖率达到了 43%）。

三、广西规上工业企业研发机构建设的原则

1. 分类推进原则

促进大型工业企业、国有企业自主设立企业研发机构，同时鼓励高增长潜力企业、高科技企业、科技中小企业合作共建研发机构；支持企业与现有研发机构合作，共同打造国家级、地方级创新平台。

2. 资源共享原则

推动不同创新主体，如科研机构、企业和高校，实现协同合作，并促进公共平台和创新资源的共享。鼓励企业借助研发资源共享服务平台，开放科研资源，向全区工业企业提供研发相关的检验检测、咨询指导、方法研究等技术服务，以完善创新链条，建立健全创新生态。这将为企业研发机构创造一个低成本起步、高效运作、密切协同的良好建设环境。

3. 企业主体原则

坚持企业的主体地位，充分调动、激发、保护好企业科技创新的积极性、主动性，使创建研发机构、培育"创新基因"成为企业的内在需求与必然选择。搞好综合服务，积极为企业做好资源导入、平台构建、机制创新、政策保障等工作，主动引领、激励、帮助企业通过创建研发机构感受科技研发的力量，实现创新发展。

4. 注重实效原则

注重企业研发机构建设的质量和实效，既坚持因企制宜，务实确定建设模式与目标，又不降格以求，坚持建设标准与要求，做到量质并举、协调推进。

四、广西规上工业企业研发机构建设的模式

广西规上工业企业研发机构的建设可以考虑使用以下四种模式。

一是企业独立建设模式。对于具备"六有"条件，可以实质性地开展研发活动的企业，或者对于一些上规后营业收入超过 3 亿元的大型企业，或者虽然营业收入不高但属于新兴产业的企业，建设研发机构时可以考虑这种模式。

二是产学研合建模式。企业自身基础条件不够，但能够与高校院所、新型研发机构开展产学研合作，围绕企业发展需求，利用高校院所、新型研发机构的创新资源促进企业新技术、新产品开发。

三是产业链共建模式。企业自身基础条件不够,但在所属行业中有明确的产业链归属,能够与产业链核心企业共享研发平台资源,或者与产业链上下游单位分工协作并共建共享研发机构。

四是云上研发中心模式。企业暂时不具备自建或者共建的条件,但是具有创新的需求,可以在中小企业互联网平台注册"云上研发中心",对接利用外部创新资源,为企业提供创新支撑。

五、推动广西规上工业企业研发机构建设的对策

1. 分级分类推进

推动国有大中型企业研发机构全覆盖,规上工业民营龙头企业研发机构全覆盖,瞪羚企业、高新技术企业、科技型中小企业研发机构普遍设立。鼓励年营收3亿元以上、未建研发机构的工业企业结合自身需求与性质、行业特点、产业链分工等,按照"推动企业建设和升级研发机构,实现研发机构有人员、有场所、有设备、有经费、有项目"的"五有"标准,以自建、共建、委托建设等方式新建研发机构,创建自治区级以上技术创新中心、企业技术中心等创新平台。对龙头企业,鼓励企业依托自有的研发人员和科研设备等条件自建研发机构;对研发能力不强的企业,引导其与行业龙头企业或高校、科研院所共建研发机构;对总部在自治区外或者在广西已建有研发中心的集团公司,引导其在广西的子公司设立研发分中心。

2. 加大对企业自建研发机构的支持

财政、科技、市场监管等部门要协同推进,共同在资金支持和资质认定中,将企业建有研发机构作为优先条件。引导和鼓励全区年营收3亿元以上、未建研发机构的工业企业组建初级研发机构,3亿元以上工业企业建立的研发机构被广西新认定为初级研发机构的,由财政一次性给予每家30万元补助经费。

3. 推动现有研发机构提档升级

进一步提升工业企业研发机构的能力水平,推动现有企业研发机构提档升级,创建国家级、市级高水平研发机构;鼓励龙头企业牵头组建独立法人新型企业研发机构,建设以"企业+联盟"形式运作的制造业创新中心;吸引世界500强、区外先进研究院所等在广西设立高端研发机构;围绕企业研发机构建设需要,加快推进技术创新服务支撑平台建设。

4. 帮扶重点制造业企业设立研发机构

指导年销售收入在3000万元以上的制造业企业分批建立市级研发机构,制订研发机构建设的梯队培育计划,按照"早策划、强引导、多指导"的思路,主动帮助他们创造条件建立研发机构。进一步推进石墨烯等高性能新材料制造业企业设立研发机构。对汽车制造、电子信息、机械制造等12个产业领域的重点企业,实施研发机构全

覆盖。

5. 鼓励高端人才向制造业集聚

激发制造业技能人才培育动能，打造高端技能人才培育高地，大力弘扬劳模精神、工匠精神，提升高技能人才的社会地位和待遇。将高端制造业企业纳入人才引进重点机构范围，支持紧缺技能人才落户，每年培育引进200名高水平研发人才。实施"产业菁英"高层次人才培养专项，加大研发人才激励、项目扶持力度。扩大产业人才奖励范围，优化奖励金额设置，对符合相关条件的企业研发核心团队成员，根据其个人贡献分级分段给予奖励。打造产业和人才协同发展的人才引育工作新局面，坚持制造业人才队伍建设和制造业发展同步规划、同步推进。

6. 强化对科研创新平台的扶持

加大对高新技术企业、中小型科技企业建设博士及博士后科研创新平台的扶持力度，基于广西重点产业、重点企业的研发需求，定期收集博士、博士后人才需求和项目需求，加快青年创新研发人才的储备培养。打造区域性博士、博士后创新创业孵化基地和企业发展平台，集聚优秀博士、博士后来桂实施创新成果转化，进而设立更多的研发机构。搭建人才创新创业平台，利用现有高校院所的平台和载体资源，结合本地产业发展需求，积极开展人才引进、技术转移、产学研合作、成果转化等工作。

六、推动广西规上工业企业研发机构建设的保障措施

1. 强化组织协调

市、县（区）两级成立推进协调小组和机构，完善部门协调配合机制。进一步推进产学研深度合作，构建校企联盟，鼓励企业与高校院所共建研发机构，共建广西战略性新兴产业共性技术创新平台，提高研发水平，提升创新能力；同时，利用面向东盟的区位优势，支持企业吸引更多高层次创新人才，积极促进企业与高校之间的人才互动交流，为企业研发机构的建设和发展提供充足的人才保障和智力支持。

2. 强化统筹实施

加强统筹协调，将规模以上工业企业和主导产业研发机构全覆盖作为广西工业振兴的工作内容，工信部门及驻各市工业特派员积极帮助和督促指导规上工业企业建立研发机构、加大研发投入、开展研发活动。加强资金多元化投入。设立企业研发机构建设专项资金，支持企业建设各类研发机构，支持研发机构进行技术创新和成果转化。加强各类计划项目对研发机构的支持，鼓励符合条件的研发机构牵头或者参与重大研发和产业化项目，着力引导企业加大自身投入。同时，大力发展科技金融，引导各类商业银行开展知识产权质押融资业务，鼓励私募资金、创新投资资金等社会资金投资企业成果转化。推动金融机构创新科技金融服务，不断健全科技贷款支持计划网上审核和"一事一议"网上审批制度，积极鼓励金融机构创新科技企业信贷产品和服务模

式,为企业研发提供坚强的资金保障。超常规加大财政科技投入,特别是在新型研发机构建设方面,对新引进的特别重大的创新载体要进一步给予财政扶持,对广西企业建设的或与国内外大院名校共建的具有独立法人资格的新型研发机构,每年最高给予100万元补助,连续补助三年。用好广西科技成果转移转化综合服务平台等科技成果交易平台,持续健全科技成果转移转化市场体系,积极组织企业参加自治区内外科技成果拍卖会等活动,并与国内知名高校院所等合作建设一批普惠制科技成果转化中心,持续提升科技成果落地转化能力。

3. 强化宣传指导

采取多种形式、多种途径广泛宣传规上工业企业设立研发机构的重要意义和各级政府的优惠扶持政策,充分发挥典型示范企业的带动作用。切实提高企业的创新意识,是推动企业建设研发机构和加快技术创新的根本所在。要进一步倡导创新文化,切实落实企业研发费用加计扣除、高新技术企业所得税优惠、研发机构采购设备税收优惠等扶持企业技术创新的税收政策,引导企业改变重规模、轻创新的发展思路,真正依靠技术创新做大做强。进一步提高各级政府对建设研发机构重要意义的认识,鼓励县区、开发区对建设科研机构的企业在资金、税收、土地审批等方面给予扶持、优惠。加强知识产权保护,建立和完善知识产权维权援助体系,充分激发企业建设研发机构的热情。同时,对建有研发机构的企业,在高新技术企业申报、融资贷款、科研人员职称评定、资质认定等方面要给予优先支持。

4. 强化督查激励

每年底对各市规模以上工业企业和主导产业研发机构全覆盖情况进行考核,发挥责任考核的激励导向作用。将企业研发机构建设作为各市科技进步考核的重要内容,重点考核机构数量、管理水平、运行质量等内容。持续加大督查考核力度,实行穿透式考核,把指标任务细化穿透到责任单位和具体责任人。各县区、开发区要强化责任意识,切实扛起主体责任,明确指标任务,细化工作责任,抓好研发投入任务落实,确保全区规上工业企业研发机构有力支撑全区工业高质量发展。健全统计分析制度,定期发布企业研发机构建设情况。注重典型引路,及时总结推广先进经验,充分发挥示范带动作用。

(资料来源:广西科技发展战略专项研究课题"推动广西规上工业企业研发机构大幅增加的对策研究"项目)

思考题:

如何应用数字化手段推动广西规上工业企业研发机构大幅增加?结合目前的环境,提出你的建议。

参考文献

［1］唐拥军，李兴旺，叶泽，等.战略管理［M］.武汉：武汉理工大学出版社，2005.

［2］吕魏，周颖，冯德雄.战略管理［M］.武汉：武汉理工大学出版社，2010.

［3］徐耀强.企业的使命管理［J］.中国电力企业管理，2009（2）：68-70.

［4］李维胜，蒋绪军，卢泽回.企业战略管理［M］.北京：经济管理出版社，2019.

［5］Marchegiani L. Digital transformation and knowledge management［M］. Taylor and Francis，2021.

［6］Busulwa R，Evans N. Digital transformation in accounting［M］. Taylor and Francis，2021.

［7］张培，张丽平，李楠.制造业服务化演进特征与逻辑框架［J］.科技和产业，2019，19（11）：16-61.

［8］史仲光.中国通用设备装备转型升级思考（中）［J］.智慧中国，2020（2）：26-29.

［9］王玮，杜书升，曹溪.工业互联网引发的"颠覆式"管理变革［J］.复印报刊资料（管理学文摘），2019（5）：9-11.

［10］仲秋雁，闵庆飞，吴力文.中国企业ERP实施关键成功因素的实证研究［J］.中国软科学，2004（2）：73-78.

［11］叶昱冬，高飞.面向MES系统的基础数据模型研究［J］.机床与液压，2023，51（2）：112-119.

［12］苏明，艾海明，马琳，等.基于AI的图像识别乘驾安全监测系统研制［J］.传感器与微系统，2023，42（8）：85-87，91.

［13］王莉莉.如何做好企业竞争对手分析［J］.河北企业，2006（4）：57.

［14］包昌火，谢新洲.竞争对手分析［M］.北京：华夏出版社，2002.

［15］胡鹏山.竞争战略与竞争优势［M］.北京：华夏出版社，2002.

［16］Prescott J E，Grant J H. A manager's guide for evaluating competitive analysis techniques［J］.Interfaces，1988，18（3）：10-22.

［17］胡萍.网络组织的发展与应用研究［J］.科学管理研究，2008（4）：59-61.

［18］德鲁克.管理：使命、责任、实务［M］.王永贵，译.北京：机械工业出版社，2009.

［19］王玲.企业组织结构的探索与创新［J］.决策，2009（2）：8-9.

［20］李敏.企业内部控制规范［M］.上海：上海财经大学出版社，2011.

［21］波特.竞争战略［M］.陈小悦，译.北京：华夏出版社，1997.

［22］陈庆江，王彦萌，万茂丰.企业数字化转型的同群效应及其影响因素研究［J］.管理学报，2021，18（5）：653-663.

［23］陈国权，王婧懿，林燕玲.组织数字化转型的过程模型及企业案例研究［J］.管理评论，2021（11）：28-42.

［24］黄丽华，朱海林，刘伟华，等.企业数字化转型和管理：研究框架与展望［J］.管理科学学报，2021，24（8）：26-35.

［25］汪志红，周建波.数字技术可供性对企业商业模式创新的影响研究［J］.管理学报，2022，19（11）：1666-1674.

［26］徐飞.战略管理［M］.北京：中国人民大学出版社，2009.

［27］Brenes E R，Camacho A R，Ciravegna L，et al.Strategy and innovation in emerging economies after the end of the commodity boom—Insights from Latin America［J］. Journal of Business Research，2016（10）：4363-4367.

［28］范万剑.企业战略管理研究发展探究［J］.企业研究（理论版），2011（7）：43-44.

［29］张国祥.企业战略梳理的方法与原则［J］.新材料产业，2014（8）：68-71.

［30］邹婧，甘成久.基于SWOT视角的中小企业数字化转型［J］.金融与经济，2022（10）：92-96.

［31］张矢的，张迅，阎娟.中国电机与电气设备产业国际竞争力的波士顿矩阵分析［J］.管理评论，2008，20（2）：49-57.

［32］David M E，David R，David F R.The quantitative strategic planning matrix（QSPM）applied to a retail computer store［J］.The Coastal Business Journal，2009，8（1）：42-52.

［33］汤学耕，常红华.SPACE矩阵在农业银行上市战略中的应用［J］.市场周刊（管理探索），2005（5）：17-19.

［34］李兴才，赵振宇.基于战略钟模型的"一带一路"沿线工程承包市场进入模式分析［J］.电气时代，2018（12）：23-27.

［35］林振锦.GE矩阵在战略制定中的应用［J］.中国石油企业，2005（4）：44-46.

［36］陈晓峋.基于平衡计分卡和BLM模型的业务战略执行研究［D］.成都：电

子科技大学，2016.

［37］覃智玲.人力资源管理的数字化战略制定——评《经营者思维——赢在战略人力资源管理》［J］.领导科学，2022（9）：152-153.

［38］何伟，张伟东，王超贤.面向数字化转型的"互联网+"战略升级研究［J］.中国工程科学，2020，22（4）：10-17.

［39］柯笃仲.数字化转型下企业信息化规划的特点、原则及策略［J］.科学与信息化，2022（17）：25-27.

［40］姚小涛，亓晖，刘琳琳，等.企业数字化转型：再认识与再出发［J］.西安交通大学学报（社会科学版），2023（3）：1-9.

［41］刘忠艾.商业银行数字化程度对其经营绩效影响的实证研究［D］.北京：中国财政科学研究院，2022.

［42］张悦，沈蕾，王圣君.多主体价值共创、创造性过程投入与数字化创新——以数字创意企业为例［J］.企业经济，2022，41（3）：57-69.

［43］苏布拉马尼亚姆.数字战略大未来［M］.林丹明，徐宗玲，译.北京：中译出版社，2023.

［44］陈衍泰，陈劲，程聪.企业创新战略：从传统情境到数字化情境，是"旧瓶装新酒"吗？［J］.研究与发展管理，2021，33（6）：1-4.

［45］陈冬梅，王俐珍，陈安霓.数字化与战略管理理论——回顾、挑战与展望［J］.管理世界，2020，36（5）：220-236.

［46］康伟，姜宝.数字经济的内涵、挑战及对策分析［J］.电子科技大学学报（社会科学版），2018，20（5）：12-18.

［47］夏惠，龚光明.基于不同竞争战略的顾客资产价值驱动因素分析［J］.财会月刊（中），2008（10）：37-38.

［48］赵丽锦，胡晓明.企业数字化转型的基本逻辑、驱动因素与实现路径［J］.企业经济，2022，41（10）：16-26.

［49］黄陈宏.乘势数字经济，推动数字化转型向前发展［J］.数字经济，2021（Z1）：34-35.

［50］董钊.新创企业数字能力对商业模式创新的影响研究［D］.长春：吉林大学，2021.

［51］吴军.智能时代［M］.北京：中信出版社，2016.

［52］李雯.国有企业数字化转型的必要性和意义［J］.知识经济，2021（19）：25-26.

［53］韩璐.制造企业供应链数字化转型机理与决策模型［D］.北京：北京交通大学，2021.

[54] 董明, 孙琦. 动态能力视角下制造业价值链的数字化重构路径——全球灯塔工厂案例分析 [J]. 工业工程与管理, 2022, 27 (5): 197-208.

[55] 王永贵, 汪淋淋. 传统企业数字化转型战略的类型识别与转型模式选择研究 [J]. 管理评论, 2021, 33 (11): 84-93.

[56] 宁昌会. 企业战略业务的评价方法 [J]. 统计与决策, 2002 (7): 13-14.

[57] 胡媛媛, 陈守明, 仇方君. 企业数字化战略导向、市场竞争力与组织韧性 [J]. 中国软科学, 2021 (S01): 214-225.

[58] 德鲁克. 技术与管理 [M]. 慈玉鹏, 译. 北京: 机械工业出版社, 2020.

[59] 哈默, 钱皮. 企业再造 [M]. 王珊珊, 等译. 上海: 上海译文出版社, 2007.

[60] 卡尔. IT不再重要 [M]. 闫鲜宁, 译. 北京: 中信出版社, 2008.

[61] 摩尔. 跨越鸿沟 [M]. 赵娅, 译. 北京: 机械工业出版社, 2009.

[62] 泰普斯科特, 威廉姆斯. 维基经济学: 大规模协作如何改变一切 [M]. 何帆, 林季红, 译. 北京: 中国青年出版社, 2012.

[63] 布莱恩约弗森, 麦卡菲. 第二次机器革命 [M]. 蒋永军, 译. 北京: 中信出版社, 2014.

[64] 韦斯特曼, 麦卡菲, 邦尼特. 数字为先: 运用技术实现业务转型 [M]. 波士顿: 哈佛商业出版社, 2014.

[65] 麦克费, 布林优夫森. 机器 平台 群众 [M]. 李芳龄, 译. 台北: 天下文化出版社, 2017.

[66] 帕克, 埃尔斯泰恩, 邱达利. 平台革命 [M]. 志鹏, 译. 北京: 机械工业出版社, 2017.

[67] 罗杰斯. 智慧转型: 重新思考商业模式 [M]. 胡望斌, 等译. 北京: 中国人民大学出版社, 2017.

[68] 李开复. AI·未来 [M]. 杭州: 浙江人民出版社, 2018.

[69] 成生辉. ChatGPT: 智能对话开创新时代 [M]. 北京: 中信出版社, 2023.

[70] 聂静虹, 林子皓. 政府严格监管下的个人信息保护困境探析: 基于欧盟《一般信息保护条例》的分析 [J]. 中国网络传播研究, 2017 (1): 51-62.

[71] 何波. 中国数字经济的法律监管与完善 [J]. 国际经济合作, 2020 (5): 80-95.

[72] Khan L, 朱悦. 亚马逊的反垄断悖论 [J]. 网络信息法学研究, 2019 (1): 9-64, 332-334.

[73] 丁晓东. 论算法的法律规制 [J]. 中国社会科学, 2020 (12): 138-159, 203.